船舶防污染法规与技术

周在青　主　编
王海红　副主编

上海浦江教育出版社

内 容 提 要

本书全面、系统地介绍防止船舶污染的国际公约和国内法规，以及防止船舶污染海洋的管理技术。全书共分8章，包括：防止海洋污染的意义、船舶造成的海洋污染、海洋环境及防污染法规的基本概念、防止船舶造成污染法规的历史发展、防止船舶造成污染的国际法规、防止船舶造成污染的国内法规、防止船舶造成污染技术、国际安全管理规则与港口国监控。每章后均附复习思考题。

本书内容丰富、资料翔实、注重理论联系实际，可作为高等院校航运管理、海商法、交通运输、海洋环境工程等专业的教材使用，还可供航运公司、油运和化工进出口公司、船舶油污保险和保赔公司、海事和船舶检验机构、港口管理局和港务公司、国家海洋局等单位的相关专业人员参考。

图书在版编目(CIP)数据

船舶防污染法规与技术/周在青主编. —上海：上海浦江教育出版社有限公司，2014.7
ISBN 978-7-81121-342-3

Ⅰ. ①船… Ⅱ. ①周… Ⅲ. ①船舶污染—污染防治—环境保护法—汇编—世界
Ⅳ. ①D912.6

中国版本图书馆CIP数据核字(2014)第145950号

上海浦江教育出版社出版
社址：上海海港大道1550号上海海事大学校内 邮政编码：201306
电话：(021)38284910(12)(发行) 38284923(总编室) 38284916(传真)
E-mail：cbs@shmtu.edu.cn URL：http://www.pujiangpress.cn
上海图宇印刷有限公司印装 上海浦江教育出版社发行
幅面尺寸：185 mm×260 mm 印张：16.5 字数：433千字
2014年8月第1版 2014年8月第1次印刷
责任编辑：黄丽芬 赵 勉 封面设计：赵宏义
定价：55.00元

前言 Preface

海洋是整个人类生存环境的重要组成部分。保护海洋环境和防止海洋污染已成为全世界共同关注的问题,并越来越引起有关国际组织和各国政府的高度重视。

船舶污染事故是造成海洋污染的重要污染源之一,尤其是油船造成的重大溢油污染事故,其溢油量之大,危害之严重,更为举世瞩目。为防止船舶对海洋环境的污染,从20世纪50年代初以来,国际上相继产生一系列防止船舶污染的公约和议定书;从20世纪70年代起,我国也相继颁布众多的保护海洋环境、防止船舶污染的法律法规。这些公约和法规的基本原则是:减少船上污染物的产生、控制船舶污染物的排放、污染物排放后尽量减少其对海洋环境的影响以及最大限度地限制船舶污染物的事故性排放。事实证明,上述海洋环境保护法规的实施和完善对保护海洋环境起到十分重要的作用。

尽管国内外在保护海洋环境和防止船舶造成污染方面做了许多工作,取得了一定的成绩。但是,环境科学是由多学科到跨学科的庞大科学体系组成的新兴学科,在基础理论和防治技术方面仍然比较薄弱。保护海洋环境和防止船舶造成污染作为整个环境科学的一个分支,同样有许多问题需要研究。就防止船舶造成污染而言,也包含着多方面的内容。其中,防止船舶造成污染法规的制定和实施是一个重要方面。由于防止船舶造成污染法规是一种技术性很强的法规,如《防污公约》(MARPOL)就是一个适用性最广、技术性最强、最复杂、影响最大的法规。所以,要真正掌握好这些法规的内容,绝不是一件容易的事。我国是一个发展中国家,随着国民经济的发展,环境问题对我国的潜在威胁越来越突出。人类与污染的斗争是长期的、无终止的。防止船舶造成污染法规和技术的完善与发展还有很长的路要走,这就要求我们继续不断地研究和探索。本书的目的就是试图比较全面地、系统地介绍我国和国际上迄今为止所制定的一系列防止船舶造成污染法规产生的背景、主要内容、实施要求及其管理技术,并对国内外的实施现状作出适当评价。

本书根据相关的国际公约、规则和国内法规的最新修订和变化,结合作者多年教学和科研经验,在《船舶防污染法规与实务》(周在青主编,大连海事大学出版社,2006年第1版)一书的基础上重新修订而成。与原书相比,本书具有以下几个特点:

(1) 新增近年来通过的船舶防污染国际公约和国内法规,如《2001年防污底公约》《2009年香港拆船公约》《防污条例》以及《防污公约》(MARPOL)各附则的最新修正案等。

(2) 更加注重案例分析,介绍大量的船舶污染事故案例并予以分析,尤其是国内外的重大船舶油污事件及其处理,注重海洋船舶防污理论与实际的联系与应用,以利于培养复合型、创新性、高素质航运业务和管理人才。

(3) 强调实务操作,由于海洋船舶防污染技术性强,法律法规要求严格,两者紧密相关,所以必须注重防污染技术与法规的结合才能妥善处理好具体的船舶污染事件。

(4) 强化课后练习,每章后均附复习思考题,便于学生课前预习和课后复习,以进一步巩固所学知识,对培养学生分析和解决问题的能力有很大的启发意义。

我们相信，本书的出版对提高我国船舶管理人员的环境法制意识和业务水平、繁荣我国航运事业和保护海洋环境将起到积极的作用。

本书第一章和第三章由上海市环境科学研究院王海红编写，第二章、第四章至第八章、附录由上海海事大学周在青编写。全书由周在青任主编，王海红任副主编。在本书的编写过程中，参阅大量国内外相关书籍和资料，在此向原作者深表谢意！

由于编者水平和能力有限，错误和缺点在所难免，恳请广大读者、同行、专家给予批评和指正。

编　者

2014 年 5 月

目录 Contents

第一章　防止海洋污染的意义

第一节　海洋与人类的关系

为什么要提出保护海洋环境？因为海洋对于人类社会的发展有着至关重要的作用。海洋对人类的意义可从历史、现实及未来的角度阐述。从现实和未来的角度看，人类对海洋的开发和利用包括开发利用海洋生物资源（如鱼类、贝类、藻类等的捕捞和养殖）和非生物资源（主要是矿物、石油、天然气等能源的开发和开采）、发展海洋运输业和旅游业、进行废弃物处理等以及为这些目的而进行的沿岸开发。以下从10个方面介绍。

一、海洋是人类食物的重要来源

地球上生物的生产力每年约为1 540亿t有机碳，其中海洋生物的生产力为1 350亿t，占总有机碳的87%。海洋里有2亿～3亿t可供捕捞的自然生产的水产品，目前仅捕捞6 000万t左右。鱼类有2.5万多种，目前作为捕捞对象的只有200多种，可捕捞的总潜力为2.6亿～4.5亿t，目前仅捕捞1亿t。全世界水产品的90%是从海洋中捕捞的。海洋水产品可利用的潜力很大，据估计，海洋可提供的水产品约为30亿t，其中1.2亿～1.5亿t鱼，足够300亿人食用。而现在仅利用海洋生物的1%已为人类提供25%的蛋白质，未来海产品将提供人类所需蛋白质的80%。南极的磷虾每年可捕捞7 000万t。海洋中软体动物有8万种，目前，开发利用的仅是其中经济价值较高的少数几种。甲壳类生物有2万多种，目前利用的只是个体较大的种类。植物资源的数量更大，其经济价值也高，目前世界上能获得的藻类总量为200万t。海洋还可以发展养殖业，全世界沿海滩涂面积为44 000亿m^2，其中我国有100亿m^2。

随着世界人口的增长，对食物的需求量越来越大。据估计，2030年世界人口为80亿，到2050年可达100亿。面对这一事实，若不采取措施，势必会出现食物危机。为解决日益增加的人口的食物来源问题，人类除正在推广计划生育、大面积提高粮食产量、保护可耕地、合成人工食品等外，合理开发利用海洋食物资源也是一个重要的途径。如果人类合理开发海洋资源、保护海洋环境，那么海洋可给人类提供的食物约等于世界上所有耕地面积所产农产品的1 000倍，足够300亿人食用。

二、海洋是化工原料和医药资源的重要供应地

海水中有80多种元素可供提取使用。海水中各种盐的总含量为30‰～35‰，其中NaCl占78%，全球137亿亿t海水可提取食盐5亿亿t，镁3 100万亿t，硫3 050万亿t，钙660万亿t，钾630万亿t，溴89万亿t，锶12万亿t，硼7万亿t。海洋中的230种藻类可提供各种维生素以及其他化工和医药原料，如从海带中提取碘。

三、海洋矿物资源是发展工业的后盾

海洋中的矿物资源品种多、数量大。据统计，世界石油资源的最大储量为 1 万亿 t，而可开采石油储量为 3 000 亿 t，其中海洋石油占 45%。现在海洋石油的开采量为世界总产量的 50%。已发现的海上油气田有 4 000 个以上，其中藏量 1 亿 t 以上的有 10 个。世界天然气的总储量在 (255 ~ 280) 万亿 m^3，海洋的天然气储量为 140 万亿 m^3。当陆地上能开发利用的矿物能源逐步减少，以致走向枯竭时，海洋石油和天然气的开发利用显得更为重要。

除石油、天然气之外，海底还有一种被称为“可燃冰”的神秘能源，它们来自海底冰块，里面锁着可燃气体“甲烷”，用火柴点着这些冰块，跑出来的甲烷就是一种非常难得的清洁能源。经初步推算，由海底“可燃冰”组成的“冰石油”比地球上现有的石油资源加起来还多，但目前在开发上还存在一定的难度。

稀有金属和贵金属在海洋中的藏量十分丰富，有占世界总藏量 96% 的锆石，90% 的金红石，50% 以上的独居石、钛铁矿、金刚石及锡石等。从海洋中开发出的锆石和金红石目前已占这类矿物产量的 100%，钛铁矿占 80%，镁占 60%，锡占 40%。海水中还含有 40 多亿 t 铀，相当于陆地上储量的 4 000 倍。

在大陆架区域藏有 254 亿 t 铁、3 000 亿 t 磷钙矿、几千万吨硫磺矿和大量的煤。特别值得提及的是位于地层(2 000 ~ 4 000) m 深处的锰结核，其个头大小不一，最大的可达几吨重。它有一个由氧化锰和氧化铁组成的核心，其中包括锰、铁、铜、钴等 40 多种元素，并富含稀有元素和放射性元素。大洋洋底的锰结核总藏量为 3 万亿 t，其中太平洋底有这种锰结核 1.7 万亿 t。据此计算世界大洋洋底锰结核的总藏量中：含锰 4 万亿 t，为陆地上的 37 倍；含镍 264 亿 t，为陆地上的 273 倍；含铜 88 亿 t，为陆地上的 21 倍；含钴 58 亿 t，为陆地上的 967 倍。

四、海洋动力资源能量大且不产生污染

海洋动力资源主要指潮汐、波浪、海流、海水温差能和盐度差能。其特点是能量大，且与矿物能源不同，在利用时不会产生污染。世界上潮汐、波浪、海流、海水温差、盐度差的能量功率分别为 300 万亿 W，2.7 万亿 W，500 亿 W，2.0 万亿 W，2.6 万亿 W。现在世界上许多国家或地区，如美国、英国、法国、俄罗斯、加拿大、韩国和中国，都建立潮汐发电站，且发展规模越来越大。如我国的江夏潮汐发电站，其总装机容量为 3 900 kW。预计到 2030 年，世界潮汐发电站的年发电总量将达 600 亿 kW。日本、英国、葡萄牙等已经建成以波浪为动力的发电站。美国、日本、法国、比利时等已经相继建成一些海水温差发电站，功率从 100 kW 至 10 000 kW 不等。

地球上的矿物能源将越来越少。据意大利等研究机构推测，化石燃料中的煤将于 2800 年枯竭，石油将于 2100 年枯竭。对此，一些产煤又产油的国家，改出口石油为出口煤；阿拉伯地区一些产油国将大力发展石油化工工业，减少原油出口，更多地出口石油化工品。一些国家虽然本国产油，但还在积极进口原油，以加强自己的储备。与此同时，人们还积极开辟第二能源，如发展核电站。但是，从环境角度上看，核电工业存在自身的缺点，其中最突出的问题是放射性污染。所以，世界各国正在积极开发第三能源，如太阳能、地热能、潮汐能、波浪能、海水温差能、海水盐度差能等新能源。这些能源不仅丰富，而且利用中无污染产生。

五、海洋是水上重要通道

海洋在世界经济文化交流中有着十分重要的作用。海运是最经济的运输形式。目前世界各

国商船总吨位为 8 万 t，占世界货运量的 70% ~80%。20 世纪 70 年代中期海运货运量仅为 34 亿 t，到 20 世纪 80 年代海运货运量就上升到 46 亿 t，占全世界产品量的 12% ~16%，其中承担外贸货运量的 80%，2003 年全球海运货运量已上升到 52 亿 t。《全球海运趋势 2030 年》报告显示，到 2030 年，全球每年的海运贸易量将从 2012 年的 90 亿 t 增长至 190 亿 t，甚至 240 亿 t。海洋运输成本低，仅为铁路运输成本的 40% ~45%。目前，海洋交通运输业已经成为世界四大海洋支柱产业之一，其发展前景看好。由此可见，海洋船舶运输在世界经济发展中的地位和作用是不可低估的。

六、海洋是人类工业用水和生活用水的最大源泉

地球拥有的总水量约为 136 亿亿 t，其中，含盐的海水约为 132.2 亿亿 t。由于盐分问题，海水不能被陆地上的生物作为水源利用。地球上的水量分布大致是：海洋占 97.200%，极地冰山占 2.150%，地下水占 0.632%，湖泊和河流占 0.017%，云中水蒸气占 0.001%。地球上的淡水总量约为 3.8 亿亿 t，占地球总水量的 2.8%。然而，如此有限的淡水量却以固态、液态和气态形式存在于陆地的冰川、地下水、地表水和水蒸气中。地下水占地球淡水总量的 22.6%，约为 8 600 万亿 t。河流和湖泊占地球淡水总量的 0.6%，约为 230 万亿 t，是陆地上的植物、动物和人类获得淡水资源的主要来源。

七、海洋既具有军事价值，又是发展科学技术的一个重要实验场

世界各国都在注意海洋的军事价值，一些在陆地上不适宜的科学试验，可在海洋上进行。随着科学技术的发展，海洋在军事上的作用将越来越大。

八、利用海洋的自净能力，廉价处理废弃物

海洋作为一个大的生态圈，在其自身的循环和运动以及与大气、陆地等生态圈的物质和能量交换过程中，具有一定的自净能力和环境容量，因而具有自然界赋予的环境效益。有的专家把海洋空间资源的环境效益视为环境资源在空间中的利用，主要包括两方面内容：一是利用海洋环境的自净能力接受陆地排放的污染物质，而又能维持海洋环境的生态平衡；二是利用其空间作为陆地废弃物的倾倒场所，同时又不会污染周围海域。利用海洋的自净能力和海洋的环境容量选择适宜的海洋空间处理废弃物质，这就是海洋倾废。海洋倾废是海洋空间资源环境效益的重要体现。

九、海洋对全球性气候有着极重要的影响

海洋中的藻类每年可产生 360 亿 t 的 O_2，约占大气含氧量的 3/4；藻类吸收大气中的 CO_2，占大气 CO_2 量的 2/3，维持大气中的气体平衡。海洋时刻影响着地球的风云、雨露，调节气温的冷暖，天气的变化和长期的气候变迁与海洋有密切的关系。

十、海洋为人类提供休息、旅游、娱乐等良好场所

沿海区域一般空气清新、风光秀丽、环境优美，自古以来为人类休息、娱乐等活动的重要场所。世界各地的沿海区域就有许多海滨风景区，已成为人类生活中不可缺少的场所。

从以上事实可见，人类不能没有海洋，更没有理由不爱护海洋。到目前为止，人类仅对 20% 的海洋开展过较详细的研究，还有许多海洋资源正待开发利用。据估计，海洋中有 4 500 种固定

藻类,目前只有50种被广泛应用,所以开发利用海洋的潜力还很大,有待研究的范围和内容仍很多。虽然这为数不多的开发利用为人类创造了一定的财富,但同时又给海洋带来灾难性的危害。这种危害,一方面是由对海洋渔业资源的过捕滥捞造成的;另一方面是由开发利用时其对海洋造成的日益严重的污染造成的。人类每年向海洋扔约640万t的各种废弃物、垃圾、粪便等,废弃物和垃圾中包含各种放射性物料、稀有化学剂、重金属等有毒有害物质。对这种现象若不加以控制,其后果将难以想象。可喜的是它已经引起人类的重视,他们正采取一切措施防止这种污染的产生。

第二节 防止船舶造成污染的意义

一、海洋是世界经济新的增长点

21世纪是人类挑战海洋的新世纪。2001年,联合国正式文件中首次提出“21世纪是海洋世纪”。今后10年甚至50年内,国际海洋形势将发生较大的变化。海洋将成为国际竞争的主要领域,包括高新技术引导下的经济竞争。发达国家的目光将从外太空转向海洋,人口趋海移动趋势将加速,海洋经济正在并将继续成为全球经济新的增长点。

海洋是人类存在与发展的资源宝库和最后空间。人类社会正在以全新的姿态向海洋进军,国际海洋竞争日趋激烈。美国指出:海洋是地球上“最后的开辟疆域”,未来50年要从外层空间转向海洋;加拿大提出:发展海洋产业,提高贡献,扩大就业,占领国际市场;日本利用科技加速海洋开发和提高国际竞争能力;英国把发展海洋科学作为迎接跨世纪的一次革命;澳大利亚在今后10~15年要强化海洋基础知识的普及,加强海洋资源可持续利用和开发。国际海洋竞争将主要表现在以下方面:发现、开发利用海洋新能源;勘探开发新的海洋矿产资源;获取更多、更广的海洋食品;加速海洋新药物资源的开发利用;实现更安全、更便捷的海上航线和运输方式。

世界海洋经济发展前景看好。统计显示,20世纪60年代末,世界海洋产业的产值为130亿美元。到70年代,进入高速发展的时期,每十年就翻一番:20世纪70年代初,世界海洋产业的产值为1 100亿美元,1980年为3 400亿美元,1992年达到6 700亿美元。2002年,世界海洋经济产值约为1.3万亿美元,占世界经济总量的4%。

中国海洋经济近年来继续保持平稳增长的良好势头。2013年2月国家海洋局对2012年中国海洋经济进行初步核算,编制《2012年中国海洋经济统计公报》,据初步核算,2012年全国海洋生产总值为50 087亿元,比上年增长7.9%,海洋生产总值占国内生产总值的9.6%。其中,海洋产业增加值为29 397亿元,海洋相关产业增加值为20 690亿元。海洋第一产业增加值为2 683亿元,第二产业增加值为22 982亿元,第三产业增加值为24 422亿元,海洋第一、第二、第三产业增加值占海洋生产总值的比重分别为5.3%,45.9%和48.8%。

二、海洋环境污染形势日趋严峻

20世纪以来,随着沿海工业的发展和世界人口的增加,人类在挖掘海洋丰富资源的同时,又盲目地向海洋排入废水、废渣及其他有毒有害物质,致使超过其自净能力,造成严重的海洋污染。据联合国统计,由人类活动每年流失入海的石油多达1 000多万t,约占世界石油年产量的0.5%。其中,由河流和沿海工业排入海洋的石油占50%左右,由海底油田开发和油井事故流入海洋的石油占10%左右。全世界每年仅汽油发动机排出的含油废气携带入海的石油就多达180万t。当石油进入海洋后,对海洋生物造成严重的威胁,被视为海洋的第一污染源和污染物。石油氧化需要消耗海水中的溶解氧,并对鱼卵和幼鱼构成生命威胁。油污染不仅对鱼类和虾贝类造成严重危害,海上鸟类也无法逃脱厄运。北海和北大西洋现在每年因油污染而死亡的海鸟数量达15万~45万只。再来看对人类的危害,由于海洋污染导致鱼体内汞、镉、多氯联苯(PCB)等有害物质(Harmful Substances)含量增加,食用被污染的鱼类、贝类的人体内有毒物质含量增加,出现诸如"水俣病""骨痛病"等公害病,严重危及人体健康和生命安全。尽管如此,原油泄漏污染海洋的事故时有发生,世界上最大的原油流失事件当数海湾战争期间科威特油田遭破坏而造成的波斯湾污染,原油流失总量约达50万~120万t。

除油污染外,重金属、农药、多氯联苯、有机物质和营养盐(赤潮)、放射性废弃物、固体废弃物和余热等均对海洋造成不同程度的污染。据计算,全世界每年进入海洋的汞超过1万t,比目前全世界的汞产量还要高。进入海洋的镉的数量更大,仅由日本神通河注入富山湾的镉每年就超过3 000 t;全世界每年进入海洋的多氯联苯超过2.5万t、铜超过25万t、锌超过390万t、铅超过30万t。以往制造的150万t滴滴涕(DDT),已有超过100万t进入并留在海洋里;全世界海洋已被放射能约为2万Ci(1 Ci = 37 GBq)的锶-90、铯-137以及半衰期为30年的同位素所污染,这些放射性核素已参与某些生命的代谢循环。全世界每年从船上扔进大海的塑料集装箱达18.25亿个;商业渔船每年倾倒入海洋的塑料包装物达2.2万t,每年扔进大海的塑料网、绳和塑料救生衣达13.6万t。由于塑料污染,致使每年有100万只海鸟、10万只鲸类动物和海豹死亡。

综上所述,导致海洋污染的物质多种多样,从石油到农药,从固体到液体,从重金属到放射性元素,从无机物质到营养盐,从物质到能量(如废热)。这些物质进入海洋之后,呈现出扩散范围大、污染源广、持续性强、危害性大、控制复杂的特点。这些物质导致有的海域海水丧失自净能力;有的海域频繁发生赤潮,溶解氧大量减少;有的海域出现无氧区,鱼类大量死亡,无数滩涂养殖业废弃,许多经济鱼类濒于绝迹,渔民失业;有的海域海水变色、变臭,斑疹伤寒、肝炎、大肠杆菌等病菌大量繁殖,甚至连海水浴场亦受到污染;有的海底遍布倾倒的废弃物,致使拖网捕鱼作业难以进行,鱼网中的固体废弃物比鱼多得多。面对如此严重的海洋污染,有的科学家指出,如果不采取坚决而紧急的措施,波罗的海、地中海、日本海等许多海域将变为没有生命的"死海"。法国著名学者查卡·伊瓦柯斯悲观地认为:"近50年来由于世界大洋的污染,成千种海洋生物已无影无踪地消亡,特别在近20年内,这个程度更加强化了,海洋空间如果继续污染下去,将给人类带来严重后果,如果海洋死亡,人类便不能生存。"

虽然,对海洋有害的污染物来自各个方面,但船舶是造成海洋污染的直接污染源。1973年全世界由于船舶操作性和事故性排放入海的石油为2.1亿t,1986年为1.49亿t。虽然石油的海上运输总量在逐年增加,但排入海中的石油却减少了,这主要是由于采取了技术和行政措施的结果,尽管排入海中的石油总量仍是个相当大的数字。

船舶在营运过程中,不可避免地直接或间接把一些物质或能量引入海洋环境。这不仅损害资源、危害人类健康,而且还妨碍包括渔业资源在内的各种海洋活动。船舶造成的污染有以下几个特点:

(1) 船舶污染具有流动性、无国界性。海水的流动性、船舶的移动性决定了由船舶进入海洋的污染物不可能局限在或固定在某一点而静止不动。一次污染可能会波及多个国家,给污染的治理造成诸多不便。

(2) 船舶污染物质的多样性。船舶排放的物质有油类,有毒有害物质,船舶垃圾,船上生活废水,船舶废气等。其中主要的是油类物质,来自船舶任意或意外排放。

(3)船舶污染危害性强、范围广。船舶污染使海洋水质受到损害,海洋生物的栖息环境遭到破坏,严重影响海洋本身的调整功能,给海洋生态环境、海洋生物资源、海洋渔业生产等带来严重危害,从而影响全球生态平衡,严重威胁人类的生存环境。

(4)船舶污染是一种特殊的海上侵权行为,属于环境侵权行为。污染物质进入海洋是由于人为因素而不是自然因素造成的,也就是说污染行为在主观上表现为人的故意或过失(如洗舱污水、机舱污水未经处理排入海洋)。在这种侵权行为关系中,与船舶污染有关的人为侵权人包括船舶所有人、经营人、承租人和对环境污染事件负有直接责任的人员;污染受害人为沿海国家或地区、当地政府、居民、渔民和企业等。

据海事部门统计表明,我国海上船舶溢油事故日趋增加。从1973至2006年,我国沿海共发生大小船舶溢油事故2 635起,其中溢油50 t以上的重大船舶溢油事故共69起,总溢油量为37 077 t,平均每年发生2起,每起污染事故平均溢油量为537 t。迄今为止,我国从未发生过万吨以上的特大船舶溢油事故,但特大溢油事故险情不断。除69起溢油50 t以上的重大溢油事故外,1999—2006年,我国沿海还发生7起潜在重特大溢油事故。如2001年装载26万t原油的"沙米敦"号进青岛港时船底发生裂纹;2002年在台湾海峡装载24万t原油的"俄尔普斯·亚洲"号因主机故障遭遇台风遇险;2004年在福建湄洲湾2艘装载原油12万t的"海角"号和"骏马输送者"号发生碰撞;2005年装载12万t原油的"阿提哥"号在大连港附近触礁搁浅。以上事件,虽然经海事部门及时采取措施未造成重大污染,但也可以看到船舶特大溢油事故的风险的确在增大。

当前,我国已成为世界上仅次于美国的世界第二大石油进口大国。我国自1993年从石油出口国转为石油净进口国以来,石油进口量不断上升,2000年我国石油进口量已达8 831万t,2012年我国进口石油达2.8亿t,石油对外依存度已达58%。国际能源署(IEA)在《世界能源展望2011》上预测:中国到2020年将成为石油第一进口国。因此,水上石油运输量将呈持续增长趋势。随着石油外贸进口量大增,抵达中国沿海港口的大型油船越来越多,油运量大幅度增加和油船大型化将会使我国水域今后发生船舶油污事故,特别是发生船舶重大油污事故的几率增加。有专家预测,中国海域未来将是发生船舶溢油事故的多发区和重灾区。

同时,在我国沿海、三角洲地区,大量的个体油船涌入市场,这些船舶的技术状况、船员素质、通信导航水平等方面较差,也使海上船舶溢油事故日趋增加。

海洋本身具有一定的自净能力。虽然可利用这些自净能力处理一些陆上难以处理的废弃物,排放一定浓度和数量的各类污水和其他废弃物,但海洋的自净能力是有限的,要防止因人类活动而使进入海洋的物质和能量超出海洋的自净能力而造成的污染。

三、海洋环境的可持续发展

人的认识往往滞后于客观自然界的发展。当烟雾、酸雨、毒雪在天空肆虐,超越国界,污染全球之时;当污浊的城市污水排放入海,污染海洋,富营养化造成赤潮之日;当温室效应持续,大气不断增温,导致全球性海面上升,氟氯烃造成臭氧层空洞之际,人们才意识到,环境恶化不再是一国一地之事,而是全球人类共同的大事。

回顾人类的发展历程及其在发展中的社会经济行为,人们已逐渐认识到,那种通过高能耗追求经济数量增长和"先污染后治理"的传统模式已不再适应当代和未来发展的要求,必须以新的模式代之。1987年,世界环境和发展委员会在其报告《我们共同的未来》中正式提出一个关键性的概念:可持续发展(Sustainable Development)。这一战略思想在1992年环境与发展大会上得到世界上绝大多数国家的认同,成为大家解决环境与发展问题、协调人与自然关系的最佳选择。

可持续发展是一个跨世纪的命题,通常解释为:既满足现代人的需要,又不损害后代人满足其需要的能力;既要保证适度的经济增长和结构优化,又要保持资源的永续利用和环境良化,从而做到环境与经济相协调,实现持续共进,有序发展。

可持续发展理论的基本内容如下:

(1) 根治贫穷,以便制止资源的退化,同时要求社会经济政治体制的改革。

(2) 开发清洁或更清洁的工艺以减轻环境污染,它要求研发投资方向和技术转变,要求对一切新方案的环境影响进行评估。

(3) 人口增长放慢,以便减轻人口对自然资源的压力。

(4) 使环境成本内在化,以便减少有害排泄物的流出和危险废弃物的处理,使人类的生活方式在资源破坏和污染两方面都发生变化。

可持续发展与环境保护既有联系,又不等同。环境保护是可持续发展的重要方面。可持续发展的核心是发展,但要求在严格控制人口、提高人口素质和保护环境、资源永续利用的前提下进行经济和社会的发展。环境保护是实施可持续发展战略的关键,保护海洋环境是海洋经济可持续发展的前提。实施可持续发展战略是保护海洋环境的有力保证。环境保护已成为我国的基本国策之一。

第三节　船舶防污染主管机关

一、国际海事组织(International Maritime Organization, IMO)

IMO是联合国系统内主管海上运输安全和船舶防污染及其法律问题的专门机构,总部设在英国伦敦。

1. 成立的背景

鉴于海运业的国际性,长久以来人们就认识到要增进海上安全,就需要有一个国际的常设机构来经常协调和促进有关海上安全的国际公约和协定的执行。第二次世界大战结束后,各国经济建设的恢复为海运业的发展带来新的生机。随着联合国的诞生及各种专门的国际性机构的陆续建立,1948年2月在日内瓦召开的联合国国际航运会议上,各国决定成立政府间海事协商组织(Intergovernmental Maritime Consultative Organization, IMCO),通过了《政府间海事协商组织公约》。经过10年的时间即到了1958年,公约生效的条件才得到满足。1959年1月在伦敦召开第一次大会,正式成立政府间海事协商组织(简称海协)。海协成立后,曾几次对《政府间海事协商组织公约》进行修订。根据1975年通过的修正案,海协的名称于1982年5月22日正式改名为IMO。截止2012年9月,IMO共有170个正式成员和3个联系会员。

2. 组织目标

IMO最初的目标口号是"海上安全(Safety at Sea)",在之后的很长一段时间内,将"航行更安全,海洋更清洁(Safer Shipping, Cleaner Oceans)"确定为其追求的目标。但是,现在该目标已改变为"清洁海洋上安全、保安和高效的航运(Safe, Secure and Efficient Shipping on Clean Oceans)"。可以看出,IMO已将"保安"与"安全""防污染"这两个传统主题并列,将"保安职责"全面纳入海员的培训内容。同时,"高效的航运"已经成为IMO新追求目标之一,IMO已经认识到航海科技发展是实现“高效的航运”的重要技术保障。

3. 组织机构形式

IMO 成立以来,其组织机构随着工作任务的发展而有所变动,现设有大会、理事会、秘书处和5个专业委员会。IMO 的工作,主要通过各专业委员会及下属小组委员会进行。所有委员会在平等基础上向所有成员国开放。

(1) 大会(Assembly)。大会由全体会员国组成,是 IMO 的权力机构。它每两年举行一次会议,主要职权是:选举大会主席、副主席和理事会理事;接受并审议理事会的报告,对理事会提出的问题作出决定;批准本组织的工作计划,通过预算,审查开支;确定设置临时或永久性机构;建议各会员国接受和采用有关海上安全、防止污染等方面的规则或准则;考虑发展中国家的特别需要,为促进技术合作采取适当的行动;对召开国际会议或通过国际公约及其修正案作出安排。

(2) 理事会(Council)。理事会由大会选出的40个理事国组成,任期2年。选举要求是:其中10个理事国(A类)应是在提供国际航运服务方面有最大利害关系的国家;其中10个理事国(B类)应是在国际海上贸易方面有最大利害关系的国家;其余20个理事国(C类)是在国际航运方面有特别利害关系的国家。

理事会是 IMO 的执行机构,负责监督该组织的工作,在大会休会期间行使大会的职权。其主要职权是:协调该组织各个机构的活动;审议该组织的工作计划和财务预算草案,并提交大会审议;管理各委员会提出的报告和建议案,研究提出意见后提交大会;投票选举秘书长,并报请大会批准、任命等。

(3) 海上安全委员会(Maritime Safety Committee, MSC)。IMO 是一个技术性组织,其绝大多数工作是由各委员会及下属的分委员会进行的。MSC 是 IMO 开展技术工作的委员会中最早的一个,也是最大的一个,担负着该组织技术工作的主要任务。MSC 对所有成员国开放(即所有成员国均可参加该委员会的活动)。MSC 每年召开1~2次会议,向理事会提出有关海上安全的规章草案及修正案草案,并提交上次会议以来的工作报告。

MSC 视工作需要下设若干分委员会,其名称分别表明各自的任务。各分委员会每年召开1~2次会议,亦对所有成员国开放,开会期间还根据议题需要分别设立一些工作小组协助工作。

(4) 海上环境保护委员会(Marine Environment Protection Committee, MEPC)。MEPC 是从 MSC 下属的海上防污染分委员会发展起来的,于1973年设立。该委员会的主要职责是:审议 IMO 范围内有关防止和控制船舶对海上环境造成污染的任何事宜;制定和修改管理规章和指导原则;督促各成员国采取适当措施;鼓励各有关国家实行区域合作;向各成员国特别是发展中国家提供科学技术和资料。该委员会每年至少召开1次会议,讨论各项议案并采取行动。

MEPC 的成立和积极开展工作,使得 IMO 的中心工作在增进海上安全的基础上扩及保护海上环境。

(5) 法律委员会(Legal Committee)。法律委员会成立的目的是处理1967年发生的“托雷·卡尼翁”号油船触礁沉没并引起最严重的海上污染事件所涉及的法律问题,一开始它是理事会的附属机构,后来在1975年第九届大会上决定其成为与 MSC 及其他委员会并列的常设委员会。它负责审议 IMO 范围内的所有法律事务,向理事会提交有关船舶和航运的法律责任方面的国际公约和规则的草案并向理事会报告工作。它每年召开1~2次会议。

(6) 技术合作委员会(Technical Co-operation Committee)。技术合作委员会原来是理事会的一个附属机构,后来在1977年第十届大会之后成为与 MSC 等具有同等地位的委员会。在联合国系统内,IMO 是第一个在公约中正式承认技术合作委员会的组织,由此可见该组织工作中技术援助的重要性。技术合作委员会每年召开1~2次会议，它的主要职责是审议技术合作项目及有关事宜，利用联合国计划开发署和其他国家自愿提供的资金进行技术援助，如帮助发展中国家培训船员、派遣专家进行技术指导、提供教学科研设备和资料等。世界海事大学的开办就是一个例子。

(7) 便利运输委员会(Facilitation Committee)。便利运输委员会是理事会设立的一个附属机构，负责就便利海上运输问题向理事会提出意见，并向秘书长提供各国执行国际便利海上运输公约的情况。便利运输是指减少船舶进出港口和码头时的手续和简化有关文件。该委员会亦向所有成员国开放。

(8) 秘书处(Secretariat)。秘书处由IMO秘书长、副秘书长，MSC秘书及该组织认为必要的人员组成。秘书长是最高行政负责人，由理事会任命并经大会核准。秘书处负责保存和保管执行IMO各项任务所必需的文件、记录和报告，并负责处理日常事务。秘书长负责向理事会提交年度财务决算和两年度财务预算，负责把IMO的活动情况通知各成员国，还负责执行大会、理事会和各技术工作委员会作出的决议。

IMO的工作语言为汉语、英语、法语、俄语和西班牙语。

4. 工作与活动

IMO的主要活动内容及其工作成绩可概括为：自它诞生以来通过了一系列关于海上安全，防止污染和其他事务的国际公约和议定书，及其与之相关的规则和建议案。开展技术合作也是一个重要内容。

一般来说，各委员会或分委员会进行制定国际公约的初期工作，所产生的文件草案提交国际会议讨论。IMO邀请联合国所有成员国(包括非IMO成员国)参加国际会议。国际会议通过最终文本并交各国政府批准。一个已经通过的文件要满足一定的条件(一定数目国家的批准)才能生效。一般来说，公约越重要，生效的条件越严格。为尽快使公约生效，现在采用"默示生效"程序，即到某一时间无一定数目成员国反对，公约即生效。各缔约国有义务实施公约的规定。

除公约和其他正式条约文件外，IMO还通过数百个涉及面广泛的建议案。鉴于一些重要事务不宜作为规定列入公约成正式条约文件，于是便形成规则、指南和推荐做法等建议案。这些建议案一般以大会决议附件形式出现，用来补充和促进实施公约的规定，或用以保证各国统一解释和应用公约的规定。它们对各国政府无法律约束作用，但为各国制定国内法规提供指导作用。事实上许多国家已把这些建议案中的规定编入国家的法律和规章中加以应用。

IMO与另外30多个政府间国际组织有正式合作协议，还与40多个非政府间(民间)国际组织有咨询关系。他们能以观察员身份参加IMO各机构(包括委员会，分委员会)的活动。这些国际组织广泛地代表海运、法律和环境各界，通过提供资料文件和专家建议与意见为各机构的工作作出贡献。但是，这些组织在IMO的任何机构中或会议上无表决权。

IMO不断适应新形势和新要求积极努力地工作和开展活动。在早期，工作重点是制定国际公约和规则，而后工作重点是保证已通过的国际公约和规则等能够尽快生效并确实得到实施，因而各国政府集中精力有效地保证现有法规确实得到实施对于IMO工作的成功是至关重要的。近年来，导致海运事故的原因中85%与人的因素相关。IMO在管理上的革命是将管理重心由硬件和技术延伸至人的因素、由海上伸向陆地；为解决事故中的人的因素影响，不但加强对船舶的管理，而且加强对船舶所属船公司整个系统的管理。

5. 我国与IMO的关系

1948年联合国国际海运会议通过《政府间海事协商组织公约》之后，1958年中国台湾当局以中国的名义承认该公约,参加这一组织。1971 年 10 月 25 日第二十六届联合国大会宣布承认中华人民共和国政府是代表中国的唯一合法政府之后,1972 年 5 月 23 日海狭两岸关系协会(海协)第二十八届理事会通过决议,“承认中华人民共和国政府是有权在政府间海事协商组织中代表中国的唯一政府”,当年派其秘书长来我国访问并磋商我国参加海协事宜。1973 年 3 月 1 日我国正式参加海协。在 1975 年该组织第九届大会上,我国当选为理事会成员国。在 1989 年该组织第十六届大会上,我国当选为 A 类理事国,现已成为世界上公认的 10 个航运大国之一。

二、交通运输部海事局

经国务院批准,中华人民共和国海事局(交通运输部海事局)已于 1998 年 10 月成立。交通运输部海事局是在原中华人民共和国港务监督局(交通安全监督局)和原中华人民共和国船舶检验局(交通部船舶检验局)的基础上合并组建而成的。交通运输部海事局为交通运输部直属机构,实行垂直管理体制。根据法律、法规的授权,交通运输部海事局负责行使国家水上安全监督和防止船舶污染、船舶及海上设施检验、航海保障管理和行政执法,并履行交通运输部安全生产等管理职能。

目前交通运输部海事局直属分支机构共有 14 个:黑龙江、辽宁、河北、天津、山东、江苏、上海、浙江、福建、广东、深圳、广西、海南和长江海事局。

复习思考题

1. 人类与海洋存在怎样的关系?
2. 防止船舶造成海洋污染有何意义?
3. 为什么说海洋经济是世界经济新的增长点?
4. 为什么说世界和中国海洋环境污染日趋严重?
5. 船舶对海洋的污染有哪些特点?
6. 近年来我国海洋发生的船舶污染事件现状如何?
7. 海洋船舶防污染的主管机关,国际、国内分别是哪个?
8. 国际海事组织(IMO)的目标是什么?
9. 目前交通运输部海事局的直属分支机构有哪些?

第二章　船舶造成的海洋污染

污染海洋的污染物和污染源来自各个方面，包括陆源污染、船舶污染、海洋倾废污染和人类海底活动引起的污染。船舶污染是海洋污染的主要原因之一。船舶污染的污染源主要有：船舶正常营运中产生的废弃物污染；船舶事故造成的污染；船舶海上倾倒废弃物造成的污染；船舶修造、打捞和拆解造成的污染等。本章讨论船舶在正常营运中产生的废弃物的污染和船舶事故造成的污染。

就目前而言，船舶在正常营运中造成的主要污染物有以下7个方面：①船舶石油运输所造成的石油污染；②散装液体化学品运输所造成的散装有毒液体物质污染；③包装危险货物运输所造成的包装有害物质污染；④船舶生活污水污染；⑤船舶垃圾污染；⑥船舶对空气的污染；⑦船舶压载水和沉积物污染。

显而易见，①～③是指船舶运输的货物所引起的污染，而④～⑦是船舶废弃物所引起的污染。船舶航运过程中对海洋环境的污染途径如图2－1所示。

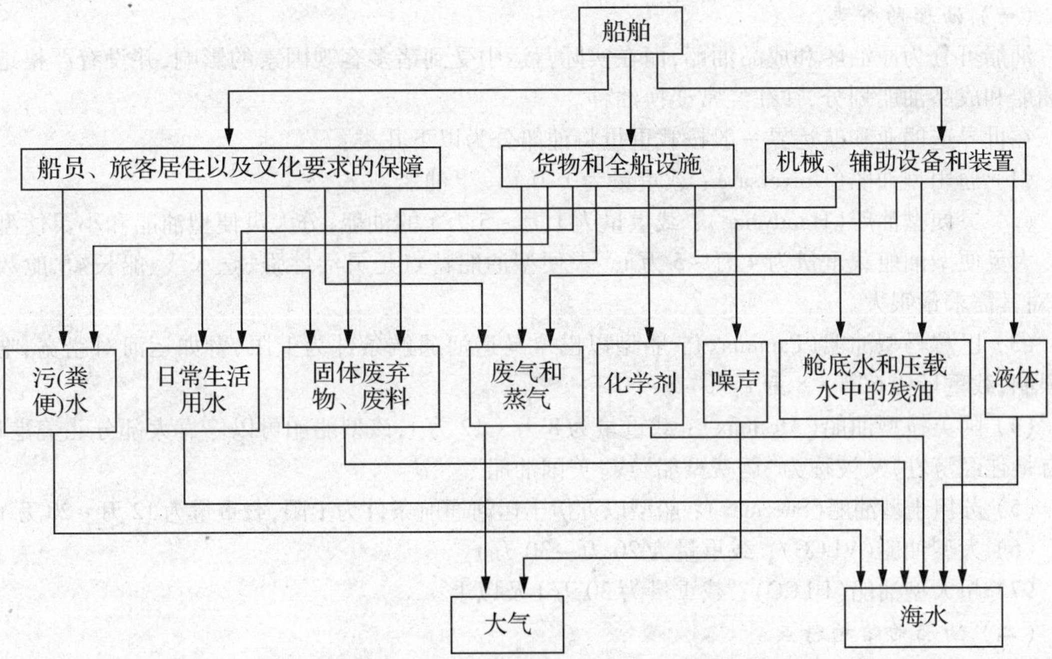

图2－1　船舶航运过程中对海洋环境的污染途径

第一节　船舶石油运输所造成的油污染

一、油船

由航运引起的石油对海洋污染的危害程度取决于石油在海上的运输量、运输距离和集装程度，营运油船的数量和尺度，以及油船和石油码头的操作技术标准。

世界各地的石油储量分布极不均匀，中东占55%，亚洲其他地区占17%，非洲占10%，南美占6.5%，北美占6%，欧洲占4%，澳大利亚占3%，日本和西欧石油十分缺乏，美国石油需要量的1/4需要进口。这就要依靠运输，而海上运输是主要手段。再则，由于复杂的经济方面的原因，形成了既不在石油产地又远离消费区的地方建立石油加工厂的趋势。这不仅导致海上运油量的急剧增加，而且从本质上改变了海上运输特性。在海上运输的石油成分中，原油运输量也逐年增加。原油是更稳定的污染源，这就进一步增加由航运引起海洋污染的潜在危险。

油船运输发展的一个特点是吨位结构的变化。越来越多地使用大型油船（Very Large Crude Carrier, VLCC）、超大型油船（Ultra Large Crude Carrier, ULCC），是因为由它们运输的每吨石油的基本投资和经营费用比传统中等尺度的油船要低，使用VLCC和ULCC运输比较经济，具有较好的竞争能力。

（一）油船的种类

油船可分为原油船和成品油船，而在实际营运中受到诸多客观因素的影响，并没有严格地按原油船和成品油船划分，往往经常变换油种。

在世界造船业和航运界一般按载重量将油船分为以下几类：

（1）通用型油船（Universal）：载重量为1万t以下油船。

（2）灵便型油船（Handysize）：载重量为1万~5万t的油船，分大灵便型油船和小灵便型油船。大灵便型油船载重量为4万~5万t。灵便型油船特点是灵活性强、吃水浅、船长短、舱数量多，对其需求量很大。

（3）巴拿马型油船（Panamax）：船型以巴拿马运河通航条件为上限，譬如运河对船宽、吃水的限制，载重量为6万~8万t。

（4）阿芙拉型油船（Aframax）：载重量为8万~12万t，该型船舶可以停靠大部分北美港口，具有最佳经济性，又被称为“运费型船”或“美国油船”。

（5）苏伊士型油船（Suezmax）：船型以苏伊士运河通航条件为上限，载重量为12万~20万t。

（6）大型油船（VLCC）：载重量为20万~30万t。

（7）超大型油船（ULCC）：载重量为30万t及以上。

（二）油船的结构特点

（1）油船的总布置特点：①艉机式船；②隔舱的划分，即货油舱与其他部分相隔而形成的一个整体；③舾装及甲板设备、舱口盖、舱口的观察孔、烟门等处设有防火网、火星熄灭器，甲板上的机械设备采用蒸汽为动力，步桥下安装甲板管路系统。

（2）油船的结构特点：①单层纵通甲板，货油舱为单层或双层底结构；②构件之间的连接性、强度要求高；③高腹板桁，另加外筋和防倾肘板；④槽形的货油舱壁；⑤涂防腐层；⑥惰性气体系统(Inert Gas System, IGS)。

(3) 油船专用泵：如货油泵、扫舱泵、压载泵。

(4) 货油系统：为装卸货油服务的设备和系统,包括货油管路、扫舱管路、货油加热系统、货油洗舱系统、货舱透气系统。

(5) 装卸自动化：一般阀类的开闭、专用泵的运行、货油及压载水的液面高度和舱内压力、船舶吃水差的测定等,均采用自动控制。

(6) 防火防爆系统：船上设置的灭火系统,包括水及水雾灭火系统、二氧化碳灭火系统、泡沫灭火系统、干粉和卤素灭火系统,并利用惰性气体控制油气或氧气的含量。

(7) 石油装卸作业：装卸货油时,必须按规定的作业程序进行。

(8) 油船的安全运输：主要包括防止燃爆、防毒和防止石油污染等。

二、石油及其制(产)品

石油是埋藏在几百至几千米地层下的一种油状液体物质。未加工的石油叫原油,原油经炼制加工所得到的产品称为石油制(产)品,也叫成品油。

在 MARPOL 73/78 附则Ⅰ——防止油类污染规则中,“油类”的定义为包括原油、燃料油、油泥、油渣和炼制品在内的任何形式的石油。但不包括石油化学品和液化气类物质。在该附则的附录Ⅰ中列出不完全的 8 小类、共 44 种油类名单。

《国际油轮及油区安全指南》(IOTTSG)以石油的挥发性和燃烧性作为主要依据,根据不同的蒸气压和闪点将各种液体石油分为非挥发性和挥发性石油两大类。但是,从安全操作看,挥发性石油不一定具有蓄积静电的特性,而非挥发性石油并非一定不蓄积静电。因此,将挥发性、燃烧性与静电特性合并考虑才更全面。

(一) 石油

1. 原油的组成

原油是含有 1~60 个碳元素的约 500 多种有机化合物组成的混合物。据分析,种类繁多的化合物仅由不到 20 种元素所组成。其中,主要是碳和氢,其次是氧、氮、硫等。

2. 原油的特性

原油的运输包括装卸、洗舱、计量、管理、安全、防污等,这与原油的特性有密切关系。原油与运输有关的特性如下。

(1) 与计量有关的特性主要指：密度(ρ)、密度温度系数(γ)、体积温度系数(f)、比重(d)、浮力修正值(B)、体积系数(k)等。

(2) 原油的危险特性是用闪点、燃点、爆炸极限、静电、蒸气压、TLV 和 MAC 等描述的。

(3) 与装卸管理有关的特性包括：胀缩性、黏结性、低温流动性、稳定性和相溶性等。

(二) 石油制(产)品及其特性

(1) 石油制(产)品：原油经脱盐脱水后送到炼油厂,进行分馏和加工(二次加工)得到的制(产)品,叫石油制(产)品,如汽油、煤油、柴油、喷气燃料、燃料油、润滑油、石蜡、沥青等。

(2) 石油制(产)品的特性：石油产品易燃、易爆和有毒性,某些还具有易蓄积静电的特性。应该指出,清油是轻质组分,挥发性强,因此,闪点低、易燃、易爆、毒性大。而黑油如重燃料油是重质组分,危险性较前者次之。但是,不论是原油还是石油制品对海洋都具有污染性。当然,其中所谓的持久性油类,如原油、重燃料油等危害性更大。在以后介绍的防止船舶造成污染法规中,不同的法规常有自己油类的适用范围。

（三）石油及其制品分类

1. 通常分类

常用油品大体上可以分为以下两大类。

（1）燃料油类（动力燃料）。①汽油：分航空、车用和溶剂汽油等多种。②煤油：分灯用煤油、动力煤油和矿用煤油等。③柴油：分轻柴油和重柴油。轻柴油供各种高速柴油机（转速为1 000 r/min以上）作燃料用；重柴油供中速和低速柴油机作燃料用。④燃料油：又叫重油或锅炉油，是原油蒸馏出汽油、煤油、柴油后在350 ℃以上直接蒸馏得到的油品（并经精制除杂），供船舶、工业和工厂锅炉作燃料用。

此外，还包括沥青、石油焦、液化石油气（LPG）等产品。

（2）润滑油类。①润滑油：是提取了汽油、煤油、柴油后剩下的重质油，采取减压蒸馏法制成的液体油品，主要用于机械设备的摩擦部位，起润滑作用，还可起冷却、密封、淬火、防锈、电气绝缘等作用。②润滑脂：是一种半固体的膏状物，用于机械的摩擦部位，起润滑和密封的作用。

2. 从运输角度分类

运输中常把石油产品分为“白”油和“黑”油两类。因此装载成品油的油船也分为白油（清油）油船和黑油（污油）油船。一般来说，白油是灰色或淡色的精制品，是轻质馏分；黑油则反之，是重质馏分。尽管润滑油的比重较大，与黑油相近，然而它需要在尽可能纯净的状态下运输，因此，被列入清油中。

3. 从污染赔偿角度分类

从油类对海洋环境的污染程度、油污损害赔偿角度可将油类分为持久性油和非持久性油。

（1）持久性油类（Persistent Oils）。持久性油类包括原油、燃料油、重柴油、润滑油和鲸油（由于海上运量少，并无多少实际意义，IMO 在制定《1969 年国际油污损害民事责任公约》（International Convention on Civil Liability for Oil Pollution Damage, 1969），简称《1969 年责任公约》（CLC 1969）的1984 年议定书时，把“鲸油”一项删去）。“持久性”一词是指老化过程的速度，如蒸发、氧化、溶解和生物降解的速度慢，又与高温和波浪作用有关。黏块、薄膜、低温、掩蔽海域、平静水域或埋藏的油持久性增加，消失速度随风速、温度及油的种类而定。残余海面上的油其密度高于原始的油，大多数原油在溢出的最初24 h 内损失其体积的一半，而重质燃料油几乎不会挥发，即使在溢出几天后也很少蒸发，轻质的精制产品，如汽油、煤油、轻柴油在几小时内几乎全部蒸发消失，但在港口和码头封闭水域将增加火灾危险性。

（2）非持久性油类（Non-persistent Oils）。非持久性油类指持久性油以外的任何油类。非持久性油类主要是轻质油，包括汽油、石脑油、煤油和轻柴油等，由于这些油中低沸点组分比例大，容易蒸发，通过蒸发油较快地从海面上消失。

美国关于“持久性油类”的定义为：是指不符合非持久性油类标准的石油炼制品，按比重可分为以下几类：①第2类比重小于0.85；②第3类比重大于0.85，小于0.95；③第4类比重大于0.95，小于1.0（包括1.0）；④第5类比重大于1.0。

“非持久性油类或第1类油”是指石油衍生物，在进行船运时，烃含量为：①在340 ℃（645 ℉）蒸馏，至少占50%的体积；②在370 ℃（700 ℉）蒸馏，至少占95%的体积。

三、船舶造成石油污染的途径

船舶运输给海洋带来的石油污染来源有：操作性排放（也可称营运性排放）、事故性排放、船舶装卸油过程中的跑冒滴漏和船舶的应急排放。而前两种为主要来源。

（一）船舶正常营运中含油污水的排放

船舶正常营运中含油污水的排放引起的污染，又叫操作性污染。具体分为以下几种。

1．压载水

油船卸油后在回程途中，为保证规定的适航性，避免砰击现象或空船振荡，必须加装压载水。沿海油船所需压载水量为总载油量的 20% ~25%，远洋油船为 35% ~40%，恶劣天气为 40% ~50%，特殊情况下高达 50% ~60%。货舱卸货后含有大量残油，约占载货量的 0.2% ~0.5%，有的高达 0.5% ~1%。加入压载海水或淡水，与残油混合形成含油污水，其中主要含油和泥，也有少量的酚，含油浓度达 0.3%，即 3 000 ppm（1 ppm = 1 mg/kg = 1 mg/L = 1×10^{-6}）。

专用压载舱（Segregated Ballost Tanks，SBT）内的压载水不含油分，可按有关规定排放，而清洁压载水和额外压载水（脏压载水）中含有油分。按油在污水中存在的状态，一般分为浮上油、分散油和乳化油 3 种。

（1）浮上油：油粒粒径大于 50 μm 的油粒，经静止一段时间后，能自行上浮到水表面形成油膜，当油膜厚度大于 1 mm 时，可明显看到油污水表面变成褐色或黑色油层。此种油占压载水含油量的绝大部分。

（2）分散油：油粒直径较小，一般在几十微米（10 ~50 μm），分散在水中，经较长时间静止后，粒径较大的油粒才能与水分离上浮到表面，多数粒径较小的油粒，在压载舱存留这段时间内，不能与水分离上浮到表面，一直是分散在水中。若采用油水分离器、吸附过滤等装置可使油水分离。

（3）乳化油：油粒粒径小于 10 μm 的油粒由于使用界面活性剂或机械作用使油乳化与水形成稳定的乳化液，这种乳化液仅靠静止难以与水分离。

压载水的油污水与洗舱水、舱底水相比，乳化程度低，而且油的品种纯，不如舱底水的含油量高而复杂。

2．洗舱水

油船货舱内结构复杂，舷侧壳板、舱壁、顶板和舱底等处留有残油，当油船调换装油油种或进厂修理时，要洗掉舱壁和底板上的残油，故而产生洗舱含油污水。一般油船一年中洗舱 6 ~8 次，故而产生大量洗舱水。早期使用水洗舱，一艘 2 万吨级的油船洗舱水量每次需 4 000 t，占载重量的 20% 左右。洗舱水中主要含油、泥、铁锈和少量的酚。含油量平均为 3%（30 000 ppm）。我国“巢湖”号油船，载重量为 92 000 t，用 15 000 ~20 000 t 海水洗舱，洗除污油 250 t，污泥逾 300 t，其含油量为 1.25%。洗舱水排出舱外，有可能造成污染。

3．（机舱）舱底水

又叫机舱水，是机舱内各种闸阀和管路中漏出的水与机器在运转时漏出的润滑油、主辅机燃料油、加油时溢出的油、洗刷时流出的油等混合在一起的含油污水。水中成分复杂，水和机械杂质占 20% ~25%，其余是油，呈酸性，色黄（铁锈），味臭。含油量差别较大，大约在 20 000 ~50 000 ppm。一艘船舶机舱舱底水的年发生量为该船总吨位的 10% 左右。

机舱舱底水中的油一般也呈三种物理状态，即浮上油、分散油、乳化油。机舱舱底水需经油水分离器分离达到排放标准以后排放入海，或排到岸上污水处理接收站和污水接收船。

4．残油

残油几乎全部产生于机舱，如燃油与滑油分油机排出的残油和水分、油水分离器分离出来的油、柴油机扫气箱放出的废油等。20 世纪 80 年代以来，由于进一步采用劣质燃料油，油渣量由 20 世纪 70 年代的 0.4% ~0.5% 提高到 1% ~3%。据此计算，中远集团拥有和控制近800艘各类商船,每年耗油200万t以上,其所产生的油渣量是一个不容忽略的数量。废油、油渣按国际防污公约规定可在船上用焚烧炉烧掉,或存在污油舱中,当抵港时交岸上装置处理。

据IMO的一份出版物估计,每年由各种污染源排入海洋环境的石油总量至少有320万t,其中由于运输损失每年入海的有147万t,包括卸油后留在船上的残余货油以及粘在舱壁上的货油每年70万t,机舱油污水和燃油残渣排放的石油每年为30万t。因此由于操作性排放入海的石油约占入海石油总量的33%。

(二)油船海难事故造成的重大溢油

这种排放大多由事故引起,包括搁浅、碰撞、触礁、爆炸以及火灾等各种海损事故,所载货油部分或全部溢入海中。重大恶性航行事故导致油类溢出,经常使局部海域发生严重的污染,甚至发生生态灾难。世界上每年有几百艘船舶发生事故,惊天动地的也有若干艘。一艘现代化大型油船所发生的事故性排放对海区的污染影响,比以往50年内世界全部船队所造成的污染还要大。现在每年因船舶事故性排放入海的石油量约为50万t。

在1977年召开的第七届海洋环境保护会议上,议定船舶溢油量超过100 t/次为重大溢油事故,现在已经调整为50 t/次。

交通运输部海事局统计表明,从1978年至2000年,发生在我国沿海的溢油量50 t以上的重大事故共46起,溢油总量达17 941 t。其中,从1994年至2001年,深圳海域发生船舶溢油事故共53起,年溢油量超过1 000 t,最大溢油量达200 t;据辽宁海事局统计,从2007年至2011年,辽宁海域共发生船舶污染事故73起,溢油量310 t。以下为近年来发生在我国的重大油污泄漏事故:

(1) 1999年3月24日,珠江口,"闽燃供2"号船与"东海209"号船碰撞,溢出重油590 t,污染海域达300 km^2,使珠海市海洋养殖场、风景旅游区、红树林等环境敏感资源受到严重污染。

(2) 2001年6月,超大型油船"沙米敦"号在距离青岛80 n mile处抛锚,船底出现4 cm长的裂缝,发生泄漏事故。

(3) 2002年11月,渤海湾,"塔斯曼海"油船发生碰撞事故,大量原油泄漏到海面,经评估,环境经济损失达1亿多元。

(4) 2003年8月5日,上海黄浦江上游的吴泾热电厂码头,中海集团所属"长阳"号被撞,溢油85 t,污染8 km岸线。

(5) 2005年4月3日,装有12万t原油的葡萄牙昂迪玛运输公司所属的"阿提哥"号油船,在大连新港附近海域意外触礁搁浅,船舶右倾并发生溢油事故。虽经有关部门应急围控、清除和回收,有效地减轻了污染,但仍有大量原油向周边海域扩散,共污染了220 km^2的养殖海域。

(6) 2008年11月1日,上海里港张华浜2号泊位,外轮"海丰联豪"发生油舱透气管溢油事故。上海吴淞海事处立即启动溢油应急预案,组织力量进行现场溢油调查和清污工作,采取措施对溢油进行污染控制和清除。

国际油轮船东污染联合会(International Tanker Owner Pollution Federation, ITOPF)统计了全世界1970—2002年度发生的全球油船的意外泄漏事件(不包括战争行为所造成的泄漏),见表2-1。

表 2-1　1970—2002 年度发生的重大泄漏事件

船名	泄漏年份	泄漏地点	泄漏量/10^3 t
Atlantic Empress	1979	Off Tobago, West Indies	287
ABT Summer	1991	700 nautical miles off Angola	260
Cast illo de Bellver	1983	Off Saldanha Bay, South Africa	252
Amoco Cadiz	1978	Off Brittany, France	223
Haven	1991	Genoa, Italy	144
Odyssey	1988	700 nautical miles off Nova Scotia, Canada	132
Torrey Canyon	1967	Scilly Isles, UK	119
Sea Star	1972	Gulf of Oman	115
Irenes Serenade	1980	Navarino Bay, Greece	100
Urquiola	1976	La Coruna, Spain	100
Hawaiian Patriot	1977	300 nautical miles off Honolulu	95
Independenta	1979	Bosphorus, Turkey	95
Jakob Maersk	1975	Oporto, Portugal	88
Braer	1993	Shetland Islands, UK	85
Khark 5	1989	120 nautical miles off Atlantic coast of Morocco	80
Prestige	2002	Off the Spanish coast	77
Aegean Sea	1992	La Coruna, Spain	74
Sea Empress	1996	Milford Haven, UK	72
Katina P.	1992	Off Maputo, Mozambique	72
Exxon Valdez*	1989	Prince William Sound, Alaska, USA	37

注：* Exxon Valdez 的泄漏量大概仅排在第 35 位，但因其影响大，所以列入此表中。

（三）船舶装卸油过程中的跑、冒、滴、漏造成的油污染

此类油污染发生于港口船舶正常作业期间，如装货、卸货和驳油。有人曾经统计过，每装卸 1 t石油将损失 10 g 左右。尽管每次损失的油量不多，但发生油污的次数多（频率高），因此损失的总量就很大。以上海港为例，1978—1984 年在 1 013 次油污事件中，因供受油作业引起的油污事件有 370 次，占总油污事件的 37%。发生的原因大多是责任心不强、技术不熟练、供受双方联系不够、管理混乱等，或者是环境设备方面的原因，如船体倾斜、气温低、油管冻结、输油管老化、法兰头脱离等。1975 年，大连港水域因装油发生污染事故 44 起，其中跑油事故 38 起；1980 年跑油事故 33 起。

国际油轮船东污染联合会统计了全世界 1974—2002 年度发生的油船溢油原因，见表 2-2。

表 2-2 1974—2002 年度油船溢油原因分析 10^3 t

泄漏原因		泄漏量			泄漏总量
		<7 t/次	7~700 t/次	>700 t/次	
操作	装油/卸油	2 772	301	17	3 090
	供油	542	25	0	567
	其他操作	1 167	47	0	1 214
事故	碰撞	164	260	87	511
	搁浅	222	203	107	532
	船体失效	563	77	44	684
	起火及爆炸	150	16	19	185
其他		2 221	165	38	2 424
泄漏总量		7 801	1 094	312	9 207

从上述数据可以总结出以下几个现象：

（1）约85%的泄漏事件的泄油量小于7 t。

（2）30年来，泄油量超过700 t的重大泄漏事件显著减少，20世纪90年代的次数只有20世纪70年代的1/2左右。

（3）为数很少的重大泄漏事件的泄漏量占当年总泄漏的大部分。

（4）大部分泄漏事件发生在港口和供受船的日常操作中。

（5）在日常操作中，约92%的事故的泄漏量小于7 t。

（6）在碰撞和搁浅造成的事故中，接近50%都是泄油量超过700 t的重大泄漏事件。

（四）应急排放

为施救船、货或遇难者而进行的排放。

为防止船舶石油污染，IMO制定MARPOL 73/78附则Ⅰ——防止油类污染规则，我国也有类似的规定。

四、油污染对海洋环境的影响

石油进入海洋后造成的危害是非常明显的，它对海洋生物、渔业、海水养殖业和人类的海岸活动都有重大的影响。

1. 对海洋生物的影响

石油及石油产品对海洋生物的影响，依油种和成分而有所不同。通常成品油毒性高于原油，低分子烃类毒性大于高分子烃类。各类烃的毒性一般按芳烃、烯烃、环烃、链烃的顺序依次降低。对生物的影响主要是破坏细胞膜的正常结构，干扰生物体内酶系的正常代谢。

生物被油膜覆盖，窒息缺氧而死亡，石油的特殊气味对敏感的生物有伤害作用，影响生物洄游路线，对初生和幼体生物更有伤害作用。生物接触油污会引起中毒而死亡。当水中石油含量达到0.1 ppm时，低级微生物机体组织就会受到破坏。生物暴露在低沸点饱和碳氢化合物或某些非碳氢化合物、芳香族碳氢化合物的包围中，因其具有挥发性毒性也会使生物中毒死亡。非致死剂量的石油进入生物体会降低对传染病和外界刺激的抵抗能力。

这些危害可能会破坏生态平衡，增加生物体中的毒性积累。低水平油污可能会中断生物群落繁殖、破坏食物链中的某个环节、破坏高级生物的食物来源、破坏海洋生物资源营养价值。石油中的毒性会在生物体内积累，使生物和人类食物中混入芳香族碳氢化合物致癌物质。

进入海洋环境的石油，在氧化和溶解过程中可能导致海水中的溶解氧含量急剧下降、CO_2 和有机物质含量的增高。通常 1 L 石油完全氧化需要消耗 400 000 L 水中的溶解氧。因此，一起大规模的油污染事件能引起大面积海区严重缺氧，对海洋生物造成严重危害。

聚集在海上或海岸线上繁殖、进食或换羽毛的鸟类对油污特别敏感。这些鸟包括海雀、海鸥和野鸭，而其他更多独居的鸟类如靠潜水寻食的鹈鹕、鸬鹚和塘鹫也会受到影响。虽然它们整理羽毛时吸入油也会死亡，但大多数情况是油使它们的羽毛脱落，然后溺水、饥饿和失去体温而死亡，这是因为粘上油的羽毛和羽绒会失去防水和隔热性能。石油对鸟蛋及其孵化率也有很大影响。海洋油污染常常造成海鸟的大量死亡 1974 年智利麦哲伦海峡溢油事故使几千只海鸟丧命。

海洋油污染对成鱼并不产生明显的危害，这是由于成鱼能迅速从油污染海区游走。但是毒性大的燃料油却能大量杀死鱼类。油污染对幼鱼和鱼卵的危害最大。油膜和油块能粘住大量鱼卵和幼鱼，在油污染的海水中孵化的幼鱼大部分是畸形的。

油渗入沉积物之后可能在局部区域持续存留数年，玷污海产品而不产生致命影响。被风化的油会积聚于沉淀颗粒物中并沉入海底，可能损害海底生物。

2. 对渔业和海水养殖业的影响

海上溢油可能直接损害捕捞或养殖海洋生物的船舶和工具，漂浮设备和散布于海面的固定渔网最容易被浮油污染，而潜在海底的渔网、渔笼、电缆和海底拖网通常是可以免遭其难的，只要不将这些器械在油污染海面升起，但有时仍然会受到沉淀油的影响。

人工养殖的海洋生物如海水养殖场的鱼、虾最容易受到溢油威胁。自然淘汰被污染的设备可以防止海产品免受污染，因玷污上石油的养殖设备会成为扩散石油组分和污染海洋生物的污染源。养殖的海藻在感潮区特别容易受损害，因其在海水退潮时会受到油污染。

3. 对海岸活动的影响

依靠连续供应清洁海水进行正常作业的工业部门可能会受到海上溢油事故的不利影响，特别是热电厂最易受到影响。发电站通常选址在海边，以获得大量冷却水。如果冷却水中混入油液，整个装置会被污染，这将影响装置的安全运行，导致停工。海水淡化装置的正常作业也会由于油污染而停止工作，影响对用户供水。

有滑道和干船坞的修、造船厂也会受到溢油影响，使未干油漆或新油漆的表面受到损坏，并对工作环境产生污染。溢油和溢油清除作业也会干扰航运，特别是溢油发生在港湾和港口入口处时。安置围油栏或关闭闸门来遏制油污染，这样就延误船舶运输。突堤码头及系泊缆绳和船体受到直接污染也是常常发生的事。

码头的其他日常活动如渡船服务和船坞作业等都可能受到溢油事故的干扰，特别是轻原油、汽油或其他易燃物质溢出后。当火灾危险还存在，焊接和使用可能产生火花的机械必须停止工作。溢油可能引起火灾与爆炸，致使繁忙的港口中即使发生不大的溢油事故都可能受到较大的影响。

许多溢油事故的共同特点是：使海岸的旅游避暑胜地受到污染，影响人们游泳、划船、钓鱼、跳水等娱乐活动，旅馆和饭店经营者和以旅游贸易谋生者也会受到影响。尤其是在旅游季节到来之前或旅游旺季之中，不易挥发的油液及其残余物滞留在海滩上是最令人厌烦的事情。

第二节　散装液体化学品运输所造成的有毒液体物质污染

液体化学品起初是装在木桶或其他桶中在海上运输的。20 世纪 50 年代开始，将液体化学品散装于船舶舱内运输。由于许多化学品是危险或有毒的，考虑到陆上运输对人类的危害和对环境的影响，货方和船方都认识到，用化学品液货船从海上一次就能将大量的液体化学品远距离地、迅速地、安全地运送到目的地，因而，散装液体化学品的海洋船舶运输逐步得到发展，突出表现在化学品液货船的发展和运输的散装液体化学品种类及数量的发展上。但是，与此同时，散装运输的液体化学品中的有毒液体物质，通过各种途径也造成对海洋的污染。虽然进入海洋的有毒液体物质的量没有石油大，但是，有毒液体物质的毒性普遍比石油大，对海洋生物和海洋环境造成严重危害。因此，这种有毒液体物质污染很快引起了人们的关注。到了 1973 年，国际上开始制定相应的法规对有毒液体物质污染进行控制。那么，散装液体化学品运输是怎样造成有毒液体物质污染的呢？从以下几个方面分别介绍。

一、化学品液货船

（一）化学品液货船的概念

化学品液货船系指建造或改建用来装运各种散装有毒的、易燃的或有腐蚀性的液体化学品物质的船舶。这些物质是《散装运输危险化学品船舶构造和设备规则》（《散化规则》或 BCH Code）第 6 章或《国际散装运输危险化学品船舶构造和设备规则》（《国际散化规则》或 IBC Code）第 17 章所列出的，必须满足它们最低要求的物质。

从 20 世纪 50 年代开始，美国和日本先后将油船改装成化学品船来运输散装液体化学品物质。此后，化学品液货船发展迅速，到 1972 年已达 233 艘，总载重量为 50 万 t；1981 年为 716 艘，总载重量为 261.9 万 t；1985 年为 1 297 艘，701 万总吨，总载重量为 1 120 万 t；1990 年 7 月底为 945 艘，总载重量为 62 023 万 t；至 21 世纪初期已发展到 1 500 多艘。据英国德鲁里（Drewry）航务咨询公司统计，截至 2006 年 4 月底，全球液体化学品船共计 2 831 艘，总载重量为 5 561 万 t。我国自 20 世纪 70 年代末期开始发展散化船运输，1983 年有 2 艘散化船，载重量为 1.5 万 t，至 1991 年初已有 7 艘，至 21 世纪初期已发展到 20 多艘。我国液体化学品运输企业规模普遍偏小，船舶也小，且主要分布沿海和长三角地区，整体运输能力相当有限。截至 2005 年底，国内沿海跨省运输的液体化学品船共计 127 艘，总载重量为 240 356 t。

（二）化学品液货船的分类

化学品液货船是液货船的一种。液货船的分类比较复杂，它包括油船、成品油液货船、多品种共装液货船、化学品液货船、液化气船等。其中，化学品船通常有以下几种分类方法。

1．按船舶大小分类

（1）小型：载重量为 150～2 000 t，以内河、沿岸运输为主。

（2）中型：载重量为 2 000～10 000 t，适用于近海海域运输。

（3）大型：载重量为 10 000 t 以上，主要用于远洋运输。

2．按 IMO 类型分类

（1）IMO－1 型：共有 13 种化学品必须装在 IMO－1 型货舱内运输。

（2）IMO－2 型：共有 144 种化学品必须装在不低于 IMO－2 型货舱内运输。

(3) IMO-3 型：共有 296 种化学品必须装在不低于 IMO-3 型货舱内运输。

3. 按装运货品分类

(1) 专业化学品船：仅装运几种特定货品，如磷酸化学品船。

(2) 多功能化学品船：适合装运几百种货品。

(3) 化学品/成品油船：即适合装运成品油，也同时适合装运某些化学品。

4. 按货舱材质分类

(1) 碳钢特涂货舱化学品船：常规船型。

(2) 不锈钢舱化学品船：又可分为部分不锈钢舱和全部不锈钢舱或纯不锈钢舱或复合不锈钢舱或带不锈钢甲板罐化学品船。

5. 按货舱结构型式分类

(1) 整体式货舱化学品船：货舱结构为主船体结构的一部分。

(2) 独立式货舱化学品船：货舱与主船体结构不相连接。

(三) 化学品液货船的分代

(1) 第一代化学品液货船(20 世纪 50 年代)：最早出现的散装液体化学品船是在 1948 年，美国把 T-2 型普通油船"Marine Chemical Transport"号改装成化学品船，可称为第一代化学品液货船。其典型例子是 T-2 型油船改装成 9 073 总吨的"R. E. Wilson"号化学品液货船，设有双层底舱，中央舱可装 9 种不同的化学品，翼舱装载煤油，并使用深井泵，具有较灵活的管线系统，装卸比较方便。但实际上没有脱离普通油船的窠臼，其原因是由于货舱结构材料所限，对装运化学品货物有很大的局限性。

(2) 第二代化学品液货船(20 世纪 60 年代)：到了 60 年代，为能装运更多品种的化学品，将成品油船(Production Tanker)加以改造，成为所谓的第二代化学品液货船，它具有两个明显的特点：一是采用分隔式的货舱，即在成品油船的货舱内再加设隔舱壁，使其分隔成更多独立的小舱室，并增设相应复杂的泵和管线系统，由泵房统一操纵控制；二是广泛地应用舱壁涂层工艺，使装运散装化学品的适应性进一步扩大。

(3) 第三代化学品液货船(20 世纪 70 年代)：第三代化学品液货船才是专门设计建造的化学品专用船，由于 20 世纪 70 年代液体化学品货运量和货种不断增加，如运输酸、碱等货物，对货舱结构材料提出更高的要求。为保证货物的质量和运输的安全，有 1/3 ~ 1/2 的中央液货舱及其所使用的泵和管线是用不锈钢建造的，从而扩大了使用范围；在结构上，采用双层底舱，可作压载之用；管系采用一舱一泵体系，一般不用总泵房操作，而分段设置泵房，使装卸操作更为灵活、方便。

(4) 第四代化学品液货船(20 世纪 80 年代)：第四代化学品液货船以 1985 年 5 月，韩国大宇造船公司为总部设在美国挪威的斯图文特·尼尔森公司建造的化学品液货船为代表，这才是名副其实的"散化"船。其主要特点是：吨位较大，载重量为 39 370 t；分隔较密，47 000 m^3 舱容被分隔成 58 个独立型液体货舱，舱间有隔舱，这种结构被称为"袋舱"，以适应批量不大的多种液态化学品作"药铺"式的运输，并配之以一舱一泵的独立泵/管体系；货舱 70% 采用高强度不锈钢材料，可适应装载比重大、腐蚀性强的酸、碱类液货；设有先进的控制系统、加热系统、透气系统、检测系统、警报系统及惰性气体系统，其构造和设备能满足所载运化学品的安全运输和防污染的要求，而且具有更大的灵活性和更好的营运性能。

(5) 第五代化学品液货船(20 世纪 90 年代)：据称，1989 年挪威的克莱文船厂为斯图文特·尼尔森公司建造的 4 艘载重量为 3 万 t 化学品船已进入第五代化学品液货船。第五代化学品液货船不仅能满足 IBC Code 的要求,而且符合 MAORPOL 73/78 附则Ⅱ的规定。

化学品液货船是高技术、高附加值船型,其造价为超大型油船的 5 倍左右。现代化化学品液货船发展趋势如下:①船舶驾驶、操纵更趋于完善方便,自动化程度更高;②在承运的化学品液货品种方面向多样化发展;③舱壁、泵系及管系材料不断改进,以适应多品种运输要求;④液舱防腐蚀能力趋于更广泛、更经济;⑤向低碳、节能、环保方向发展。

(四) 化学品液货船的结构特点

散装液体化学危险品具有引发火灾、损害健康、水污染、空气污染和反应等五大危险性。从船舶安全和防止散装有毒液体物质污染这两个方面考虑,化学品船在结构和设备上必须满足 BCH Code, IBC Code 和 MARPOL 73/78 附则Ⅱ——控制散装有毒液体物质污染规则的要求。按照 BCH Code 和 IBC Code 制造的船,在破舱稳性、危险性控制、构造材料、船舶布置、电气设备、透气系统、防火、测量等方面都有严格的要求,并在船舶构造和设备方面保证其安全性和防污染能力。

1. 船型

按货物的危险程度规定船舶遇海损残存时的复原要求,也就是说,货舱位置(距外板的距离)及货舱系统有一定的防海损能力及受损后的抗沉性能力。IBC Code 为此建立船型理论,这种理论是以实践和科学假设为基础的,它规定 3 种船型(图 2-2),货舱要求取决于危险品逸漏后造成的危险性。

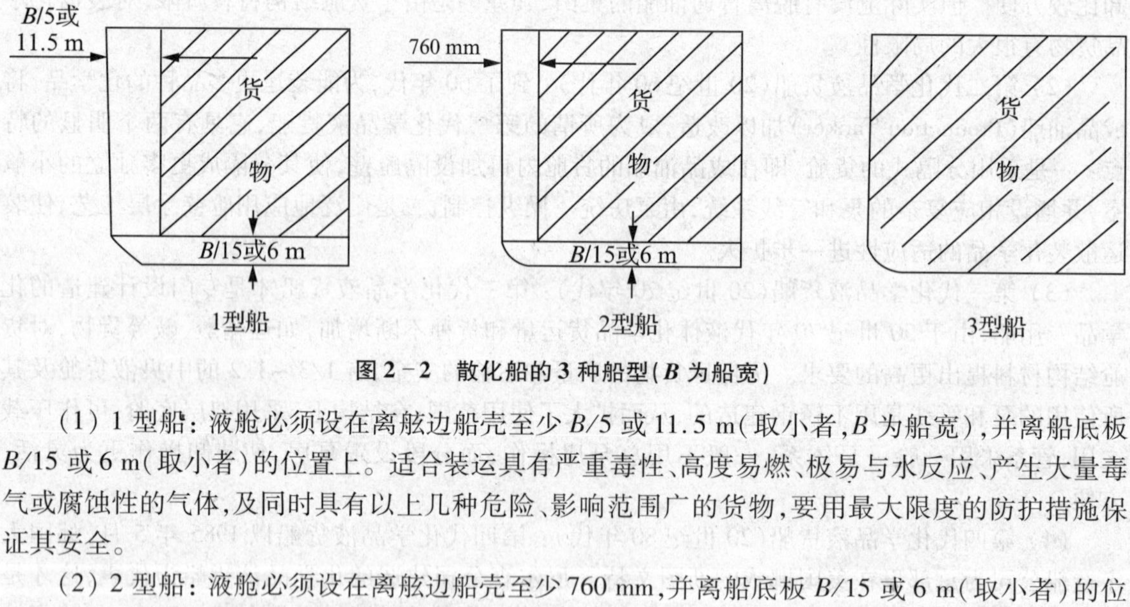

图 2-2 散化船的 3 种船型(*B* 为船宽)

(1) 1 型船:液舱必须设在离舷边船壳至少 *B*/5 或 11.5 m(取小者,*B* 为船宽),并离船底板 *B*/15 或 6 m(取小者)的位置上。适合装运具有严重毒性、高度易燃、极易与水反应、产生大量毒气或腐蚀性的气体,及同时具有以上几种危险、影响范围广的货物,要用最大限度的防护措施保证其安全。

(2) 2 型船:液舱必须设在离舷边船壳至少 760 mm,并离船底板 *B*/15 或 6 m(取小者)的位置上。适合装运具有较大毒性或易与水反应,及这 2 种危险性同时具有的货物。但要采取有效的防护措施保证其安全。

(3) 3 型船:对液货舱位置无特殊要求,装运危险性较小的散装液体化学品物质。

根据 IMO 的规定,1 型船的货舱容积不得大于 1 250 m^3,2 型船的货舱容积不得超过 3 000 m^3。

由于船舶的碰撞、搁浅或其他情况的损伤而引起的泄漏所造成的后果是无法估计的。因此,对此类船舶的船舷、船底(将提供防止内部破损而引起货物泄漏的能力)、液舱以及船舶破损时保持浮力的能力均有相应要求。以上 3 种船型必须满足一定的稳性要求和破损性标准。

为适应有关液舱布置和船舶稳性的标准,有必要定义一个假想的损伤程度、抗沉条件和货物的舱容。如果一艘船舶在发生船损后,仍能保持一定浮力达到稳定平衡,并且满足规定的稳性标准,则可以认为该船舶能经受住对船舶类型的稳定损害。

2. 舱型

(1) 独立式货舱:货舱壁与船体部分在结构上是独立的,这种货舱在船体遭到碰撞、搁浅时,对货舱的影响较小。通常以1来表示。

(2) 整体式货舱:货舱是船体的一部分。当船体受到外力作用时,货舱破损的危险性较大。通常以2来表示。

(3) 重力式货舱:舱顶设计压力不大于70 kPa的液舱,可以是独立式或整体式的。通常以G来表示。

(4) 压力式货舱:舱顶设计表压大于70 kPa的液舱,仅为独立式。通常用P表示压力式液舱。

(五) 化学品液货船的主要设备

1. 泵系及管道系统

包括装卸泵和管系、扫舱泵及管系、压载泵及管系等。

2. 舱室通风系统

为防止压力过大和控制舱室真空度,所设置的通风系统的出口高度有一定的要求,这是为了防止有毒气体或易燃、易爆气体在舱面甲板区聚集而产生危险。

3. 液面测量报警系统

液面测量报警系统是控制装载高度或测定舱内液面高度的测量装置。

4. 温度测量、控制和报警系统

根据货物特性,有的货物需要冷却,有的货物需要加热,所以要进行温度测量、控制及超标后的报警,为此设置此系统。

5. 货物放置系统

货物放置系统是指根据货物性质决定用什么样的舱,或者说舱型及结构材料必须符合装载货物的要求。

6. 液舱的溢流控制装置

即指液舱发生溢流时的防止装置。

7. 液舱环境控制系统

如配备惰性气体系统(IGS)。

8. 蒸汽回收连接装置

将从通风系统排出的货物的蒸汽回收后,送到岸上处理或在船上作燃料使用,这样既可减少货物损失,又可防止有毒蒸汽中毒或易燃、易爆气体发生燃烧爆炸事故。为此设置蒸汽回收连接装置。

9. 消防系统

在化学品液货船上,一般都有泡沫灭火系统,固定泡沫灭火系统是必备的。某些船还具备水雾灭火系统和干粉灭火系统。

10. 蒸汽检测设备

在化学品液货船上,必须具备测爆仪、测毒仪、测氧仪等测量仪器。

11. 个人防护用具

如呼吸器、防护服、氧气瓶、压缩机等必须的个人防护用具。

(六) 散装液体化学品的安全运输

1. 危险性的防止方法

(1) 防燃、防爆。主要控制火种和采用惰性气体系统等。

(2) 防止货物间的危险性反应。利用货物相容性表,正确地积载和隔离。

(3) 防止与水反应。采用双层舱结构,与水隔离。

(4) 防止货物自身的自动反应。利用控制温度或加入抑制剂的方法。

(5) 防止与空气反应。用惰性气体覆盖或用惰性气体取代法卸货。

2. 安全操作

安全操作包括货物装卸、航行中的管理、洗舱、排气、船舶及设备维修等,操作时必须严格遵守有关的操作规定。

3. 防止散装有毒液体物质污染

防止散装有毒液体物质污染包括防止散装有毒液体物质污染水和空气。为防止水污染,化学品液货船在营运时必须遵守 MARPOL 73/78 附则Ⅱ——控制散装有毒液体物质污染规则的规定。

二、散装化学品

(一) 散装化学品的定义

所谓散装化学品,是指除石油和类似易燃品外的液态危险化学品的散装货物。它包括具有重大火灾危险性的货品,其危险性超过石油和石油产品及类似的易燃品,还包括具有易燃性和重大危险性的货品,或非易燃性的具有如毒性、反应性等重大危险性的货品。

一套鉴别散装化学品危险性程度的标准已被一致通过。但此标准仅仅是指导性的,每种物质在实际上总比标准有更大或更小的危险性,因而必须给每种物质的标准有一定的伸缩性。由于这一原因,丰富的经验和正确的判断是很必需的。

目前,散装化学品仅限于 IBC Code 第 17 章最低要求一览表所示的液体物质(37.8 ℃其蒸气压不超过 280 kPa 的液体)。凡经审查决定不列入 IBC Code 第 17 章的货品,则列入该规则的第 18 章中。

当今由化学品专用船运输的散装化学品,大致有以下 5 类:①大宗重化工产品,如硫酸、硝酸、磷酸、盐酸和氢氧化钠;②石化产品,如润滑油、溶剂、添加剂等;③煤焦油产品,如苯、二甲苯等;④糖类和醇类,如乙二醇、丙醇、啤酒等;⑤植物油和动物脂。

(二) 散装化学品的分类

目前对散装化学品大致有以下几种分类方法。

1. 按散装化学品的品种分

(1) 石油化工产品。包括基本有机化工原料、有机溶剂、润滑油添加剂、三大合成材料、染料中间体、农药、炸药等。

(2) 非石油化工产品。包括无机酸、无机碱等重化工产品、植物油、动物脂和糖浆等。

2. 按反应程度分

(1) 0 类。几乎不起反应的化学品,但在某种情况下,能与 4 类化学品反应,如饱和烃。

(2) 1 类。仅与 4 类化学品反应的化学品,如芳香烃、烯烃、醚酯等。

(3) 2 类。不能与 0 类或 1 类反应,或本类化学品不能互相反应的化学品。但能与 3 类和 4 类化学品反应,如醇、酮、聚合物等。

(4) 3类。能与2类和4类化学品反应，且本类化学品能相互反应的化学品，如有机酸、液氮、环氧衍生物等。

(5) 4类。本类化学品可以相互反应，并能与所有其他化学品反应的化学品，如浓无机酸、强碱、硫、磷等。

3. 按相容性分

美国海岸警卫队(USCG)将货物分为1～22,30～43共36类。并将1～22列为反应类，表明反应类与货物之间不相容和可以相邻装载的情况，并用字母A～I注明不相容的特殊情况。USCG制定的货物相容性表(又称货物配伍表)被世界各国广泛应用于积载和隔离散装化学品，对保证散装液体化学品的安全运输起重要作用。

挪威在"挪威船舶管理法规"中，将323种化学品分为25类，共38小类，并由38小类列出反应性表。只要知道2种化学品所属的小类，就可由表查出这2种化学品是属于几乎不反应、强烈反应，还是有例外反应的情况。反应性表使用很方便，但要掌握分类类别则较难。

4. 按对海洋污染程度分

在经修正的MARPOL 73/78附则Ⅱ中，根据物质对海洋的危害程度和应采用的相应防污措施，将有毒液体物质分为X,Y,Z类和OS(其他的物质)，以替代原来的分类系统(即A,B,C,D类及Ⅲ(其他液体物质))。

在经修正的IBC Code第17章最低要求一览表中，列出的散装有毒液体物质共计700多种。

(三) 散装化学品的一般特性

(1) 比重大(相对密度大)，有的高达2.4。

(2) 黏度大、流动性差。

(3) 腐蚀性强。

(4) 有毒。

(5) 容易燃烧。

(6) 会发生自身反应。

(7) 对热很敏感。

(8) 需要高温，以防止固化。

(9) 对杂质极其敏感。

散装化学品具有上述的一项或几项特性，这些特性对化学品专用船的设计、制造以及安全运输和装卸都十分重要。需要时，必须对此了解得十分清楚。

(四) 散装化学品的危险特性

1. 火灾危险性

化学品的火灾危险性可由其闪点、燃点、爆炸范围和自燃点等表示和确定。

2. 对健康的危险性

对健康的危险性是通过对皮肤或器官的刺激、吸收或摄入后产生的有毒作用来确定的。有下述3种中毒途径。

(1) 有毒气体或蒸汽对皮肤、眼、鼻、喉和肺的黏膜产生刺激或有毒作用。

(2) 有毒液体物质对皮肤的刺激。

(3) 通过皮肤吸收或口腔摄入，常用半致死量(LD_{50})或半致死浓度(LC_{50})来确定。

3. 对水的污染危险性

对水的污染危险性由对人的毒害性、水溶性、挥发性、气味和味觉以及比重来确定。

4. 对空气的污染危险性

对空气的污染危险性可由下述情况确定。

(1) 紧急情况暴露限度(E. E. L)或半致死浓度(LC_{50})。

(2) 蒸汽压力。

(3) 在水中的可溶性。

(4) 液体或蒸汽的比重。

5. 反应危险性

反应危险性是由它与水和其他化学品反应,以及自身反应(聚合、分解、结晶、自身氧化还原等)来确定。

三、BCH Code 和 IBC Code

1. BCH Code 和 IBC Code 产生的背景

BCH Code 和 IBC Code 的产生,是认识到海上散装有毒的危险化学品的运输及其发展,需要有一个国际准则来保证船舶及这类货物的安全,减少给船员及周围环境所带来的危险。

1971 年 10 月,国际海事协商组织制定并通过《散装运输危险化学品船舶构造和设备规则》,简称《散化规则》或 BCH Code。该规则于 1972 年 4 月生效,共有 7 章,对化学品船的结构和设备提出要求。其中第 6 章列出对船舶和设备有最低要求的散装液体化学品货物 68 种;第 7 章则列出可散装运输,但对船舶结构和设备无最低要求(不受 BCH Code 约束)的货物 40 种。尽管 BCH Code 开始并非强制性的,但是,由于人们认识到遵守该规则的确对保证散装液体化学品运输的航行安全有益,所以,1972 年以后建造的散化船,在结构和设备上基本符合 BCH Code 的要求。

1972 年以后,国际上陆续出现一些既可装运散装液体化学品又可装运液化气的化学品船。为协调两者的关系,综合 BCH Code 制定以来的实践,IMO 于 1983 年制定并通过《国际散装运输危险化学品船舶构造和设备规则》,简称《国际散化规则》或 IBC Code。该规则于 1986 年 7 月 1 日生效。IBC Code 共有 19 章和 1 个附录,该规则对船舶结构和设备提出新的要求。其中,第 17 章列出对船舶结构和设备有最低要求的散装液体化学品物质 193 种;第 18 章列出可以散装运输但对船舶结构和设备无最低要求的液体货物 141 种。

由此可见,散装运输某一种液体危险化学品,需要选择什么船型、舱型以及设备等,均可在 BCH Code 的第 6 章或 IBC Code 的第 17 章中的最低要求一览表中查得。反过来,若不遵守该一览表中规定的要求,则认为违背了规则。这不仅是不安全的,也是不允许的。由于目前在 IMO 登记的化学品已达 3 万种,海洋污染问题科学家小组(GESAMP)已对其中的 1 400 种进行鉴定,确定其中 800 多种可以用散化船在海上进行散装运输。

这两个规则对保证散装液体化学品运输安全、防止散装有毒液体物质污染海洋都起了重要作用。

2. BCH Code 或 IBC Code 与 MARPOL 73/78 附则Ⅱ的关系

这实际上是指运输散装液体化学品物质的安全规则与防止散装有毒液体物质污染规则之间的关系。这个关系主要有下面几点。

(1) 为了实施 MARPOL 73/78 附则Ⅱ,要求散化船在结构和设备上必须符合 BCH Code(现有船)或 IBC Code(新船)。或者说,把遵守 BCH Code 或 IBC Code 作为强制性要求。

(2) BCH Code 或 IBC Code 必须扩充到防污染方面。这是因为 BCH Code 和 IBC Code 只包括对化学品船的结构和设备要求,而没有防污染的内容。包括以下扩充:①把附则Ⅱ中附录Ⅱ的物质(受附则Ⅱ控制的散装有毒液体物质名单)包括进去;②根据这类物质在海上污染的风险制定特殊船型要求的标准;③根据程序和布置标准(即 P&A 标准,它是排放散装有毒液体物质的程序和布置标准),在规则中增加对船舶结构的某些要求;④把其他防污染要求加进规则中。

以上工作已在 1985 年对 IBC Code 的修改中基本完成,这样就把散装液体化学品运输的安全规则和防止散装有毒液体污染的内容结合在一起统一考虑了。安全运输和防止污染这两方面虽然有区别,但它们之间有着密切的联系。一般散化船发生船舶事故时,若造成液货舱破损,内装的有毒液体物质就会溢出,造成海洋污染。所以,保证船舶航行安全是防止海洋污染的重要内容之一。在 IBC Code 1985 年的修正案中,修正的重要内容有两点:①在该规则第 17 章最低要求一览表中加了两项,即"物质污染类别"项和"S/P"项,其中"S"为安全,"P"为污染。其含义是,在考虑选择船型等船舶结构和设备要求时,必须同时考虑航运安全和防止污染两个方面,并取上限。②在有关章节中增设有效扫舱系统(ESS)和检验的要求。这样就可保证散装运输液体有毒物质船舶上的各种设计、结构、设备和操作,能把未加控制的排污减少到最低限度。

四、散装有毒液体物质的污染途径

1970 年,海上运输的散装液体化学品为 260 种,共 1 650 万 t。该年在船舶正常营运中,作为残液排到海里的有毒液体物质达 1 万 t,占运输货物量的 0.06%。1988 年全世界发生化学品漏失事件 4 起,共漏出化学品 3 755 t,其中挥发性化学品 550 t、有机化学品 800 桶。我国沿海或港口也出现散装有毒液体物质污染。1978 年,"大庆 401"轮在上海港使 178 t 桐油流入江中。

散装有毒液体物质污染海洋的途径大体如下。

(1) 从舱内排放压载水和洗舱水(或溶液)。起初要避免这种排放是十分困难的。有毒液体物质的数量大、品种多,而且大多数物质之间存在不相容性,因而绝对禁止相互混合。所以,每次更换品种,或者当船舶进行修理时,必须洗舱。洗舱是在卸货后进行的,有的清洗前先要通风,用洗舱机洗舱,工质是海水或淡水。先预洗,然后用适当的化学添加剂主洗,再用海水或淡水冲洗,水温不超过 70 ℃,连续清洗不超过 2 h,洗刷后及时将水排尽。为防止货舱生锈,需要蒸发干燥,必要时还要进行局部清洗。

洗舱水中含有大量的有毒液体物质。在装载几十种货物的同一条船上,根本无法分别处理含有不同有毒液体物质的污水,只能将其排入海中。

在舱内,清除有毒液体的工序相当复杂。这是因为有毒液体物质的密度有小于、等于或大于水的密度之分,它对海水的溶解度也有易于、难于和一般之别,其挥发性又有易挥发和难挥发的不同特征等。双层底的化学品船上,在清洗系统良好的工作条件下,卸完货并清扫之后,不可抽吸的货物残留量,对低黏度制品其占容量的 0.05%;对高黏度制品其占容量的 0.10%。没有双层底的船上,在其他条件相同的情况下,其残留量相应为 0.10% 和 0.15%。与此同时,对某些个别物质,其物理性质使其排不出的残留量可达到非常小的程度,约为 0.001% 和 0.014%。对于压载水,若在未清洗的舱中直接打入,水中的有毒液体物质含量十分高,排出舷外入海,污染性是十分严重的。

(2) 舱底水阱内(在该舱内装有有毒液体物质的装卸机械和设备)聚积的舱底水。

(3) 用于清除船上泄漏的有毒液体物质的各种材料,如锯木、擦布等。

(4) 船舶海损事故。主要指船舶发生碰撞、搁浅、火灾、爆炸等事故,造成货舱破裂,有毒液体货物溢出。据统计,从 1975—1979 年的 5 年中,载重量为 4.5 万 t 以下的化学品船和液化气船发生的火灾爆炸事故就有60起。如1995年3月4日，装载液体化学品苯乙烯单体的韩国籍“春木一号”轮（M/V NO.1 CHUNGMU）在湛江港第14号灯浮附近与“昌通一号”轮（M/V CHON STONE NO.1）发生碰撞，泄漏209.108 t有毒液体苯乙烯，污染海域范围达160 km^2，造成海水养殖业、渔业资源、旅游业等重大损失。又如2001年4月17日，长江口外发生一起严重撞船海损事故，一艘韩国籍散货船“大勇”轮与香港籍散货船“大望”轮，在浓雾中发生碰撞，“大勇”轮装载的638 t化学品苯乙烯泄漏入海，尽管上海海事局及时出击，处理得当，但是泄漏化学品严重污染了该海域的生物和环境，造成重大损失。

（5）应急排放。为抢救船、船员和货物，或为救助海上人命而进行的排放。

（6）装卸作业中的跑、冒、滴、漏。

流入海里的有毒液体物质，因为其物理、化学性质差别很大，所以对海洋环境的影响和表现形式也各不相同。有的漂浮在海面，有的沉入海中，有的很快与溶解于水中的物质发生反应，有的非常迅速地在水中消散等。因此，不可能对排放到海里的有毒液体物质作出任何单一意义的结论。然而，这些有毒液体物质在船上可能入海的途径以及入海后在海水中的扩散还是有一定规律的。通过对入海途径的研究，为最大限度地防止散装有毒液体物质污染，IMO制定MARPOL 73/78附则Ⅱ，规定有毒散装液体物质的排放、标准和控制措施。

五、散装有毒液体物质的污染危害性

1972年，GESAMP根据化学品船洗舱时将化学品排放入海对海洋环境的危害，对数百种化学品进行污染能力的研究。这套GESAMP系统主要从以下4个方面考虑。

（1）生物对化学品的积聚：指水生物处于含化学品的水环境比一般海洋环境能积聚更大浓度的化学品，积聚程度主要由蓄积系数等指标确定。

（2）生活资源遭受破坏：由于化学品污染和毒害作用造成食物链的破坏，主要由半致死浓度（TLm）即LC_{50}/96 h来确定。

（3）对人类健康的危害：有毒物质通过鱼类、贝类和水被人体摄取，或通过其他途径产生的危害，如化学品蒸汽对皮肤、眼睛和黏膜的刺激，以及由皮肤吸收进入体内伤害内部器官。

（4）损害环境的娱乐性和舒适性：考虑化学品对岩石或海滩的毒害程度和持久作用，以及对风景和娱乐环境的破坏作用。

第三节　包装危险货物运输所造成的有害物质污染

一、包装危险货物运输

（一）包装危险货物的概念

包装危险货物包括包装件、集装箱、可移动罐柜和铁路或公路槽罐车装载的危险货物。它们可以在杂（干）货船、集装箱船、滚装船、载驳船等船舶上运输。包装危险货物的品种繁多，交通运输中经常碰到的达6万种，最常见的也要达1万种以上。海上运输的包装危险货物的数量很大，特别是在我国，目前海上运输是化学危险品运输的主要形式。这类货物具有燃烧、爆炸、毒害、腐蚀、放射、污染等性质，在运输中能引起人身伤亡、财产毁损，所以称其为危险货物，有些还会造成污染。这些货物有化工原料、化肥、医药、化学试剂、炸药、放射性物质等。

为确保包装危险货物的运输安全，IMO（当时为IMCO）早在1965年就制定《国际海运危险货物运输规则》，简称《国际海运危规》或IMDG Code。我国于1982年10月1日起，在外贸及国际航运中执行这个规则。该规则已经过30多次修改，特别是在1989年的修改中，加入防止包装有害物质污染的内容，把危险货物的安全运输与防止包装有害物质污染这两者紧密地结合起来。我国从1972年1月1日起，对内执行我国制定的《危险货物运输规则》。根据多年的实践和参考IMDG Code的一些长处，于1996年12月起实施《水路包装危险货物运输规则》，简称《水路危规》。除了IMDG Code和《水路危规》外，世界上许多国家也制定适合本国国情的包装危险货物运输的规则。所有这些规则主要是对各类包装危险货物的性质、包装、标志、限量、积载、隔离、装卸、保管、消防和急救等作出科学而又详细的规定。它们对包装危险货物的安全运输起重要的保证作用，也对防止包装有害物质污染作出了贡献。

（二）包装危险货物的分类

在IMDG Code中，根据货物的危险特性和运输条件，将包装危险货物分为9大类，有些类又分为若干小类。经修改的《1974年国际海上人命安全公约》第Ⅶ章第A部分第2条列明各类不同的危险货物。就该规则而言，有必要将这些类别再细分，进一步明确定义，说明这些物质、材料和物品的特性和性质，以便将它们列入每一类或细分类。而且，按MARPOL 73/78附则Ⅲ海洋污染物的选择标准，各类别中的一些危险货物也被判定为对海洋环境有害的物质（海洋污染物）。

包装危险货物根据《关于危险货物运输的建议书》（橙皮书）或IMDG Code，按照它们所呈现的危险性或主要危险性分为如下9大类：

第1类　爆炸品（Explosives）；第2类　气体（Gases）；第3类　易燃液体（Flammable Liquids）；第4类　易燃固体、易自燃物质和遇水放出易燃气体的物质（Flammable Solids, Spontaneously Combustible and Substances which in Contact with Water Emit Flammable Gases）；第5类　氧化性物质和有机过氧化物（Oxidizing Substances and Organic Peroxide）；第6类　有毒和感染性物质（Toxic Substances and Infectious Substances）；第7类　放射性物质（Radioactive）；第8类　腐蚀性物质（Corrosives）；第9类　杂类危险物质和物品（Miscellaneous Dangerous Substances）。

（三）包装危险货物的特性

（1）燃烧性：一种物质是否因具有燃烧性而属于危险货物，是由其闪点、燃点或自燃点决定的。许多危险货物具有燃烧性。

（2）爆炸性：爆炸分物理爆炸、化学爆炸和核爆炸。在水路包装危险货物运输中，着重讨论化学爆炸中的炸药爆炸和可燃性气体与空气形成混合物的爆炸。对炸药爆炸的危险程度主要用感度等理化性能衡量，而可燃气体与空气混合物的爆炸则主要用爆炸极限描述。

（3）毒害性：某些物质少量的进入人或动物的机体后，能与体液及组织发生作用，扰乱或破坏机体的正常生理功能，引起暂时性或永久性的病理状态，甚至危及生命安全，这种物质称为有毒的物质（毒物）。此种物质具有的特性称为毒害性。

在危险货物中除第6.1类有毒的物质和第2.3类有毒气体具有很强的毒害性以外，还有许多其他类别的物质也具有一定的毒害性。运输中不论是有毒的气体、液体或固体会因为破包、泄漏、蒸发等原因通过经口、吸入或皮肤接触等途径使人中毒。

（4）腐蚀性：指对人的皮肤或物品表面的损坏程度。该物质是否属于腐蚀品以及腐蚀的强弱程度是由动物试验或材料试验来决定的，通常腐蚀品按腐蚀性能分为大、中、小3个等级。

（5）放射性：按规定，就运输而言，任何放射性比度大于70 kBq/kg的物质，就必须作放射性物质申报。人受到放射性物质的超标照射（外照或内照）会导致急、慢性放射性疾病，其危害程度

一般由剂量当量率 H(mSv/h)衡量。

(6) 污染性：在包装危险货物中，有一部分是对海洋环境有害的物质，这种物质进入海洋后，可能危害人类健康、伤害生物资源和海洋生物，损害环境优美或妨碍海洋的其他合法利用。

判断海洋污染物的原标准是依据 MARPOL 73/78，通过其进入海洋后在生物体内积累对水生生物或人类健康造成的危害程度大小确定。根据 2010 年 1 月 1 日强制实施的第 34－08 版 IMDG Code，环境有害物质的判别和分类应按照联合国《全球化学品统一分类和标签制度》(紫皮书，或 GHS)的分类标准和 IMO 海洋污染问题专家组提供的分类导则执行。

(四) 包装危险货物的安全运输

1. 积载

(1) 对船舶的要求：装运包装危险货物的船舶必须符合规定的相应条件。一般采用以液体燃料为动力的钢质船舶和装运易燃、易爆货物的船舶，其电路和电器设备要符合规定的要求，常设有避雷设备、船舶必备相应的消防系统等。非钢质船舶也必须符合类似的条件才可装运。

(2) 正确地选择舱位：根据货物的特性以及 IMDG Code 的要求，正确地选择舱位。如舱内货、甲板货的确定，远离热、火、电源的要求，有毒和放射性物质远离船员生活区等。

(3) 其他积载要求：船舱要清洁、通风、干燥。爆炸品和放射性物质要后装先卸；堆码、衬垫要牢固；防止移动、摩擦、碰撞等。

2. 隔离

按 IMDG Code 规定的隔离表以及货物明细表的要求，进行正确的隔离。

3. 装卸

按规定的装卸作业程序和要求操作。

4. 其他

如保管、消防、急救等均要按规定的要求进行。

二、包装有害物质的污染途径

(1) 船上用来清除从包装中洒落或泄漏的有害物质的洗涤水和水溶液的排放。这是由于包装一旦破损，货物会洒落或泄漏、溢流在舱内、露天甲板、库房和装卸作业场所。为了清除，必须冲洗，此类水中含有有害物质，可能造成污染。

(2) 从有货物洒落或泄漏的舱室、库房、场所等清除出来的垃圾、分离物或其他材料，可能造成污染。因为这类垃圾、分离物或其他材料中混有有害物质。

(3) 船舶事故：由于船舶事故，造成包装有害物质的落海(江)，可能造成污染。上海港 1987 年和 1989 年分别发生桶装硫酸二甲醇和桶装甲醛的翻船落江事故，广州港也发生过类似的事故。

(4) 装卸作业事故：由于装卸作业不慎，引起包装有害物质的落海(江)事故。在上海港和天津港都曾发生氰化钾包件因装卸作业时的操作失误而落江的事故。

为防止包装有害物质污染，IMO 制定 MARPOL 73/78 附则Ⅲ——防止包装有害物质污染规则加以控制。IMO 制定的《化学品污染处理手册》的第二册，叙述有关失落在海中的包装货物的搜索和回收，特别是有关放射性物质和爆炸物的溢漏处理，均值得加以研究和应用。

第四节　船舶生活污水所造成的污染

一、船舶生活污水

船舶生活污水是指从船上消除人和动物（如果船上运输动物）生理活动所产生的废弃物污水，主要是指人和动物的粪便水，包括从小便池、抽水马桶等排出的污水和废弃物，以及从公共厕所的排水孔排出的污水；从豢养动物的舱内排出的污水；从病房、医务室的面盆、洗澡盆和这些处所排出孔排出的污水和废弃物；以及与上述污水废弃物相混合的日常生活用水（指洗脸水、洗澡水、洗衣水、厨房洗涤水等）和其他用水。

二、船舶生活污水的污染成分及危害

船上排入海里的船舶生活污水（以前普遍使用的方法是抽海水冲洗，并通过船上已有的排泄系统把所形成的混合物排入海中）中存在矿物污染源、有机物污染源和细菌污染源。它们在污水中的含量是：有机物为58%，矿物质（其中20%是呈悬浮物粉状的不能溶解的物质）为40%。

排泄未经处理的船舶生活污水有5种主要污染成分：①使海生物和人感染的大量细菌、寄生虫，甚至病毒；②对水中的氧气有很高生化需要的、溶解于水中的有机成分和悬浮成分；③本身生化衰变时要消耗氧气的、沉淀于海底的、有机或无机的固体微粒；④对海滨浴场有严重影响的、呈单个小碎块或悬胶体的、浮在水面的浮游微粒（有机的或无机的）；⑤使吸收某些物质（主要是磷化物和氮化物）的海水饱和，并可能造成富营养化、高浓度的营养物质。

当船舶生活污水进入水中后，细菌等微生物对其进行氧化分解时，就要消耗水中的溶解氧。水中的藻类利用分解产物通过光合作用使自身生长，同时放出氧气，这就是水质的自动净化过程。水质的自动净化过程是一种平衡过程。为保持这种平衡，起决定作用的是溶解于水中的氧气有足够的浓度。若在过度或经常性污染的情况下，水中的溶解氧的含量下降，破坏自然净化的变动过程，改变水域的整个生态特征，迫使鱼类等海洋动物不是死亡就是迁移。船舶生活污水中的营养盐，可能使藻类“疯长”，出现富营养化，降低水中的溶解氧，产生厌氧条件，使海洋植物群和动物群的高级形态（如鱼类）被低级形态（如多淤泥软体虫）所代替。这样，被污染的海滨浴场和渔场将变为恶臭和传染病菌的污秽之处。未经处理的生活污水中，每毫升含有千百万个细菌，而且其中许多是致病的病原菌。这些细菌能引起伤寒、副伤寒、病疾、胃肠炎，甚至霍乱等传染性疾病。若不对船舶生活污水加以控制任其排放，对那些经常停泊大量船舶，又没有从船上把生活污水接收到岸上的处理设施的沿海港口，所造成的生活污水污染的后果将是十分严重的。

三、船舶生活污水的污染程度

为确定污水的污染程度，需要有一些指标。对于这些指标，世界各国并不完全相同，有些数值甚至相差很大。IMO在其制定的MARPOL 73/78附则Ⅳ——防止船舶生活污水污染规则中，规定一个标准。在这个标准中所使用的指标项目包括BOD_5（5天生化需氧量，mg/L）、COD（化学需氧量，mg/L）、SS（固体悬浮物，其含量单位为mg/L）、大肠杆菌群（指数）（每升水中所含大肠杆菌的个数）等。这些指标的确切含义在本书第三章中介绍。IMO制定的船舶生活污水的排放条件和排放标准等,在 MARPOL 73/78 附则Ⅳ中给以详细阐述。我国在《船舶污染物排放标准》中,也规定船舶生活污水排放的最高允许浓度和排放条件。

MARPOL 73/78 附则Ⅳ中所规定的排放标准的依据是,生活污水中所含污染物质入海后的情况,即被溶解或稀释的情况取决于排放污水时的船速,污水在尾流中流动的快慢和海浪的大小;浮游成分的分布取决于风向和水流;排放点和排出的污水量,引起海水颜色的变化;污水排放后海水净化的生化条件等。这些显然与地理位置、排放量及排放率、污染物浓度、船速等因素有密切的关系。表 2-3 中列举船舶不同污水源污染程度。

表 2-3　船舶不同污水源污染程度

污水种类	每人每天排量		污染程度		
	L	%	BOD_5	SS 含量	病毒和细菌
粪便水	37.8	25	最高(600 mg/L)	最高(600 mg/L)	最高(108 个/100 mL)
包括固体物质的厨房废弃物	22.7	15	最高	最高	中等
洗脸水、莲蓬头和水池排水	90.8	60	最低(40 mg/L)	中等	最低

为防止船舶生活污水污染,IMO 制定 MARPOL 73/78 附则Ⅳ——防止船舶生活污水污染规则,我国法规中也有相应的规定。

第五节　船舶垃圾所造成的污染

一、船舶垃圾的产生

在运输船上,作为海洋污染源的垃圾,可能在以下一些过程中产生。

(1) 由于运输货物(如稻草席、胶合板、硬纸板、金属、钢条、纸等)而产生的离散和捆系用品废弃物。

(2) 由于船舶维修和保养而产生的油漆废料(湿的和干的)、铁锈、破布、用过的包装材料(木头、纸板、玻璃、金属等)、索具的废弃物(钢质的、植物纤维的、合成的绳索与织物的断料)、修理机械和设备的废弃物(油烟、耐火砖、水垢、焦渣、用过的零件、纸板、金属板、金属条切屑碎料、纸板屑、木屑、各种天然的和合成材料等)。

(3) 住舱和工作室的日常卫生保健工作带来的一些日常生活垃圾和各种废弃物。

(4) 由储藏或提供船员和旅客的给养所产生的废弃物(包装箱、包装材料、吃过的食品等)以及处理消费品(主要是清洗)所产生的不能供食用的废弃物。

在船上运输货物的过程中,产生垃圾的数量和性质的变化范围很大。如在运输普通大宗杂货时,其废弃物主要是离散的包装材料,在 100 ~ 150 t 的货物中平均产生 1 t。同样,在运输散装货物时,每运输 100 t 货物,产生 70 kg 垃圾废弃物。集装箱运输时,则不会产生垃圾。

美国的研究表明,如果除去在船上形成的含油废料和运输货物的废料分析垃圾的数量和成分,那么,船上其他的垃圾源有:干垃圾为 0.15 ~ 1.5 kg/(人·昼夜);处理食品的废弃物为

1.4~2.0 kg/(人·昼夜)。

二、船舶垃圾的分类

1. 船舶营运过程中所形成的垃圾分类

(1) 污染港口、海滨浴场、休养区、禁区等的浮游垃圾。

(2) 污染海底的沉淀垃圾,其中包括捕鱼区及其加工区的污染。

(3) 溶解于水的垃圾。这种垃圾完全不是海洋环境本身所特有的成分,它会改变水的颜色,并使海水充满要求氧气以供本身氧化的物质,从而使海水和所捕到的鱼沾有既难闻又难吃的气味和味道。

2. 根据垃圾在物化和生物方面特性对海洋环境及海生物的影响分类

(1) 对自然环境几乎无破坏作用的中性材料,如玻璃、瓷器、陶器等。

(2) 能长期保持外形,而且对物化和生物过程实际影响很小的材料,如木材、橡胶制品、氧化铁皮、氧化很慢的金属等。

(3) 变形很快,但其本身特性对化学和生物过程影响很小的材料,如纸品、纺织品等。

(4) 具有中等氧化强度的材料,它们的有害作用受到其对氧气需要量的限制,如某些有机废弃物、钢铁物品等。

(5) 在水中迅速氧化,且消耗大量氧气的物品,如脂肪、肉类和鱼制品的废渣、其他食品的残物等。

(6) 对个别种类植物群和动物群起有害作用的材料,如洗涤和清洁船舶设备的制剂残液、机舱产生的废料、油漆残渣、塑料等。

3. 散装货物所形成的残物

(1) 植物性货物(如油饼、谷物、糖、葵花子等)。

(2) 焦碳、煤等。

(3) 木料、纸(如碎木片、纸浆、原木、锯材、纸品、矿浆、麻袋等)。

(4) 动物性货物(如骨头、鱼粉等)。

(5) 肥料、盐和硫磺。

(6) 矿石(如磷灰石、铁钒土、水泥、菱镁矿、珠光石、砂子等)。

(7) 矿石和重金属精洗矿(如锰铁合金、铁矿石、镍矿石等)。

(8) 钢铁(如铸铁、废钢铁、桁材、成卷钢料和管子)。

上述各类货物残渣出现的原因是各不相同的。在经常运输同一种货物的船上,残渣留在舱里。在那些要更换货物的船上,则应该把上次货物的残渣从货舱内清除干净。通常,由于港口作业时间有限,舱底的清洁工作便在海上航行时进行。所以,这些残渣将倾倒到海里。

汇集在港口的垃圾,按其来源,不仅仅是从船上倾倒的垃圾,港区的垃圾相当数量是从码头沿岸掉下来的,或从港区外面被风和海流吹进来的。位于河口的港区更有这种特点。

三、船舶垃圾污染的危害

从船上倾倒垃圾所造成的危害性的大小取决于这些因素:地势、该海区用作海上渔场的程度、海生物(动物或植物)的聚集度,以及该区域作为人们休养区的使用情况。

(1) 浮游垃圾会恶化港口或海滩(用于休养、捕鱼或人类其他活动)的卫生条件,引起疾病和影响美观。

(2) 溶解垃圾要消耗水中氧气,改变水的颜色,使海水和所捕的鱼沾上异味。

(3) 沉积垃圾会改变动植物的自然生存条件,也可能是造成某种生物消失的原因,并影响海上捕鱼。密度不大的垃圾,会在水下漂移,并积聚在沿海一带不流动的水域,或者被涌向岸边破坏环境。

(4) 要特别指出塑料对海洋污染所造成的危害性。据估计,每年投入海洋的塑料包装容器达2.6万t、报废的塑料渔具达15万t。据美国统计,每年商船队和渔船要向海洋倾倒2 400多t塑料包装材料,并丢失13多万t的塑料捕鱼用具。塑料难分解,在海洋中50年内还保持完好。海生物因误食塑料制品或被废渔网缠绕而死亡的,如信天翁、海鸭、海鸥、海燕等达100万~200万只,还有10万头海洋动物,如鲸鱼、海豚、海豹、海牛和其他海鱼等因同样原因而死亡。世界各大洋正受到塑料的毒害,科学家呼吁应禁止向海洋倾倒塑料垃圾。

为防止船舶垃圾污染,IMO制定MARPOL 73/78附则Ⅴ——防止船舶垃圾污染规则,进行控制和管理,并推荐港口处理船舶生活污水和垃圾的指南,供世界各国参考应用。我国国内法规也作了相应的规定,要求船舶必须严格遵守。

第六节　船舶对空气的污染

所谓空气污染,根据国际标准化组织(ISO)做出的定义:“通常是指由于人类活动和自然过程引起某些物质进入大气中,呈现出足够的浓度,达到足够的时间,并因此而危害了人体健康、舒适感或环境。”船舶在营运中会出现一些特殊的大气环境污染问题,通常表现为:①船舶发动机以及锅炉等设备燃烧燃油后排放尾气的数量可观,该污染物质的长期排放造成的大气污染后果严重,随船舶的航行自然而然地形成流动的污染源;②船舶目前大多使用含氯氟烃(CFC_S)的制冷剂及含卤化烃的灭火剂,由于技术性或事故性的泄漏而造成对大气环境的长期危害;③船舶所承运的散装液体尤其石油和化学品等产生的各类有毒有害气体排放、泄漏扩散而造成的大气污染。以下从这三个方面分别论述这些物质的产生及对环境的危害。

一、燃料燃烧产生的硫氧化物和氮氧化物

近30年来,船舶越来越多地燃用劣质燃油。无论从技术还是从经济的角度考虑,都反映了航运事业的一大进步,但是这也带来不可避免的副作用,即排放出一定量的污染大气的有害气体。例如,硫氧化物(SO_x)、氮氧化物(NO_x)、二氧化碳(CO_2)、一氧化碳(CO)等。

1. 硫氧化物 (SO_x)

柴油机SO_x排放量是由燃油中的硫分决定的。硫在燃油中主要以硫化物存在。酸性的硫化氢(H_2S)和硫醇(RSH)在液态下对燃油系统的管路、容器、液压泵油嘴等设备产生腐蚀。硫在燃烧后生成二氧化硫(SO_2)和三氧化硫(SO_3),两者典型的比例为15:1。SO_x在温度较低时容易和水蒸气结合成硫酸(H_2SO_4),使设备发生腐蚀。一般硫酸在低温处存积,因此也叫低温腐蚀。另外,硫的燃烧产物(特别是SO_3)使碳氢化合物加速聚合,致使气缸中结炭又多又硬,并且还促使润滑油氧化变质,致使气缸壁和活塞环加速磨损。SO_x造成柴油机动力装置的腐蚀和磨损加剧,故燃用含硫量高的劣质燃油的机器,需采用高碱性气缸油相匹配,这样可以保护发动机免遭SO_2和SO_3冷凝后形成的硫酸的腐蚀。然而这仅仅将SO_x中很少一部分转变为硫酸钙,不能看成是减少含量的办法。排入大气的SO_x最终将被雨水洗出。

船舶柴油机排放废气中的气态 SO_x 对大气环境的影响近年来越来越引起人们的注意。据挪威有关机构估计，从事国际贸易的船舶所产生的氧化硫占世界总量的7%，氧化氮占4%。在交通密集的海峡，如英吉利海峡，船舶的废气可能是影响空气质量和环境的重要因素，在港口周围，这些有害气体又危害人类的健康。船舶所产生的氧化硫与严重毁坏树林和环境的酸雨有关。船舶若使用劣质燃油，更加重这种污染。

2. 氮氧化物 (NO_x)

NO_x 包括 NO，NO_2，N_2O_4 等，其中对环境危害性最大的是 NO 和 NO_2。通常，提到 NO_x 的污染，即指 NO 及 NO_2 污染。在柴油机排气中，NO_2 的浓度仅为 NO 的5%，N_2O_4 的浓度更低。

NO 可以由空气中的氮生成（热 NO），也可由燃料中含氮的成分生成（燃料 NO）。对于柴油机，其使用的燃料中一般含氮量均不到0.02%，因此排气中的 NO 主要是由空气中所含的氮在高温下氧化而成（热 NO）。另外，NO 的生成量与反应时间有关。如果燃气在富氧和高温条件下停留时间长，NO 的生长量必然增加。因此，富氧、高温和氧与氮在高温中长时间停留是柴油机燃烧过程中促进 NO 生成的三要素。

NO 是无色并且具有轻度刺激性的气体，它在低浓度时对人体健康无明显影响，在高浓度时能造成人和动物中枢神经系统障碍。尽管 NO 的直接危害性不大，但 NO 在大气中可以被臭氧氧化成具有剧毒的 NO_2。NO_2 是一种赤褐色的带刺激性气体，人吸入后与血液中的血红蛋白作用，成为变性血红蛋白，使血液的输氧能力下降。它对心脏、肝、肾等也有影响。人只要在 NO_2 含量为0.010% ~0.015%的环境中停留0.5 ~1 h，就会因肺气肿而死亡。NO_x 还是形成光化学烟雾的起因物质之一，而光化学烟雾曾导致美国洛杉矶1943年和1954年2次严重的烟雾事件，使许多人发病。为此，许多国家对柴油机动力装置的排放物有一定的限制规定。

二、船舶设备使用的氯氟烃和卤代烃

船舶使用的制冷剂、灭火剂、洗涤剂、发泡剂（隔热材料）等，在船舶营运、消防、演习、检修、拆装过程中，会将氯氟烃（CFCs）、卤代烃（卤素灭火剂，也即哈龙 Halons）等气体排入大气，从而造成对大气臭氧层的破坏。

臭氧层的破坏是当前全球性环境问题之一，它直接影响着人类的身体健康和生物的生长，受到世界各国的极大关注。

臭氧层位于离地面15 ~50 km 的大气平流层中，集中有地球上90%的臭氧气体。臭氧是指由三个氧原子结合在一起的形式，而不是通常的两个原子形成的氧气。通过自然界的大气过程，臭氧分子不断产生也不断被破坏。紫外线使氧分子分解为氧原子，而它们又与其他氧分子结合形成臭氧。臭氧很不稳定，易被一些含有氢、氮、氯的自然成分所破坏。这种蓝色刺鼻的气体对人类的重要性不亚于氧气，它能有效地吸收对生物生长有害的太阳紫外线 UV－C 和 UV－B，而对生物无害的太阳紫外线 UV－A 却能全部通过。由于有臭氧层这道天然屏障，才使地球上的人类和生物正常生长和世代繁衍。

1974年6月美国加州大学化学系罗兰德（Sherwood Rowland）教授和莫利纳（Mario Molina）博士等人提出氯氟烃等物质是破坏臭氧层的主要"凶手"后，已被20多年来的大量试验所证实。目前大家公认，排放至大气中的一些含氯人造混合物是导致臭氧层减少的主要原因。由于这些物质性质稳定、不易燃烧、易于储存、无毒、价格又较便宜，所以一直被广泛应用于制冷和空调设备、塑料发泡、电子元件清洗、喷雾剂以及灭火剂中。这类化学物质的危害还在于其寿命高达50年，甚至上百年。因此它们一旦排放将长期影响臭氧层，使之减少。近年来，由于大气中这类物质增加很快,使臭氧层遭到破坏的程度日趋严重,在南极上空已形成上千万平方千米的臭氧层空洞。

《防污公约》(MARPOL)附则Ⅵ定义的“消耗臭氧层物质(Ozone Depleting Substances, ODS)”为《消耗臭氧层物质1987年蒙特利尔议定书》中所限定的物质。船上的ODS有Halon1211, Halon1301, Halon2402, CFC—11, CFC—12, CFC—113, CFC—114, CFC—115等(船上Halons作为灭火剂,CFCs作为制冷机或发泡剂)。

CFCs和Halons物质本身对生态环境和人体健康并没有很直接的危害,因为它是通过消耗大气臭氧层,从而使大量的紫外线直接照射到地球表面而对生态环境和人类健康产生危害的。

臭氧层中的臭氧层浓度每减少1%,则人类或动物皮肤癌的发病率会提高4%。按目前臭氧层破坏的速度推算,到2075年,臭氧层将比1985年减少40%,届时全球皮肤癌患者将达到1.5亿人,农作物将减产7.5%,水产资源将减损25%,人体免疫功能将减退。因此,保护臭氧层是迫在眉睫的全球性问题,需要全世界合作采取共同的行动。

三、液货运输产生的挥发性有机化合物(Volatile Organic Compounds, VOCs)

船舶运输的三大液体散货是石油、化学品和液化气。其中,石油包括原油、成品油(汽油、煤油、柴油)和油渣等,其运输量占整个液体散货的70%以上;液化气是指在常温常压下为气态,经加压和冷却而转变为液态储运的石油气。目前,我国海运散装化学品的品种已达上百种。

1. VOCs的产生

液体散货在装卸过程中逸出的VOCs对大气的污染越来越严重。液体散货在货物转运和存储过程中产生的石油、成品油及各类液体化学品蒸气,一旦扩散就会对港口大气环境造成一次及二次污染。近年来随着石油储运量的大幅度提高,一些大型油港大气环境中烃类指标逐年上升,其中,单船装卸作业范围内空气中油气浓度大大超过劳动安全卫生标准,作业高峰期港区周围大气环境中烃类浓度数倍于环境允许浓度标准。在化学品船码头,当储运货种为光化学反应活性较高的烃类时(如甲苯),光化学污染较为严重。

资料显示,近年来国内各大油港油类吞吐量已超过1亿t,其中液体化学品运输量和从国外进口的高挥发性优质原油储运量大幅度上升。

此外,液体散货在水上运输和岸边储存过程中发生的溢出、泄漏事故存在潜在的污染风险。许多液体散货在溢出、泄漏后,因暴露于空气中而挥发。以石油为例,在2~3天内的挥发率可达20%~70%。假定一个中型溢油事故的溢油量为200 t,则挥发进入空气的速率很有可能大于100 kg/h。泄漏事故中的蒸气扩散将有可能造成短时期的空气污染和生态损害。因此,采取防止各类事故发生的措施、加强污染监测和模拟预测、制订相应的应急反应计划、加强事故预防和应急反应能力、完善水上安全监督管理体制是避免事故发生或事故发生后减轻污染损害的重要防治对策。

装卸储运过程中的油气和化学品产生的VOCs主要来源于:

(1) 向储罐、船舱及火车罐内装液体货物时,罐(舱)内等体积的油气或化学品气被置换顶出罐(舱),这通常被称为罐(舱)的“大呼吸”。当装卸原油时,有时需加热克服原油的黏滞性,油温升高后将促使油品中轻组分挥发,污染更加严重。

(2) 因环境温度变化,使罐(舱)内浓度较高的混合气由于膨胀而被排出,这通常被称为罐(舱)的“小呼吸”。但这类逸出数量不大,且绝大多数发生在远离港口的大洋中。

(3) 因密封不严或管理不善而造成的跑、冒、滴、漏。

美国科学家在调研全美油码头和油船后惊奇地发现,由石油运输装卸这种途径排入大气中的VOCs的数量竟是汽车尾气中VOCs总数量的1/10,而且是造成局部地区臭氧烟雾的主要原因之一。美国每年通过各种途径排入大气中的挥发性碳氢化合物（VHCs）为3.5亿t，其中油船装船过程中的逸出量为56 600 t。有人曾对美国1984年石油水上运输数据作分析：该年石油装船过程中VHCs总溢出量56 250 t，其中，油船溢出15 602 t，占27.73%；驳油船溢出39 667 t，占70.52%；压载水作业时溢出981 t，占1.75%。在各种油种中，原油和汽油的逸出量最大，分别为19 229 t（占34.26%）和34 317 t（占61.15%），两者之和约占全部逸出量的95%。

挪威政府1990年11月向IMO第30届海上环保会（MEPC30）递交的文件中介绍，经测量得到的数据表明，挪威每年仅油船装载原油时所散发到大气中的原油蒸气就约达89 000 t，约占全国年总散发量的35%。该文件还指出，与装货时相比，在船舶航行和卸货过程中发生的VHCs很少，可以忽略不计。

VOCs含有大量的有毒物质，虽然其绝对量并不算高，但由于它们可在短期内造成区域性的大气污染，其危害性还是很大。

2. VOCs的危害

石油储运过程中产生的VOCs逸入大气后，在阳光作用下与NOx进行光氧化反应生成臭氧烟雾。臭氧烟雾对环境和生态的危害是多种多样的，其主要危害可归结为以下3类。

（1）对人体的危害：大气中的臭氧含量质量浓度一般为0.000 04～0.000 8 ppm，地面附近过量的臭氧烟雾会对人们的呼吸道系统产生严重的破坏作用。专家研究的结论表明，当空气中臭氧烟雾质量浓度达到0.1 ppm时，人的呼吸道系统就会发炎；如果质量浓度增加到5 ppm时，人的生命就有危险。调查表明，德国某些油运码头，在阳光充足的夏季，臭氧烟雾的质量浓度有时高达0.4 ppm。

（2）促进酸雨的形成：臭氧烟雾的另一个潜在的严重影响是极大地增加过氧化氢（H_2O_2）的生成。过氧化氢是形成酸雨的关键物质，它与云层中的SO_2作用生成酸雨。当油船逸出的VOCs和NO_x在紫外线照射下生成臭氧烟雾之后，有机化合物的衍生物与NO_x在紫外线照射下继续作用，生成过氧化氢。后一反应只有在前一反应完成之后才能发生。因此，如果港口附近的臭氧烟雾过程在中午结束，那么在整个下午都在生成过氧化氢，从而加剧酸雨的形成。

（3）对农作物和森林的影响：地面附近臭氧烟雾使得农作物或树木明显变得衰弱，以致没有足够能力抵御病虫害。臭氧烟雾对农作物和森林生态系统产生的破坏，比人们想象的要大。据美国农业部谷物损耗评价组估计，由于臭氧烟雾的影响，每年由装油过程逸入大气的VOCs，使美国农作物减产价值400万美元的谷物。

除上述船舶营运中产生的三类对空气的污染源外，为防止船舶废弃物对海洋环境的污染，船上将油渣、垃圾、生活废弃物等用焚烧炉进行焚烧处理，废弃物中的有害成分，甚至剧毒成分在焚烧中化为气体排入大气中，也会造成空气污染。

为防止船舶运输对空气的污染，IMO制定《防污公约》（MARPOL）附则Ⅵ——防止船舶造成空气污染规则，进行控制和管理。

第七节　船舶压载水污染

一、船舶压载水

压载水系指为控制船舶纵倾、横倾、吃水、稳性或应力而在船上加装的水及悬浮物。自19世纪70年代后期开始，船舶一直在使用压载水。船舶压载水的加装是为了满足船舶操纵和航行安全的需要。船舶压载水通常装在专用压载舱、双层底舱、翼舱、空载货舱及艏艉尖舱。压载水一般来自船舶的始发港或途径的沿岸水域，装载的压载水量依船型、载货情况、航线、港口条件和海况有较大的变化范围。

二、船舶压载水的污染问题

船舶压载水由于混有所装货物的残余而造成对海洋的污染，已早为人们所认识。尤其是以散装形式运输的石油类、化学品类船舶压载水污染更甚。因为货物残余的存在，导致压载水中会有一定浓度的有毒有害物质，若不经过有效的处理，排放到水域中会给环境造成污染。对此，MARPOL 73/78 作了严格的规定。然而船舶如果装入含有有害的水生物或病原体的压载水，并将这些压载水排放到港口国水域，同样也会对当地动植物及人类的健康产生威胁。

很多国家的研究表明，多种水生物、植物及细菌能在船舶压载水和沉渣中生存，有的经过60天的旅行仍然成活。船舶压载水排放可能是不同地理位置水体间传播有害水生物的主要媒介。水生物和病原体通过这种方式在国际间迁移。每天各个港口都有大量的水作为船舶压载水，越洋过海，排放到外国海域。

有害水生物和病原体（Harmful Aquatic Organisms and Pathogens）指一旦进入海水、河口或淡水水体中，会危害人类健康、损害生物资源和水生物、破坏舒适环境、影响生物多样化或干扰对海洋其他合法利用的水生物和病原体。

20世纪80年代末期开始，陆续出现由于船舶压载水的排放，传播有害水生物和病原体，造成港口海洋生态被破坏、社会经济遭损失和公众健康遭损害的报导。如澳大利亚和新西兰海域由于外来有毒甲藻的繁殖，通过贝壳类导致人类患麻痹性贝类中毒症。科学家认为，当船舶装入压载水时，把这些有毒的甲藻也装到船上，它们在沉渣中处于休眠状态，当船舶抵达澳大利亚后，与压载水一起排放到海域中。当条件成熟时，他们开始繁殖、孵化。贝壳类水生物以这些藻类作为食物，人食用这些含甲藻毒素的贝类就会瘫痪甚至死亡。北美五大湖由于外来的斑纹贻贝大量繁殖生长，阻塞该地区水下结构和管路，造成10多亿美元的损失。秘鲁沿岸1991年的霍乱流行就是由亚洲型霍乱菌引起的。黑海由于一种外来浮游动物大量繁殖，争食饵料，造成某些鱼种产量锐减。随着运输船舶船型的增大、船速的提高、船舶航次密度的增加，提高了压载水污染的频繁程度和严重程度，给国际航运的发展带来新的污染源，使一些随船舶压载水和沉渣传播的有害水生物和病原体呈较快增长的趋势。

尽管世界上的海洋是相通的，但因为海水交换缓慢，无论是温度、盐度等简单的环境因子，还是复杂的生物，在世界海洋中分布是不均匀的，有些甚至有着严格的地域界限。任何一个海域的生态系统所包含的生物，从种类到数量都是稳定的。船舶压载水所携带的生物进入港口水域后，也许不能适应新的海域环境而死亡，也许能适应新环境存活并繁殖。尤其在没有天敌的情况下，会迅速成长为优势品种。这对港口国海域的生态、渔业和养殖业以及公众健康都可能带来潜在的威胁。这种外来生物的入侵性传播与陆源海洋污染、对海洋生物资源的掠夺性开发利用和海洋栖息环境的物理改变和破坏被全球环境基金组织（Global Environment Facility，GEF）认定为海洋面临的四大威胁。

为控制和防止船舶压载水传播有害水生物和病原体，IMO于2004年2月13日通过《2004年国际船舶压载水和沉积物控制与管理公约》。

第八节　船舶的其他污染

一、船舶噪声污染

1. 船舶噪声的产生

随着现代工业生产、交通运输的发展，噪声已成为继水污染、空气污染、固体废弃物污染后的第四大环境公害。现代船舶正向大型化、高速化发展，由于船舶的钢结构便于振动、噪声的传播，又因为一些噪声源被限制在一个非常有限的空间范围内，这就使得船上的噪声污染更为严重。噪声已是现代船舶的主要公害之一。

船上各种运动着的机器设备以及装置系统内流动着的流体工质由于振动、撞击和气流扰动等，成为船舶噪声源。内燃机船的噪声源一般有下列几类：动力装置、传动装置、螺旋桨、锅炉、通风空调系统、货物装卸设备及船体振动等。

2. 船舶噪声的危害

噪声污染对人们的影响和危害主要在 4 个方面：①对听力的危害；②对睡眠的影响；③对语言交谈和思考的影响；④对人体健康的影响。

针对船舶噪声污染，IMO 于 1980 年颁发《船舶噪声级规程》。国内也制定相关的法规和标准，如《中华人民共和国环境噪声污染防治法》《内河船舶噪声级规定》(GB 5980—2009)《海洋船舶噪声级规定》(GB 5979—1986)和《船上噪声测量》(GB 4595—1984)等。

二、船舶有害防污底系统污染

船舶在海洋中航行，或停靠在港区装卸，船体表面水线以下浸入水中的部分尤其是船底表面由于长期浸泡在水中会生锈；而且海水中的某些生物，如藤壶、海藻、贻贝等，会附着船底生长繁殖。如果不采取措施设法去除这些海中生物，则会造成船舶污底。船舶污底(海生附着物)的存在不但对船舶产生极大的危害，所产生的阻力也是影响船舶航行的一个重要因素。同时，污底的存在还会增加船舶水下部分船体的腐蚀速度，进而影响船舶的使用寿命。

为控制和防止船底海生物生长、附着，所有的船舶所有人都已普遍采用在水线以下船体表面及船底涂上具有控制、防止和杀伤力的防污漆等材料的方法，以达到杀死或驱除附着的海生物，使之不再附着在船体上的目的，减少船舶由于污底而增加的阻力，减少船舶的燃油消耗，缩短船舶的营运周期，提高船舶的营运效率，同时还减缓船体的腐蚀速度。为解决此问题，船舶广泛采用防污底系统，即船舶用于控制和防止生物附着的涂层、油漆、表面处理或装置。

为清洁船底，人们采用防污漆来驱除或杀死船壳上的附着生物。三丁基锡(Tributyltin，TBT)作为防污底中的杀虫剂，曾经广泛应用于防污底系统。但在过去的 20 多年中，各国政府和权威的国际组织的大量科学研究和调查表明某些用于船舶上的防污底系统，特别是含有 TBT 的防污底系统，有剧毒性，对水生物及其栖息地乃至整个生态系统产生显著的毒害作用，对具有重要生态和经济价值的海洋生物构成严重的毒性危险和其他慢性影响，给海洋环境带来严重危害。TBT 是人为引入海洋的毒性最大的物质之一。

针对该类物质所引起的严重的环境污染问题，国际社会作了大量工作，禁止使用此类对环境构成重大危害的有害物质。为此，在 2001 年的 IMO 外交大会上通过了《2001 年国际控制船舶有害防污底系统公约》,并于2008年9月18日生效。

三、船舶拆解对环境的污染

拆船是指为得到废船的可再生利用原料而对船体结构进行的拆解过程,包括去除设备、设施和其他任何部分。拆船是造船的逆过程,是一项变废为宝、资源循环利用的生产活动,是循环经济的组成部分。

船舶拆解虽然是循环工业的一部分,但却是高污染产业。船舶在拆解过程中产生的污水、废气会对周围水域、空气造成污染,同时也会造成噪声污染、对土壤的污染以及放射性污染等。国际社会对拆船业造成的环境、健康和资源破坏问题的关注,说明在世界范围内建立统一的法律途径规范拆船业的行为迫在眉睫。为减少拆船业对环境、人体健康和安全的威胁,IMO于2009年5月15日在香港召开外交大会,通过《2009年香港国际安全与无害环境拆船公约》。

复习思考题

1. 目前而言,船舶直接造成的海洋污染源有哪些?船舶在正常营运中造成的主要污染物有哪些?
2. 在国际航运界,如何按载重量大小对油船进行分类?
3. 从运输角度,油品分为哪两类?从污染赔偿角度,油品又分为哪两类?
4. 什么是持久性油类?它有何特点?
5. 油船操作性排放中有哪“三水一油”?
6. 油污水有哪三种状态?各有什么特点?
7. 油污染对海洋环境有怎样的影响?
8. 目前对散化船是如何分类的?散化船的船型有哪三种?舱型有哪四种?
9. 化学品液货船是如何分代的?化学品液货船有着怎样的发展趋势?
10. MARPOL 73/78附则Ⅱ中,有毒液体物质按对海洋污染程度分为哪几类?哪类危害最大?
11. 对于新的散装有毒液体物质,采用哪三方评审制度?
12. 包装危险货物有哪些特性?
13. 船舶生活污水和垃圾对海洋环境有哪些危害?
14. 船舶的大气污染源有哪些?主要污染物有哪些?
15. 船舶硫氧化物(SO_x)是如何产生的?它对大气有哪些危害?
16. 船舶氮氧化物(NO_x)是如何产生的?它对大气有哪些危害?
17. 船上哪些设备的使用会产生消耗臭氧层物质(ODS)?ODS对环境有哪些危害?
18. 船舶挥发性有机化合物(VOCs)是如何产生的?它对环境有哪些危害?
19. 什么是船舶压载水?它对海洋环境有着怎样的危害?
20. 船舶噪声、船舶防污底系统和船舶拆解分别有哪些污染问题?

第三章　海洋环境及防污染法规的基本概念

环境科学拥有庞大的科学体系，涉及各种科学领域，它是一门介于自然科学与社会科学之间的边缘学科。虽然，这里所要介绍的关于防止船舶造成污染法规仅为整个环境科学中的一个小的分支，但它与海洋环境学、海洋船舶运输学（特别是船舶石油、包装和散装化学危险品运输）、海洋法等有着密切的关系。为掌握书中所要叙述的内容，必须弄懂与上述内容有关的概念，本章旨在介绍其中的一些基本概念。

第一节　海洋环境学的基本概念

一、环境和海洋环境

1. 环境

通常所说的环境，是指人类生存的环境，即自然环境。它是人类生存和发展的基本条件，或者说，是人类的社会物质条件之一。自然环境是由大气圈、水圈、土壤圈、岩石圈和生物圈所组成的。因此，地球表面的大气圈、水圈、土壤圈、岩石圈、生物圈等加上太阳辐射共同组成自然环境。大气圈是指地球表面高约 3×10^{4} km 的空气大气层，主要含氮、氧、CO_2、水蒸气等，是生命必须的氧源，它还可以防止地球表面温度剧烈变化和水分散失。大气圈平常又叫空气层，主要指离地面几百千米范围内的区域，其中95%集中于离地球表面12 km厚度的对流层中，总重量为6 000万亿 kg，所谓大气污染就主要集中在这个区域。水圈是指地球表面广阔的水域，或叫地球表面被水覆盖的部分。这个部分占地球表面的71%，总水量有 1.39×10^{18} m^3，其中97%集中于海洋中。岩石圈是地球地表的一部分，即由岩石组成的地壳层。这一层从地面向下约数千米至70 km，是生物活动的主要场所。土壤圈也是地球地表的一部分，是由岩石风化而成的，也是生物活动的重要地点。生物圈是指地球表面全部生物体及其发生相互作用的自然环境的总和，包括大气圈下层及整个水圈、土壤圈和岩石圈。所以，生物圈是地球上一切生物，其中特别包括人类生活及周围自然环境的综合体。按目前的认识，这一层是从海平面以下深度为11 km的海底至海平面以上10 km的山峰。在自然环境中，圈与圈之间存在一定的界面，在界面上进行着物质和能量的交换。这种交换使自然环境在一定条件下达到一定的平衡。所以说，环境是圈与圈之间对立又统一的整体。当然，环境的中心是人，人不但要利用它，也应改造它。

2. 海洋环境

海洋环境是自然环境的重要组成部分，包括海洋水体、海底和海水表层上面的空间，以及与海洋密切相关并受到海洋影响的沿岸区域和河口区域。海洋为人类提供生存和发展所必须的重要资源和空间，为沿岸区域经济发展创造有利条件，为沿岸居民提供就业机会和休息、娱乐场所。

二、生态系统和海洋生态系统

1. 生态系统

生态系统是指在一定的时间和空间内，生物和非生物的成分之间，通过不断地物质循环、能量流动和信息联系而相互作用、互相依存的统一体。它是生物体及其周围环境组成的有机整体。又有人说，它是生物群落与其生存环境之间构成的综合体。这个系统大的可以是生物圈，小的可以是一个池塘。重要的是必须要有生命，才能组成生态系统。

2. 海洋生态系统

海洋生态系统是指由海洋中的非生物物质，如空气、水等，与生产者（海洋植物）、消费者（海洋动物）和分解者（细菌）等组成的综合体。

三、种群和群落

1. 种群

生物在环境中的分布是不均匀的。许多具有相同特性，并能在本群内交配繁殖的一些个体的自然集合，一群一群地分布在一定区域内，称这样的群为种群。一个种群要求一定的生活和生存的环境条件，各个种群之间有一定的隔离，一定的独立性，各自的发展过程、组织结构，与生活环境相联系的数量变化，一定的遗传性，内部有一定的自我调节能力，保持其稳定性。

2. 群落

一种物种的种群，在自然界中不能单独存在，而是与食物、空间和其他物种的种群密切相联系着的，自然集合成生物群落。所以，群落是指一定空间各种生物的总和。

四、环境自净、环境污染和海洋污染

1. 环境自净

环境本身有一种能力，它可以通过化学、物理、生物的作用，对污染物进行分解、扩散、稀释和降解，以保持原来的状态不受污染，这就叫环境自净。海洋有这种自净力。

2. 环境污染

环境自净的能力不是无限的。若进入环境的污染物数量超过环境的容量，即超过环境的自净力，就会损害环境，造成环境污染。物质和能量都可能成为污染物。对大气来说，主要污染物是粉尘（固体微粒），漂尘（溶胶），碳的氧化物（CO，CO_2），NO_x，SO_x（SO_2，SO_3）和烃类等。

3. 海洋污染

由 8 个国际组织联合设立的 GESAMP 所定义的海洋污染是指：人类直接或间接地把物质或能量引入海洋环境，包括河口、港湾，造成或可能造成损害生物资源和海洋生物、危害人类健康、妨碍海洋的合法利用、损害海水质量和减损环境优美等有害影响。在环境保护法中，污染海洋的行为要有以下 3 个条件。

（1）把污染物质或能量引入海洋环境。

（2）这种进入不是因为海洋发生的自然过程，而是人为造成的，完全是人类有意或无意的行为直接或间接造成的。

（3）这类物质或能量进入海洋环境后，造成或可能造成污染损害。

其中最后一点，正是所谓的“沾染（Contamination）”，是指外来物质或能量进入某一海域中，但未说明对该海城造成什么有害影响。“污染（Pollution）”，是指外来物质或能量进入某一海域中,并对该海域产生有害影响。

4. 生态失调

环境污染,确切地说是指人为的环境污染,而不包括自然造成的环境污染。人为的环境污染,即指通过人类活动直接或间接地把物质和能量输入环境,其数量或强度的量级明显地高于自然界的量级,从而对生物圈的环境产生有害的影响。环境污染包括化学污染、物理污染和生物污染等。污染的后果之一:打破生态系统的平衡,造成生态失调。

生态系统要延续,就要不断地进行物质和能量的输入,以构成生物组织,并要有进行繁殖和维持所必须的能量。物质和能量也要从生态系统中输出。一个生态系统倾向于使其中的各种过程和活动达到一种平衡。或者说,生态系统在一定的条件下和在一定的时间内,表现为暂时的稳定或平衡。但对大多数情况来说,这种平衡十分敏感和脆弱,很容易被推翻和破坏。这种现象称为生态系统失调。生态系统和物理系统的不同在于,生态系统中能量的转运和转化途径十分脆弱和敏感。因为,生态系统的本性是随生命过程而定的。人类只要输入少量的物质和能量,就会破坏生态系统,形成生态系统失调。从航天器中发回的电视照片表明,生物圈只有一层薄薄的空气和水,以保证地球上生命的存在。

五、食物链和浓缩系数

1. 食物链

生态系统中的能量转运和转化途径是通过食物链或食物网来进行的。也就是说,群落中不同种群之间最主要的联系是食物联系,通过直接或间接的食物联系,把群落中各个成员结合成一体,这个联系就叫食物链。或者说,生物中的一种以另一种为食,第三种又以第二种为食,以此类推形成食物的链索关系。可见,食物链是彼此交错、互相联结成网状的,所以又叫食物网。食物链包括 3 个专门的循环分式,即捕食链、寄生链和腐生链。三者密切联系构成一个复杂而又不可分割的链系。食物链的各个阶段叫营养段,随着营养段向上一级推移,生物量、生物数目和生物能量均呈递减性(生物数目有时相反),结果使营养段呈一金字塔状,称为生物锥体。营养段不是无限增多的,通常少的为 2 级,多的不超过 5 级,了解这一点,为有效地利用海洋资源提供依据。食物链中任一环境的生物种类、数量,由于生物富集有害物质而中毒,导致其减少或消失,会影响整个生态系统的平衡。如石油使表层海水的日光辐射减少、光合作用变弱、浮游生物减少、更高环境的生物数量减少、使整个海洋生物群落衰落。

2. 浓缩系数

为什么人类只要输入少量的物质或能量就可破坏生态系统呢?这是因为生物通过食物链传递食物,随之也使污染物进行传播、扩散和富集。

生物具有一种特殊的性能,即可以浓缩或富集污染物,浓缩或富集的程度常用浓缩或富集或蓄积系数来表示。浓缩系数是指某种物质或元素在生物体内的浓度与生物生长环境中该物质或元素的浓度之比。该比值的大小与物质浓度、价态、结构、溶解度、生物种类、外界环境等因素有关。不论陆生生物还是水生生物都具有这种性能,生物富集传递污染物作用后,在较高营养段(阶层)的生物体内积累其后果是严重的。如 DDT 在大鱼体内的浓度要比海水中的浓度高达 57.2万倍。按生物金字塔计算,人吃 10 kg 含有污染物的大鱼等于摄入 10 t 浮游植物所含有的污染物。

在溶解作用很强的海水中,生物对重金属和其他一些痕量元素、放射性元素及氯代烃等具有很强的蓄积能力,从而导致生物体内这些物质的含量极高,人们早就注意到生物的这种蓄积能力,并视为奇怪的现象。后来发现,很多痕量元素,如 Cu,Zn,Co,Mn 等对生化过程是必不可少的,对维持酶的合成更是如此。生物必须从溶解的海水中蓄积这些元素来满足自身的需要。但是,事实证明,过量蓄积会造成危害,同时,人们也发现生物蓄积物质,除含有必需元素外,还蓄积其他一些元素,如 Hg,Cd,Pb 及有机化合物(如氯代烃)。现代知识证明,这种蓄积不会促进生物代谢,相反会产生有害影响,目前人们正致力于解释生物对不同性质的物质有不同的摄取能力。这显然有不同的机理,并确定以毒性物质蓄积为起点来研究消除这种蓄积能力的机理。

六、测量单位

浓度是指在进行分析时,有害物质的量与物质总量之比。应该指出,在一般的粗略计算中,不管是讲 1 L 海水浓度,还是讲 1 kg 海水的浓度,关系都不大。因 1 L 盐度为 3.5% 的海水的质量为 1.028 kg。但在选用以湿重、干重、萃取脂肪(类脂化合物)或碳作为测量基础时,则存在相当大的差别。鱼类、贻贝类和蟹类体内的水分含量高达 75% ~80%,必须将湿重浓度乘以 4 或 5 才能得到相应的干重浓度值。如果生物体内脂肪含量达 10%,则需要将湿重浓度乘以 10 才能得到相应萃取脂肪的浓度值。生物体内的水分和脂肪的含量,以及生物体内的组织差别很大,在进行一般测量时,要特别留意。浓度的表达方式为:

ppm(百万分之几,相当于 10^{-6}),意为微克/克、毫克/升、毫克/千克。

ppb(10 亿分之几,相当于 10^{-9}),意为毫微克/克、微克/千克、微克/升、毫克/米^3。

ppt(万亿分之几,相当于 10^{-12}),意为微微克/克、毫微克/千克、微克/吨、毫微克/升、微克/米^3。

如果考虑植物营养因素的话,常用微克/升,或以更现代化的微分子/升表示浓度,微分子/升是用元素或有关化合物的原子量除以微克/升得到的。

七、环境保护和海洋环境保妒

(1) 环境保护:是指采用行政、法律、经济、科学技术等多种措施,保护和改善环境,保护人类身体健康,合理利用自然资源,减少或消除有害物质进入环境,以保护自然资源,及时恢复和扩大再生产。主要内容包括:①工业"三废"的综合防治;②农药的残毒,食品、噪声、放射性污染及其他污染防治;③固体废弃物资源的回收和综合利用;④水域管理和水体保护;⑤自然资源的合理开发和保护;⑥环境监测和质量评价;⑦环境管理;⑧植树造林,绿化环境。

(2) 海洋环境保护:在全面调查和研究海洋环境的基础上,根据海洋生态平衡的要求,制定法律和规章,自觉地利用科学手段调整海洋开发与环境保护的关系,并以此来创造沿岸经济发展的有利条件,达到充分利用海洋的目的。同时,还要不断地改善环境条件,提高环境质量,创造新的、更舒适美好的海洋环境。海洋环境管理包括:①调整海洋开发与环境保护的关系,做到既能合理开发,又能保护海洋环境;②防止海洋环境污染损害,如控制陆源、船舶等向海洋的排放,管理海岸工程项目对海洋的污染损害等,从而达到保护海洋环境的目的。

八、环境管理和海洋环境管理

1. 环境管理

(1) 环境管理的概念:环境管理是运用经济、法律、行政、技术和教育等手段,限制人类损害环境质量的活动。通过全国规划使经济发展与环境相协调,既要发展经济、满足人类的基本要求,又不超出环境的容许。

（2）环境管理的作用：①帮助制订环境保护规划；②协调环境保护各方面的关系；③对环境保护进行监督。

（3）环境管理的内容：①对环境进行监测；②制订衡量环境好坏的标准；③对环境的好坏进行评价；④设立环境管理体制和机构；⑤研究环境对经济发展的作用；⑥制订环境保护法，并贯彻执行。

2. 海洋环境管理

海洋环境管理是运用经济、法律、行政、技术和教育等手段，限制人类损害海洋环境质量的活动，以达到既要开发利用海洋，又要保护海洋环境，防止海洋污染的目标。它包括：对海洋环境进行监测，制订评价海洋环境的标准；评价海洋环境的好坏，建立海洋环境管理体制和机构；研究海洋环境对经济发展的作用；制定海洋环境保护法，并贯彻执行。海洋环境管理是通过制订海洋环境保护规划，调整海洋环境保护各方面的关系，并对海洋环境进行监督等进行的。

第二节　水质标准的基本概念

水质标准是用来评价水质好坏或污染程度的有关指标。水按存在方式分为地面水和地下水；按用途分为饮用水、工业用水、农业用水等。显然，各种水有各种水的指标数值。而且就是同一种水，世界各国的标准也不完全相同，但评价水质的项目相类似。

一、水质指标

（1）感官指标：用人的感官对水的色、味、嗅、透明度等得出的结论。

（2）溶解氧（Dissolved Oxygen，DO）：指一定温度下，1 L 水中所含氧的克数或浓度，单位为 g/L，mL/L，ppm。用耗氧仪可以测定水中的含氧量。在正常大气压下，20 ℃时，水中的 DO 为 0.009 17 g/L，河水中一般为 7.5 ppm，海水为 6 ppm。水中的 DO 为 2 ppm 时水要发臭。

（3）化学需氧量（Chemical Oxygen Demand，COD）：是指用化学氧化剂，如 $KMnO_4$ 或 $K_2Cr_2O_7$，在一定的条件下，氧化水中的有机物和一些还原性物质所需的氧量，符号为 CODmn 或 CODcr，单位为 ppm。日本规定河水的 COD 不可高于 3 ppm，并把 2 ppm，3 ppm，8 ppm 作为海水相应的分级标准。

（4）生化需氧量（Biochemical Oxygen Demand，BOD）：由于水中的有机物主要是靠微生物（细菌和微真菌）分解的，用 COD 来测定水中的含氧量速度快，但不能真实反映水中有机物实际的降解情况，所以引入 BOD 这个指标。它表示 1 L 水中有机物经微生物分解所需的氧量，单位为 ppm。有机物分解分为两个阶段：第一阶段是微生物将有机物分解成 CO_2，NH_3，H_2O 等物质；第二阶段将 NH_3 转化为 NO_2，并进一步转变为 NO_3。由于第二阶段对环境的影响小，所以实际是以第一阶段所耗氧的量为准的。但是，一般生活污水中的有机物完成第一阶段要 20 天的时间，这给实际工作带来困难，现在一般以 5 天为准，符号为 BOD_5。5 天的 BOD 为第一阶段的 70%。因为微生物的活动与温度有关，所以一般规定 20 ℃为测定温度，海水 20 ℃时的 BOD_5 不可超过 3 ppm。BOD_5 是可以测定的，这个值也是评价水质好坏或污染程度的指标之一。由于 BOD_5 还不能快速反映水中有机物的污染情况，故还须引入其他指标。

（5）酸碱度 pH：一般河水的 pH 为 6.5 左右，为弱酸性。海水的 pH 为 7.5～8.6，为碱性。海水的 pH 若低于 7.5 时，则海水中物质的毒性可能会造成海洋生物的死亡。

(6) 固体悬浮物 SS：是指悬浮于水面或处于悬浮状固体物质的数量,其含量单位是 mg/L。

(7) 营养盐：是指水中所含总氮和总磷的量,单位是 mg/m^3。海水中的标准值总磷的最高浓度为 20 mg/m^3,总氮的最高浓度为 300 mg/m^3。超过此值,可能出现富营养化,产生“赤潮”。

(8) 毒物指标：①重金属：作为水质指标,通常指的是 Hg,Cd,Pb,Cr,Cu,Zn,As 等,单位为 mg/L,ppm 等。②有机毒物：通常指的是酚(C_6H_5—OH)、酚(R－CN)、多氯联苯(PCB)、多环芳烃(PAH)、有机硫化物、有机卤化物、石油等,单位为 mg/L,ppm 等。

(9) 生物指标：指 100 mL 水中所含有的细菌数和病毒数,一般是以大肠杆菌数(群)来反映。大肠杆菌是一种存在于人的大肠粪便中的微生物,对人无害。通常认为当 100 mL 水中的大肠杆菌数小于 100 个时,则该水中不含致病细菌。

二、我国海水水质标准

为贯彻《中华人民共和国环境保护法》和《中华人民共和国海洋环境保护法》(海洋环境保护法),防止和控制海水污染,保护海洋生物资源和其他海洋资源,有利于海洋资源的可持续利用,维护海洋生态平衡,保障人体健康,由国家环保局和国家海洋局共同提出,经国务院批准后于 1998 年 7 月 1 日起实施中华人民共和国国家标准(GB 3097—1997),同时代替原标准(GB 3097—1982)。该标准按照海域的不同使用功能和保护目标,将海水水质分为以下 4 类。

第一类：适用于海洋渔业水域、海上自然保护区和珍稀濒危海洋生物保护区。

第二类：适用于水产养殖区、海水浴场、人体直接接触海水的海上运动或娱乐区,以及与人类食用直接有关的工业用水区。

第三类：适用于一般工业用水区、滨海风景旅游区。

第四类：适用于海洋港口水域、海洋开发作业区。

第三节　防止船舶造成污染法规的基本概念

一、领海和公海

领海也称领水,是指沿海国根据主权规定的与海岸或内水相邻接的一定范围内的海域,包括领海上空、海床和底土。1982 年的《联合国海洋法公约》规定：“每一国家有权确定其领海的宽度,直至按照本公约确定的基线量起不超过 12 n mile 的界限为止。”

依照上述公约,公海是指各国内水、领海、大陆架和专属经济区以外不受任何国家主权的管辖和支配的海洋区域。该水域不受任何国家主权管辖,各国平等使用,享有航行、飞越、捕鱼、铺设海底电缆和管道、建造国际法所准许的人工岛屿和其他设备、科学研究等自由的权利。

二、大陆架

大陆架是大陆向海洋的自然延伸,通常被认为是陆地的一部分,又叫“陆棚”或“大陆浅滩”。它是指环绕大陆的浅海地带。大陆架含义在国际法上指邻接一国海岸但在领海以外的一定区域的海床和底土。大陆架有丰富的矿藏和海洋资源,已发现的有石油、煤、天然气、铜、铁等 20 多种矿产,其中已探明的石油储量是整个地球石油储量的 1/3。

《联合国海洋法公约》中规定,沿海国的大陆架包括陆地领土的全部自然延伸,其范围扩展到大陆边缘的海底区域,如果从测算领海宽度的基线(领海基线)起,自然的大陆架宽度不足200 n mile,通常可扩展到200 n mile,或扩展至2 500 m水深处(两者取小);如果自然的大陆架宽度超过200 n mile而不足350 n mile,则自然的大陆架与法律上的大陆架重合;自然的大陆架超过350 n mile,则法律的大陆架最多扩展到350 n mile。大陆架上的自然资源主权归属沿海国所有,沿岸国有权以勘探和开发自然资源为目的对其大陆架行使主权权利。

三、专属经济区

按1982年《联合国海洋法公约》规定,专属经济区是领海范围之外,邻近领海的一个区域。它的宽度从测算领海宽度的基线量起,不得超过200 n mile的范围。

这一区域内沿海国对其自然资源享有主权权利和其他管辖权,而其他国家享有航行、飞越自由等,但这种自由应适当顾及沿海国的权利和义务,并应遵守沿海国按照《联合国海洋法公约》的规定和其他国际法规则所制定的法律和规章。

四、距最近陆地

距最近陆地是指按领海基线为起点计算的距离,国内及国际防污公约中各种船舶污染物的排放位置常以它为依据划分。

五、特殊区域(Special Area)

特殊区域是指基于海洋学、生态学和所装运物质性质等技术原因,公认为要采取特殊的防止污染的措施来保护该海域环境的区域。目前,国际防污公约中所指的特殊区域包括地中海、波罗的海、黑海、红海、海湾地区。现在又将亚丁湾、南极区域、西北欧水域、阿拉伯海的阿曼区域和南非南部水域划为MARPOL 73/78附则Ⅰ的特殊区域,将北海、南极区域及大加勒比海区域(包括墨西哥湾和加勒比海)划为MARPOL 73/78附则Ⅴ的特殊区域。

六、海洋污染物

根据MARPOL 1973第2条第2款的定义,海洋污染物即为对海洋有害的“有害物质”。这种有害物质进入海洋后,可能危害人类健康、伤害生物资源和海洋生物、损害环境优美或妨碍海洋的其他合法利用的任何物质,并包括受该公约控制的任何物质。这些物质主要是指石油及产品、重金属(如Hg,Cd等)、农药(如DDT、六六六等)、有毒化学品(如PCB,PAH等)、放射性物质、营养盐和其他污染物(如热污染,固体污染物等)。

七、海洋环境保护法

为保护海洋环境、防止污染损害,各国通常采用行政、法律、经济、工程技术等手段,并且特别重视运用法律手段,制定并实施保护海洋环境的法律和法规。

海洋环境保护法是环境保护法的一个重要分支,它是调整海洋开发与环境保护方面的社会关系的法律规范的总称。该法是将国家有关海洋环境保护的方针、政策、原则、制度、措施和办法等,以法律形式固定下来,使人们有法可依、有章可循,从而使保护海洋环境工作顺利进行。

海洋环境保护法的任务是:协调海洋开发与环境保护的关系,以便保证合理地开发利用海洋环境及其资源,创造更舒适优美的环境。为此,海洋环境保护法应当正确反映社会发展和自然环境的客观规律,反映海洋环境科学的最新技术成就,体现生态、技术、经济、政治及其他方面的各种因素，并将这些方面的成就应用到海洋环境保护事业中去。如果不利用生物学、地理学、化学、生态学、海洋学及其他许多有关学科的成就，就不可能创立海洋环境保护的法律规范。因为，这种法律规范的效力在许多情况下，取决于能否充分地、全面地反映其研究对象的客观规律性，海洋环境保护法的现代法律关系的基础，并不是某些临时的主观因素，而是客观存在的、相互联系的社会经济、生态、科技、政治和法律的规律性。因为海洋环境保护法是一个科学性、技术性很强的法律分支部门，包含着许多科学成果和技术规范，如各种水质标准、排放标准、监测和监视规范等。

一个国家的海洋环境保护法，是该国制定并认可的，它具有权威性和强制性，也有阶级性。它所保护的对象是海洋环境及资源，客观上起着保护人民生活和健康的作用，因而它又是一种社会公益性的法律。

由于海洋是世界各国的，是一个统一的整体，各沿海国除在本国范围内采取必要措施外，还必须在区域和全球性范围内进行合作，才能有效地保护海洋环境。所以，还有区域性和世界性的法规，并且各国法规与国际性法规有密切关系，海洋环境保护法的涉外性和国际性将日益突出。

复习思考题

1. 什么是环境？什么是海洋环境？
2. 什么是生态系统？什么是海洋生态系统？
3. 油污水的浓度测量单位中“ppm”是什么含义？
4. 什么是环境管理？什么是海洋环境管理？
5. 什么是溶解氧（DO）？什么是化学需氧量（COD）？什么是生化需氧量（BOD）？
6. 什么是领海？什么是公海？
7. 什么是大陆架？什么是专属经济区？
8. 什么是特殊区域？在国际防污公约中一般指哪些区域？
9. 什么是海洋污染物？
10. 什么是海洋污染？海洋污染有哪些条件？

第四章　防止船舶造成污染法规的历史发展

瑞典国际法学家帕·约翰逊指出:“环境法是国际法中最年轻的分支之一,它的发展迅速,而且正处在一个创造和形成的阶段。”环境保护法是一个新兴的、独立的、朝气蓬勃的部门法。同样,防止船舶造成污染法规,不论是国际法规,还是我国的国内法规,都正处在迅速发展、逐步完善的过程中,本章概述该法规历史发展的状况。

第一节　我国防止船舶造成污染法规体系的形成过程

一、我国海洋环境保护工作的三个阶段

我国海洋环境保护工作起步于 1972 年。虽然起步较晚,但由于国家和主管部门的努力,取得了重大进步,这表现为: ①基本上查明我国沿海的污染状况;②对重点海域进行有计划的治理;③组建全国海洋环境监测网;④公布我国海域的污染通报;⑤设立了专业的海洋环境保护研究院,广泛开展应用技术和基础理论的研究工作;⑥制定了海洋环境保护的方针和一些法规,并逐步完善我国海洋环境保护的法律体系;⑦组建海洋环境保护机构;⑧组建执法管理队伍,这对保护海洋环境、防止污染损害、维护我国海洋权益作出了积极贡献。

综上所述,我国海洋环境保护工作大体分为以下 3 个阶段。

(1) 从 1972 年到 1982 年为第一阶段: 这一阶段的特点是,以调查、监测和科研为重点,主要目的是了解海洋环境的基本状况,为立法和管理提供科学依据。关于防止船舶造成污染方面,制定 2 个规则: ①1979 年的《中华人民共和国外国籍船舶管理规则》;②1982 年的《船舶装运危险货物监督管理规则》。

(2) 从 1983 年到 1999 年为第二阶段: 1983 年《海洋环境保护法》公布实施,这标志着我国海洋环境保护工作进入第二阶段。这一阶段的特点是加强海洋保护管理工作,实现以法治海。在广泛调查、监测和科学研究的基础上,根据《海洋环境保护法》的规定,全面管理海洋环境保护工作,同时不断完善海洋环境保护法律体系。正确处理海洋开发与环境保护的关系,促进我国海洋事业的全面发展。这一阶段颁布了不少重要的防止船舶造成污染的法规。

(3) 从 2000 年至今为第三阶段: 2000 年 4 月 1 日新《海洋环境保护法》公布实施,对原《海洋环境保护法》进行重大修改,增加许多新的内容。它标志着我国海洋环境保护工作进入一个新的阶段。该阶段主要是对以前的海洋环境保护法律、法规进行修订和调整,以正确处理海洋开发与环境保护之间的关系,其特点是修改、补充和完善有关海洋环境保护法律、法规及标准。

二、我国建立的防止船舶造成污染的法规体系

从 1978 年我国开始进行船舶防污染监督起,已建立的防止船舶造成污染法规体系如下。

1. 我国制定的防止船舶造成污染法规

(1)《中华人民共和国海洋环境保护法》于1982年8月23日经全国人民代表大会审议通过,自1983年3月1日起生效。1999年12月25日第9届全国人民代表大会常务委员会第13次会议通过新的《海洋环境保护法》,自2000年4月1日起正式实施。

(2)《中华人民共和国防止船舶污染海域管理条例》于1983年12月29日由国务院批准执行。2009年9月2日国务院在第79次常务会议上通过《中华人民共和国防治船舶污染海洋环境管理条例》,自2010年3月1日起施行,取代《中华人民共和国防止船舶污染海域管理条例》。

(3)《中华人民共和国海洋倾废管理条例》于1985年3月6日颁布执行。

(4)《中华人民共和国船舶污染物排放标准》于1983年4月9日颁布执行。

(5)《海船防污染结构和设备规范》和《内河船舶防污染结构和设备规范》均由我国原船舶检验局于1986年颁布执行,对船舶防污染设备等做了规范。

(6)《关于船舶拆解监督管理暂行办法》于1987年4月由中华人民共和国港务监督局公布执行。

(7)《防止拆船污染环境管理条例》于1988年5月18日由国务院发布。

(8)《防止拆船污染环境管理规则》于1989年12月23日由原交通部颁布,自1990年1月1日起生效。

(9)《船舶载运散装油类安全与防污染监督管理办法》于1999年4月由交通运输部海事局发布,自1999年7月1日起施行。

(10)《中华人民共和国船舶安全营运和防止污染管理规则》于2001年7月12日由原交通部颁布,自2003年1月1日起执行。

(11)《中华人民共和国防治船舶污染内河水域环境管理规定》于2005年6月20日经原交通部第12次部务会议通过,自2006年1月1日起施行。

(12)《中华人民共和国船舶油污损害民事责任保险实施办法》于2010年7月9日经交通运输部通过,自2010年10月1日起施行。

(13)《中华人民共和国船舶及其有关作业活动污染海洋环境防治管理规定》于2010年11月16日经交通运输部通过,自2011年2月1日起施行。

(14)《中华人民共和国船舶污染海洋环境应急防备和应急处置管理规定》于2010年12月30日经交通运输部通过,自2011年6月1日起施行。

(15)《中华人民共和国海上船舶污染事故调查处理规定》于2011年11月14日经交通运输部发布,自2012年2月1日起施行。

(16)《船舶油污损害赔偿基金征收使用管理办法》于2012年5月11日经财政部和交通运输部联合颁布,自2012年7月1日起施行。

2. 我国加入的国际防止船舶造成污染公约及议定书

(1) 我国1980年1月30日加入《1969年国际油污损害民事责任公约》,并于同年4月30日起对我国生效。

(2) 我国1983年7月1日加入MARPOL 73/78及附则Ⅰ和Ⅱ。附则Ⅰ于1983年10月2日起对我国生效,附则Ⅱ于1987年4月6日起对我国生效。以后逐渐加入附则Ⅲ,Ⅳ,Ⅴ和Ⅵ(1997年议定书)。

(3) 我国1985年11月15日加入《1972年防止倾倒废弃物和其他物质污染海洋公约》,同时加入《1978 年关于防止和控制焚烧废弃物和其他物质污染的修正案》和《1980 年关于公约物质名单的修正案》。以上均于 1985 年 12 月 15 日起对我国生效。

（4）我国 1986 年 9 月 29 日加入《1969 年国际油污损害民事责任公约的 1976 年议定书》，并于同年 12 月 28 日对我国生效。

（5）我国 1990 年 2 月 23 日加入《1969 年国际干预公海油污事故公约》（《1969 年干预公约》），并于 1990 年 5 月 24 日起对我国生效。

（6）我国 1990 年 2 月 23 日加入《1973 年国际干预公海非油类物质污染议定书》（《1973 年干预议定书》），并于 1990 年 5 月 24 日起对我国生效。

（7）我国 1995 年 3 月 30 日加入《1990 年国际油污防备、反应和合作公约》（《1990 年油污防备公约》），该公约于 1995 年 6 月 30 日起对我国生效。

（8）我国 1999 年 1 月 5 日加入《修正 1969 年国际油污损害民事责任公约的 1992 年修正案》，自 2000 年 1 月 5 日起对我国生效。同时我国退出《1969 年责任公约》。

（9）我国于 1999 年 1 月 5 日加入《修正 1971 年设立国际油污损害赔偿基金公约的 1992 年修正案》，并于 2000 年 1 月 5 日起对我国（仅适用于香港特别行政区）生效。

（10）我国于 2008 年 11 月 17 日加入《2001 年国际船舶燃料油污染损害民事责任公约》，并于 2009 年 3 月 9 日起生效。

（11）我国于 2011 年 3 月 3 日加入《2001 年国际控制船舶有害防污底系统公约》，并于 2011 年 6 月 7 日起对我国正式生效。

针对上述法规的制定、加入和实施，我国交通运输部（原交通部）、交通运输部海事局（包括原港务监督局）陆续发出一些通知和文件，对执行有关法规提出具体要求，有关省市海事局（港监）还制定一系列实施细则和办法。

第二节　国际防止船舶造成污染法规的发展

一、国际防止船舶造成污染法规的 5 个发展阶段

国际防止船舶造成污染法规的形成和发展，已经历半个多世纪。大致可分为以下 5 个发展阶段。

（1）1954—1968 年为第一阶段：1926 年 6 月美、英等 14 国代表在华盛顿召开会议，通过一个防止石油污染海洋的公约草案。1935 年，当时的国际联盟在华盛顿公约草案的基础上，又制订一个防止海洋油污染的草案。但由于多种原因，这两个公约草案均未成功。所以，那时期只有零星的海洋保护内容，散见于其他国际习惯法中，没有一个完整的条约法的形式。这些零星条款主要是关于海洋资源的保护问题，基本上未涉及海洋污染问题。1954 年的《国际防止石油污染海洋公约》是第一个国际海洋环境保护法，表示人类已经认识到在海洋环境保护方面不仅采用习惯法，而且应当采用条约法。这一阶段总的发展趋势是缓慢的。

（2）1969—1971 年为第二阶段：以 1969 年在布鲁塞尔签定的《关于干预公海上石油污染事故的国际公约》（亦称公法公约）和《关于石油污染损害的民事责任公约》（亦称私法公约）开始，到 1971 年为第二阶段。

从 1969 年到 1971 年，虽然只有两三年，但在国际海洋环境保护法的发展史上却是一个重要

阶段，是一个转折点。上述的两个公约，第一次提出沿海国家对公海上污染活动的管辖权以及污染损害引起的民事责任问题。这两个公约产生的背景是：1967 年利比里亚籍油船“托雷·卡尼翁”号触礁事件使大量原油流入英吉利海峡，造成严重污染。虽然此事件发生在公海上，但英国和法国政府立即加入，炸沉此船，并采取防污和消除污染的各种措施。这一事件使各国很快认识到干预公海油污事件的必然性和必要性。这两个公约对国际海洋环境保护法的发展有划时代的意义。

（3）1972 年至 20 世纪 70 年代末为第三阶段：1972 年在斯德哥尔摩召开有 113 个国家、1 300多名代表参加的人类环境会议。会上发表《人类环境宣言》，表明人类真正认识到海洋对人类生存的重要意义，也表明国际海洋环境保护法发展到了一个较为成熟的时期。在此期间产生了东北大西洋、波罗的海、地中海、红海和亚丁湾、海湾区域、西非和中非区域等一些区域性法规。著名的 MARPOL 1973 和 MARPOL 73/78 就是在此期间制定的。

（4）从 20 世纪 70 年代末至 20 世纪末为第四阶段：从 20 世纪 70 年代末开始，第三届联合国海洋法会议通过《非正式综合协商案文》，标志着国际海洋环境保护法发展到了新的阶段。《非正式综合协商案文》为国际海洋环境保护法的发展开辟了更为广阔的前景。它进一步强调了国家“有义务保护和保全海洋环境”以及国家的环境责任和赔偿义务等。1982 年 4 月 30 日第三届联合国海洋法会议通过《联合国海洋法公约》，在该公约第 12 部分对海洋环境保护的法律制度作了全面、系统的规定，几乎涉及海洋环境保护法的所有问题，是国际海洋环境保护法发展的一个重要里程碑。它标志着国际海洋环境保护法律制度形成阶段的结束。从此，海洋环境保护法进入了一个新的发展阶段。当然，这并非已经完善，它还存在许多缺陷，这些将在以后的国际海洋环境保护法中逐步得以解决。

（5）21 世纪初至现在为第五阶段：从 21 世纪初开始，IMO 致力于海洋船舶防污染公约的补充、完善和修订，一方面制定《2001 年国际船舶燃油污染损害民事责任公约》《2001 年国际控制船舶有害防污底系统公约》《2004 年国际船舶压载水和沉积物控制与管理公约》和《2009 年香港国际安全与无害环境拆船公约》，使国际海洋船舶防污染法律趋于完善；另一方面不断修订原有的公约和规则，如对《防污公约》（MARPOL）6 个附则的重大修订、对《1992 年责任公约》和《1992 年基金公约》的修订，不断提高对受害人的赔偿限额等。

二、IMO 制定和管理的国际防污公约和议定书

到目前为止，IMO 制定和管理的国际防污公约和议定书共有 20 多个，这些公约大致可分成 3 大类：第 1 类是为防止或减少船舶排污和油污事件发生的，如《1954 年油污公约》《1972 年伦敦倾废公约》《防污公约》（MARPOL）和《2004 年压载水管理公约》等。第 2 类是有关污染责任和赔偿的，如《1969 年责任公约》《1971 年基金公约》《HNS 1996 公约》和《2001 年燃油公约》等。第 3 类是有关污染干预和响应的，如《1969 年干预公约》《1990 年油污防备公约》等。其中适用范围最广、技术性最强、最复杂、影响最大的是《防污公约》（MARPOL）。这些公约和议定书的制定、生效及与我国的关系，以及参加国的情况如下。

（1）《1954 年国际防止石油污染海洋公约》，1954 年 5 月 12 日制定于伦敦，至 1987 年 10 月 25 日止，缔约国有 72 国，都参加了生效的 1962 年和 1969 年修正案，尚有 2 个修正案未生效。我国均未参加。

（2）《1969 年国际干预公海油污事故公约》，1969 年 11 月 29 日制定于布鲁塞尔，于 1975 年 5 月 6 日起生效。我国于 1990 年 2 月 23 日加入，并于 1990 年 5 月 24 日起对我国生效。

(3)《1973年国际干预公海非油类物质污染议定书》,1973年11月2日制定于伦敦,于1983年3月3日起生效。我国加入和生效时间同《1969年干预公约》。

(4)《1969年责任公约》,1969年11月29日制定于布鲁塞尔,于1975年6月19日起生效。我国于1980年1月30日参加,同年4月29日起对我国生效。

(5)《修正1969年国际油污损害民事责任公约的1976年议定书》,1976年11月9日制定于伦敦,于1981年4月8日起生效。我国于1986年9月27日参加,于同年12月28日起对我国生效。

(6)《修正1969年国际油污损害民事责任公约的1984年议定书》,1984年5月26日制定于伦敦,尚未生效。我国未加入。

(7)《修正1969年国际油污损害民事责任公约的1992年修正案》,于1996年5月30日起生效。我国于1999年1月5日加入,2001年1月5日起对我国生效,包括适用于我国香港特别行政区。

(8)《1992年国际油污损害民事责任公约议定书的2000年修正案》,2000年10月通过,于2003年11月1日起生效。同时对我国生效。

(9)《1971年设立国际油污损害赔偿基金公约》,1971年11月18日制定于布鲁塞尔,于1978年10月16日起生效。我国未加入。

(10)《修正1971年设立国际油污损害赔偿基金公约的1976年议定书》,1976年11月19日制定于伦敦,于1994年11月22日起生效。我国未加入。

(11)《修正1971年设立国际油污损害赔偿基金公约的1984年议定书》,尚未生效。我国未加入。

(12)《修正1971年设立国际油污损害赔偿基金公约的1992年修正案》,于1996年5月30日起生效。我国香港于1999年1月5日加入该议定书,于2000年1月5日起生效。

(13)《1992年国际油污损害赔偿基金公约议定书的2000年修正案》,2000年10月通过,于2003年11月1日起生效。同时对我国香港特别行政区生效。

(14)《1992年基金公约的2003年议定书》,已于2005年3月3日起生效。

(15)《1972年防止倾倒废弃物和其他物质污染海洋公约》,于1975年3月30起生效。我国于1985年11月14日参加该公约,于同年12月15日起对我国生效。

(16)《1972年防止倾倒废弃物和其他物质污染海洋公约的1996年议定书》,于1996年11月7日通过,并于2006年3月24日起生效。我国于2006年6月29日加入该公约,并于同年7月29日起生效。

(17)《1973年国际防止船舶造成污染公约》,1973年11月2日制定于伦敦,尚未生效。我国未参加。

(18) MARPOL 73/78,1978年2月17日制定于伦敦,于1983年10月2日起生效。我国于1983年7月1日加入,于同年10月2日起对我国生效。

(19) 1997年9月26日通过MARPOL 73/78的1997年议定书,为该公约新增一个附则,即附则Ⅵ——防止船舶造成空气污染规则。该附则已于2005年5月19日起生效,2006年8月23日起对我国生效。至此,《防污公约》(MARPOL)共有6个附则。

附则Ⅰ:防止油类污染规则。

附则Ⅱ:控制散装有毒液体物质污染规则。

附则Ⅲ:防止包装有害物质污染规则。

附则Ⅳ：防止船舶生活污水污染规则。

附则Ⅴ：防止船舶垃圾污染规则。

附则Ⅵ：防止船舶造成空气污染规则。

以上6个附则的生效及我国加入情况见本书附录二。

(20)《1990年国际油污防备、反应和合作公约》,于1995年5月13日生效。我国于1998年3月30日加入,并于1998年6月30日起生效。

(21) 2000年3月15日,IMO通过了《2000年有害和有毒物质事故防备、反应和合作议定书》,该议定书于2007年6月14日起正式生效。

(22)《1996年国际海上运输有毒有害物质损害责任和赔偿公约》,IMO于1996年5月3日通过该公约,现在尚未生效。

(23)《1996年国际海上运输有毒有害物质损害责任和赔偿公约的2010年议定书》,2010年4月30日通过,尚未生效。

(24)《2001国际年船舶燃油污染损害民事责任公约》,IMO于2001年3月23日在英国伦敦制定,并于2008年11月21日起生效。我国于2008年12月9日加入,并于2009年3月9日起生效,同时适用于我国澳门特别行政区,暂不适用于我国香港特别行政区。

(25)《2001年国际控制船舶有害防污底系统公约》,IMO于2001年10月5日制定,并于2008年9月17日起生效。我国于2011年3月3日加入,并于2011年6月7日起对我国正式生效,同时适用于我国澳门特别行政区,不适用于我国香港特别行政区。

(26)《2004年国际船舶压载水和沉积物控制与管理公约》,IMO于2004年2月13日在伦敦通过,现在尚未生效。我国未参加。

(27)《2009年香港国际安全与无害环境拆船公约》,IMO于2009年5月15日在我国香港通过,现在尚未生效。我国未参加。

第三节　海洋防污染管辖权及其历史发展

为防止船舶污染、保护海洋环境,各国政府特别重视运用法律手段,制定并实施海洋环境保护的法律、法规。然而,海洋污染不仅是各沿海国家的问题,也是国际性问题,各沿海国家除在本国范围内采取必要的措施外,还必须在区域性和全球性范围内进行合作,才能有效保护海洋环境。防止船舶污染海洋离不开有效的和严格控制的国际公约、协定。目前,国际上涉及防止船舶污染海洋管辖权方面的公约主要有《1954年国际防止石油污染海洋公约》《1972年防止倾倒废弃物及其他物质污染海洋公约》《经1978年和1997年议定书修订的1973年国际防止船舶造成污染公约》《1990年国际油污防备公约》和1982年《联合国海洋法公约》等。

一、海洋防污染管辖权

海洋防污染管辖权是指为防止、减少和控制海洋污染而制定和执行法律和规章的权利。由于船舶具有较强的流动性,船源污染可能涉及船旗国、沿海国和港口国等多个国家的利益,因而防止船源污染的管辖权一直是个争论不休的问题。因此,海洋船舶防污染管辖权主要研究来自不同污染源或发生在不同海域的污染行为究竟是由什么国家——船旗国、沿海国和港口国享有管辖权的问题。

1. 船旗国管辖

船旗国管辖是当代国际海洋法的基本原则。根据1982年《联合国海洋法公约》,船旗国有权也有义务"制定法律和规章,以防止、减少和控制悬挂其旗帜或其国内登记的船只对海洋环境的污染",并确保悬挂其国旗或在其国内登记的船只遵守其制定的法律和规章,使之得到有效执行。船旗国制定的法律和规章至少应具有与通过主管国际组织或一般外交会议制定的、一般接受的国际规则和标准相同的效力。

船旗国通过国内立法可以保证本国船舶在船体结构、设备配备及人员配备、操作规范上达到本国法律规定的最低要求,并且船舶不会因不同国家法律、法规规定的不同而受到限制。另外,船旗国管辖有利于保证法律关系的稳定性、行为后果的可预见性及判决的一致性。到目前为止,船旗国管辖对于防止海洋船源污染仍具有重大意义,发挥着不可替代的作用。但是,船旗国管辖对于保护沿海国和港口国利益略显不足,特别是方便旗船的大量出现造成船旗国管辖的效果不理想。开放登记国对船舶防污染方面的技术要求相对较低,并且不对悬挂其国旗的船舶进行实质性管理,不愿意或不积极行使船旗国管理权。另外,未登记船舶以及双重登记船舶的大量存在,客观上也降低船旗国管辖的效果。

为弥补船旗国管辖的不足,应在相关国际公约、国内立法中强调船旗国与船舶之间必须存在真正的实质性联系,并通过国际协议增强沿海国和港口国的管辖权,同时,还须加强、完善有关国际海事立法,尽量使船舶登记条件、船舶所有人责任、船舶建造和检验规范、船员资格等方面达到国际统一。在第三次海洋法会议上,非海洋大国极力主张扩大沿海国和港口国的管辖权,以弥补船旗国管辖的不足,而海洋大国则期望限制沿海国的立法权,以便统一沿海国防污染立法的标准。《联合国海洋法公约》正是双方相妥协的产物,在一定程度上肯定沿海国和港口国管辖权,但仍显不足。

2. 沿海国管辖

沿海国对其管辖的海域行使主权并制定防污染法律是沿海国不可剥夺的权利。《联合国海洋法公约》承认沿海国有权制定防止、减少和控制在其领海内的外国船舶污染海洋的法律和规章,并可为执行目的对其专属经济区制定法律和规章。但是,这些法律、规章不应阻碍外国船舶的无害通过权和航行自由权,并且沿海国制定的法律和规章不得要求外国船舶遵守一般接受的国际规则和标准以外的设计、建造、人员配备或装备标准。在执行管辖方面,公约除规定船旗国管辖外,还详细规定沿海国管辖权的条件和可采取的措施。沿海国在一定条件下可以对在其领海或专属经济区内航行的船舶实施检查,在证据充分时,可滞留船舶。然而,沿海国管辖权有时受到船旗国管辖权的限制,如《联合国海洋法公约》第228条规定沿海国对外国船舶的违法行为提起请求加以处罚的司法程序,如果船旗国在这种程序最初提起之日起6个月内提起同样的司法程序,则沿海国应暂停其司法程序,除非这种程序涉及沿海国遭受重大损害的案件或有关船旗国一再不顾其本国船舶违反有效的国际规则和标准的行为。

3. 港口国管辖

MARPOL 73/78规定,港口国当局可以对外国船舶进行拘留直至被扣船舶不再对海洋环境造成不当威胁和危害时为止。《联合国海洋法公约》规定,当船舶自愿位于一国港口或岸外设施时,港口国有权对该船违反防污染国际规则和标准的行为进行调查,并可在证据充分时提起司法诉讼。但对于发生另一国内水、领海或专属经济区内的违章排放行为无权提起司法程序。

船舶的安全监督,其责任首先在于船旗国。所有有关船舶安全和防止污染的国际公约主要是针对船旗国提出要求，要求其通过对公约的实施保证本国船舶的安全和防止海洋环境污染。但是，任何一个船旗国政府想要凭借自身的力量保证本国船舶随时符合国际公约的要求，事实上非常困难。因为依照公约规定，平均每年才对船舶检查一次，更何况很多船舶长时间航行于国外，很难有回国接受检查的机会。港口国管辖能够较好地弥补船旗国安全管理的缺陷，其最主要的表现形式是港口国监控(PSC)。

港口国监控指港口所在国对进入本国港口的外国籍船舶所实施的核实其是否符合相关安全公约要求的监督检查。通过对船舶技术状况和船员操作状态的监督检查，对低标准船舶采取包括滞留在内的强制性整改措施，以确保海上航行安全，防止船舶污染环境，维护港口国利益，监督船旗国履约。

因此，关于管辖权的研究应该包含两个问题：一是指管辖的范围，现有国际法规规定的国家管辖海洋污染的区域包括内水、领海、专属经济区和大陆架；二是由谁来管，管到什么程度。

海洋防污染的管辖权一直是各国争执激烈的问题。其焦点是，鉴于海洋防污染的迫切性和复杂性，是否还应坚持船旗国单一管辖权。此争执从20世纪50年代开始直到20世纪80年代。1982年《联合国海洋法公约》的签订，显示了从单一的船旗国管辖向综合的船旗国、沿海国和港口国管辖发展的趋势。也就是说，在现有主要以船旗国为主实施防止船舶造成污染法规的基础上，对沿海国和港口国的管辖权作出详细规定，要求共同实施防止船舶造成污染法规。如果说1982年的《联合国海洋法公约》对现有的国际防止船舶造成污染法规有较大发展的话，那么在海洋防污染管辖权问题上的新发展，可谓在这方面得到充分的反映。可见，关于海洋污染管辖权问题，有一个历史的发展的过程。

二、海洋防污染管辖权的历史发展

要介绍海洋防污染管辖权的历史发展，首先要说明公海自由原则和船旗国管辖权是如何产生的。

公海自由原则是近代国际海洋法的基石，也是近代海上强国争霸海洋的结果。远古时代，海洋是自由的，对所有国家同等开放。中世纪后，新大陆发现，海上殖民兴起，一些海洋强国宣称在海洋某区域行使管辖权，海洋实已被瓜分。由于各国群起反对，逐渐打破垄断局面。1609年格老秀斯发表的《海上自由论》以公海事实上不能被任何一国占领为理由，为公海自由提供理论基础，但此时的公海自由仅指航行而言。1893年国际仲裁法庭裁决的英美白令海峡捕猎海豹案是公海自由原则最早的国际司法实践，使自由的内涵发展到捕鱼。在1926年国际法学会维也纳会议后，公海自由逐渐被国际社会所接受。1958年日内瓦《公海公约》阐明公海四大自由：航行自由、捕鱼自由、敷设海底电缆和管线之自由和公海上空飞行之自由。1982年《联合国海洋法公约》扩增为六大自由(增加建造国际法所准许的人工岛屿的自由、科学研究的自由)。公海自由观念便在国际法中牢固确立。

在公海自由原则下，国家的海洋管辖权只限于公海以内水域，公海中的船舶除遵守国际法外，只服从船旗国法律。这就是所谓的船旗国管辖权。所谓船旗国，是指取得所属国国籍船舶有权悬挂其旗帜。所属国一般指船舶的登记注册国。

船旗国管辖权是当代国际海洋法的一项基本原则，它是与公海自由论相适应的。由于近年来海洋污染的加剧，国际海洋保护事业的发展，此原则正经历着深刻的演变，并在近年所签订的一系列国际海洋防污协定，特别是1982年的《联合国海洋法公约》中得到体现，为叙述问题方便起见，按船舶造成的海洋污染分为三类：由船舶日常营运中造成的污染、利用船舶向海洋倾倒非日常营运作业产生的废弃物和其他物质造成的污染以及由于船舶事故造成的海洋污染。这些污染的管辖问题，下面将逐一进行讨论。

（一）船舶日常营运中造成的污染

船舶日常营运中造成的污染原来主要是指油污染，后来还包括散装有毒液体物质、包装有害物质、船舶生活污水、船舶垃圾、船舶对空气等造成的污染。国际防污公约对这类排放是如何规定的呢？

先看"OILPOL 1954"及1962年、1969年等修正案是如何规定的。《1954年国际防止石油污染海洋公约》是当代第一个防止海上油污的国际公约。它的显著特点是禁止不具备有效使用油船顶装程序的船舶向外排放油污。1962年和1969年的修正案只是对公约的某些条款作了局部变动。1971年也主要集中在油船的结构和设计要求上作修改，而且至今尚未生效。因此，该公约只要求航运界按规定排放油污，而把防止船舶污染的主要责任归于航运界和船旗国。《1954年国际防止石油污染海洋公约》完全坚持船旗国的管辖权制度，规定：只有船旗国才能对悬挂其国旗的违章船舶进行司法诉讼；对违章行为，应按船舶所登记的国家法律予以惩处；沿海国即使有证据，只能向船旗国提供船舶的违章情况等。

再看MARPOL 1973和MARPOL 73/78是如何规定的。相对于OILPOL 1954，MARPOL 1973除规定减少排油范围外，还作了诸如对船舶防污结构和设备、建立岸上接收设施、某些油船或非油船必备统一格式的"油类记录簿"；限制和禁止船舶排放有毒液体、限制和禁止船舶排放生活污水和垃圾等一些新规定。在管辖权问题上，MARPOL 1973是第一个对船旗国为主的管辖制度进行认真考察并有所变动的国际文件。

对船舶排放行使管辖权，船旗国固然责无旁贷，与排污地点有关的沿海国也应实行管辖。在船旗国与沿海国之间，MARPOL 1973在管辖权问题上做了妥协。该公约第9条中作了折衷规定：船旗国可对船舶行使管辖权外，沿海国也可根据本国法律对违法船舶进行处理，或交船旗国处理。这种妥协具体表现在以下4点。

（1）公约适用于"有权悬挂缔约国国旗的船舶"及"无权悬挂一缔约国国旗，但在一缔约国管辖下进行营运的船舶"。后者体现了沿海国管辖权。

（2）船旗国可对其船舶的违章事件采取制裁措施，并可对它提起司法诉讼，但"在一缔约国管辖区域内的任何违反本公约的事件，根据该缔约国的法律，应予禁止，并有相应的制裁措施"。"每发生这种违章事件时，该缔约国或使有关部门提出诉讼，或将情况通知船旗国"，这肯定了沿海国对一切违章船舶的诉讼权。

（3）如果船舶有违章情事，不论船旗国或沿海国，对违章船舶的处罚"其严厉程度应足以阻止对本公约的违反，并且不论此类事件发生在何处，其处罚应同样严厉"。

（4）关于违章取证这个涉及海洋污染行为之惩办的关键问题，公约无明文规定。不规定自然对船旗国有利。为平衡船旗国与沿海国在此问题上的利益，公约规定一些补充条款。例如，规定各国应在环境监测、违章侦察、积累证据等方面进行合作；港口国有权对任何港口或近海装卸船进行检查，如果查明有违反公约情事，可以通过船旗国采取行动；沿海国如发现任何船舶排污，可通知该船的主管当局，如该主管当局确认证据确凿，可立即提起司法诉讼等。

关于如何理解沿海国"管辖海域"的含义，在起草1973年防污公约时，船旗国代表并没有同意下面3个重要内容：①沿海国对违规的他国船舶所行使"管辖海域"的地理范围；②沿海国对船舶排放污染物和船舶设计建造不合国际公约规定时，仍然有权对他国船舶实施本国规定；③他国船舶所停靠的港口当局有权对其船舶在非管辖范围内违法行为予以依法处理。

沿海国在1973年的会议上也没有接受海运国提出的关于船舶在沿海国领海内违法时,只有船旗国可以按公约依法处理的规定。沿海国是否可以对他国船舶排污作出高于国际公约所规定的标准问题,1973年的会议上作过一个规定:"公约在目前和将来都不能与任何沿海国在他们管辖范围内,对某些特殊情况下的船舶实施更严格的排放油污的规定相抵触。同时,沿海国也可以强制要求进入易出事故水域的船只具有更高设计和具有更好的设备。"但是,这个规定得不到2/3国家的支持,因而公约仍然没有采纳这一规定。

在MARPOL 73/78中,对船舶建造和设备又提出更严格的规定,并且很重视执行条款,特别对于船舶的检查及验证作出明确规定,由船旗国执行。其他仍保持MARPOL 1973的原有水准。

下面分析1982年《联合国海洋法公约》。当讨论《联合国海洋法公约》时,管辖权问题始终是争论的焦点。海洋大国一贯坚持船旗国管辖权制度,沿海诸国则强调应给与海洋利益休戚相关的沿海国更多管辖海洋的权力,扩大沿海国管辖权,该海洋法公约总结自《1954年国际防止石油污染海洋公约》以来的国际海洋防污协定的有关规定,就海洋防污法律、规章的制定及执行两方面作了规定,特别是在海洋防污管辖权问题上有重大发展。

1. 关于海洋防污法律、规章的制定

多数国家主张沿海国有权制定防止船舶污染的法律、规章。这得到公约的承认,但这些法律、规章的标准不可超过为国际社会所接受的标准和规则。

沿海国可制定法律、规章,对本国和外国船舶行使防污管辖权。公约第12部分的第211条有着纲领性的规定:"沿海国在其领海内行使主权,可制定法律和规章,以防止、减少、控制外国船只,包括行使无害通过权的船只对海洋的污染。"此类规定还散见于其他章节。例如,关于沿海国在制定有关外国船舶无害通过其领海所应遵循的法律和规章时,应"保全沿海国的环境,并防止、减少和控制污染"[第21条(1)(f)]。关于外国船舶通过海峡,沿海国为制定法律和规章,"使有关在海峡内排放油类、油污废弃物和其他有毒物质的适用的国际规章有效,以防止、减少和控制污染"[第42条(1)(b)]。沿海国若是群岛国,可制定与通过群岛海域航行有关的法律和规章(第54条)等。公约还规定,沿海国"有权制定法律和规章,以防止、减少和控制来自受其管辖的海底活动或与此活动有关的对海洋环境的污染,以及来自依据第60和第80条在其管辖下的人工岛屿、设施和结构对海洋环境的影响"(第208条)。文中,第60条指的是专属经济区内的人工岛屿、设备和结构。第80条指的是大陆架上的人工岛屿、设施和结构。

沿海国是否可以对外国过境的船舶的设计、建造等立法,是会上争论最激烈的问题之一,但最后被否决。

值得提出的是专属经济区内的防污立法问题。专属经济区的概念在第3届海洋会议上得到确认。沿海国固然可把领海内的防污管辖权扩展至专属经济区,但沿海国在领海内的管辖权未涉及区域的特殊标准以及在特定环境下实施较国际标准更为严格的标准这两个问题。公约对专属经济区的防污立法在第211条(6)(b)中有着特殊的规定,"如果第一款所指的国际规则和标准不足以适用特殊情况,又如果沿海国有合理根据认为其专属经济区某一明确划定的特定区域,因为其海洋学和生态条件有关的公认技术理由,以及该区域的利用或其资源的保护及其在航运上的特殊性质,要求采取防止来自船只的污染的特别强制性措施,该沿海国……即可对该区域制定防止、减少和控制来自船只污染的法律和规章,实施通过主管国际组织使其适用于各特别区域的国际规则和标准或航行办法"。在两个"如果"的前提下,沿海国可划定特殊区域并得到立法的特殊授权。第二个"如果"是专指专属经济区,沿海国可在此特殊区域划定特定范围实行特殊管辖权。公约也规定甚为周密的程序。例如,须事先通过主管国际组织,与有关国家进行协商,应提出所依据的科学技术依据以及必要的回收设施的情报等。这就是说,沿海国有资格在专属经济区立法管辖在该水域航行的他国船舶,但这种立法只能同已被公认的国际规则相一致。与此同时,沿海国可以从保护专属经济区的海洋环境和生态平衡出发,在该区域内建立"特别区域(Special Areas)",并在"特别区域"实施更高标准的规定。根据该海洋法公约的规定,沿海国在专属经济区内建立"特别区域",须要符合下列条件:①有充分的理由,令人相信该区域是一个由公认的技术因素所决定的,并必须以这种"特别强制的方法"来防止污染的区域;②有资格的国际组织,如IMO可规定把某水域划为"特别区域"。

沿海国除在"特别区域"对船舶排放油污和航行作出更高标准的规定外,在其他管辖区域则没有权力对船舶排放油污规定更高的标准,并不能要求在"特别区域"内航行的船舶具有比航行在其他水域更高的船舶设计、建造、人员配备和设备的标准;当然,更没有权力要求在其他水域航行的船舶具有比一般规定更高的船舶设计、建造、人员配备和设备的标准。

2. 关于法律和规章的执行

公约依污染源、行为地及环境损害后果以及排污者的态度等情况,确定船旗国、沿海国及港口国三者平行的执行制度。

(1) 船旗国执行:1982年的《联合国海洋法公约》保留很大程度的船旗国的管辖权,具体为4个方面:①船旗国应保证悬挂其国旗的船舶遵守国际上关于防止船舶污染的一切法律、规章和标准,并为此制定有关的法律、规章和标准。如果船舶不能合乎这些标准,船旗国应禁止悬挂其旗帜的船舶出海航行。②船旗国应确保悬挂其国旗的船舶,在船上持有由国际条约或规则所规定的各种证书。③船旗国应自愿地或在其他国家的请求下,应对悬挂其国旗的船舶违法行为进行调查,并在适当情况下,提起司法诉讼,不管其违法在何处,污染在何处,都应给以严厉惩罚,其严厉程度足以阻止违法行为在任何地方发生。又规定,如果其他国家对其船舶的违法行为提起司法程序的最初6个月,船旗国就同样地提出加以处罚的司法程序,其他国家应立即暂停进行司法程序。可见,公约只是"允许"而不是"要求"沿海国和港口国管辖,并且船旗国在最初6个月中同样提出加以处罚的司法程序,其他国家应立即停止司法程序等,实际上把船旗国管辖权置于其他国家管辖权之上,反映了海运大国的利益,是有损于沿海国利益的。④船旗国应保证污染的受害者得到相应的赔偿。

(2) 沿海国执行:1982年的《联合国海洋法公约》把沿海国的管辖权从领海扩大到专属经济区。这就是说,公约规定沿海国对于在自己的领海和专属经济区内发生的任何违反本公约,违反其他防止、减少或控制船舶污染的国际规则和标准一致的沿海国法律和规则的行为,可以按本国的法律和规则对上述违法行为进行起诉。具体为下面3点:①沿海国可对自愿停泊在其港口或岸外设施的船舶提起司法诉讼,只要此船舶违反沿海国为防污所制定的法律和规章。但此诉讼的提出须受公约第7节的限制(第7节是"保障办法",223~233条,下同)。②沿海国可对在其领海内航行的船舶进行实际检查。如有明显证据,认为该船违反沿海国为防污所制定的法律和规章。在第7节限制下可按照沿海国法律提起司法诉讼,还可将该船扣留。③沿海国如有明显证据,认为在其专属经济区内航行的船舶违反该国为防污目的制定的法律和规章,该国可要求该船提供关于该船的识别标志、登记港口、上次停泊和下次停泊的港口,以及其他必要的有关情报以确定是否已有违法行为发生。如有明显根据认为该船违章排放,对海洋环境造成重大污染或污染威胁,而违章船舶又拒不提供情报,或所提供的情报与事实明显不符,且依案情确有调查的理由时,沿海国可就有关行为的事项实行登船检查。如果确实证明该船违章排放,从而对沿海国的海岸或有关利益,或对其领海或专属经济区内的任何资源造成重大损害或有重大损害的威胁,沿海国在掌握充分证据时,可在第 7 节限制下,按照该国法律对违章船舶提起司法诉讼,还可以扣留该船。

综合上述几点,1982 年的《联合国海洋法公约》规定沿海国管辖权,不论是管辖范围和管辖程度都较之前的国际防污公约有了进一步的发展。就管辖范围而言,已从 MARPOL 1973 所规定的"领海"延伸到海洋法公约所规定的"领海或专属经济区"。就管辖程度而言,虽然沿海国在领海或专属经济区内不能规定比国际公约所规定的船舶排放油污、船舶设计、建造、人员配备和设备的更高标准,沿海国对违章船舶的处理也只限于船舶停靠在该国港口时,但是,国际公约所规定的标准不足以保护在沿海国容易发生事故水域的海洋环境及其他特殊利益时,在"特别区域"内,沿海国可以制定更高标准的强制性措施。当然,如上所述,一般来说,船旗国对船舶的管辖不能同沿海国和港口国的规定相抵触;当其他国家对船舶处理意见未作出决定时,船旗国可以在其他国家对船舶首次起诉后的 6 个月内进行决定性的处理。这说明,仍然承认船旗国对船舶具有较大程度的管辖权。

(3) 港口国执行: MARPOL 1973 尚未解决的重要问题之一,就是其他国家船舶在某国的管辖水域内,或者在非管辖水域违反排放油污的规定,最后停靠在该国港口时,该港口国是否有权对该船进行依法处理。对这个问题在 1982 年的《联合国海洋法公约》通过前,一直存在着两种不同的意见。持肯定意见的人认为,加强港口国的管辖是有利于确保国际标准实施的,因为目前世界上不少船旗国并没有真正有效地管理在本国登记的船舶,同时也因为港口国对船舶的管理比较直接和及时,比船旗国容易获得船舶违规的见证人和有关证据。而持反对意见的人,则提出 4 点理由: ①这个问题不仅涉及防止船舶污染,而且也直接关系到海洋法的本身问题,应当留给第 3 届联合国海洋法会议最后去解决;②港口国行使管辖权后,某些港口国可能利用这一有利地位,有意干预或歧视与本国商船有竞争的他国船舶;③港口国行使管辖权后,会扩大世界各港口间对船舶管理的不一致,容易出现"方便港"之类的不正常现象;④港口国行使管辖权后,船旗国同港口国在管辖问题上的矛盾会扩大。

《联合国海洋法公约》比较成功地解决这个遗留下来的问题,具体内容如下: ①当一国船舶自愿停泊于他国港口或近海设施时,该港口国可对该船在公海上的违章事件进行调查;如有必要,可提起司法诉讼。②如果违章船舶的违章排放是在第三国领水内,当可能污染本国沿海地区时,港口国仍可提起司法诉讼。③如果违章排放在第三国,经该国请求,港口国有义务对该船提起司法诉讼。④经船旗国或受污染国的请求,港口国还有义务对违章船舶进行调查,无论其行为发生在何处,港口国应将调查结果立即送交请求调查国。但违章行为所在国(可能并非受害国)有权要求港口国暂停诉讼,而将全部记录及诉讼交给沿海国。

应该指出,1982 年的《联合国海洋法公约》在对待港口国的管辖权问题上也有折衷调和的做法。其主要表现在对港口国的管辖限制上,该公约中的第 7 节"保障办法(Safe Guard)"就是专门用来防止港口国和沿海国对他国船舶滥用权力,进行不合理的管辖的现象。这一节作了如下具体规定: ①沿海国或港口国对自愿停靠该国港口的他国船舶的检查或调查,必须按一般规定所需要的时间进行,不得任意延误他国船舶的船期。②上船检查他国船舶,限于检查证书或国际公约需要船舶配备的有关记录。除在检查证书和记录后,有明显的理由认定被查船舶的状况和设备不符合上述证书和记录上所记载外,不得任意延误他国船舶的船期。③即使检查表明,被检查船已违反国际公约的规定而可以处理。但只要该船提供适当担保,如押金等,仍应释放该船,但必须满足一个前提,即这种释放不会构成对海洋环境的破坏和严重威胁。④沿海国或港口国当局不能歧视任何其他国家的船舶。⑤除船舶有严重过错行为外,对肇事船舶只能实行处理。⑥沿海国或港口国不能采取不合理,甚至是非法手段向船舶索取有关资料。⑦在此提出的实施体制,不影响用于国际航行的海峡的法律地位。但是,他国船舶违反安全航行或防止污染法规,并且这种违规已造成损害或严重威胁到海洋环境时,海峡国仍然可以采取必要的措施。

以上规定与 MARPOL 1973 相比较,虽然 MARPOL 1973 也有"保障办法"的章节;但其中的条款简单,只限于"防止不适当的延误船期""受害船舶有权对此索取赔偿"等。因此,就"保障办法"而言,《联合国海洋法公约》是发展了 MARPOL 1973 的。

目前,严格控制不合标准的船舶在国际海洋上航行,是确保海上安全运输、防止海洋污染的重要途径之一。联合国贸发会、国际海事组织、各国政府以及国际其他航行团体和海上保险行业都十分重视这项工作,并采取各种措施,从近期和远期两个方面设法根治不合标准的船舶。近年来的实践证明,加强港口国管辖是有利于控制方便旗船和不合标准的船舶的。一般来说,控制不合标准的船舶必须采取如下 3 方面的措施:①船舶必须配备必要的证书;②船旗国、沿海国和港口国应定期检查船舶;③控制不符合船级标准的船舶在海上营运。

按 MARPOL 1973 规定,船舶要进行初次和定期等检验,经检验,防污结构和设备合格者,船旗国发给《国际防止油污证书》(IOPP)。而港口国则有检查、监督船舶的权力。港口国有权检查停靠在本国港口的他国船舶所携带的有效证书,当船舶状况与证书所述不一致时,港口国可以不准船舶离港或入港。

MARPOL 1973 的另一个重要规定是,任何缔约国不能给予非缔约国船舶以更优惠的待遇,当不符合标准悬挂方便旗船的船旗国不是缔约国时,该船仍然受到港口国的控制和管辖。这在 1973 年会议之前是没有的。所以,海洋法公约进一步确认这种做法,明确规定港口国有权不让不合标准的船舶离港,这无疑是有利于世界航行安全和海洋环境保护的。同样,MARPOL 1973 和《联合国海洋法公约》都规定,港口国有权不让不符合防污标准的船舶入港。

按一般的国际规定,沿海国和港口国可以拒绝处在非紧急情况下的他国船舶入港,因为这是它行使沿海国和港口国主权的需要。但历来许多西方学者认为,只要不危害港口国的利益,在港口国没有事先通知船旗国的情况下,港口国是应当对他国商船开放的。现在,世界上许多国家港口开放的办法和范围是通过两国对等协议,或者是通过国际公约,如 1923 年《海运港口的国际体制》的原则;或者根据双边贸易和航运协议等途径解决的。这样许多国家港口的开放有了相当大的局限性。若 MARPOL 1973 和《联合国海洋法公约》生效,港口国还可以以船舶不符合防污染标准为由,拒绝某些船舶入港。这样,港口开放的局限性将进一步扩大。

(二)海上倾倒废弃物所造成的污染

凡由船舶或飞行器将物质或材料审慎地处置在海中的行为叫倾倒。倾倒兼有陆源污染与船源污染的双重性。倾倒的污染源(物)来自陆地,必然要追溯到陆地污染源,其管辖权自然与陆地的主权国家有关。但倾倒又是通过船舶或飞行器来进行的,就涉及船源污染问题,因而适用于船旗国管辖权原则。倾倒这种污染的复杂性,必然涉及管辖行使的复杂性。在倾倒的管辖权问题上,下面看有关的国际公约是如何规定的。

1972 年国际上产生两个防止由海上倾倒废弃物和其他物质而造成污染的公约:一个是 1972 年 2 月 15 日由 13 个国家签订的《奥斯陆公约》,该公约于 1974 年 4 月 7 日起生效,适用于北大西洋海区,所以是一个区域性公约;另一个全球性协定——《防止倾倒废弃物及其他物质污染海洋公约》,简称 LC 1972,或伦敦倾废公约,于 1972 年 12 月 29 日签订于伦敦,并于 1975 年 8 月 30 日起生效。在公约上签字的共 91 个国家。这两个公约的内容基本一致。在此,仅着重分析

LC 1972对于“管辖权”的规定。

按 LC 1972 规定,由实行倾倒的国家发放许可证的办法来控制倾倒。并且规定缔约国可对下列两种情况发放许可证:①倾倒物质在缔约国领土上或领海内装载,不管装载的船舶或飞行器悬挂何国旗,也不管此船舶或飞行器所属国是否缔约国。②悬挂缔约国国旗的船舶或飞行器,不管倾倒物质在何处装载,也不管其装载港口是缔约国的还是非缔约国的。

由此可知,LC 1972 是从管理运载工具及装载地点两方面来实施管辖权的。就装载工具来说,是实施船旗国管辖权;就装载地点来说,是实施港口国管辖权;无论工具和地点,都必须与装载发生联系。公约是通过控制装载来控制海洋倾倒,从而形成船旗国与港口国相结合的管辖。

尽管来自海运国和沿海国的各国代表一致同意对海上倾倒废弃物和其他物质造成污染,必须受到船旗国和港口国(废弃物装运地国)的双重管辖,遗憾的是可能受到倾倒污染的沿海国的管辖权,未在公约中得到充分反映。在讨论公约时,多数国家希望沿海国能强化对外国船舶的控制,海运大国则企图尽量摆脱外国对其船舶的控制。沿海国人多势众,提出公约应该肯定沿海国对其邻近领海水域,包括公海与他国领海的船舶的倾倒实行管辖权,受到大会重视。但问题涉及当时尚未明朗的所谓“防污区域”即“管辖”的范围的概念,故问题未得到解决。换句话说,双方没有就沿海国是否可以对非领海水域(如大陆架上的水域)倾倒废弃物有管辖权达成一致意见。因此,公约笼统地规定:“如果船舶在某国管辖海域进行倾倒,那么该国就有权对船舶采取措施。”接着又含糊不清地规定“公约不作出任何规定以影响任何缔约按国际法的原则采取措施防止海上倾倒”。

上述规定,有人认为任何国家可以依照国际习惯法来保护自己的水域不受倾倒的严重危害;也有人认为“按国际法的原则”就是指按国际海洋法的原则。1982 年的《联合国海洋法公约》承认并明确沿海国的管辖范围,即确定建立专属经济区,肯定沿海国在其中的防污管辖权,这使沿海国的管辖权得到扩大。《联合国海洋法公约》第 210 条第 5 款规定:“凡没有得到沿海国的许可在其领海、专属经济区,或者大陆架上面水域进行海上倾倒是不允许的,沿海国有权对这种倾倒作出规定,加以控制。”所以说,《联合国海洋法公约》在关于倾倒的沿海国管辖权问题上成了LC 1972的最好补充和发展。

1996 年 11 月 7 日 IMO 通过 LC 1972 的 1996 年议定书(LC Protocol 1996),并于 2006 年 3 月 24 日生效。1996 年议定书采取“反列名单”的方法,即列出可考虑倾倒的废弃物或其他物质,除这些物质以外禁止倾倒任何废弃物或其他物质。该议定书还要求各缔约国在实施议定书时,应以“预防方法”和“污染者付费”为原则。这都显示出公约从原来的允许有控制的向海洋倾倒废弃物到除公约允许的一些例外物质外禁止一切废弃物倾倒入海洋,表明在海洋倾废立法上的进一步严格化的趋势。

在管辖范围问题上,LC 1972 将其界定为各国内水以外的所有海域,但也有国家提出是否扩展到各国的内水,对此问题有不少国家提出异议,认为各国的内水已由各国的国内法进行规范,将公约的管辖范围延伸到各国的内水,无疑是对国家管辖权的干涉。然而,为保护海洋环境,实现公约的目的,以及考虑到公约的长期发展战略,完全将各国的内水排除在公约的范围之外,无疑会影响到公约的宗旨和目的的实现。因此,1996 年议定书第 7 条规定:“每一缔约国应自主决定是应用本议定书的规定还是采取其他有效的许可和管理措施来控制如在海上进行属于第 1 条定义范围内的‘倾倒’和‘海上焚烧’的废弃物或其他物质在海洋内水中的故意处置。每一缔约国应向本组织提供有关在海洋内水中实施、遵守和执行的立法和组织机制的信息。缔约国还应尽力自愿提供有关在海洋内水中倾倒的物质种类和性质的摘要报告。”与 LC 1972 相比,该议定书的此条规定无疑是一个巨大的进步,它使公约的管辖范围选择性地扩大到各国的内水。

（三）船舶事故造成的污染

船舶事故造成海洋污染的严重性在第二章中已经作了描述。与船舶正常营运作业排污相比,船舶事故造成污染的程度正在日益增长。这是因为,MARPOL 73/78 的原则和做法正在全面实施和推行,因而船舶在正常营运作业中违章排污及其危害程度在逐步减低。另一重要原因是包括《联合国海洋法公约》在内的国际上所有防止船舶造成污染公约的原则,对减少领海以外水域中的严重船舶航运事故污染显得无力。这是由于这些国际法规在维护沿海国为保护其领海水域不受航行事故污染造成的危害权益方面不够所致。以下分析一下有关公约在这个问题上的规定。

1967 年,悬挂利比里亚国旗的超大型油船"托雷·卡尼翁"号在英吉利海峡触礁造成严重污染。英、法两国政府在没有先例的情况下,在公海上进行干预,国际社会予以默认,未作指责。事后,导致《1969 年干预公约》及《1969 年责任公约》等的签订。

《1969 年干预公约》规定:"各缔约国可在公海上采取必要措施,以防止、减少或消除由于海上事故或与之有关的行动所产生的海上油污或油污威胁,对其海岸线或有关利益带来的严重和紧迫的危险"(第 1 条)。沿海国的这种权利过去是从来没有的。但它还规定,在采取行动之前,必须同有关国家特别是船旗国协商,采取的措施应同实际损害或损害威胁相适应;事故或威胁一旦解除,应立即停止干预;如果干预超过必要限度,则干预者应给被干预者以赔偿等。

《1969 年干预公约》是第一个规定沿海国为防污目的,可在公海上对他国船舶采取干预措施的国际协定。既然传统国际法早已确定任何国家不得对公海上的外国船舶实行管辖,航行于公海的船舶只接受船旗国的管辖原则,那么公约的这个规定,是否意味着船旗国管辖权制度在经历着变化呢? 国际法学界的意见并不完全一致。《1969 年干预公约》的有关规定,就法理而言,自可认为是国家"自我防御"的一种形式。但就船旗国管辖权制度来考察,认为管辖权制度已发生变化,似乎言之过早。但也不能不看到,本公约的签订,确实使传统的船旗国管辖权制度开始动摇。

《1969 年干预公约》对于干预的公海污染物质种类仅限于油类,对除油类以外的其他有毒有害物质污染的干预问题,因当时没有这些物质的清单,也没有可能造成损害的足够资料,为使公约广为接受和便于实施,公约未做规定,但这并不意味着剥夺沿海国干预其他物质污染的权利。《1973 年干预议定书》的制定,使干预公海污染的物质种类问题得到解决,并与《1969 年干预公约》一起构成一个在公海上干预油类和非油类物质污染事故的法律制定。

1982 年《联合国海洋法公约》在这方面的规定与《1969 年干预公约》的规定没有实质性的差别,在其第 211 条所写的内容基本上与《1969 年干预公约》的第 1 条相同,仅增加"为避免污染,沿海国有权对在领海之外的航运事故采取措施,包括在专属经济区采取措施"。但是,为减少航运事故的危险,《联合国海洋法公约》在第 22 条、第 41 条中作了规定,沿海国可以在其领海或用于国际航行的海峡建立"航道(Sea Lane)"或"通航分割制(Traffic Separation Schemes)",以促进船舶的安全航行。但建立"航道"或"通航分割制"时,必须事先经过有关国际组织,如 IMO 的批准。《联合国海洋法公约》第 43 条中还规定,海峡国和海峡使用国应共同合作以防止和控制船舶造成的污染,这些均得到绝大多数国家的支持。

1989 年 3 月的"埃克森·瓦尔德兹"号在阿拉斯加附近海域搁浅,造成严重油污染。对这一事故的处理表明,国际上缺少一种有效的油污防备、反应和合作机制。为此,IMO 于 1990 年 11 月在伦敦通过《1990 年油污防备公约》。《1990 年油污防备公约》规定:一旦发生溢油,不论是持久性油类还是非持久性油类,均应迅速向有关方面报告。只有这样,才能防患于未然,切实起到防备的作用。第 3 条规定:所有船舶都应备有一份“船上油污应急计划”,并当其在某一缔约国管辖的港口或近海装卸站时,须根据现行国际协定或国内立法所规定的做法,接受该缔约国正式授权官员的检查。第 4 条中的“油污事故的报告程序”规定:当船舶发生或可能发生排油的任何事件时,应及时向最近的沿海国报告,以便在发生油污事故时,沿海国能迅速、有效地采取行动,减少事故可能造成的损害。

2000 年,为加强对有害和有毒物质事故的防备、反应和合作等方面的协作,IMO 将《1990 年油污防备公约》的使用范围扩大到有害和有毒物质,并通过《2000 年有害和有毒物质事故防备、反应和合作议定书》。该议定书对有害和有毒物质事故应急计划和事故报告程序做了规定,要求船舶应备有有害和有毒物质事故应急计划,并在发生或可能发生涉及有害和有毒物质任何事件时,应及时向最近的沿海国报告。

《1990 年油污防备公约》和《HNS 2000 议定书》都规定沿海国能有充分的时间采取有效的措施防止污染。这与 MARPOL 73/78 强制船舶须向沿海国报告不论何种原因造成的污染,以及 1982 年《联合国海洋法公约》要求船舶不论发生事故后是否排污或可能排污,均要迅速向沿海国报告是一致的。

基于以上对《联合国海洋法公约》《1969 年干预公约》《1973 年干预议定书》等国际公约的分析,发现关于防止船舶事故污染的条款,除在 1982 年《联合国海洋法公约》中作了一些广义的原则规定外,其他公约都没有直接涉及。因此,IMO 应通过有效途径,进一步确认沿海国对船舶污染事故的管辖范围,特别是要确认沿海国是否有权在船舶排放污染前,取得肇事船舶的报告和资料,是否有权在必要时直接向船旗国取得肇事船的报告和资料等。这些问题的解决与否,对沿海国在航运事故发生后采取紧急措施,防止污染对本国的损害和严重威胁将是非常重要和有利的。

综合上述,尽管国际防止船舶造成海洋污染方面已取得可喜的成绩,但目前世界上船舶正常营运作业的排污,船舶在大陆架上面水域的废弃物倾倒,沿海国领海以外水域的航运事故所造成的污染还是相当严重。虽然,各国政府和有关国际组织先后制定一系列国际防止船舶污染公约,也取得一些效果,但这些公约都不同程度地存在着一些问题。一方面,公约有些规定还比较笼统,不易操作;另一方面,公约过于强调船旗国的作用,对沿海国和港口国的共同管辖不能给予足够重视,也不易收到实效。这就是说,一方面要看到在海洋防污管辖权问题上,《1969 年干预公约》的规定是否意味着船旗国管辖权的动摇尚存在认识上的分歧。1972 年的《伦敦倾废公约》对扩大沿海国管辖权含糊其辞;而 MARPOL 1973 及 MARPOL 73/78 是第一个对以船旗国为主的管辖权制度进行认真考察并有所变动的国际文件,1982 年《联合国海洋法公约》较为恰当地平衡沿海国、港口国与船旗国之间的利益冲突,并显示从单一的船旗国管辖权向综合的船旗国、沿海国、港口国管辖权发展的趋势。另一方面还要看到在海洋防污染管辖权问题的发展上并非已经结束,现有国际公约中的不少条款还需进一步加以完善,船旗国、沿海国、港口国的管辖权也尚未达到平衡,各国政府和有关国际组织仍需继续努力。

至此,在防治海洋船源污染方面,形成船旗国、沿海国、港口国共同管辖的格局,体现 21 世纪海洋防污染的立法趋势,对我国海事立法、海事行政执法和司法均带来深远的影响。

三、我国行使海洋防污染管辖权的实例

1. “南洋”轮沉没事件

1986 年 2 月 16 日,悬挂索马里国旗的中国香港远洋公司 1.6 万 t“南洋”轮从青岛满载

16 488 t原油驶往湛江港，途中与迎面开来的荷兰籍货船“士打高雄”号相撞，“南洋”号沉没在广东省海丰县沿海海域，溢出0.8万t原油，污染大量海面。“士打高雄”轮借口事故不是发生在中国领海而拒绝我国行驶管辖权。我国法院根据有关国内和国际公约，以及1982年的《联合国海洋法公约》的有关规定：沿海国有权对虽然不是发生在其领海之内，但却对该国造成重大损失的船舶污染事件，可以采取检查、提拿以及司法措施；对外国船只在领海之外，所犯的污染行为可以罚款等，经过调查、分析、行使管辖权、审理此案，确立了“南洋”轮和“士打高雄”轮各自的责任。结果，肇事双方向我国有关方面赔偿污染损失费、打捞费、海事处理费等，共计1 800多万元。

2．“海利”轮沉没事件

1984年5月11日，巴拿马籍东方航运有限公司的“海利”轮，在距中国温州海岸40 n mile处沉没。该船虽然沉没在中国领海之外，但船上装有硫化钠51.34 t以及苯酚、油类等有毒污染性物质。沉船将这些物质引入海洋环境，会对我国领海水城造成污染损害，并且该轮沉没地点正位于我国国务院于1981年4月22日设立的幼鱼保护区内，该区域的水质要求是一级标准的。据温州环保部门1984年5月23日调查得知，沉船地点及附近海域的水质分别超标0.8～3倍，会造成鱼类群体死亡或改变洄游路线，或鱼汛失常等后果。为此，我国温州港监根据国内和国际有关防污公约规定，向“海利”轮发出“沉船排污索赔通知书”，并要求“海利”轮船舶所有人必须在规定时期内打捞沉船，消除沉船污染。这是我国行使海洋防污染管辖权的又一实例。这一实例与“南洋”号案一样，均是有意义的实践。

复习思考题

1. 我国海洋环保工作起步于哪一年？经过哪几个阶段？取得哪些成果？
2. 目前为止我国制定了哪些船舶防污法律法规？
3. 国际防止船舶造成污染法规的发展经过了哪几个阶段？
4. 2000年以后IMO制定哪些船舶防污染公约？生效了吗？我国参加了吗？
5. 什么是海洋防污染管辖权？主要包括哪两个问题？
6. 什么是船旗国管辖权？什么是沿海国管辖权？什么是港口国管辖权？
7. 分析海洋防污染管辖权有着怎样的发展趋势？

第五章　防止船舶造成污染的国际法规

海洋环境污染不仅是各沿海国的问题,而且也是国际性问题。污染是不分国界的,沿岸和海水随时都有可能被本国领水以外的海上船舶所排放的石油等污染物污染。由于公海上的这些船舶主要是受其船旗国所管辖,这就使防止航运对海洋污染显得复杂化。“托雷·卡尼翁(Torrey Canyon)”轮油污事件及处理过程可见这种复杂性。该轮是美国加利福尼亚联合石油公司的分公司巴拉姆达油船公司的油船,登记港是利比里亚约蒙罗维亚,悬挂利比利亚国旗,雇佣希腊船员。当时该轮被英国BP公司租用,载运科威特原油驶往英国威尔士的一家炼油厂,遇难时虽不在英国领水范围,但流出的油污染了英、法两国沿海和沿岸。为处理该事件,英、法两国付出巨额代价。此案审理可在美国,亦可在百慕大群岛或利比里亚,甚至可在英国。英、法两国政府是在巴拉姆达油船公司所在地百慕大提出诉讼的,他们要求赔偿油污损害600万英镑,最终是英、法两国政府与该公司进行和解谈判,并达成船舶所有人向两国政府赔偿300万英镑和向两国私人赔偿2.5万英镑的和解协议。

上述事实说明,防止航运对海洋的污染只有达成有效的和严格控制的国际协议才能解决。下面逐一介绍历史上这些协议,及其产生的背景、主要内容、实施要求、产生的影响以及与我国的关系。

第一节　1954年国际防止石油污染海洋公约

一、产生的背景

早在第一次世界大战时,以液体燃料为动力的海上船队迅速建立并营运日益稳定,马上引起许多国家对海洋污染问题的注意,同时也采取一些初步的措施。

1926年至1934年期间,人们曾考虑制定有关国际协议防止石油对海洋的污染,但由于各种原因均未获得成功。直到第二次大战以后,在联合国及其专门机构的努力下才使拟定国际协议的活动得以开展。

1954年4月26日—5月12日,在伦敦召开各海洋国家的国际会议。会议邀请船舶总吨位不少于10万t的海上船队的国家代表参加,船队小的国家则以观察员的身份参加会议。英国政府邀请美、英、法、德、意、荷、日、瑞典、丹麦、挪威、希腊、原苏联和利比里亚等32国的代表团,有关19个国家及联合国粮农组织也以观察员身份参加会议。

这次会议争论的焦点是“全面禁止”还是“区域性禁止”的问题,会上制定并通过第一个国际防止海上油污染的文件——《1954年国际防止石油污染海洋公约》(International Convention for the Prevention of Pollution of the Sea by Oil, 1954),简称《1954年油污公约》(OILPOL 1954)。该公约的重点放在油船日常操作所产生的污染方面,曾对防止海洋油污染起一定的积极作用,该公约由英国政府行使保存该公约的职责,并在联合国登记注册。1959 年政府间海事协商组织(IMCO)成立后,该公约移交给 IMCO 保存,并于 1958 年 7 月 26 日起生效。

这是海洋环境保护的第一个多边条约,获得世界各国的普遍承认,标志着人类在防止海洋石油污染方面迈开具有决定意义的一步。

二、主要内容

《1954 年油污公约》共 21 条和 2 个附件,其主要内容简介如下。

1. 适用的船舶和油类

公约规定,本公约适用在缔约国领土内登记的 500 总吨及以上,除军舰和捕鲸船以外,从事海上航行的船舶。

关于“油类”,公约定义为: 原油、燃料油、重柴油和润滑油。

2. 对禁区内排油的规定

公约对油船及其他船舶的排油禁区规定为: 距陆地 50 n mile 以内的全部海区。除此之外,还包括 4 个特定区域: 亚得里亚海禁区、北海禁区、大西洋禁区及澳大利亚禁区。

公约规定,任何缔约国有权将其领土的排油禁区扩大到距海岸 100 n mile。公约还规定,适用于本公约的船舶不得在禁区内排放油类和含油量超过 100 ppm 的油性混合物。

3. 港口配备接收设备的规定

公约规定,每一主要港口必须配备不致延误船期的足够的接收设备,以接收到港船舶(油船除外)上的残油。公约还规定,如果港口未按公约规定配备足够的接收设备,则港口不得禁止船舶排放油类和油性混合物。

4.“油类记录簿”的配备

500 总吨及以上的船舶均应配有“油类记录簿”。记录簿中的文字应使用船旗国的官方文字或使用英文和法文。缔约国领土的主管当局可以上船检查“油类记录簿”,并可将记录簿中的任何记载制成与原文完全相同的副本,以作为法律诉讼的证据。

5. 违章事件的调查处理

当确认船舶发生违章事故后,可向该船的船旗国政府提供该船违章书面证据细节,由船旗国政府当局进行调查处理。不论违章事件发生在何处,在国内还是在国外,均应按船旗国的法律予以严厉的制裁。

这种处理方法就是传统的“船旗国制度”。船舶在公海上航行自由,能管理该船的只能是该船旗国政府,其他任何国家均无权对该船做出某种决定。这当然是不尽合理的。为此,美国政府在接受公约时声明,在美国领海内违章的船舶,不论其国籍如何,均按美国法律予以惩处。

三、公约的生效、修订及其局限性

1. 公约的生效

《1954 年油污公约》于 1958 年 7 月 26 日生效。截至 1991 年底,该公约及 1962 年和 1969 年修正案的缔约国共有 68 个国家和地区,从 1984 年起荷兰等 4 国宣布退出。我国政府未加入这一公约。从环境的观点看,《1954 年油污公约》有一定的局限性,因为它仅在沿岸设立禁止排油区,而对禁区外的排放未加任何限制,对于未按装于上部法(Load On Top, LOT)操作的油船含油排泄物,很有可能漂过 100 n mile 而进入沿岸水域或长时间滞留海上。对特殊区域的规定亦有一些漏洞,如黑海、地中海、波罗的海等一些对油污比较敏感的区域未包括在内,而在这些海中航行的油船因航程太短以致于不能采用装于上部法操作。在这些海区油污染和排泄所引起的后果将是非常严重的。

2. 公约的修订

鉴于上述原因,加之海洋环境的不断恶化以及人们对海洋污染后果的认识逐步提高,公约签订后的10余年间,于1962年、1969年和1971年连续作了3次修订。

《1954年油污公约》的1962年修正案(OILPOL 54/62),主要将公约的适用范围扩大到150总吨以下的小船,禁止排放的区域在"大多数水域"扩大到100 n mile。1971年的修正案(OILPOL 54/71),目的在于进一步保护澳大利亚的大堡礁区域,同时还对油船货油舱的尺度作了限制。1969年修正案(OILPOL 54/69)的要点如下。

(1)对150总吨及以上的油船必须符合下列条件才能允许排放油类或含油混合物:①在航行途中;②油量瞬时排放率不超过60 L/n mile;③距最近陆地50 n mile以上;④一次压载航行中的排放油总量不超过载油总容量的1/15 000。油船应备有新编订的"油类记录簿",用来载明各货油舱的油量及其在整个作业过程中的装卸和排放情况。

(2)对500总吨及以上的各类船舶机舱舱底污水应符合下列条件才能排放:①在航行途中;②油量瞬时排放率不超过60 L/n mile;③排放物的含油量小于100 ppm;④排放时应尽可能远离陆地。

3. 公约的局限性

20世纪60年代后期,接连发生多起严重的油船污染事故,与此同时,船舶散装运输化学品和其他有毒有害物质数量也在迅速增长,尚有不少国家抓紧进行近海石油的勘探和开发活动,带来需要防止化学品和近海平台污染海洋的问题。相比之下,《1954年油污公约》尽管经过几次修正,仍然不敷应用,况且该公约至少存在这样一些局限性:①装于上部法不能使现有船舶排油达到公约所要求的标准;②非持久性油类和其他有毒有害物质的排放无章可循;③未对近海平台的排污作出任何规定。

也正是在这段时间中,人们对海洋污染损害的认识有了较大的提高。人们认识到海洋污染不仅损害海滨环境的舒适程度,还可能危害人类健康,伤害生物资源和海洋生物,妨碍渔业和对海洋的其他合法利用,损坏海水使用素质。为此,许多国家强烈要求制定一项全新的不限于油污染的具有普遍意义的防污染公约。1973年10月,在英国伦敦召开了一次国际海洋污染会议,并且最终通过人们期盼已久的防污染公约——《1973年国际防止船舶造成污染公约》。

第二节 1969年国际干预公海油污事故公约及1973年议定书

一、1969年国际干预公海油污事故公约

(一)产生的背景

1967年3月,利比里亚籍油船"托雷·卡尼翁"轮装载11万t多原油在英吉利海峡触礁,造成10万t原油泄出,严重污染英、法两国海岸,特别是英国沿岸。在此情况下,英国政府单方面采取措施,炸沉油船,并采取一切消除油污的手段,大力救助遇难船员和保护其货物。

油船在公海上,国际法从来没有赋予沿海国家对在其领土范围之外造成污染的外国船舶进行干涉的权利。油船在公海上失事确实会造成严重的危害,并给有些国家带来巨大的损失。因

为在风和海流的作用下,跑油有可能向某些沿海国家集中流动。所以每一个国家都有责任保护本国免于海上事故引起的海上污染。"托雷·卡尼翁"轮油污事故,不仅使人们认识到漏油事故的可怕和干预公海油污的必要性,也使世界各国认识到完善防止船舶造成污染法规,特别是制定国际间油污赔偿法律的迫切性。从某种意义上说,"托雷·卡尼翁"轮事故确实成了解决这些问题的一个推动力。

自这以后,英国政府向 IMCO 提出建议,要求尽快研究油类事故所引起的问题。不久,该组织的理事会立即通过一项旨在研究和解决此问题的 18 点计划,并在 1967 年 5 月通过一项关于建立法律委员会的决议,以便研究一系列法律问题。这个新成立的对所有成员国都开放的法律委员会,被理事会授权研究的许多问题中就包括下列 2 个问题。

1. 公法方面

在领海之外发生的船舶事故,如果直接危及沿海国的利益(如造成对其领海、海岸、港口及环境污染或构成污染危险),该国能否进行干预?若能,在所采取的措施会影响到船舶所有人、救助人、保险人及船旗国政府的利益的情况下,怎样决定可采取的措施的范围?实际上这是解决沿海国对外国船舶在公海上可能造成石油污染海洋和沿岸的失事所应采取措施的权利问题。

2. 私法方面

如果船舶在海上溢出的油类或其他有毒有害物质给第三方造成损害,船舶所有人、船舶经营人和货物所有人怎样承担责任(连带责任或分别责任)?是否要对这种责任进行强制保险?如何使有关政府和受害人遭受的损害和为防污而付出的费用得到赔偿?这实际上是要解决因船舶油污而造成的损失应负的民事责任问题。

法律委员会在 2 年的时间内召开了 12 次会议,对上述 2 个极其错综复杂的问题进行认真的研究。尽管牵涉不同的法系和各国政策,但各国代表本着防止海洋污染的共同愿望,经过努力还是找到解决问题的方案,提出关于制定多方面国际公约的意见。该公约要求当船舶失事造成损失或对沿海国造成威胁时,对有关国家应有的权利、义务和职责作出规定。

应比利时政府的邀请,IMCO 于 1969 年 11 月 10—29 日在布鲁塞尔国会大厦召开国际海上污染损害法律会议。参加这次会议的有 48 个国家的代表团,许多国家和各国政府向协商组织要求以观察员的身份参加会议。会议设立 2 个全体委员会:第一全体委员会审议当海上发生事故而引起或可能引起油类污染时,沿海国如何干预的问题;第二全体委员会审议因船舶造成污染损害而产生的民事责任问题。

经过 3 周的激烈讨论和反复审议,会议通过在国际公法和私法领域具有开创性的 2 个公约:《1969 年国际干预公海油污事故公约》和《1969 年责任公约》。此外,会议还通过 3 项重要决议:第 1 项是《关于非油类污染国际合作的决议》;第 2 项是《关于设立国际油污损害赔偿基金的决议》;第 3 项是《关于基金工作组报告的决议》。IMCO 根据上述第 1 项决议,于 1973 年通过《干预公海非油类物质污染议定书》,对沿海国干预非油类物质污染事故的权利也作了规定。根据第 2 项和第 3 项决议,于 1971 年通过《1971 年设立国际油污损害赔偿基金公约》,确立对油污受害人进行补充赔偿的制度。因此,可以说,《1969 年干预公约》《1969 年责任公约》《1971 年基金公约》和《1973 年干预议定书》3 个公约和 1 个议定书都是"托雷·卡尼翁"号油污事故引出的结果,可见此次油污事件的影响之大。

(二) 主要内容

《1969 年国际干预公海油污事故公约》(International Convention Relating to Intevention on the High · Seas in Cases of Oil Pollution Casualties, 1969)简称《1969 年干预公约》(INTERVENT 1969)

共有17条和1个附件。正文分别对公约宗旨、适用范围、干预权利及损失的赔偿和争议的解决作了规定。附件由2章(第一章调解、第二章仲裁)共19条组成,对调解程序和仲裁程序也作了具体规定。

1. 定义

(1)“海上事故”是指“船舶碰撞、搁浅或其他航行事故,或是在船上或船舶外部发生的对船舶或货物造成的物质损失或有造成物质损失紧迫威胁的事件”。

(2)“船舶”是指“任何类型的海船和任何浮动船艇(为勘探和开发海床、洋底和底土资源的设备除外)”。该定义相当广泛,虽然公约是干预“油污事故”的公约,但可干预的船舶不限于油船,也包括其他种类的货船,因为其燃料油也有造成污染的可能性。平台发生的油污事故,如井喷,不在本公约的适用范围之内。

(3)“油类”是指“原油、燃油、柴油和润滑油”。值得注意的是,此定义与同时制定的《1969年责任公约》中关于“油类”的定义不同,一无“持久性”一词,二未在“柴油”前加“重”字。说明《1969年干预公约》适用的油类比《1969年责任公约》多一些,如柴油中包括轻、重柴油,同时包括油类的混合物。关于对除油类以外的有毒有害物质的干预问题,因为当时一无这些物质清单,二无这些物质可能造成损害的足够资料,为使公约广为接受和便于实施,暂时限于油类。由于会议认识到非油类物质污染也是一个必须解决的问题,所以在会议结束时通过《关于非油类污染国际合作的决议》。该决议说明,公约限于油类并不意味着剥夺沿海国干预其他物质污染的权利,为使各国在这方面的干预有国际法律文件为依据,建议IMCO加强对非油类污染的研究工作,并请各国在遇到非油类污染事故时,能参照本公约进行合作。后来,IMCO据此决议,制定《1973年干预议定书》,从而使干预公海污染的物质种类问题得到全面的解决。

(4)“有关利益”是指直接受到海上事故影响或威胁的沿海国的利益,例如,①在海岸、港口或河口处的活动,包括人们生活资料所必需的捕鱼活动;②有关地区的旅游事业;③沿海居民的健康和有关地区的福利,包括保护有生命的海洋资源和野生物。可见,只要沿海国的利益(即使仅仅是环境)受到影响或威胁,沿海国就可以进行干预。干预措施包括强制拖航、强制驳油,甚至可将失事油船拖到远海沉没。

2. 公约的宗旨和法律依据

公约在前言中既点明了宗旨和法律依据,说明各国已“意识到有必要保护他们国民利益,使其免于遭受海上事故引起的海上和海岸线油污危险的严重后果”,并“确信在这种情况下,为保护上述利益在公海上采取特别措施是必要的,并且这些措施并不影响公海自由原则”。

前言中两次使用“必要”一词,就是为了说明公约的法律依据即是国际习惯法中的“必要原则”。这是因为,在《1969年干预公约》制定以前,沿海国对发生在公海上的船舶事故是无权干预的,船旗国对其船舶的管理拥有排他的权利,船舶被视为浮动领土,只有船旗国才有权制定管理船的规则,并且,也只有船旗国才有权在船舶上实施这些规则。国际组织虽然可以制定“国际规则”,但也要得到船旗国的批准由船旗国去实施这些规则,在公海尤其如此,沿海国在传统上只能为其内水立法。对其领海立法,当然也要符合船舶无害通过原则。在公海上,所有船舶均享有“航行自由”的权利,他国不得干涉。这些在1958年日内瓦制定的“四公约”中,亦有明文规定。但是,油船在公海上发生海上事故时,由于海流或风向等原因,其溢油将严重危及沿海国的利益,此时沿海国可以采取适当的干预措施。其中的法律依据是什么呢?在此方面,国际习惯法中有一个著名原则——自卫原则。在什么情况下沿海国才有权进行自卫呢?国际法学家理解不一。如果自卫原则不能为沿海国的干预权利提供法律的话,则有实行自我保护原则。退一步而言,国际习惯法中的“必要原则”也可作为法律依据，即当沿海国在对本国船舶所有人的利益权衡后，认为有“必要”采取干预行动。当然，这并不排除船舶所有人进行自救的权利，若自救成功，不会对沿海国造成污染或污染威胁，沿海国也就不必进行干预，但是船舶所有人的总部常与船舶的出事地点相距遥远，对船舶造成污染的危险的严重性估计不足；虽然处在现场的船长为保存船舶会请求一定的救助，常因请求的救助力量不足或不及时，而造成本来可以避免或减轻的污染发生，这就使沿海国为保护自己的利益而有“必要”采取适当的干预措施。可见，自卫原则、自我保护原则和必要原则是制定《1969 年干预公约》和《1973 年干预议定书》的法律依据。

3. 干预权利

公约对沿海国在何种情况下才有干预权作了规定。根据第 1 条第 1 款，如果沿海国预见到发生在其附近公海上的船舶事故或与此事故有关的行为会造成“重大有害后果”，就可以在公海上采取必要的措施，以防止、减轻或消除由于油类污染而对海岸附近构成“严重而紧迫的危险或威胁”。

这一规定，一方面将干预权利授予沿海国，另一方面又对其干预权利作了限制，考虑到会出现沿海国滥用干预权利的可能性。因此，规定只有当海上事故会产生“重大有害后果”时，而且危险或威胁是“严重而紧迫的”，沿海国才有权进行干预。但是，何种后果才算是“重大有害后果”，什么样的危险或威胁才算是“严重而紧迫的危险或威胁”，公约未作规定，事实上想作规定也是困难的，甚至是不可能的。当然，若发生争议，是可以按公约附件进行调解和仲裁的。

4. 国有商船的豁免权

国家财产豁免权是一项公认的国际法原则。船舶作为国家财产的一部分，一般情况下也享有豁免权。但是，“国有船舶的豁免权”只是一种笼统提法。“国有船舶”在从事商业运输并损害他方利益时是否享有豁免权，各国意见并不一致。为此，公约第 1 条第 2 款规定“不得根据本公约采取任何措施”的船舶——可享受豁免权的船舶。这些船舶是“军舰，或国家拥有或经营的并在当时仅用来从事政府的非商业性服务的其他船舶”。这实际上完全排除了“国有商船”的豁免权。

5. 干预权利的行使

为防止沿海国滥用干预权利，迫于国内环保部门呼声大的压力而对小事故作出过度反应，公约对沿海国如何行使干预权利作出了规定。

(1) 第 3 条规定，“沿海国在采取任何措施以前，应与受到海上事故影响的其他国家进行协商，特别是与船旗国进行协商”，并“应尽快地将拟采取的措施，通知它所知道的或在协商期间得知的估计其利益会受到影响的任何自然人或法人。沿海国应考虑他们提出的任何意见”。但是，如果沿海国遇到“必须立即采取措施的紧急情况”，则可以不经事先通知或协商，或中断已开始的协商，就采取在紧急情况下所必需的措施。

(2) 第 3 条还规定，沿海国在采取干预措施之前，或在执行过程中，应尽最大努力救助遇险人员，保护生命安全；并应在适当情况下，提供遣返船员的便利，而不制造任何障碍。

(3) 第 3 条还规定，“沿海国在采取任何措施之前，可与没有利害关系的专家（专家应从 IMCO 保存的名单中选出）进行协商，在采取措施之后，应尽快地通知有关国家和已知的有关自然人或法人，并通知 IMCO 的秘书长”。

为使沿海国适度地行使干预权利，公约第 5 条提出所谓“相称原则”。根据此原则，沿海国所采取的干预措施应与实际造成的损害或可能造成的损害“相称”，即所采取的措施不应超出为达到防污目的而必须采取措施的范围，并应在达到此目的后立即停止行动；另外，这些措施不应不必要地干涉有关船旗国、第三国以及有关自然人或法人的权利和利益。但是,沿海国所采取的措施,怎样才算与损害"相称"呢?该条款要求沿海国在采取措施时要考虑到:①如不采取措施,危急的损害程度和可能性如何;②所采取措施的可能有效性;③因采取措施而可能引起的损害程度。

这3点实际上是衡量措施是否与损害"相称"的3项标准。

6. 损失的赔偿

如果沿海国采取过度的干预措施而使他方遭受损失,应该怎么办呢?公约第6条规定:"任何缔约国一方,由于采取违反本公约规定的措施而使他方遭受损失时,应对其超出为达到第1条所述目的所必须采取的措施限度而引起的损失,负赔偿的责任。"

7. 争议的解决

在公海上采取干预措施,争议是不可避免的。如何解决争议,按第8条规定。

(1) 缔约国之间的任何争议,根据第1条所采取的措施是否违反本公约的规定,是否有责任按照第6条进行赔偿。如果在有关缔约国之间,或在采取措施的一方与要求赔偿的自然人或法人之间,不能通过协商取得解决,而各方又不能用其他方法达成协议,则应按本公约附件的各项规定,在任何一方要求之下,提请调解,倘调解不成,则提请仲裁。

(2) 采取措施的一方不得仅仅以依据本国法院的法律对补偿办法尚未决定为理由,拒绝按照前款规定提请调解或仲裁。

根据此条款,争议的解决分为3步:首先是"协商解决";协商不成则"调解解决";调解不成,则"仲裁解决"。因此,从协商转为调解,或从调解转为仲裁,都是"自动的",不管利害关系中的一方是否同意,都将自动进入下一步,"自动的"也就是所谓"强制的"。

至于协商、调解或仲裁的内容,依据第8条可分为3种:①沿海国采取的干预措施是否违反公约规定;②沿海国是否有责任对船舶所有人进行赔偿;③赔偿的金额。协商、调解或仲裁内容可以是全部3种,也可以是其中某一种,主要取决于利害关系方争议的内容。

8. 调解和仲裁的程序

这是附件的主要内容,共计2章19条,它对调解程序和仲裁程序作了具体规定。

附件有一个比较重要的原则,即争议的调解和仲裁只能由代表有关利益的国家出面。此原则是通过关于只能由采取措施的沿海国或其国民或财产受到这种措施影响的国家指定调解员和仲裁员的规定来实现的。

除上述原则外,附件的其他条款都是关于程序问题的一般性规定。比较重要的规定有:

(1) 调解委员会或仲裁庭均由3名成员组成。

(2) 不论用何种方式提名,调解委员会主席在任何情况下不得是或曾经是原调解双方任一方的国民,仲裁庭主席也不得是或曾经是任何有关一方的国民,除经对方同意者外。

(3) 调解委员会的决定或仲裁庭的裁决应由其成员的多数表决通过。

(4) 调解委员会对事件审理后,应向各方分送一份调解建议书,如果将建议书通知各方后达90天,而任何一方均未将其对建议书的接受通知另一方,则认为调解不成功。

(5) 仲裁庭的裁决书具有最终效力,不得上诉,各方应立即按照裁决书执行。

(三) 公约的意义

按照旧的传统观点,船舶在公海享有航行自由的权力,对船舶的管辖权也只为船旗国独占,任何其他国家均无权对该船进行干涉。当船舶发生油污事故后,受损害最大的并不是远离该船的船旗国,而是该船航行的沿海国。沿海国如果无权采取必须措施,也只能坐等受害,这显然是极不合理的。因此,上述公约对防止、减轻和消除在公海上发生油污事件所造成的后果,具有积极的意义。

(四) 生效及我国加入情况

《1969 年干预公约》已于 1975 年 5 月 6 日生效。我国于 1990 年 2 月 23 日加入该公约,该公约自 1990 年 5 月 24 日对我国生效。截至 2013 年 1 月 9 日,已经有 87 个国家加入该公约,船舶总吨位占世界商船总吨位的 75.10% 。

二、1973 年国际干预公海非油类物质污染议定书

(一) 产生的背景

为执行 1969 年 11 月布鲁塞尔会议通过的《关于非油类污染国际合作的决议》,IMCO 在 1973 年 10 月 8 日—11 月 2 日在伦敦召开的国际海洋污染会议上,与《1973 年国际防止船舶造成污染公约》同时通过《1973 年国际干预公海非油类物质污染议定书》(Protocol Relating to Intervention on the High Seas in Cases of Marine Pollution by Substances Other Than Oil 1973),简称《1973 年干预议定书》(INTERVENTION Protocol 1973)。它是对《1969 年干预公约》的补充,该议定书与《1969 年干预公约》一起,构成了一个在公海上干预油类和非油类污染事故的法律制度。

(二) 主要内容

《1973 年干预议定书》共有 11 条,主要内容如下。

1. 干预权利

第 1 条第 1 款规定沿海国进行干预的权利,即在发生海上事故或与这种事故有关的行为后,如有理由预计造成重大的有害后果,则可在公海上采取必要的措施,以防止、减轻或消除由于“非油类物质”造成污染或污染威胁而对其海岸线或有关利益产生的严重而紧迫的危险。

2. 非油类物质

什么叫非油类物质(Substances Other Than Oil)? 第 1 条第 2 款给出定义。定义分为以下两项:

第 1 项是指“列于由国际海事组织指定的适当机构所制订的名单中的物质”。根据有关规定,该项名单作为议定书的附件,是议定书不可分割的一部分,海上环境保护委员会作为 IMO 指定的适当机构,于 1974 年 11 月 21 日通过该物质名单。该名单列出 96 种有毒物质,22 种液化气体以及国际原子能机构规定的有关放射性物质。此外,该名单还列出除《1969 年干预公约》所适用的原油、燃油、柴油和润滑油之外的 31 种油类,包括沥青溶液、馏分油、瓦斯油、汽油及调和油、喷气机燃料和石脑油等。

第 2 项是指“其他易于危害人类健康,伤害生物资源和海生物,损害休憩环境或妨害对海洋其他合法利用的物质”。此项包括的物质非常广泛。从某种意义上讲,只要沿海国家认为某种物质有害并造成污染或污染威胁,即可进行干预。

3. 沿海国的有关责任

第 1 条第 3 款规定沿海国的有关责任,即就上述第 2 款第 2 项中对物质采取行动时有责任确证,该物质在进行干预的情况下,会产生类似于上述第 2 款第 1 项所述名单中列举的任何物质所产生的严重而又紧迫的危险。

从以上内容可见,第 1 条是该议定书的核心。

4. 适用范围及其他

该议定书第 2 条规定“《1969 年干预公约》第 1 条第 2 款和第 2 ~ 8 条以及其附件的规定,应

如同其适用于油类一样，适用于本议定书第 1 条中所述物质”。这样，《1969 年干预公约》第 1 条第 2 款关于不适用于“军舰”和“政府船舶”的规定，第 2 条中的有关定义，第 3 ~ 8 条中关于“干预权利的行使”“相称原则”和“争议的解决”等规定都适用于《1973 年干预议定书》，其争议的具体解决也将按照《1969 年干预公约》附件中的“调解程序”和“仲裁程序”。

5. 修正和生效条件

该议定书的第 3 ~ 11 条是关于修正和生效条件等有关问题的规定，其中有 2 点值得注意：

（1）该议定书的修正将采用《1969 年干预公约》所没有的所谓“默许接受程序”，即当 IMO 将修正案通知缔约国后满 6 个月时，应视为已被接受，除非在此期限内有不少于 1/3 的缔约国表示反对。

（2）该议定书只可由已批准、接受、认可或加入《1969 年干预公约》的国家批准、接受、认可或加入；如果该议定书的某一缔约国退出了《1969 年干预公约》，即应视为退出议定书。

6. 我国加入与实施

该议定书于 1983 年 3 月 30 日生效。我国于 1990 年 2 月 23 日加入该议定书，该议定书自 1990 年 5 月 24 日起对我国生效。截至 2013 年 1 月 9 日，已经有 54 个国家加入该议定书，船舶总吨位占世界商船总吨位的 50.36%。

（三）1991 年修正案

1991 年 7 月 4 日，IMO 海上环境保护委员会第 31 届会议，以 MEPC.49(31)决议通过《1973 年干预议定书》附件的 1991 年修正案。该修正案扩大附件所列的会对海洋环境造成污染损害的物质清单名单。

经修正后的非油类物质清单包括 5 个附录。其中附录 1 为非《1969 年干预公约》所包括的 MARPOL 73/78 附则Ⅰ附录 1 中所列的“散装油类”共 35 种；附录 2 中列有“散装有毒液体物质”共 175 种；附录 3 中列有“包装运输的有害物质”共 90 种；附录 4 为“放射性物质”，系指《国际海运危险货物规则》第 7 类表 10 ~ 13 中包括的以 B 型包装运输的、或可裂变的、或特殊安排下的放射性物质；附录 5 列有“散装液化气体”共 12 种。

该议定书修正案已于 1992 年 4 月 24 日生效，同时对我国生效。

三、“阿莫科·卡迪斯”轮油污案

1978 年 3 月 17 日，利比里亚油船“阿莫科·卡迪斯”（Amoco Cadiz）轮事故，造成 22 万 t 原油溢出，严重污染法国沿岸海域。法国政府根据《1969 年干预公约》派飞机炸毁这只船舶，行使了沿海国的管辖权，采取了干预措施。

“阿莫科·卡迪斯”轮是美国石油公司运输公司的油船，1973 年由西班牙阿斯蒂勒罗斯公司建造，船舶登记港是利比里亚的蒙罗维亚，主要营运地点是百慕大。油船的舵机曾经过美国船检局的检验，认为符合所适用的国际规则的要求。

1978 年 3 月，“阿莫科·卡迪斯”轮由壳牌公司租用，在伊朗的柯格岛装载荷兰皇家壳牌石油公司购买的轻质原油 22 万 t，在驶往荷兰的欧罗港途中，遇到风暴。3 月 16 日 9 时许舵机失灵，油船失控。原联邦德国布克西尔航运和救助公司的“太平洋”号拖船几次营救，都因风浪太大而未获成功。最后于 16 日晚 21 时许在法国的布列塔尼岸外触礁，船体折断后沉没，所装原油 22 万 t和剩余的 4 000 多 t 燃油全部流失。

这是当时为止历史上最严重的一次溢油事故。其特点是：溢油量多、污染范围大、后果十分严重。据报道，这次事故的溢油量约为 1967 年“托雷·卡尼翁”轮溢油量的 2 倍，是 1976 年“阿尔戈·麦尔戈特”轮溢油量的6倍,为1969年的圣巴巴拉湾油井井喷流失油量的20倍。暴风把大量的石油吹到岸边,总量为6万~6.5万t,约占全部溢油量的30%,其余70%分散在海水和沉积物中。法国布列塔尼400 km以上的海岸及沿岸水域受到重大损失。法国政府组织大量人力、物力进行清理。用泵吸取了20万t油水混合物,分离出2万t油,海面上由于消油剂的使用效果不好而改用吸收剂和沉淀剂,还试用生物降解制剂和吸附剂等。事后,测出有大量原油沉积在出事地点的海底,大概有7 cm厚。清理费用达1亿~1.1亿美元,其中85%用于岸边清理,包括处理油污物,15%用于海上清理。

这次溢油事故造成的损失赔偿引起十分复杂的诉讼纠纷,涉及法国,美国石油公司集团的标准石油公司、国际石油公司、运输公司和油船公司,以及西班牙阿斯蒂勒罗斯造船公司和原联邦德国布克西尔航运和救助公司。经美国伊利诺斯州地方法院审理,判决美国石油公司集团的标准石油公司、国际石油公司及运输公司对溢油造成的污染损害负有责任。此案至1988年才处理结束,前后长达10年之久。

这次污染事故造成巨大的经济损失,使法国政府、渔业界及旅游业共损失7亿~10亿美元。据统计,仅法国付出的消除费就达1亿多美元,超过世界上最重大的几次油污染事件消除费的总和。1967年“托雷·卡尼翁”轮污染消除费为4 500万美元;1969年圣巴巴拉湾油井井喷油污染消除费为2 000万美元;1976年“安东尼奥·格拉姆西”轮污染清除费为3 000万美元。“阿莫科·卡迪斯”轮事件造成的经济损失共达11.73亿法郎,约为17亿美元。

“阿莫科·卡迪斯”轮污染案,对评价计算油污损害的现有方法、制定新的方法、制定减轻溢油损害的应急计划具有重要的意义。此外,这次案件的情况十分复杂,涉及许多方面,而且诉讼、反诉讼交织在一起,对处理污染损害赔偿案件有较大的参考价值,因而受到各国环境保护管理部门及法学界的重视。该事故的发生表明,《1969年责任公约》中的赔偿限额过低,必须加以提高,同时它还成为FUND 1971的赔偿限额增加《油轮船主自愿承担油污责任协定》(TOVALOP)和《油轮油污责任暂行补充协定》(CRISTAL)等民间赔偿协定修改(提高赔偿限度)的出发点。

第三节　1969年国际油污损害民事责任公约及其议定书

国际海洋环境保护法确认船旗国、沿海国和港口国对有关船舶造成海洋环境污染的管辖权,国际法同样要求有关国家要尽自己的义务。有权利亦有义务。这种义务包括:各国应采取措施,保证不造成对别国的污染;承担对海洋环境作出正确评价,并做到事先通知和协商;承担责任和赔偿。《1969年责任公约》就是针对解决第3项义务而制定的。除了《1969年责任公约》之外,还有后面要介绍的《1971年基金公约》,它们常被合称为国际油污赔偿公约。另外,还有两个民间的自愿赔偿协定,即TOVALOP和CRISTAL(两个民间协定已于1997年2月失效)。这些构成目前国际上关于油污损害赔偿的法规体系。

一、1969年国际油污损害民事责任公约

(一)产生的背景

从1959年到1969年的10年中,各国沿海发生一系列的油船造成海洋污染的事件。仅向IMCO通报的国家和地区就有比利时、加拿大、原联邦德国、希腊、日本、香港、韩国、科威特、荷兰、波兰、新加坡、西班牙、瑞典、叙利亚、英国和美国。其中希腊和日本发生油污事件各7次,叙利亚

5次,瑞典和西班牙各4次,加拿大、荷兰和英国各3次。上述事件中最令人震惊的就是1967年3月发生在英国东南沿海的"托雷·卡尼翁"号油污事件。

事件发生后,两个最尖锐的问题摆在沿海各国面前:一是在海上油运频繁、海难事故难以避免的今天,如再发生油污事故,沿海各国如何自保?为解决这个问题,1969年的布鲁塞尔会议制定了《1969年干预公约》以及1973年制定的《1973年干预议定书》。二是油污受害者的损失从何处得到充分的赔偿?为解决这个问题,在布鲁塞尔会议上制定《1969年国际油污损害民事责任公约》(International Convention on Civilability for Oil Pollution Damage, 1969),简称《1969年责任公约》(CLC 1969)。

《1969年责任公约》规定油污损害责任和赔偿的基础,其核心是提出民事责任原则,并规定强制保险的制度。这个公约重点解决船舶海上溢油给第三方造成损失,船舶所有人怎样承担责任(连带责任或分别责任)是否要对这种责任进行强制保险、如何使受害者遭受的损害和为防污而付出的费用得到赔偿等问题。

海洋环境污染损害主要指沿海国近海水域的污染损害,可以看成是一种民事侵犯行为。污染者应该就其行为的后果承担责任,这种责任一般仅仅限于赔偿。《1969年责任公约》应理解为法规条例的补充。要赔,必须先明确责任问题,然后根据责任的大小来决定是否要赔或赔偿多少的问题。但在追究环境污染责任问题时,被告的疏忽和故意的区别无关紧要,过失是被告承担责任的主要依据。这里的问题是:被告在无任何过失的情况下,是否应当承担责任?对于这一点,一直存在分歧。一种意见认为,只要造成污染,不管是否有过失都要承担责任,这叫严格责任或绝对责任原则,也称无过失责任。但这种意见并没有被世界各国所接受。目前比较统一的认识是,一个国家只有违反国际义务才承担责任。而在既非故意又无过失的情况下,是不能认为该国违反国际义务而承担责任。因此,绝对坚持无过失原则,在这里是不合适的。但是,对于海洋环境保护来说,因为存在跨国污染的问题,所以仅从有无过失去决定赔偿是不公正的。而"无过失原则"在这里又有一定的道理。为保护海洋环境和保护受害者的利益,实践中许多事件并非由于污染者的过失而默认原告国所提出的赔偿,故可作为一般赔偿问题的补充。对于责任和赔偿问题,国际公约提出设立赔偿基金及采取强制保险等办法,使污染者承担由其行为所造成的责任,进而保护污染受害者的利益。如《1971年基金公约》,事实上是一个介于过失责任原则和无过失责任原则的变通办法。

(二) 主要内容

《1969年责任公约》共21条和1个附录。附录为"关于油污损害民事责任保险或其他财务保证证书格式"。

1. 定义

(1)"持久性"油类,一般是指原油、燃料油、重柴油、润滑油及鲸油(由于海上运量少,并无多少实际意义,IMO在制定《1969年责任公约》的1984年议定书时,把"鲸油"一项删去了)。

(2)"油污损害(Pollution Damage)"是指由于船舶逸出或排放油类(不论这种逸出或排放发生何处)之后,在这油船本身以外,因污染而产生的损(灭)失和损害,并包括预防措施的费用以及由于采取预防措施而造成的进一步损(灭)失和损害。因此该定义包括3类损害,即油污损害、预防措施所支出费用和预防措施造成的损害。

在理解这个概念时,有3点必须注意:①只有按国际法和国内法有权索赔的油污受害人遭受了可用数字表示的一定数量的经济损失,才给以赔偿。不可根据理论模式计算出损害的抽象数量来衡量,如不接受对环境损害的赔偿。按《1969年责任公约》规定负责赔偿的项目是渔业和旅游业损失、清除费用等。②清除费用是指油污事件发生后采取的防止、减轻或消除油污的合理措施所付出的费用。因此，不适用纯属消除船舶危险的措施所支出的费用，即由于采取措施，保全船舶防止溢油所支出的费用不给赔偿。例如，某油船发生了油污危险，由于沿海国采取非常成功的预防措施，从而避免油污事件的发生，在这种情况下，尽管该国投入了大量的人力和财力，也不在《1969 年责任公约》的适用范围之内。③“油污损害”的概念本身有一个探讨和逐步发展的过程。

2. 适用范围

(1) 适用领域：该条约适用在缔约国领土、领海内发生的油污损害和为防止或使损害减少到最低限度而采取的预防措施。因此，是否适用于公约的唯一标准就是油污发生的地点，而油船的船旗国和船舶所有人的国籍与《1969 年责任公约》的适用范围无关。

(2) 适用的船舶：指适用于载运散装油类的任何类型的船舶。可见一艘油船在压载航行过程中和非油船燃油造成的污染均不在《1969 年责任公约》适用范围内。

(3) 适用的油类：专指持久性油类，如原油、燃料油、重柴油和润滑油等，不论其作为货物还是燃料而装在船上。因此，汽油、轻柴油和煤油等非持久性油类造成的污染不在《1969 年责任公约》的适用范围之内。

例如，1998 年 6 月 8 日，巴拿马籍油船 Maritza Sayalero 在委内瑞拉 Carenero 海湾一油站卸油时，由于输油软管破裂造成 961 t 中型柴油泄漏。委内瑞拉政府提出清污费用、渔业和旅游业经济损失索赔。1971 年基金行政委员会对溢油样品进行检测，结果显示该样品并非持久性油类，不在《1971 年基金公约》(《1969 年责任公约》亦同)所适用范围之内。

(4) “油污损害”的适用范围：指由于船舶溢漏或排放油类(不论是在何处发生)后，在该船以外，因污染造成的损失或损害，包括预防措施费用和由于采取合理措施而造成进一步的损失或损害。

3. 索赔时限

索赔应在油污损害发生之日起 3 年内提出，否则要求赔偿的权利即告失去。在任何情况下，不得超过油污事件发生之日起 6 年。如该事件是包括一系列事件，6 年限期应自第一个事故发生之日算起。

4. 赔偿责任限额

船舶所有人有权按照本公约的规定将其对任何一个油污事件的赔偿责任限额为按船舶吨位来计算，赔偿金额为每吨 2 000 金法郎(约合 143 美元)。但是，赔偿总额绝对不可超过 2.1 亿金法郎(约合 1 500 万美元)，以小者为准。

这里指的“金法郎”是指含有纯度为千分之九百的黄金 65.5 mg 的法郎。上述的金额应根据设立基金之日基金所在国的货币与上述货币单位的比值，折合为基金所在国的货币。

“船舶吨位”应是船舶净吨位再加上为计算净吨位对机舱部分从总吨位中所减除的数额。对于不能按照标准的吨位丈量规则测定的船舶，该船舶的吨位为该船所能装运油类的重量的吨数(每吨为 2 240 磅)的 40%。

但是，如果油污事故是由于船舶所有人的“实际过失(Actual Fault)”和“暗中参与(Privity)”所造成的，则船舶所有人不得享受油污赔偿责任限额权。

5. 财务担保

船舶发生油污事故后，船舶所有人或保险人要取得油污赔偿责任限额的权利，必须向受理该案件的缔约国法院或主管当局设立相当责任限额的基金(现金或得到担保或其他财务保证)。当设立基金后,提出索赔的任何人不得对船舶所有人或保险人的其他财产行使任何权利,索赔人只能向管理基金的法院或主管当局提出索赔要求。

6. 严格责任

船舶所有人如能证明下列情况之一,则可免除赔偿责任。这些情况是:①由于战争行为、敌对行为、内战、武装暴动等;②由于人力不可抗拒的自然灾害引起的;③完全由于第三者的有意造成或失职行为所引起的;④由于负责灯塔或其他助航设备的管理部门的疏忽或过失所造成的。

由此可见,船舶所有人对油污损害所负的是"严格责任",并非是"绝对责任"。凡符合上述4种情况之一者,船舶所有人对油污损害可以免责。

7. 强制保险

船舶所有人应按公约规定承担油污损害所负的责任,凡载运2 000 t以上的散装油类的船舶,必须参加油污保险或取得其他财务保证,其数额应能满足油污责任限额的要求。缔约国主管当局对取得保险或其他财务保证的船舶,经核实后,应签发一张"油污损害民事责任保险或其他财务保证证书"(Certificate of Insurance or Other Financial Security in Respect of Civil Liability for Oil Pollution Damage),简称CLC证书。只有持有这种证书的船舶才可以航行于缔约国港口。

8. 责任的追索

《1969年责任公约》规定,油污索赔只能向油船所有人提出。一般油污损害的赔偿,索赔人可直接向承担责任的保险人或提供财务保证人(这一业务目前国际上是由保赔协会承担的)提出,这并不排除油污受害人在《1969年责任公约》规定的范围之外,向其他人提出索赔。但是,任何索赔均不得向船舶所有人的雇佣人员或代理人提出。船舶所有人也有权根据国内法规向第三方提出追索诉讼。

9. 计算单位

《1969年责任公约》第5条第1款规定,计算船舶所有人的责任限额时使用的计算单位为金法郎。关于这个单位的有关问题,后面还会讲到。

上述说明,油船的大规模失事跑油,常大大超过船舶所有人以前所负的职责范围。《1969年责任公约》大大加强了船舶所有人对石油污染沿海国家领水造成损失应负的责任。这种责任及赔偿在公约中作了明确的规定,这就使油污受害人能得到应有的赔偿有了国际法律的保证。

(三) 我国的加入与实施

该公约于1975年6月19日生效。我国于1980年1月30日加入《1969年责任公约》,并于同年4月30日生效。为实施该公约我国做了以下工作。

(1) 原交通部发出通知要求凡载运2 000 t以上的散装货油、航行于国际航线的我国船舶,必须按公约第7条的规定参加船舶保险,取得有效的保险单证或其他财务保证,并为证明该保险是有效的,需领取公约规定的保险或保证证书。船舶所有人持保险单证或其他财务保证向当地港务监督申请,经核实后,根据公约的规定签发CLC证书。只有持有这种证书的船舶,才能航行于缔约国港口。

(2) 原港务监督局将我国的实施规定通知了IMO。后来,该组织将规定以通函转发给公约缔约国的会员国。规定要点是:①在缔约国登记的载运2 000 t以上散装货油的船舶进出中国港口,必须持有港务监督或缔约国主管当局按公约规定签发的CLC证书。②在非缔约国登记的载运2 000 t以上散装货油的船舶进出中国港口,必须持有中华人民共和国港务监督与非缔约国的主管当局协商许可的证书,或缔约国主管局为其签发的上述证书,否则须在中国人民保险公司进行油污责任保险。

(3) 自公约对我国生效后,各港的港监及时地为我国已参加油污保险的船舶签发 CLC 证书,并对到港的国际航线船舶(油船)检查证书。对未备有证书的油船,则须在当地人民保险公司办理油污保险,承担油污损害的赔偿责任。如大连港务监督在 1981 年和 1985 年发现非缔约国的美国籍"考曼齐"轮和当时还不是缔约国的印度籍"瓦玉都特"轮,因没有上述证书,而在大连人民保险公司办理了单航次的油污保险,才准其装油出口。

(4) 对发生重大油污事件的油船,则按《1969 年责任公约》和我国法律进行油污损害民事责任赔偿处理。如 1983 年 11 月 25 日青岛港内巴拿马籍"东方大使"轮漏油 3 343.6 t 和 1984 年 9 月 23 日青岛港内发生的巴西籍"加翠"轮漏油 758 t,造成油污事件,均作了责任赔偿处理。

二、修正 1969 年国际油污损害民事责任公约的 1976 年议定书

(一) 主要内容

该议定书共 10 条,主要是解决《1969 年责任公约》中规定的油污损害赔偿中的计算单位金法郎与国际货币换算问题。

该议定书将金法郎改为特别提款权(Special Drawing Rights, SDR),是以 1 特别提款权等于 15 金法郎为基础的。这种改变是由于所有国际公约所用的金法郎已用特别提款权代替而采取的。相对于《1969 年责任公约》而言,这种改变便于油污损害赔偿案件的处理。

为什么所有的国际公约所用的金法郎要用特别提款权代替呢?这是因为金法郎是历史上遗留下来的一种货币计算单位,早已不可靠。第二次世界大战后,国际货币制度是以本国货币与金价的兑换率固定关系为依据的,或者直接与金价相联系,亦可通过美元兑换。这种制度能在金价固定的情况下起作用。但是,20 世纪 60 年代和 70 年代国际货币关系发展的结果,以这种固定关系为依据的制度已不再适用了。由于出现了新的情况,国际货币基金组织(IMF)制定特别提款权制度。当时制定这个制度时,规定 1 特别提款权应相当于 0.888 671 g 纯金价值。在国际公约中的 1 金法郎定为 65.5 mg 纯度千分之九百的黄金,相当于 0.058 94 g 纯金。在这个金价的基础上,1 特别提款权相当于 15 金法郎。1976 年议定书和修订国际公约的许多其他议定书都采用这个转换率。

这样,在《1969 年责任公约》中,每吨为 2 000 金法郎的赔偿限额就等于每吨 133 特别提款权的赔偿。赔偿总额绝对不可超过 2.1 亿金法郎的赔偿限额(1 400 万特别提款权)。

(二) 我国的加入及实施

我国于 1986 年 9 月 29 日加入《修正 1969 年责任公约 1976 年议定书》,并于同年 12 月 28 日生效。按该议定书第 2 条第 2 款的规定,缔约国在交存加入文件时,应将本国的计算方法或换算结果通知 IMO。当时只有波兰和英国按时交存了"计算方法"。我国在交存加入文件载明"中华人民共和国采用的计算方法是国际货币基金组织采用的计算方法"。具体地说,我国已是国际货币基金组织的成员国,但人民币不是国际通用货币,特别提款权与人民币的比价,还需根据中国人民银行公布的人民币与国际货币,如与美元的比价来折算。而国际货币基金组织各成员国的国际货币与特别提款权的比价,由国际货币基金组织每月通过《国际金融统计月报》上予以公布。这样,今后按公约处理油污赔偿案,使用此"计算方法"计算。

三、修正1969年国际油污损害民事责任公约的1984年议定书

（一）产生的背景

实践证明，《1969年责任公约》本身存在的缺陷是油污赔偿的限额太低，尤其是油船吨位较小，油污赔偿限额过低。这是因为较小的油船虽然发生少量的溢油，但引起的油污染后果常是十分严重的，如事故发生在特别敏感的海域更是如此。所以，污染损害不能仅从油船的大小衡量。按《1969年责任公约》规定的限额，只能应付中小油污赔偿事件，对于赔偿重大油污事故，显然是不足的。为保护海洋环境和使受害人得到更多的赔偿，1984年4月30日—5月25日，IMO在总部伦敦召开外交大会，通过《修正1969年责任公约的1984年议定书》和《修正1971年基金公约的1984年议定书》，根据这2个1984年议定书的有关规定，公约和议定书应作为一个整体文件来理解和解释，分别称为《1984年责任公约》和《1984年基金公约》。一旦这2个公约生效，就代替了《1969年责任公约》和《1971年基金公约》。

（二）主要内容

该议定书大幅度地提高油污责任赔偿限额，并对环境损害也作出部分补偿。该议定书的具体内容下一节再述。

四、修正1969年国际油污损害民事责任公约的1992年议定书

该议定书也可称为《1992年责任公约》，其具体内容将与《1992年基金公约》一起介绍。

五、《1992年责任公约》的2000年修正案

该修正案的具体内容将与《1992年基金公约》的2000年修正案一起介绍。

六、"东方大使"轮油污案

认真研究发生在我国青岛沿海的"东方大使（Feoso Ambassador）"轮油污案，对正确理解《1969年责任公约》的内容是有帮助的。

"东方大使"轮（巴拿马籍），1983年11月25日下午6时，满载原油43 934 t，驶离我国青岛港黄岛油码头后，由于瞭望疏忽、操舵失当，在中砂礁触礁搁浅。经我方抢救，于30日脱离搁浅，5天中共流出原油3 343.6 t。

事故发生后，青岛市政府即责成有关单位采取措施，控制和消除污染。青岛港务局、驻青岛海军、烟台救捞局等单位迅速派出拖船、油回收船和其他船艇进行抢救。国家海洋局的海洋监视船立即开赴现场，进行监视和取证工作。至1984年5月，油污清除工作基本结束，先后出动车辆7 391辆次，船舶639艘，动用各种器具30 411件，动用劳力225 482个工作日，共回收原油2 469.80 t。

同时，青岛市环保、水产部门及赔偿方——汽船保赔协会一致同意由青岛港港务监督根据《海洋环境保护法》《中华人民共和国防止船舶污染海域管理条例》《1969年责任公约》等的规定，就"东方大使"轮造成的污染损害的赔偿问题进行调解处理。

青岛市环保局和青岛市水产局提出索赔要求数额为28 769 696.08元，包括捕捞、养殖损失费15 985 530.5元，污染清除费8 514 189.54元，企业、旅游业等损失费4 263 976.04元。

汽船保赔协会代表提出"东方大使"轮所有人享有对油污事故赔偿的责任限制。根据《1969年责任公约》规定，只能赔偿2 219 769英磅（折合人民币645万元）的赔偿。由于"东方大使"轮

所有人参加了《油轮所有人自愿承担油污责任协定》,而且货油的所有人参加了《油轮油污责任暂行补充协定》,因此可通过石油公司海上赔偿协会予以补偿。

1985 年 3 月 11—15 日,在青岛港港务监督的调解下,青岛市环保局、水产局与石油公司海上油污赔偿协会、油船保赔协会的代表协商同意,赔偿我方因“东方大使”轮污染事件遭受的损失合人民币 1 775 万元。

“东方大使”轮油污染,是当时为止我国赔偿额最大的油污案。青岛索赔到人民币 1 775 万元,其中根据《1969 年责任公约》从油船保赔协会得到船舶所有人责任赔偿限额645.343 31万元,又根据《油轮油污责任暂行补充协定》从石油公司海上污染赔偿协会得到人民币1 129.656 69万元。如果该船船舶所有人不是《油轮所有人自愿承担油污责任协定》的缔约人,或者该船所运的原油不属于《油轮油污责任暂行补充协定》的成员的石油公司所有,那么,超过船舶所有人责任限额的补偿(本案约 1 129 多万元),从法律上说,是无从取得的。只有参加了《1971 年基金公约》,才能按基金公约的规定,从基金组织得到这个补偿。因此,我国要不要参加《1971 年基金公约》及其议定书是一个值得考虑的现实问题。下一节将介绍《1971 年基金公约》及其议定书的内容,然后结合我国具体情况来讨论是否应该参加公约的问题。

第四节　1971 年设立国际油污损害赔偿基金公约及其议定书

一、1971 年设立国际油污损害赔偿基金公约

(一)产生的背景

在制定《1969 年责任公约》的外交大会上有些国家指出,《1969 年责任公约》并不能在任何情况下,对油污受害人提供足够的赔偿,反而给船舶所有人增加了额外负担。为此,须制定另一个可向受害人提供补充赔偿的国际公约。于是,大会通过了一项决议,责成 IMO 提出关于设立油污损害赔偿基金的草案,这显然是已认识到污染的危险性和赔偿必要性的缘故。

该问题经过 IMO 法律委员会的反复审议,为落实 1969 年 12 月 29 日污染损害法律会议上通过设立国际油污损害赔偿基金组织的决议,又一次于 1971 年 11 月 18 日在布鲁塞尔召开外交大会,该会议通过《1971 年设立国际油污损害赔偿基金公约》(International Convention on the Establishment of an International Fund for Compensation for Oil Pollution Damage, 1971),简称《1971 年基金公约》(FUNP 1971)。根据《1971 年基金公约》,油污基金会于 1978 年 10 月成立,这是世界上唯一能向油污受害人提供补充赔偿的政府间组织。

《1971 年基金公约》是根据 1969 年 11 日布鲁塞尔会议的第 2 项决议而制定的。为能保证使油污损害者得到根据《1969 年责任公约》规定所不能提供保险范围内油污损害的赔偿,即超出《1969 年责任公约》限额以外的赔偿同时,还能使船舶所有人单方面解除《1969 年责任公约》附加的额外经济负担的一部分,从而定出一项赔偿和补偿制度作为《1969 年责任公约》的补充。

设立国际油污基金组织筹集基金,是为执行 1969 年 11 月布鲁塞尔会议的第 3 项决议精神。考虑到海上油污引起的经济后果,不应全部由海运业承担,而须部分地由油货主、油企业担负。即由货油企业出资对油污受害人进行补充赔偿,并对船舶所有人进行部分补偿。

《1971 年基金公约》及其设立的国际油污基金,有力地推进海洋环境保护事业的发展。同时,也使油污受害人的利益达到适当的保障。由于各种原因,不少国家(包括我国)仍未参加该公

约。因此,对于那些已逐步重视海洋环境保护的国家来说,他们是否要加入《1971 年基金公约》,已成为一个必须认真研究的问题。

须特别指出的是,只有已经成为《1969 年责任公约》缔约国的国家才能加入《1971 年基金公约》,因为它是《1969 年责任公约》的补充。

(二)主要内容

该公约共有 48 条。

1. 定义

(1)油污损害:油污损害的定义同《1969 年责任公约》。这里需注意的是,公约特别将发生在船舶上的污染损害排除在外,而且规定损害仅限于污染造成的损害,将因爆炸、火灾等造成的损害排除在外。《1969 年责任公约》和《1971 年基金公约》没有对"损害"明确定义,须结合成员国国内法来加以认定。

例如,1989 年 7 月 25 日,利比里亚油船"Nancy Orr Gaucher"在加拿大安大略省(Ontario)的 Hamilton 港卸货时,泄漏 250 t 沥青货物。沥青污染船舶的大部分甲板,很大一部分沥青沉入船舶周围的港口海底。这起事故引发的索赔额共达 648 743 加元,而船舶所有人的责任限额是 473 766加元,索赔者就超出船舶所有人责任限额的部分向基金索赔。一半以上的索赔费用是有关船舶的甲板和船壳的清洁费用,基金对这部分索赔提出异议。因为沥青刚溢出时是液体,但它会很快冷却凝固,只有很少一部分沥青流入海水中。基金认为,除了事故发生后很短的一段时间内,船舶甲板和船壳上的沥青不会形成污染危险。只有最初几个小时的清污操作可以被看成具有防止和减少污染损害的作用。基金只接受这部分费用索赔的 5%,但由于这样,索赔额就被减少到船舶所有人责任限额以内,基金无须作出赔偿。

又如,1988 年 12 月 10 日,日本沿海油船"Kasuga Maru 1"号在 Kyoga Misaki 遭遇风暴沉没,在 279 m 深海处漏油,为防止浮到海面的石油到达海岸和减少油船残骸之上的海面浮油的数量,需要进行持续的防污操作。日本海上保安厅还考虑各种方法阻止残骸进一步漏油以消除依然存在的油污威胁。但考虑到油船沉没在深海,这些方法都不可行。日本海上保安厅曾试图要求使用机器人控制录像机在水下检查残骸,但基金拒绝赔偿相关费用,理由是这种检查并不能防止进一步漏油,而且检查的另一个理由是为确定残骸的准确位置和状况,以帮助渔民在这一区域捕鱼时避免损害拖网。基金认为水下检查所要避免的损害不是污染损害,而是对渔网的物理损害,水下检查费用不包括在公约"污染损害""防止措施"的定义范围之内,所以水下检查最终没有进行。

(2)摊款石油:摊款和如何摊款的定义拟在后面介绍。这里先说明什么叫摊款石油(Contributing Oil),它是指原油和燃料油。它包括为便于运输而加以处理的,如已提取过某些馏分的原油[叫拔头油(Topped Crudes)],或加入某些馏分的原油[又叫穗油(Spiked Crudes)或改质油(Reconstituted Crudes)]。燃料油是从原油中炼制出来的,用作发生热能的燃料的重馏分、剩余物及这些物质的混合物,其成分与美国材料试验协会规定的"第四号燃料油(符号 369—69)"相同或较重。鲸油被排除在摊款石油之外,原因在于负有摊款义务石油公司并不接收鲸油。

(3)油污基金:根据《1971 年基金公约》的规定,油污基金由《1971 年基金公约》缔约国接收原油和燃料油的人摊款所设立,用作赔偿油污损害的国际基金,称为国际油污赔偿基金(The International Oil Pollution Compensation Fund, IOPC FUND),或简称油污基金。公约条文中又称本基金,它是为下列目的设立的:①为在《1969 年责任公约》中不宜提供保护的范围,提供油污损害赔偿;②解除按《1969 年责任公约》加于船舶所有人的额外经济负担,这种解除需具备为保证符合海上安全公约而规定的条件；③执行本公约中的列举的有关目的。

油污基金本身除了存有250万美元的周转金之外，并无常设基金。每年它根据下一年的实际赔偿需要，向摊款人征收或不征收年度摊款。

2. 适用范围

(1) 关于按第4条向油污受害人的赔偿，专指在缔约国领土、领海上造成的油污损害，和为防止或减少这种损害而采取预防措施。

(2) 关于按照第5条对船舶所有人及其保险(证)人补偿，专指关于责任公约缔约国的领土、领海上，由另一缔约国所登记的船舶或悬挂该国国旗的船舶造成的油污损害，和为防止或减少这种损害而采取的预防措施。

3. 对油污受害人的赔偿和补偿

(1) 三类赔偿责任：任何遭受油污损害的人，由于下列原因不能按《1969年责任公约》的条款得到损害的全部或足够赔偿时，油污基金会应付给赔偿。《1971年基金公约》的第4条将油污基金对油污受害人的赔偿责任分为如下3类(有人称为三类赔偿责任)：①油船所有人按照《1969年责任公约》对损害不承担责任的赔偿。这一类是针对《1969年责任公约》所规定的免责条款而言的。只要将《1969年责任公约》规定的船舶所有人的免责范围与《1971年基金公约》规定的油污基金赔偿及免责范围相比较，就可以看出，对于《1969年责任公约》所规定的船舶所有人可免责任的四种特殊情况造成的油污损害。油污基金除不赔偿因"战争行为"所引起的损害之外，其余的都要负责赔偿。因此，从某种意义上讲，油污基金对船舶所有人造成油污损害的赔偿负有"绝对责任"。到1985年12月31日止，油污基金只处理过一起此类事件。如1981年，原苏联油船"JOSE MART1"号在瑞典东海岸搁浅，溢出1 000 t货油事件，船舶所有人认为是瑞典当局负责灯塔人员的"疏忽"所造成的。根据《1969年责任公约》船舶所有人可免除赔偿责任。②造成油污损害的船舶所有人，在财力上不能履行其全部义务，其保险不能满足油污受害人的索赔。也就是说，财务上不能或不足以满足油污受害人的索赔要求，而在受害者采取所有的合理步骤以寻求其可以得到的法律补充办法后，仍不能得到按照《1969年责任公约》应得到的赔偿金额的全部赔偿时，由油污基金支付。显然，第2类赔偿责任包括船舶所有人的破产、未将其油污责任投保(如果其油船载油不超过2 000 t)、或保险失败等情况。船舶所有人的破产并不鲜见，特别是那些单船公司，如果船全损，甚至发生严重事故，公司就宣告破产，从而在财力上不能向油污受害人赔偿。纵使其船舶投保，油污受害人也只能从油污责任人处得到少量保险金，根本谈不上对油污损害的全部赔偿。油污基金关于此类赔偿责任，可保证油污受害人得到适当赔偿——不管他从船舶所有人或保证人处得到的是少许赔偿还是没有得到赔偿。到1985年12月31日止，油污基金尚未处理过此类油污事件。③油污损害超过《1969年责任公约》所限定的油船所有人的责任(此点公约原文为：当本公约已生效时，已生效的或已签字批准以及加入的其他国际公约都规定，损害超出所限定的船舶所有人的责任，此时也由油污基金赔偿)。目前，向油污基金提出索赔的事件大部分属于此类。只要某事件的油污责任超过油船所有人的责任限制(每吨2 000金法郎或133特别提款权)，油污基金给予补充赔偿。可见，油污基金不但可以赔偿大的油污事件，也可以赔偿小的油污事件，凡《1969年责任公约》赔偿不足或不赔的，油污基金赔。油污基金赔偿的金额大小不在于溢油量的多少，而在于造成油污损害的大小(油污损害与出事地点的生态环境有关)。由于《1969年责任公约》规定，载运2 000 t以上散装货油油船必须投保。人们往往会产生一种错觉，认为油污基金只赔偿载油超过2 000 t的较大的油船造成的油污损害，实际上，油船的大小与油污基金的赔偿责任无关。只要某事件的油污损害责任超过油船所有人的责任限制，油污基金就要给予补充赔偿。如日本油船"KOHO MARU"号(199 总吨)载重油 500 t,于 1984 年 11 月 5 日在日本沿海搁浅,溢出货油约 20 t,结果油污基金赔偿近 1 亿日元。但是,油污基金处理此类事件并不多,到 1985 年 12 月 31 日为止,只有 26 起。其主要原因是由于大部分油污事件(不论量的大小)所造成的油污损害都在船舶所有人的限度之内。

(2)免责范围:在下列情况下,油污基金不承担上述公约所规定的赔偿义务,这就是油污基金的"免责范围"。①证实油污损害是因战争、敌对行为、内战或武装暴动而造成的,或由于从战舰中、或从在事变期间某一国家拥有或经营的用于政府的非商业性船舶中溢出或排放出的油类而造成的油污损害。②索赔人不能证明损害是由一方或多方的船舶事件所造成的,基金对溢油来源不明的污染损害不予赔偿。有的时候,虽然能明确油污损害是由海上船舶溢出或排放石油造成的,但无法确认造成污染的船舶,这种情况下,索赔者将面临举证的困难。因为石油也可能从空载的船舶中溢出,如空载油船排放洗舱水。如果索赔者不能证明事故所引发的损害是由公约所适用的船舶造成的,基金不承担赔偿责任。1992 年 12 月 7 日,葡萄牙海岸约 2 n mile 的沙滩海岸线被从海上漂来的原油污染,葡萄牙政府当局花费 2 个月时间实施清污操作,使大约 600 t 油污水得到恢复。葡萄牙政府向 1971 年基金提出约 64 360 英镑的索赔。通过对油污水的采样分析,发现其中的石油是产自墨西哥的玛雅原油(Maya Crude),可以肯定石油来自承运玛雅原油的船舶,但无法认定来自哪一艘船舶。代表基金组织的技术专家对样品进行分析认为,样品中所含原油很可能来自洗舱水,因为样品中有很大部分的蜡状物。索赔被提交给 1993 年 10 月召开的 1971 年基金第 16 届大会后,部分代表认为公约对此规定不完善,不能确定事故船舶的污染损害赔偿责任应被排除在基金责任之外,索赔者应注明污染损害由适用公约的船舶溢油造成。根据基金专家的分析意见,大会认为,由于不能证明本案中的石油从适用于公约的船舶中溢出,基金不承担赔偿责任。虽然《1992 年基金公约》扩大了适用的船舶范围,将空载的返程油船也包括在内,但如果索赔者不能确定造成事故的特定船舶,依然不能获得赔偿。③若油污基金证明,油污损害全部或部分是由受害人有意识的损害行为,或怠慢,或由于该人的过失造成的,油污基金则可全部或部分地免除付给该人赔偿的义务。但是,有关第 1 款对预防措施的赔偿不予免除。在任何情况下,对赔偿的免除应不超过船舶所有人的按《1969 年责任公约》第 3 条第 3 款规定的可免除范围。

(3)赔偿限额:按公约第 4 条第 4 款规定,油污基金对任何一起油污事件所付的赔偿总金额应有限制。这也就是说,油污基金补偿任何一起油污事件受害人的金额,加上按《1969 年责任公约》船舶所有人实际赔偿金额的总额是有限制的,应不超过 4.5 亿金法郎,折合 3 000 万特别提款权。但根据第 4 条第 6 款,在特殊情况下,油污基金大会可将赔偿最高总额提高到 9 亿金法郎,折合 6 000 万特别提款权。这就是说,按公约规定,油污基金应付的赔偿合计金额应不超过 4.5 亿金法郎。但是,鉴于已发生事件的经验,特别是事件造成的损失金额以及币值的变化,赔偿金额可以增加,这个金额不应低于 4.5 亿金法郎,但也不应超过 9 亿金法郎。改变后的金额适用于决定改变日以后发生的事件。根据公约第 32 条和第 33 条,任何赔偿总额的增加,均由出席并投票的油污基金成员国的 3/4 多数来决定。

油污基金在 1979 年 4 月召开的第 2 届大会上,将赔偿总额从公约中原定的 4.5 亿金法郎提高到 6.75 亿金法郎,折合 4 500 万个特别提款权,按 1985 年 11 月 5 日兑换率为 4 800 万美元。在 1986 年 10 月召开的第 9 届大会上,考虑到通货膨胀以及提高赔偿总额对各国摊款的影响,为维护油污基金可向油污受害人提供充分赔偿的信誉。本届大会接受英国关于分 2 次提高赔偿总额的建议,并作出如下决定:①1986 年 11 月 30 日以后发生的任何一起油污事件,最高赔偿限额可从现行的6.75亿金法郎提高到7.875亿金法郎，折合5 250万特别提款权。②1987年11月30日以后发生的任何一起油污事件，最高赔偿限额再一次从7.875亿金法郎的基础上提高到9亿金法郎，折合6 000万特别提款权。

4. 贷款及其他帮助

对已遭受或可能遭受污染的缔约国，油污基金同样可以给予必要的帮助，如提供采取措施所需的人员、材料和公用设施，或者提供采取这些措施所需的贷款。

公约规定，本基金在缔约国的要求下，必要时应尽力帮助该国迅速采取措施，提供防止或减轻油污损害所需的人员、物质和服务。而这种损害是按本公约规定，正向本基金申请赔偿的事件所引起的。本基金根据这一条件规定提供信贷便利，且必须按本公约规定，对正向本基金申请赔偿的特别事件所引起的油污损害采取预防措施。

5. 对船舶所有人的补偿

(1) 适用范围：就《1971年基金公约》缔约国登记的船舶或悬挂《1971年基金公约》缔约国之船旗的船舶，油污基金可补偿船舶所有人或保险(证)人，按《1969年责任公约》承担义务总额的一部分。这样可减轻由《1969年责任公约》所规定的船舶所有人或保险(证)人的财务负担。

(2) 补偿限额：按公约规定，对船舶所有人或保险(证)人补偿的部分是：损失总额超过相当于船舶吨位按每吨1 500金法郎计算的金额或1.25亿金法郎的责任，以小者为准。这个超出的部分由油污基金给予船舶所有人或保险(证)人补偿。这是该公约第5条的内容，即为履行第2条第1款第(2)项的规定职责，本基金应补偿船舶所有人或保险(证)人，按照《1969年责任公约》承担义务总额的一部分，以减轻由于《1969年责任公约》所规定的财务负担。此部分为①超过相当于船舶吨位按每吨1 500金法郎计算的金额或者1.25亿金法郎，以小者为准；②不超过上述吨位按每吨2 000金法郎计算的余额或者是2.1亿金法郎，以小者为准。

按上述规定，油污基金付给船舶所有人或保险(证)人的补偿限额为566.7万个特别提款权(约折合610万美元)，若按船舶吨位计算，每吨则是33个特别提款权(约折合35美元)，以小者为准。

本基金是在一定条件下规定应负担保险(证)人(指提供保险或其他财务保证的人)关于第3条第2款所述的船舶有关本条第1款规定承担的一部分义务。这就是本基金只有在船舶所有人有此要求和他具有充分的保险或其他财务保证，这种保险或其他财务保证使船舶所有人承担《1969年责任公约》义务时，才承担此项义务。该义务是按该船舶的每吨1 500金法郎计算所达到的金额，或者1.25亿金法郎，以小者为准。若本基金承担该项义务，各缔约国应认为船舶所有人已符合《1969年责任公约》第7条关于上述船舶所有人责任部分的规定。

(3) 补偿权的丧失：按公约第5条第3款规定，油污基金证实油污损害是由于船舶所有人的"实际过失"或"暗中参与"而产生的，或由于肇事船舶全部或部分不符合该款所列的4个公约要求所造成的，则油污基金可全部或部分地免除对船舶所有人或保证人按第5条第1款所承担的义务，即船舶所有人或保证人将全部或部分失去享受补偿的权利，且不论船舶所登记的或悬挂其旗帜的缔约国是否为有关公约的缔约国，该款规定对其都适用。《1971年基金公约》原定的4个公约——《1962年修正的1954年国际防止石油污染海洋公约》《1960年国际海上人命安全公约》《1966年国际船舶载重线公约》和《1960年国际海上避碰规则》，以及上述公约以后的修正案，应从事件发生时至少已生效12个月为限。

该公约第5条第4款规定用新公约代替旧公约的程序：在某些条件下，如果油污基金大会认为有必要，可用已生效的公约或修正后的公约替代旧公约，并确定替代生效的日期。

由于上述4个公约有的已被生效的新公约所代替，油污基金大会曾在过去的会议中作出相应的决定。1986年10月24日以后，有关船舶必须符合以下4个公约的要求：①MARPOL 73/78，包括IMO海上环境保护委员会在1984年5月7日以决议MEPC·14(20)通过的修正案；②《经1978年议定书修订的1974年国际海上人命安全公约》(SOLAS 1974)，包括IMO海上安全委员会分别在1981年11月20日以决议MSC.1(XLV)通过的修正案和在1983年6月17日以决议MSC.6(148)通过的修正案；③《1966年国际船舶载重线公约》；④《1972年国际防止海上碰撞规则公约》。

6. 代位求偿权的行使

代位求偿权是民法的基本原则之一，即保险人赔偿被保险人所遭受的损失之后，他还能以代位方式取得被保险人对造成损失的第三方进行追偿的权利。根据这一原则，《1971年基金公约》第9条中明确规定油污基金应以代位方式，取得受偿人按照《1969年责任公约》对船舶所有人或保险(证)人或其他人员所享有的权利。

油污基金向油船所有人提出的追偿诉讼限于《1969年责任公约》有关规定的条款范围内，即船舶所有人有权限制其赔偿责任，除非油污事故是由船舶所有人的"实际过失(Actual Faulty)"或者"暗中参与(Privity)"所造成的，若船舶所有人无"实际过失"或"暗中参与"，油污基金根本不必对船舶所有人进行追偿诉讼。因为在付给油污受害人的赔偿总额中，已包括船舶所有人所应付的金额。若确因船舶所有人的"实际过失"或"暗中参与"造成的，船舶所有人则无权利用《1969年责任公约》所规定的责任限度。换句话说，他的责任在此情况下是"无限"的。只有在这种情况下，油污基金才可在付给油污受害人以足够的损害赔偿之后，向法院提出对负有"无限"责任的船舶所有人的追偿诉讼，以追回其付给油污受害人的全部赔偿金额。但是，要取得油污损害是由船舶所有人的"实际过失"或"暗中参与"造成的证据并不容易；而且油污基金提出追偿诉讼的前提是，油污事件系由"船舶所有人"——而不是其他人的"实际过失"或"暗中参与"所造成的。如果油污事件是船长成船舶所有人的代理人的"疏忽"造成的，油污基金则无权进行追偿诉讼。因为，按《1969年责任公约》的第3条第4款"不得要求船舶所有人的雇用人员或代理人员对本公约规定的或其他污染损害作出赔偿"。船舶所有人的"实际过失"或"暗中参与"表现为如将"不适航"的船投入营运等。油污基金在其成立后至1985年12月31日，已赔偿或将要赔偿的26起油污事件中，向船舶所有人及其他责任方提出追偿诉讼的事件只有1起——"TANTO"事件。

7. 诉讼期限

《1971年基金公约》第6条第1款规定，如果不在事故发生之日起3年内根据该条款起诉，或按第7条第6款规定发出通知，按第4条取得赔偿，或者按第5条取得补偿的权利即自行消失，但决不能在发生损害之日起6年后起诉。

上述的含义是，诉讼期时效一般为3年，超出3年，其诉讼权利则自行消失。但在特殊情况下，其赔偿或补偿之权的有效期可延至6年。在什么情况下可延至6年呢？

此款的规定来源于《1969年责任公约》的第11条："如果不能在损害发生之日起3年内提出诉讼，按本公约要求赔偿的权利即告消失。无论如何不得在引起损害的事件发生之日起6年之后提出诉讼，如该事件包括一系列事故，6年的期限应自第一个事故发生之日起算。"

此款规定含义是，为更稳妥地保护油污受害人的利益，除在正常情况下，从事件发生之日起，诉讼时效为3年期限以外，还必须有在特殊情况下将诉讼期从事件发生之日起延为6年的规定。因为某些污染损害是在事件发生很久之后才造成的，如一条沉没的船舶可能在海底停留数年后，才因本身的原因或其他原因造成污染。

从表面上看,此条约规定只涉及一个诉讼时效问题,但却反映以环境保护为重和以航运利益为重之争。早在1969年就通过这样一条对环境保护比较有利的条款,不能不说是各国对环境保护逐步重视的原因。

8. 摊款

油污基金是用于赔偿和补偿的款项及管理费用的合称。国际油污基金的来源是由《1971年基金公约》的缔约国在加入公约时的初次摊款和年度摊款而筹集的。怎样进行摊款呢?

(1) 摊款石油量:每年在《1971年基金公约》缔约国领土内的港口或油站收到的从海上运来的原油和燃料油,即是摊款油。摊款是从海上运至这些港口或油站的石油总量达到或超过15万t的公司(或个人)直接交付的。但这种摊款石油只应计入在该缔约国卸载后第一个收到该项石油的缔约国的摊款石油量中。

"收到"一词指的是经过海上运输立即将油泵入储油罐或其他储存设施,包括浮动油舱(如不航行的"死船"),装卸地点与此无关。油类可能是从国外进口的,也可能是从同一国家的另一港口运来的或从近海产油平台通过船舶运来的。从另一港口经过转船运输而收到的油类,或者收到后用输油管线继续运输的油类亦算作摊款油。在港内运输不应看作是海上运输,从这一船驳到另一船亦不算。关于内河港(如我国南京港)收到的油类是否为摊款油的问题,只要该港口是缔约国的港口,而且收到的油类经过海上运输,就必须算作摊款油,与该油是在海港还是在河港收到的无关。

就上述摊款而言,当在缔约国领土上,由任何人在一日历年内所收到的摊款油量,和该年度在此同一缔约国中的任何关联人(指任何附属机构或共同控制实体,某人是否属于本定义中的关联人,应由有关国家的法律规定)所收到的摊款油量合计超过15万t时,即使此人收到的数量不超过15万t,也应按其所收到的实际数量交付摊款。

(2) 交付日期和金额。①初次摊款:每个缔约国在本公约对该国生效之后3个月内交付(即生效后的某一天,但不能拖至3个月后)初次摊款,这是《1971年基金公约》第11条第3款规定的。交付金额按该公约第10条规定,按该国成为《1971年基金公约》缔约国(对该缔约国生效)前一年收到摊款油总量如超过15万t,每吨摊款油按固定金额(按《1971年基金公约》规定,每吨为0.047 18金法郎,合0.003 145 3特别提款权,折合约0.003美元。)为基础进行计算。②年度摊款:油污基金每年12月份召开一次由所有缔约国出席的全体大会(非缔约国可派观察员出席)。议题之一是决定油污基金的年度摊款总额。这个总额根据油污基金下一年度大概须交付的赔偿总额和管理费用估算得出。每一摊款人按其收到的摊款油总量交纳一定金额。

油污基金大会作出征收年度摊款的决定后,由基金干事将计算出的分摊金领书通知每一个摊款人。除非大会另有决定,否则所有年度摊款必须在全体大会决定摊款后之年份(下一年)的2月1日前交付。

由于交付金额是按下一日历年油污补偿和赔偿总数,那一年的行政支出与由海上来港(站)总数超过15万t持久性油类的任何人,以及按每吨摊款总量分摊的数额交付的,所以,每年的数额是不同的。

9. 关于加入基金公约的问题

公约规定,本公约只能由已批准、接受、认可或加入责任公约的各国批准、接受、认可或加入。也就是说,若要参加基金公约,必须先加入《1969年责任公约》。

《1971年基金公约》已于1978年10月11日生效。

二、修正1971年设立国际油污损害赔偿基金公约的1976年议定书

该议定书于1976年11月15日在伦敦制定，主要是解决《1971年基金公约》中补偿数额的计算单位“金法郎”与国际货币的换算问题，即将“金法郎”改为“特别提款权”。该议定书的主要内容与修正《1969年责任公约》的1976年议定书大体相同。

三、修正1971年设立国际油污损害赔偿基金公约的1984年议定书

如果两个1984年公约即《1984年责任公约》和《1984年基金公约》生效，则将代替《1969年责任公约》和《1971年基金公约》。它们产生的背景和目的，前面已介绍过。这里着重分析这两个1984年公约与原有两个国际赔偿公约的主要区别。

1．提高了船舶所有人的责任限额

《1984年责任公约》对小船的责任限制作了专门的规定，并大幅度提高船舶所有人的赔偿限额。新的限额如下：

（1）不超过5 000吨位的小船，限额为300万特别提款权（约折合320万美元）。

（2）超过5 000吨位的船舶，每超过1吨位，增加420特别提款权（约折合451美元）。

（3）在任何情况下，总额不得超过5 970万特别提款权（约折合6 400万美元，相当于14万总吨船舶的限额）。

同原有限额相比，以10万总吨的船舶为例，其限额提高179%。

2．提高了油污基金的赔偿限额

《1984年基金公约》规定，油污基金的赔偿限额提高到1.35亿特别提款权（约合1.45亿美元），该总额包括船舶所有人按《1984年责任公约》所付出的赔偿金额。

如果有3个《1984年基金公约》的缔约国，在前一日历年度收到的摊款油总量等于或超过6亿t，则不论发生何种事故，也不论何时发生事故，上述赔偿限额自动提高到2亿特别提款权（约合2.15亿美元）。

2份议定书中的“船舶吨位”也与《1969年责任公约》和《1971年基金公约》中的不同，修改为“应为按照1969年国际船舶吨位丈量公约附则Ⅰ中的吨位丈量规则计算的总吨”。

3．不再对船舶所有人进行补偿

《1971年基金公约》第5条是关于对船舶所有人进行补偿的内容，《1984年基金公约》将其全部删去。删去此条，则取消了对船舶所有人的补偿。因此，船舶所有人按照《1984年责任公约》所承担的责任是“净”责任。

4．取消了缔约国的初次摊款

《1971年基金公约》的第11条是有关初次摊款的，《1984年基金公约》将其全都删去，即取消缔约国的初次摊款。因此，加入《1984年基金公约》的国家，只交纳年度摊款即可。

5．扩大了地域的适用范围

两个1984年公约都把其地域范围扩大到按照1982年《联合国海洋法公约》所规定的200 n mile的专属经济区。两个1984年公约还重申它们负责赔偿为预防或减轻油污损害而采取预防措施的费用。

6．负责赔偿空载油船造成的污染

两个1984年公约制定“船舶”的新定义：认为“船舶”是指“为运输散装货油而建造或改造的任何类型的海船或海上运输工具。但是，一艘能够运输油类或其他货物的船舶，仅在其实际运载

散装货油时,及其在进行这种运输之后的任何航次中才能被视为一艘船舶。但能证明船上已不再装有散装油类的残余物除外”。从最末这句话可以看出,“船舶”的定义已扩大到空载油船。也就是说,两个1984年公约指明负责赔偿空载油船所造成的油污损害。

7. 负责赔偿发生油污之前的采取预防措施的费用

根据两个原有公约,把“事件”定义为“造成污染损害的任何事故,或由于同一原因所引起的一系列事故”。两个1984年公约把其定义改为“造成污染损害或产生会导致这种损害的严重而紧迫的任何事故,或由于同一原因所引起的一系列事故”。尽管两个1984公约对“预防措施”的定义未加改动,即预防措施仍指“事件”发生之后的措施。但由于“事件”的定义增加上述部分,所以实际未发生的油污事件仍算“事件”。那么,在这种“事件”发生之后采取的预防措施,即属于两个1984年公约的赔偿范围。换言之,两个1984年公约负责赔偿实际发生油污之前所采取的预防措施费用。需要注意的是,此种索赔人须向油污基金证明发生油污的危险是“严重而紧迫的”。

8. 扩大了“油污损害”的定义

1984年的全权大会对“污染损害”的概念作了非常深入的讨论。大会的第一委员会设立工作组研讨这个问题。工作组是在1979年到1984年期间基金组织清偿索赔的政策、实践和经济基础上来研讨的。工作组和第一委员会认为,基金组织的政策是合理的。因此,基金组织对“污染损害”定义的解说被全体大会代表采纳。特别是全权代表大会批准了基金组织关于非经济环境损害的立场:全权代表大会在现行的定义中加了一项关于环境损害的补偿(除了这种损害造成的利润的损失以外),应限制为实际已采取或将需要采取的合理复原措施的费用。这就是说,两个1984年公约关于“油污损害”的定义,保留了《1969年责任公约》的基本内容,但增加了这些文字——“对环境损害的赔偿,除这种损害所造成的盈利损失外,应限于已实际采取或行将采取的合理复原措施的费用”。这样,对环境的损害亦在两个1984年公约的赔偿范围之内。

9. 负责1984年油污基金的管理

根据《1984年基金公约》,将设立1984年油污基金。但是,1971年基金的秘书处同样是《1984年油污基金》的秘书处。《1984年油污基金公约》将不再设立执行委员会,取而代之的是专门工作组。原执行委员会的职权由专门工作组行使。

10. 具有不同的生效条件

《1984年责任公约》自包括6个拥有不少于100万总吨油船单位的国家在内的10个国家交存批准、接受、认可或加入文件之日起12个月后生效。

《1984年基金公约》的生效条件是,至少已有8个国家交存批准、接受、认可或加入文件,而且这些国家前一日历年度已收到的摊款油总量至少已达到600亿t。但是,《1984年基金公约》不得在《1984年责任公约》生效之前生效。

截至1985年11月底止,签署两个1984年公约的国家已有英国、美国、瑞典、波兰、葡萄牙、原西德、摩洛哥和法国。我国也已经签署《1984年责任公约》,但未签署《1984年基金公约》。

四、修正1971年设立国际油污损害赔偿基金公约的1992年议定书

由于上述两个1984年公约的生效条件较高,不可能在可以预见的未来生效,为此1992年11月27日IMO又通过这两个公约的1992年议定书。这两个议定书保留了《1984年责任公约》中的实质性规定,但却大大降低了生效条件。

《1969年责任公约的1992年议定书》,简称《1992年责任公约》(CLC Protocol 1992或CLC 1992)将生效条件改为:包括4个拥有不少于100万总吨油船单位的国家在内的10个国家交存

批准、接受、认可或加入文件之日起12个月后生效。赔偿限额不变。该议定书于1996年5月30生效。我国于1999年1月5日加入该议定书,即自2000年1月5日起对我国生效,包括适用于我国香港特别行政区。从该议定书对我国生效之日起,中国退出了《1969年责任公约》。

《1971年基金公约的1992年议定书》,简称《1992年基金公约》(FUND Protocol 1992或FUND 1992)的生效条件为:至少已有8个国家,这些国家前一日历年度已收到的摊款总量至少已达到4.5亿t,交存批准、接受、认可或加入文件的90天之后。另外,《1992年基金公约》采用向"油污基金"摊款的"封顶"办法,将"封顶"份额确定为向"油污基金"交纳年度总摊款的27.5%。该议定书于1996年5月30生效。

到1998年10月,有96个国家加入《1969年责任公约》,72个国家加入《1971年基金公约》。自1992年公约生效后,许多国家开始陆续退出上述两个1984年公约,转入《1992年责任公约》和《1992年基金公约》。两个公约不断提高赔偿限额,从资金上保证清污费用和污染损害能够获得比较充分的赔偿。

随着大多数缔约国转入《1992年基金公约》,《1971年基金公约》已于2002年5月24日失效。

截至2013年1月9日,已经有132个国家加入《1992年责任公约》,船舶总吨位占世界商船总吨位的96.86%;同时,已经有113个国家加入《1992年基金公约》,船舶总吨位占世界商船总吨位的90.67%。

五、《1992年基金公约》的2000年修正案

1997年发生在日本沿海的Nakhodka油船油污事件和1999年发生在法国沿海的Erika油船油污事件都造成了巨大的污染损害,1992年的两个公约体系所提供的赔偿额不足以弥补损害。IMO于2000年10月召开法律委员会第82届会议,以第LEG.1(82)号和LEG.2(82)决议分别通过对《1992年责任公约》的2000年修正案和对《1992年基金公约》的2000年修正案,提高船舶所有人的油污损害责任限额和基金的赔偿限额。修正案规定的限额比1992年议定书规定的限额提高50.37%。

《1992年责任公约》的2000年修正案对责任人的责任限额加以提高:不超过5 000吨位的船舶为451万特别提款权;超过此吨位的船舶,每增加1吨位,增加631特别提款权,但是,总额在任何情况下不超过8 977个特别提款权(约合1.15亿美元)。

《1992年基金公约》的2000年修正案将单个事故的赔偿限额由原来的1.35亿特别提款权提高到2.03亿特别提款权。如果油污基金的三个参加国每年接收超过6亿t的摊款油类,最高赔偿限额将由2.03亿特别提款权提高到3.007 4亿特别提款权。

《1992年责任公约》和《1992年基金公约》的2000年修正案已于2003年11月1日生效。我国是这两项公约的缔约国,但油污基金公约只适用于我国香港特别行政区。因此,《1992年责任公约》的2000年修正案对我国大陆和我国香港特别行政区均具有约束力,而《1992年基金公约》的修正案只对我国香港特别行政区具有约束力。

六、《1992年基金公约》的2003年议定书

2003年5月IMO外交大会通过《1992年基金公约》的2003年议定书(FUND Protocol 2003),建立补充赔偿基金,提供除责任公约和基金公约之外的可供选择的第三重赔偿。该议定书生效后,对每一油污事故造成的损害,补充赔偿基金提供的赔偿额加上经2000年修正案提高后的《1992年责

任公约》和《1992 年基金公约》所提供的赔偿额，达到 7.5 亿特别提款权（约合 11.15 亿美元），略高于美国《1990 年油污法》所提供的最大赔偿额。该修正案已于 2005 年 3 月 3 日生效。

截至 2013 年 1 月 9 日，已经有 30 个国家加入《1992 年基金公约》的 2003 年议定书，船舶总吨位占世界商船总吨位的 18.91%。

七、加入基金公约要研究的问题

（一）国际油污赔偿的现行做法如何？

1. 第一种：参加两个国际公约

目前世界上加入责任公约和基金公约的国家已有 100 多个，发达国家除美国以外，基本上都参加上述两公约。国际油污赔偿基金的设立，是油污损害赔偿机制的一个重大突破，它不仅提供更多的赔偿基金，更重要的已经考虑海上船舶运输散装油类而产生的油污损害事件不应全部由海运业承担，部分应由货油企业负担。

2. 第二种：本国立法建立机制

典型的是美国的油污损害赔偿机制。美国是按照自己的油污损害赔偿机制运作的，不仅对船舶所有人的油污损害赔偿严格责任制大大高于《1969 年责任公约》或《1992 年责任公约》，而且还规定船舶所有人不能免责的许多“除外条款”。

3. 第三种：参加国际公约与国内立法建立机制共存

典型的是加拿大的油污损害赔偿机制，加拿大既参加两个国际公约，同时又建立国内油污损害赔偿基金，两套机制同时运作，相辅相成。

（二）是否加入基金公约要研究的问题？

由于油污事件时有发生，因此，油污损害的索赔和获得赔偿是各国面临的另一个重大问题。一个国家怎样解决海洋污染损害的赔偿问题，在很大程度上取决于该国面临的实际问题及其对海洋环境保护重视的程度。加入《基金公约》涉及摊款问题。因此，有关国家必须研究以下 4 个问题，在权衡加入的得失之后，再决定是否加入基金公约。

（1）首先应计算该国遭受油污损害的危险率。危险率即发生油污事件的概率乘以造成油污损害的程度。

（2）有多少油污事件的损害程度在船舶所有人的责任限制之内？有多少油污事件可向国际油污基金索赔？以及在船舶所有人负责的情况下，向国际油污基金索赔的可能性有多大？

（3）每年的摊款油是多少？比较计算得到的摊款金额与向油污基金索赔的金额，并要考虑发生较大油污事件的可能性。

（4）如何筹集油污基金摊款？摊款由谁交纳？怎样交纳？

（三）是否加入基金公约？

我国已是责任公约的缔约国。我国油船如在国外造成污染，则对我国船公司所承担的民事责任有所限制。但是，近年来随着我国进口石油的增多和近海石油的开采，来我国运输石油的外轮越来越多，发生油污事件的可能性增大。我国的油污受害人虽可根据责任公约取得一定的赔偿，但不能抵偿其所遭受的油污损害。因此，加入基金公约已成为保护我国海洋环境的需要，也是我国油污受害人得到适当补偿的需要。我国应考虑在适当时机加入基金公约。

七、“TANIO”号油船油污染

1980 年 3 月，“TANIO”号油船溢出货油 13 500 t，虽然溢出油量不大，但造成的海洋污染损害严重,而且案情极其复杂。研究这一案件的处理过程,可更详细地了解油污基金的赔偿制度和掌握《1971 年基金公约》的内容。

（一）事件经过

1980 年 3 月 7 日,悬挂马达加斯加船旗的“TANIO”号油船载有 26 000 t 货油,在离法国布列塔尼地区海岸 32 n mile 处搁浅,使船体断裂成 3 段。艉部(载有 7 500 t 货油)仍浮在海面上,艏部(载有 5 000 t 货油)下沉至 90 m 深的海底,货油从中漏出,中部各舱的货油全部溢出,总油量为 13 500 t。尽管法国政府立即进行清污,但长达 200 km 以上的法国海岸依然受到不同程度的污染。

（二）处理过程

近百名索赔人向油污基金提出索赔,其总额达 52 700 万法国法郎。此外,英国保赔协会也提出 760 万法国法郎的索赔。

油污基金认真审查索赔人提出的 2 万余件索赔文件和油污事件的调查报告,经与法国商定,赔偿总额为 3.5 亿法国法郎,但是,根据《1971 年基金公约》第 4 条第 4 款第(1)项和油污基金 1979 年第 2 届大会的决议,对任何一次油污事件的最高赔偿限额为 67 500 万金法郎,该数额在当时约折合 24 500 万法国法郎。按这样计算,油污基金实际赔偿的总额为 3.5 亿万法国法郎的 70%,即为 24 474 600 法国法郎,并包括船舶所有人责任的 11 833 718 法国法郎(加上利息)。

由于该船悬挂的是非《1971 年基金公约》缔约国的船旗,油船所有人无权享受《1971 年基金公约》对船舶所有人进行的补偿。

（三）几个值得研究的问题

1. 关于事件起因的问题

经调查委员会调查证实,1979 年意大利修船厂对该船的修理质量低劣以及船长多次不适当的积载是导致油船断裂的主要原因。

2. 关于因防污而被迫疏浚港口的问题

法国的勒阿弗尔港为把该油船艉部拖入该港而被迫疏浚港口,疏浚总费用为 26 万余法国法郎。港口方面向油污基金提出此项费用 1/2 的索赔。油污基金认为,此举是为防止油船更大的污染损害,且措施和费用合理,于是接受该项索赔。

3. 关于税收减少而索赔的问题

法国非尼斯泰尔省的克莱德区向油污基金提出为 40 万法国法郎的索赔。其索赔项目之一是因油污损害,使该年夏季以来该区旅游的人数减少,造成商业损失,税收因此减少 26 631 法国法郎。油污基金拒绝此项索赔,理由是税收减少不能被认为是油污事件造成的直接损失,此项计算过于抽象,超出《1971 年基金公约》规定的赔偿范围。

4. 关于索赔时效问题

联合王国保赔协会于 1983 年 5 月 5 日才将索赔诉讼正式通知油污基金,超过公约规定的 3 年期限(应在 1983 年 3 月 7 日以前起诉或通知)。但该协会曾于 1982 年 2 月 22 日给油污基金的信中提出过索赔问题,而且油污基金在同年 3 月 9 日的回信中证实收到了此信。此后,联合王国保赔协会在 1983 年 2 月 21 日又在给油污基金的信中,将其向法国布雷斯特法院对船舶所有人责任限制基金提出诉讼,通知了油污基金。尽管此信所提出的索赔有两点不符合公约要求,但根据法国国际私法,油污基金还是接受了联合王国保赔协会的索赔。

5. 关于代位求偿的问题

从事件的起因看,说明该事件是属于船舶所有人的“实际过失”所致,因此船舶所有人不但失去“责任限额权”，而且按《1971 年基金公约》规定，油污基金获得“代位求偿”权。于是，在 1983 年初，油污基金、法国政府和其他索赔人向法国布雷斯特法院提出对船舶所有人、意大利修船厂、法国船级社和其他有关机构的求偿诉讼。

油污基金的追偿诉讼案最后于 1987 年 12 月 15 日于庭外解决，它是吸取“阿莫科·卡迪斯”号油污案的经验和教训而这样做的。根据协议，所有被告人付给原告 48 068 910.29 美元。按国际油污基金和法国政府预先达成的协议，国际油污基金得到 17 480 048.5 美元，法国政府得到 30 588 881.79美元。据庭外协议，原告于 1988 年 1 月 14 日撤回诉讼。

第五节 1972 年防止倾倒废弃物及其他物质污染海洋公约及 1996 年议定书

一、1972 年防止倾倒废弃物及其他物质污染海洋公约

（一）产生的背景

人类利用海洋处理陆地难以处置的废弃物已有 100 多年的历史。第二次世界大战后，海洋被日益频繁地倾倒陆地上的各种数量巨大的废弃物。战后，美、前苏联等国把过时的毒气弹及其他武器沉入大西洋、地中海等海域。20 世纪 70 年代前后，一些工业发达国家在海底或海洋深处埋葬或倾倒特别危险的毒物或有害物质。这些物质大多是化工生产中的废弃物，如氯化物、水银、强放射性物质、砒霜、铅、铜等。还应该指出的是，从 20 世纪 40 年代到 70 年代，世界上一些工业发达国家，如美、英等西方国家向太平洋、大西洋等深水洋底倾倒放射性废弃物，直到《伦敦倾废公约》制定为止。根据该公约，禁止将强放射性物质倒入海洋，而允许在批准的前提下，倾倒弱放射性物质。除向海洋倾倒上述物质外，后来还每年向海洋倾倒数量巨大的包括疏浚沉积物、建筑材料、下水道或污水处理厂淤泥、化工厂和其他一些工厂产生的废弃物和废渣、人类的粪便等。

向海洋倾倒废弃物无疑会给海洋环境造成严重的危害。它不但破坏生物资源，造成生态平衡失调，给沿海居民的健康带来不良影响，而且还影响捕鱼业和旅游业。直到 20 世纪 70 年代初，由于倾倒废弃物造成的严重污染，引起各国政府的重视。各沿海国相继制定法规，以加强对倾倒活动的管理，使得倾倒废弃物造成的污染损害有所减轻。然而，仅靠国家一级的管理活动是不够的。它需要各国协调一致，共同采取措施。20 世纪 70 年代初发生的“英国轮船公司事件”和“斯特拉·马里斯号事件”，才使各国政府认识到在管理倾废活动方面进行国际合作的必要性，进而成为制定有关国际公约的直接因素。

从此，一系列涉及海上倾倒废弃物的公约逐步形成。这些公约按照其适用的范围可分为两大类：一类是全球性的，如《伦敦倾废公约》《联合国海洋法公约》等；另一类是区域性的，如《奥斯陆公约》以及波罗的海、地中海、海湾区域海洋环境保护公约等。在这些公约中，尤以《伦敦倾废公约》和《奥斯陆公约》最为重要。这两个公约的基本原则和要求是一致的，其主要区别是适用范围不同。《奥斯陆公约》是 1972 年 2 月 15 日北海沿岸国、斯堪的纳维亚地区的原联邦德国、比利时、丹麦等 12 个西北欧国家的政府代表在挪威首都奥斯陆集会，签订了第一个管理海上活动的区域性公约，即《防止船舶和飞机倾倒造成污染公约》，简称《奥斯陆公约》。

1972 年 4 月至 6 月，先后召开过两次政府间海上倾废会议，并在斯德哥尔摩召开联合国人类

环境会议。在“人类环境宣言”的基础上，由美国政府提议，同年10月30日—11月30日在伦敦召开政府间海洋倾废会议，即第3次政府间海上倾废会议。这是一次有近百个国家都派员参加的盛会。1972年12月29日，会上议定的《1972年防止倾倒废弃物及其他物质污染海洋公约》(Convention on the Prevention of Marine Pollution by Dumping of Wastes and Other Matter,1972)简称《伦敦倾废公约》(LC 1972)被审议通过，并于1975年8月30日正式生效。我国于1985年11月15日加入，成为其缔约国，1985年12月15日《伦敦倾废公约》对我国生效。截至2013年1月9日，已经有87个国家加入该公约，船舶总吨位占世界商船总吨位的67.17%。

《伦敦倾废公约》的产生是联合国在全球范围的防止海洋污染的一项重要的国际立法活动。该公约的产生反映了人类在发展生产过程中对生态环境的重视，它在国际海洋环境保护发展史上具有重要的意义。自此以后，国际上相继产生许多防污染公约。区域性海洋防污公约、协定及议定书多达24个。

《伦敦倾废公约》对海上倾废活动的管理作了全面规定，它对海上倾废法律的形成和发展起了重大作用。公约的基本原则和规定，为后来制定的有关国际条约所接受，成为各国制定倾废法规的依据。针对废弃物在海上焚烧问题，该公约在1978年和1980年进行过两次修改，在完善海上倾倒法律制定方面迈开了重要的一步。

（二）主要内容

为防止无止境地倾倒有害物质，因而制定《伦敦倾废公约》限制使用飞机、船舶或其他海上建筑物故意倾倒非正常营运而产生的有害物质。如果未经主管部门批准，不得向海洋倾倒任何废弃物，并通过2个附件将废弃物分成3类，以便分类进行管理。它与《奥斯陆倾废公约》的基本原则和主要规定是一致的。而波罗的海和地中海区域性公约更加严格：波罗的海公约禁止倾倒除疏浚物以外的任何废弃物；地中海公约将有机硅化合物和弱放射性废弃物都列入“黑名单”之中，禁止倾倒入海。

1. 定义

公约对倾倒、废弃物及其他物质、一般许可证等进行定义。

2. 倾倒条件

公约第4条规定倾倒条件，即批准的“许可证”制度：①倾倒附件1所列的废弃物及其他物质应予禁止；②倾倒附件2所列的废弃物或其他物质，需事先获得特别许可证；③倾倒其他废弃物或其他物质，需事先获得一般许可证。

公约第5条规定，在恶劣气候条件下，当对人的生命或船舶安全有威胁时，可不受第4条规定的约束，但需遵循规定的措施及报告程序。

3. 缔约国的保证措施

公约第11条要求各缔约国保证采取措施，防止油料及其废弃物、危险品运输、船舶营运的各种放射性物质、化学和生物武器制剂以及海底勘探开发和海上加工产生的废弃物污染海洋环境。

4. 3个附件

(1) 附件1又称“黑名单”。列出禁止向海洋倾倒的物质名称。这些物质为一类废弃物，严禁倾倒入海。因为，这些物质具有持久性毒性，能够被生物蓄积起来或漂浮在海上。如有机卤化物、汞及汞化合物、镉及镉化合物、能长期存在的塑料物质、石油及有关的碳氢化合物、强放射废弃物或物质以及各种生物和化学武器等。如在特别紧急的情况下，缔约国可以作为例外情况，签发紧急许可证，按许可证规定的要求进行倾倒。如果被禁物质仅以痕量浓度存在(如水下污泥中所含的有害物质)，则可不列入“黑名单”中。

（2）附件2又称为“灰名单”。列出需要获得特别许可证才能倾倒的物质名称，这些物质为二类废弃物。“灰名单”中的物质或是有持久性毒性，或是可能被生物蓄积。其中包括含量显著的砷、铅、铜、锌、铍、铬、镍、钒及其化合物，弱放射性物质或废弃物、农药，有机硅化合物，影响捕捞底层鱼类作业的某些包装物、碎片物和焦油，也包括那些虽然毒性不强，但大量倾倒也会对海洋环境产生危害作用的物质。这些物质须经主管部门严格地检验，获得特别许可证后才可以倾倒入海。凡向海洋倾倒的废弃物，必须测定其中砷、铅、铜、锌、铍、铬、镍、钒的含量，即使其含量很低时也不例外。

没有列入“黑名单”和“灰名单”的物质称为“白名单”物质，也就是三类废弃物。这些物质经主管部门批准获普通许可证才可倾倒入海。

（3）附件3是主管机关在颁发“海上倾废许可证”时，需要考虑的各种因素的依据。包括物质的特性和成分、倾倒地点和堆积方法、一般考虑及条件等内容。

5. 修正案

（1）1978年修正案：《伦敦倾废公约》1978年关于解决“争议”和“焚烧”两个修正案。“争议”修正案关系到不受默认程序支配的、需确实被2/3缔约国接受1年后才生效的公约条文，但该修正案至今未生效。“焚烧”修正案关系到公约的附则Ⅰ，涉及海上废弃物和其他物质的焚烧，已于1979年3月11日生效。

（2）1980年修正案：1980年9月24日，第5次协商会议通过1980年（物质名单）的修正案。这些修正案关系到那些与焚烧有关的和在焚烧时要求特别注意的物质名单，已于1981年3月11日生效。

（3）1989年修正案：1989年，第12次协商会议通过1989年修正案。该修正案增加缔约国政府签发倾废许可证时应确定该废弃物是否对海洋生物及人类健康有影响。该修正案已于1990年5月19日生效。

二、1996年议定书

1. 产生背景

《伦敦倾废公约》要求加强对海上倾废活动的管理，结束放任自流、无法可依的状态。这是该公约的一个贡献。在该公约生效之后，虽然所倾倒的废弃物数量并没有减少，但对海洋环境的影响有所减轻。然而，该公约有关例外情况的规定在一定程度上降低了公约的效力和作用。该公约并不能从根本上解决废弃物倾倒造成的海洋污染问题，一些国家也曾对该公约提出尖锐的批评，要求发达国家用最保险的方法，而不是用最廉价的方法处理有毒物质。

IMO从1994年起开始起草公约议定书。1996年11月7日，IMO在伦敦通过《伦敦倾废公约》的1996年议定书（LC Protocol 1996）。

2. 主要内容

1996年议定书包括29条正文和3个附件。

该议定书定义包括倾倒、海上焚烧、船舶和航空器、废弃物或其他物质、许可证和污染。

该议定书的目标：缔约当事国应单独和集体地保护和保全海洋环境，使其不受一切污染源的危害，应按其科学、技术和经济能力采取有效措施防止、减少并在切实可行时消除倾倒或海上焚烧废弃物或其他物质造成的海洋污染。在适当时，它们应对该方面的政策作出协调。

该议定书的3个附件：附件1可考虑倾倒的废弃物或其他物质；附件2对可考虑倾倒的废弃物或其他物质的评定；附件3仲裁程序。

3. 议定书与公约的比较

1996 年议定书是对原公约的补充和修订。与《伦敦倾废公约》比较，1996 年议定书在对向海洋倾倒废弃物及其他物质的规定方式方面发生重大变化，包括采纳“反列名单”方法、采取“预防措施”保护海洋环境、管辖范围选择性扩大到内水、规范海上倾倒和焚烧行为、近海石油平台弃置和推倒等。

在对倾倒物质类别的规定上，1996 年议定书较《伦敦倾废公约》更为严格。《伦敦倾废公约》只规定哪些物质不可以倾倒，是为“禁止名单”。而 1996 年议定书则以附件 1 的方式列出 7 类可以考虑倾倒的废弃物或其他物质：①疏浚挖出物；②污水污泥；③鱼类废弃物或工业性鱼类加工作业产生的物质；④船舶、平台或其他海上人造结构物；⑤惰性、无机地质材料；⑥自然起源的有机物；⑦最初构成铁、钢、混凝土和类似无害物质的庞大物品。其他物质概不允许向海洋倾倒，是为“反列名单”。这一变化反映在保护海洋环境、防止倾倒活动方面达成更全面的协议及更广泛的目标。

与《伦敦倾废公约》相比，1996 年议定书要求缔约国采取“预防措施”保护海洋环境不受倾倒和海上焚烧的危害，即在有理由认为某行为可能对海洋环境造成损害的情况下，预先采取可行措施，阻止这一行为，以防止、减少对环境的污染，同时规定“污染者付费”原则，要求各缔约国在对向海洋进行倾倒的管理中对倾倒者进行收费。

在倾倒区域上，1996 年议定书仍对管辖范围是否包括内水不作出明确规定，但缔约国可自由选择适用议定书的规定或采取其他有效措施控制对内水倾倒活动的管理，缔约国应向议定书组织提供有关在内水中倾倒的物质种类和性质的摘要报告。同时，议定书增加对在海床及底土进行倾废活动的管辖。

1996 年议定书还对海上倾倒废弃物和海上焚烧的处置行为进行规范，其主要内容包括可倾倒处置的废弃物及倾倒设施、倾倒方式和倾倒区域等，并对其进行具体限定。

1996 年议定书适应新的形势针对《伦敦倾废公约》作出的改变使得在保护海洋环境防止倾倒活动方面达成的协议更现代和更全面，是国际保护海洋环境法制进程中的一个重要里程碑。

4. 议定书生效情况

当墨西哥作为第 26 个批准国于 2006 年 2 月 22 日递交其批准书后，1996 年议定书已经达到生效条件，于 2006 年 3 月 24 日生效。如果该议定书的缔约当事国同时也是原《伦敦倾废公约》的缔约当事国，那么在这些缔约当事国之间，1996 年议定书将取代《伦敦倾废公约》。这意味着在一段时间内，这两个法规将平行生效。但是随着越来越多的国家批准 1996 年议定书，重点将逐渐向议定书转移。

截至 2013 年 1 月 9 日，已经有 44 个国家加入该公约，船舶总吨位占世界商船总吨位的 35.92%。我国于 2006 年 6 月 29 日加入该公约，并于同年 7 月 29 日生效。

第六节　经 1978 年议定书修订的 1973 年国际防止船舶造成污染公约及 1997 年议定书

《1973 年国际防止船舶造成污染公约》（简称《1973 防污公约》）由 IMO 在 1973 年 10 月 8 日—11 月 2 日召开的国际海洋污染会议上通过。议定书 I（关于涉及有害物质事故报告的规定)和议定书Ⅱ(仲裁)在同一会议上通过。随后本公约经过IMO在1978年2月6日—17日召开的“国际油船安全和防止海洋污染会议”(TSPP大会)上通过的1978年议定书的修订。经1978年议定书修订的本公约,称为《经1978年议定书修订的1973年国际防止船舶造成污染公约》(MARPOL 73/78)。涉及船舶造成污染各种成因的规则包括在本公约的5个附则内。本公约还经1997年议定书作了修订,即增加了第6个附则。请注意,IMO海上环境保护委员会在其第56届会议上决定,当整体引述本公约及其6个附则时,易使用《防污公约》(MARPOL)而非MARPOL 73/78的表述。因为后者可能将1997年议定书通过的附则Ⅵ——防止船舶造成空气污染规则排除在外。

一、1973年国际防止船舶造成污染公约

(一) 产生的背景

从《1954年油污公约》的制定到20世纪70年代初的20年,前述的国际协议和要求,在限制海洋环境污染方面起了重要作用。但是,这些协议和要求在试行中也暴露出许多弱点,一些国家希望增加一系列完整而严格的补充条例,要求重新修订并通过内容广泛的新公约。

(1) 首先,在国际公约要求的范围内,除石油外,还存在许多对海洋环境有毒有害的物质,它们大多是在船舶运输中从船上排出来的。但是,现有国际公约未述及如何免除从船上排出的这些有毒有害物质污染的内容。这些物质包括散装有毒液体物质、包装有害物质、船舶生活污水和船舶垃圾等。

(2) 由于对遵守公约情况检查不够严格,出现最尖锐的难于进行国际调解的问题。事实证明,在审理各自要求时,常常因缺少航海者与其岸上船舶所有人的密切合作,要对问题作出客观判断有时是相当困难的。如要证明肇事者破坏公约和有关的国内法规时,也会产生困难。船舶往海里非法排放石油的恶果是明显的,更是现有公约所不允许的。但是要侦查肇事者并加以惩处则很不容易。

(3) 自那以后,30万~50万t油船相继出现,油船吨位较前大幅度增加,化学品船的出现及运量的增加,使船舶事故或船舶正常营运中产生的各种污水对海洋环境的污染就日趋严重。

(4) 20世纪70年代初,海上运油量不断增加,石油产量的60%(约16亿t)在海上运输。因此,无论是油污染的频率还是入海的油量都在急剧增加。

当时已有条件制定新公约克服以前公约的弱点,解决面临的严重油污染和其他船舶造成的有毒有害物质的污染。

由于人们重视对世界海洋环境研究,特别是1972年在斯德哥尔摩人类环境会议上发表了《人类环境宣言》,表明人类的环境意识、生态意识在不断提高,人们更重视海洋环境污染问题。

随着现代科学技术的发展,人们可以通过提高船舶结构的要求,并可要求船舶装备专门的设备及记录污染排放的检测仪表。也就是说,人们完全可以通过提高对船舶结构的要求将污染减至最低限度,以加强防污设备和检测仪器控制污染物的排放。

出于对环境问题的关切,人们感到《1954年油污公约》已不敷应用。为彻底消除有意排放油类和其他有毒有害物质污染,并将这些物质的意外排放降低到最低限度,就要求重新制定出不仅限于防油污,而且还应包括防止各种有毒有害物质污染的更为严格管理的法规。这就促使IMCO在1969年的第4届大会上决定在1973年召开一次防止海洋污染的国际会议,以制定一个全新的防污公约。

该会议讨论世界海洋环境的现状,以及石油和其他有毒有害物质造成污染的后果,并对防止

船舶污染海洋的解决方法和各种建设性的经济观点进行评价。为此,建立专门工作组,委托他们进行9项专门研究,同时论证1973年新公约方案。

IMCO于1973年10月8日—11月2日在伦敦召开会议,有71个国家代表,7个国家和20个国际组织的观察员出席了会议。会上英国等7个国家提交研究报告,讨论并通过《1973年国际防止船舶造成海洋污染公约》(International Convention for the Prevention of Pollution from Ships, 1973),简称《1973防污公约》或MARPOL 1973。其目的是从1973年起10年间,要努力制止故意的石油和其他有害物质污染海洋,并减少失事排油。

(二)公约内容

1. 内容概要

该公约不仅对防止和控制由油类产生的海上污染作了规定,还制定防止和控制除倾倒陆源废弃物以外的所有污染海洋的有害物质的规定。

MARPOL 1973由20条条款、2份议定书和5个附则组成。公约条款陈述主要的法律条例,包括遵章、证书和船舶检验的特殊规定以及公约实施细则。议定书Ⅰ为涉及有害物质事故的报告,详细规定排放有害物质造成污染事故的通信联络;议定书Ⅱ(仲裁)是关于争端的仲裁,规定调解解释条款方面的纠纷或实施公约的手续。在5个附则里着重阐述技术要求。在现代条件下,实现这些要求对防止今后由船舶和固定(或浮动)平台造成污染是必要的。

按公约规定,在MARPOL 1973上签字批准的国家必须承认接受附则Ⅰ(防止油类污染规则)和附则Ⅱ(控制散装有毒液体物质污染规则);附则Ⅲ~Ⅴ是非必须采用的(任选的)。

像《1954年油污公约》一样,该公约是以公海上船旗国的特殊法律原则为基础的。但是必须指出,它与《1954年油污公约》的本质区别在于:关于沿海国实施消除船舶造成海洋污染的国家法令,关于空间的重新划分问题,如果按《1954年油污公约》,沿海国仅禁止外国船舶在领水范围内排放石油;那么,按照MARPOL 1973,沿海国可以把消除污染的本国法令作用扩大到法律管辖区域,即比12 n mile领水更广阔的区域。

不论在何处,凡对MARPOL 1973条例的任何破坏行为者都应按船旗国的法令来惩处。

船舶应具有证明该船符合MARPOL 1973条例的特别证件,把它作为现存文件的补充。拒绝船舶进出港口的依据为:没有此证件。证书的有效期一般为5年,并有不超过5个月的展期。

为检查船舶备有的证件,或在某种情况下,为确定船舶是否真正符合公约条例,或者为核实该船已非法排放有毒有害物质,任何缔约国均可对船舶进行检查。

2. 公约附则

(1)附则Ⅰ——防止油类污染规则。

(2)附则Ⅱ——控制散装有毒液体物质污染规则。

(3)附则Ⅲ——防止包装、集装箱、可移动罐柜、公路和铁路槽罐车装有有害物质污染规则。

(4)附则Ⅳ——防止船舶生活污水污染规则。

(5)附则Ⅴ——防止船舶垃圾污染规则。

1973年防止船舶造成污染的国际会议,不仅局限于接受公约的条文,当会议结束时,还通过关于解决防污染问题的建议和提案的决议案。由于种种原因,这些内容不可能反映在公约条文中。共计26项决议是致力于MARPOL 1973的迅速签署和生效,建立接收设施,充实惩处条例,扩大保护周围环境(特别是海洋环境)的洁净问题的最佳解决的科学研究工作,并且致力于完善公约和确定污染源的方法,研究相应的仪器,鼓励技术合作,协调防止海洋污染的行动等。

由于各种原因，MARPOL 1973 是不会生效的，实际上它已被 MARPOL 73/78 所代替。由于它是国际防止船舶造成污染公约的重要组成部分，又是 MARPOL 73/78 的基础，所以有必要对其作些介绍。由于目前真正生效实施的是 MARPOL 73/78 及其附则Ⅰ～Ⅵ（附则Ⅵ为 1997 年议定书），所以，下面要作详细介绍。

二、经 1978 年议定书修订的 1973 年国际防止船舶造成污染公约

（一）产生的背景

（1）由于 MARPOL 1973 的有些条款不够科学合理，在准备执行该公约时遇到一些难以解决的问题。这些问题也就是 MARPOL 1973 制定后拖延 10 年，直到 MARPOL 73/78 于 1983 年 10 月 2 日才生效实施的原因。这些问题主要是：①防污设备问题。公约所要求的高效能的油水分离器和排油监控装置（包括油分浓度计）各国正在研制中，直到目前，一般发展中国家还不能生产。②接收设施问题。接收设施需要大量投资，并且在技术上有一定难度，许多国家一时难以接受和满足要求。③化学品船的问题。公约对散装液体化学品船的结构和设备要求比较高，而现有此类船舶大多数尚未达到要求。

由于上述原因，公约通过后的几年内，只有少数国家参加这一公约，直到 1978 年的"油轮安全和防止海洋污染国际会议"召开前还看不到以后几年内即能生效的迹象。

（2）在 1978 年前后的几年里，全世界发生多起重大油船事故。当时既存在着油船航运安全问题，又存在着因油船事故造成对海洋环境的污染损害问题。

基于上述原因，1978 年 2 月在美国的倡议下，IMCO 于 1978 年 2 月 6—17 日在伦敦召开了"油轮安全和防止海洋污染的国际会议"。

会议的任务是制订与国际水平相协调的补充措施，这些措施旨在提高油船安全使用并防止海洋污染，以及补充尚未生效的海上人命保护的 1974 年国际公约和 1973 年国际防止船舶造成污染海洋公约的条例。即"油轮安全和防止海洋污染国际会议"要对 SOLAS 1974 和 MARPOL 1973进行审议和修改。

会议拟定为大多数与会者可以接受的对新油船和现有油船设置 SBT 的要求，规定必择其一的解决方法（干净压载、用原油洗舱、使用惰性气体），以按照 MARPOL 1973 标准保证防止石油污染。除此之外，会议制定 2 万 t 以上油船的航海设备的备件清单；规定完善的应急操舵标准和检验标准。

会议通过 2 个法律性文件，关于防止船舶造成污染的 1973 年国际公约的议定书和关于海上人命保护的 1974 年国际公约的议定书。由于当时 MARPOL 1973 和 SOLAS 1974 均未生效，故会议所通过的修正案采用议定书的形式。这 2 份议定书有 15 个以上国家参加，它们的商船总吨位占世界商船总吨位的 50% 以上，议定书通过以后，经过 12 个月才生效。

会议决定，SOLAS 1974 的议定书作为一个独立的补充文件（与 SOLAS 1974 分开），并须在"安全公约"生效后的适当时候才能生效。

对 MARPOL 1973 的议定书则采取不同的形式。由于当时的 MARPOL 1973 除附则Ⅱ以外，影响各国参加该公约的问题已基本解决。审议中涉及的修正案与该公约的附则Ⅰ有关，如关于专用压载舱、"专用压载舱的保护位置"、"原油性能"等，因而会议决定，待 MARPOL 73/78 生效后，各缔约国可以推迟 3 年执行附则Ⅱ的规定，认为届时可望解决所存在的技术问题。会议决定应将议定书和公约视为一个整体文件，即参加议定书的同时也意味着参加公约。

（二）两份议定书的内容

1．第一份议定书

IMCO 制定并通过的第一份议定书是 MARPOL 73/78。

制定议定书时主要是审议和修改附则Ⅰ。补充的内容如下。

（1）议定书要求 2 万 t 及以上的新油船应设置 SBT。

（2）要求 SBT 的布置和位置对油船有达到规定的保护作用，即 SBT/PL。

（3）议定书采用由石油工业界（如英国的 BP 公司）研究、并被实践证明为有效的 COW。议定书规定如采用 COW，可作为现有油船设置 SBT 的一种替代措施，但对新建油船来说，则是一项必不可少的附加要求，并应设置 IGS。

（4）议定书规定，在 MARPOL 73/78 生效之后的 2～4 年之内，允许现有油船采用第 2 种替代措施，即清洁压载舱（CBT），但议定书规定的这种宽限期到期之后，不得继续使用这种方法（现有成品油船除外）。

（5）议定书规定，2 万 t 及以上的新的石油成（制）品油船，应设置 IGS，而 3 万 t 及以上的应同时设置 SBT/PL。4 万 t 及以上现有的成（制）品油船，从议定书生效之日起应设置 SBT 或 CBT。

（6）议定书要求，4 万 t 及以上的现有原油油船，从议定书生效起，应设置 SBT 或 CBT 或 COW。用 COW，并且洗舱机排量在 60 m^3/h 以上时，该油船应设置 IGS。

（7）议定书对于仅作所谓“特殊运输”的现有油船，即指从事特定贸易，在固定的港口之间航行，且这些港口设有足够的接收设备，或某些油船不用水压载，而用其他方式进行压载布置（即具有特殊压载布置）等，像这类现有油船无需符合“公约”中诸如 SBT，SBT/PL，COW，CBT 等要求。即予以免除，无需再改装。这是为便利海上运输而例外规定的。

附则Ⅰ经过以上修改和补充更加系统和完善。

1973 年公约的第一份议定书是一份整体文件。按照公约 1978 年议定书第 1 条第 2 款的规定：“防污公约和本议定书的各项规定，应作为一个整体文件来理解和解释。”这里的“一个整体文件”包括《1973 年国际防止船舶造成污染公约》的共 20 条法律条款，议定书Ⅰ“关于涉及有害物质事故报告的规定”，议定书Ⅱ“仲裁”的两个议定书，以及附则Ⅰ～Ⅴ，3 个修正案，《关于 1973 年国际防止船舶造成污染公约的 1978 年议定书》的共 9 条法律条款，以及对附则Ⅰ——防止油污规则的修订与补充。参加议定书同时意味着参加公约，并按公约第 14 条规定，参加公约的必须参加附则Ⅰ——防止油类污染规则和附则Ⅱ——控制散装有毒液体物质污染规则；可以任选参加其他 3 个附则，即附则Ⅲ——防止包装有害物质污染规则、附则Ⅳ——防止船舶生活污水污染规则和附则Ⅴ——防止船舶垃圾污染规则。

该文件规定与会国家执行经作某些修改和补充的公约条例的职责，参与议定书与通过公约无关。因此，最初形式的 1973 年公约从来就没有生效，因为，议定书已从实质上改变了公约条例的某些部分。

2．第二份议定书

关于 1974 年公约本身的第二份议定书是份补充文件，参加编制该文件的仅仅是该国际公约的缔约国，而且在公约本身生效之前，它是无效的。按议定书规定，它应作为一个独立文件来看待。

这份议定书旨在对公约补充一些新的条例，而这些条例的采用就能使 2 万 t 及以上的现有油船和新油船以更高的技术水平保证航运安全，减少失事的可能性，随之也就减少石油对海洋的污染。

根据IMCO的MEPC和海上安全委员会的建议以及理事会的决定，为敦促各国政府尽快采取行动，采取所有可能步骤，使所有有关国家注意油船安全和防止海洋污染国际会议的成果，并促使它尽早和尽可能广泛地使SOLAS 1974和MARPOL 73/78生效实施，IMCO又在1978年10月、1979年3月和1979年下半年，先后在伦敦、东京以及其他地区召开“油船安全和防污染技术讨论会”。这些讨论会不仅包括油船安全和防止海洋污染国际会议的成果，而且还包括“海员培训、发证和值班标准会议”（即1978年海员培训、发证和值班标准公约，简称STCW 1978）的结果，以及与IMCO所保存的国际公约有关的其他问题。

依据1978年油船安全和防止海洋污染国际会议的最终议定书附件2第5条规定的MARPOL 73/78生效日期的两个条件，到1982年10月1日，加入1973年国际防污公约的1978年议定书的国家已达15个，参加国商船总吨位达到世界商船总吨位的53.7%，达到生效条件。按1978年议定书第1条第1款规定，从1983年10月2日起生效，与此同时生效的还有附则Ⅰ。按1978年议定书第2条规定，附则Ⅱ的生效日期，自1978年议定书生效后3年生效，或由MEPC的召开会议，由1978年议定书参加国2/3多数所确定的更长的时期生效。事实上，附则Ⅱ于1987年4月6日才生效，从1973年公约制定时算起，附则Ⅰ经过10年后，附则Ⅱ经过14年后才生效。其原因主要是由于公约制定得太理想化，要求过高，有些脱离实际，表现为既有经济原因，又有技术因素。那时，一些防污设备和检测仪器即使在第一世界国家也刚在试制，而大多数国家特别是第三世界国家当时无法解决。所以，对公约，特别是对附则需要进行修改，与此同时，还要等待经济和技术上创造的新条件。

（三）主要内容

《防污公约》（MARPOL）的主要内容如下。

1. 适用船舶

本公约适用于有权悬挂缔约国国旗的船舶和无权悬挂缔约国国旗，但在缔约国管辖下营运的船舶。“船舶”系指在海洋环境中运行的任何类型的船舶，包括水翼船、气垫船、潜水船、水上船艇和固定或浮动平台。但不包括任何军舰、海军辅助船或缔约国所拥有或营运的、并暂时只用于政府非商业性服务的其他船舶。

2. 港口的检查

公约规定，缔约国可以对进入受其管辖的港口或近海装卸站的船舶进行检查，只限于核实船上是否按公约规定备有有效的证书。上述检查应尽力避免使船舶受到不当的阻留或迟延。否则船舶有权就其所受的损失或损害提出赔偿要求。

3. 违章事件的侦查和处罚

公约规定，适用本公约的船舶，在缔约国的任何港口或近海装卸站，可受到该缔约国官员的检查，以核实该船是否违反规定而排放任何有害物质。公约还规定，在任一缔约国管辖区域以内的任何违反本公约要求的事件，均应根据该缔约国的法律予以禁止，并有相应的制裁措施。公约强调对于违章事件的处罚，其严厉程度足以阻止对本公约的违犯。而且不论此类事件发生在何处，其处罚应同样严厉。

4. 涉及有害事故报告的规定

每当遇到下列情况时，涉及事故的船长或负责该船的其他人，应毫不犹豫地对事故作出详细报告。

（1）非公约许可的排放。

（2）由于下列原因而为公约许可的排放：①为保障船舶安全或救护海上人命进行的排放；

②由于船舶或其他设备受损而造成的排放。

(3) 为与某一特定的污染事故作斗争或为减轻和控制污染进行合法的科学研究而排放某种有害物质。

(4) 可能会发生的以上几种排放。

若该船被放弃,或者所作报告不完整,或得不到该船的报告,则该船的船舶所有人、租船人、经纪人或经营人或代理人,应尽可能担负起船长的报告责任。

三、附则 I ——防止油类污染规则

《防污公约》(MARPOL)的附则 I 已经过多次修改,现共有 9 章 43 条,3 个附录和附则 I 的统一解释。

第 1 章　总则。包括定义、适用范围、免除、例外、等效。

第 2 章　检验和发证。包括检验、证书的签发或签署、他国政府签发或签署证书、证书格式、证书的有效期限、关于操作要求的港口国控制。

第 3 章　对所有船舶机器处所的要求。包括残油(油泥)舱、燃油舱保护、标准排放接头、滤油设备、排油的控制、油类与压载水的分隔和艏尖舱内载油、"油类记录簿"第 I 部分——机器处所的作业。

第 4 章　对油船货物区域的要求。包括专用压载舱对 1996 年 7 月 6 日或之后交船的油船的双壳体和双层底的要求、对 1996 年 7 月 6 日之前交船的油船的双壳体和双层底的要求、防止载运重级别货油的油船造成污染、泵舱底的保护、意外泄油状况、损坏的假定、假定的泄油量、货油舱的尺度限制和布置、完整稳性、分舱和破损稳性、污油水舱、泵吸、管路和排放布置、排油监控系统、油/水界面探测器、对原油性能的要求、排油的控制、原油洗舱操作、"油类记录簿"第 II 部分——货油/压载的作业。

第 5 章　防止油污事故造成的污染。包括船上油污应急计划。

第 6 章　接收设备。

第 7 章　对固定或浮动平台的特殊要求。

第 8 章　防止海上油船间过驳货油造成污染。

第 9 章　在南极区域使用或载运油类的特殊要求。

附则 I 的 3 个附录分别为附录 I 油类清单、附录 II IOPP 证书和附件格式、附录 III "油类记录簿"格式。

附则 I ——防止油类污染规则的主要内容如下。

(一) 定义

1. "油类"

"油类"系指包括原油、燃油、油泥、油渣和石油炼制品(不属于附则 II 规定所约束的石油化工品)在内的任何形式的石油,以及不限于上述一般原则,包括本附则附录 I 中所列的物质。由此可见,此"油类"不仅包括持久性油类,也包括各种非持久性的轻质石油产品。附则 I 附录 I 中所列的物质,计 8 小类 44 种,见表 5-1 所示。

"油性混合物"系指含有各种油分的混合物。

"燃油"系指船舶所载有并用作其推进和辅助机器的燃料的任何油类。

表5-1 油类名单

Asphalt solutions 沥青溶液 Blending stocks 调合油料 Roofers flux 屋顶用柏油 Straight run residue 直馏渣油 **Oils** 油类 Clarified 澄清油	**Gasoline blending stocks** 汽油调合料类 Alkylates-fuel 烷基化燃料 Refomates 重整油 Polymer-fuel 聚合燃料 **Gasolines** 汽油类 Gasinbead(natural) 天然汽油
Crude oil 原油 Mixtures containing crude oil 含原油的混合物 Diesel oil 柴油 Fuel oil No. 4 4号燃料油 Fuel oil No. 5 5号燃料油 Fuel oil No. 6 6号燃料油 Residual fuel oil 残油燃料油 Road oil 铺路沥青 Transformer oil 变压器油 Aromatic oil (excluding vegetable oil) 芳烃油类(不包括植物油) Lubricating oils and blending stocks 润滑油和调合油料 Mineral oil 矿物油 Motor oil 马达油 Penetrating oil 渗透润滑油 Spindle oil 锭子油 Turbine oil 透平油 **Distillates** 馏分油 Straight run 直馏油 Flashed feed stocks 闪蒸原料油 **Gas oil** 瓦斯油 Gracked 裂化瓦斯油	Automotive 车用汽油 Aviation 航空汽油 Straight run 直馏汽油 Fuel oil No. 1(Kerosens) 1号燃料油(煤油) Fuel oil No. 1-D 1-D号燃料油 Fuel oil No. 2 2号燃料油 Fuel oil No. 2-D 2-D号燃料油 **Jet fuels** 喷气燃料类 JP-1(kerosene) JP-1(煤油)喷气燃料 JP-3 JP-3 喷气燃料 JP-4 JP-4 喷气燃料 JP-5(Kerosene, heavy JP-5(煤油,重质)喷气燃料 Turbo fuel 燃气轮机燃料 Kerosens 煤油 Mineral spirit 矿物溶剂油 **Naphtha** 石脑油 Solvent 溶剂 Petroleum 石油 Heartcut distillane oil 窄馏分油

2. “油船”

“油船”系指建造为或改造为主要在其装货处所装运散装油类的船舶,并包括全部或部分装运散装货油的兼用船、本公约附则Ⅱ中所定义的任何“NLS液货船”和经修正的SOLAS 1974公约第Ⅱ-1/3.20条中所定义的任何气体运输船。

“原油油船”系指从事原油运输业务的油船。

“成品油油船”系指从事除原油以外的油类运输业务的油船。

“兼用船”系指设计为装运散装货油或者装运散装固体货物的船舶。

3. 重大改建

重大改建系指对船舶所作的下述改建:①实质上改变该船的尺度或载重容量;或②改变该船的类型;或③改建的目的实质上是为了要延长船舶的使用年限;或④这种改建将在其他方面使该船变为一艘新船,以致应遵守本公约中不适用现有船舶的有关规定。

4．特殊区域

特殊区域系指这样的一个海域，在该海域中，由于其海洋学和生态学的情况及其交通的特殊性质等公认的技术原因，需要采取特殊的强制办法防止油类物质污染海洋。

就本附则而言，特殊区域包括：地中海区域（Mediterranean Sea Area）、波罗的海区域（Baltic Sea Area）、黑海区域（Black Sea Area）、红海区域（Red Sea Area）、海湾区域（Gulfs Area）、亚丁湾区域（Gulf of Aden Area）、南极区域（Antarctic Area）（南纬60°以南）、西北欧水域（North West European Waters）、阿拉伯海的阿曼区域（Oman Area of the Arabian Sea）和南非南部水域（Southern South African Waters）。

（二）适用范围

除另有规定者外，本附则适用于所有船舶。但主要指150总吨及以上的油船和400总吨及以上的非油船。IMO将150总吨以下油船和400总吨以下的非油船的管理机动权交给各缔约国，但基本要求相同。

（三）例外与等效

1．例外

不适用于油类排放条件和标准的情况如下。

（1）为保障船舶安全或救助海上人命所必需者。

（2）由船舶或其设备遭损坏的结果。如果在发生损坏或发现排放后，为防止排放或使排放减至最低限度，采取一切合理的预防措施。如果船舶所有人或船长是故意造成损坏或轻率行事而又知道可能会招致损坏的，则不在此例。

（3）经主管机关批准的油类物质排放入海，用于与特殊的污染事件作斗争，以便使污染损害减至最低限度。但是，这种排放均应得到所在地区的管辖政府的批准。

可见，对例外情况的理解要注意两点：一是要采取一切合理的预防措施，将意外排放减至最低限度；二是对已造成的污染损害要负责赔偿。

2．等效

（1）主管机关可允许在船上安装任何装置、材料、设备或器械以代替本附则所要求的，条件是这种装置、材料、设备或器械与本附则所要求的至少是同样有效。主管机关这种权力不得扩大到以操作方法来达到控制排油并作为等效来代替本附则各条所规定的那些设计和构造的特点。

（2）允许以某种装置、材料、设备或器械代替本附则所要求的主管机关应将其细节通知IMO，以便转告各缔约国，供其参考和采取适当的行动（如有）。

（四）检验及发证

1．检验

凡150总吨及以上的油船和400总吨及以上的非油船，都必须进行下列检验。

（1）初次检验：在船舶投入营运之前，或首次签发IOPP证书之前进行，包括本规则所涉及的船舶全面检验，诸如船舶结构、设备、系统、附件、布置及材料。该检验应确保其结构、设备、系统、附件、布置及材料完全符合本规则的适用要求。

（2）换证检验：按主管机关规定的间隔进行，但不得超过5年。换证检验应确保其结构、设备、系统、布置及材料完全符合本规则适用的要求。

（3）中间检验：在证书的第2个周年日前或后3个月之内，或第3个周年日前或后3个月之内进行，并应取代下述的年度检验。中间检验应确保设备及其附属的泵和管系，包括排油检控系统、COW 系统、油水分离设备和滤油系统完全符合本附则适用的要求，并应处于良好的工作状况。

（4）年度检验：在证书的每个周年日前或后 3 个月之内进行，包括对其结构、设备、系统、附件、布置及材料的全面检查，以确保其是按本规则进行保养的，同时确保其继续满足船舶营运目的。

（5）附加检验：这种检验应确保已有效地进行必要的修理或换新，确保这种修理或换新的材料和工艺在各方面均属合格，同时确保该船在各方面都符合本规则的要求。

2. 证书的签发

船舶经检验合格后，由主管机关或经其授权的任何个人或组织签发 IOPP（International Oil Pollution Prevention Certificate）证书。在任何情况下，主管机关对 IOPP 证书负有全部责任。

3. 证书有效期

自签发之日起，证书的有效期不得超过 5 年。未经主管机关同意，对要求船舶结构、设备、装置、布置和材料等作重大改变（直接替换除外），或者未经换证检验，或者船舶改换另一国国旗时，证书即行失效。

（五）关于操作要求的港口国监控

（1）当船舶停靠在另一缔约国港口或近海装卸站时，如有明显理由认为该船船长或船员不熟悉船上主要的防止油污染程序，该船应接受该缔约国正式授权官员根据本附则进行的有关操作要求的检查。

（2）在上述情况下，该缔约国应采取措施，确保该船在按本附则的要求调整至正常状态前，不得开航。

（六）排放条件和标准

油船货油舱处所的排油控制见表 5－2。所有船舶的机器处所油类或油性混合物的排放规定见表 5－3。

表 5－2　油船货油舱处所的排油控制

<table>
<tr><th colspan="2">船舶位置</th><th>排放要求</th></tr>
<tr><td colspan="2">在特殊区域内</td><td rowspan="2">除清洁或专用压载外禁止排放</td></tr>
<tr><td rowspan="2">在特殊区域外</td><td>距陆地 50 n mile 以内</td></tr>
<tr><td>距陆地 50 n mile 以外</td><td>除下列情况禁止排放：
（1）清洁或专用压载。
（2）全部符合条件：①航行途中；②油量瞬间排放率不超过 30 L/n mile；③排放总量（1979 年 12 月 31 日或之前交船的油船，排放总量为装油总量的 1/15 000；1979 年 12 月 31 日之后交船的油船，排放总量为装油总量的 1/30 000）；④根据《防污公约》（MARPOL）附则 Ⅰ 第 29 和 31 条规定所设的排油监控系统和污油水舱正在运转</td></tr>
</table>

表 5-3 所有船舶的机器处所油类或油性混合物的排放规定

船舶位置	在特殊区域外	在特殊区域内	对南极区域以外任何区域内小于 400 总吨船舶的要求
排放要求	除下列情况禁止 400 总吨及以上船舶排放： (1) 船舶正在途中航行。 (2) 油性混合物经附则Ⅰ第 14 条要求的滤油设备予以处理。 (3) 未经稀释的排出物含油量不超过 15 ppm。 (4) 油性混合物不是来自于油船的货油泵舱的舱底。 (5) 如是油船，油性混合物未混有货油残余物	就南极区域而言，禁止任何船舶将任何油类或油性混合物排放入海。除下列情况禁止 400 总吨及以上船舶排放： (1) 船舶正在途中航行。 (2) 油性混合物经附则Ⅰ第 14 条要求的滤油设备予以处理。 (3) 未经稀释的排出物含油量不超过 15 ppm。 (4) 油性混合物不是来自于油船的货油泵舱的舱底。 (5) 如是油船，油性混合物未混有货油残余物	在小于 400 总吨的船舶上，应按照下列规定将油类和油性混合物留存在船上以便随后排放至接收设备或排放入海： (1) 船舶正在航行途中。 (2) 船舶所设的由主管机关进行设计认可的设备正在运转以保证未经稀释的排出物含油量不超过 15 ppm。 (3) 油性混合物不是来自于油船的货泵舱的舱底。 (4) 如是油船，油性混合物未混有货油残余物

（七）船舶主要防油污结构、布置与设备的规定

对于不同种类、不同等级的船舶，附则Ⅰ均对其结构、设备及其布置分别作出详细规定。

1. SBT 及其保护位置

(1) 在 1982 年 6 月 1 日之后交船的载重量为 20 000 t 及以上的油船：凡在 1982 年 6 月 1 日之后交船的载重量为 20 000 t 及以上的原油油船及载重量为 30 000 t 及以上的成品油油船，均应设置 SBT，并相应地符合 SBT 容量等方面的各项要求。

(2) 在 1982 年 6 月 1 日或之前交船的载重量为 40 000 t 及以上的原油油船，均应设置 SBT，并应符合 SBT 容量等方面的要求。

上述所述的原油油船，除预定用于装运不适于的原油者外，可按本附则第 33 条（对 COW 的要求）和第 35 条（COW 操作）的规定采用货舱清洗程序，以代替设置 SBT。

(3) 在 1982 年 6 月 1 日或之前交船的载重量为 40 000 t 及以上的成品油油船，均应设置 SBT，并应符合 SBT 容量等方面的要求，或者按有关的规定采用 CBT 的办法。

(4) 在 1979 年 12 月 31 日之后交船的载重量为 70 000 t 及以上的油船应设置 SBT，并相应地符合 SBT 容量等方面的要求。

(5) SBT 的保护位置：在 1982 年 6 月 1 日之后交船的载重量为 20 000 t 及以上的原油油船和载重量为 30 000 t 及以上的成品油油船，除符合第 19 条（双壳体和双层底的要求）要求的油船外，所需提供的符合要求容量的位于货舱长度范围内的 SBT，应按本条有关要求进行布置以提供一种在万一发生搁浅或碰撞时防止油类外流的保护措施。

2. 双壳体和双层底的要求

(1) 对 1996 年 7 月 6 日或之后交船的油船的双壳体和双层底的要求：在 1996 年 7 月 6 日或之后交船的载重量为 600 t 及以上的油船，整个货油舱长度应由双层边舱或处所、双层底舱或处所加以保护，具体要求参见附则Ⅰ第 19 条。

(2) 对 1996 年 7 月 6 日之前交船的油船的双壳体和双层底的要求：本条适用于在 1996 年 7 月 6 日之前交船的载重量为 5 000 t 及以上的油船。就本条而言，油船被划分为 3 类：1 类油船、2 类油船和 3 类油船。经修正后，1 类油船的淘汰日期由原来的 2007 年提前到 2005 年，2 类和 3 类

油船由原来的 2015 年提前到 2010 年。

淘汰单壳油船的新的时间见表 5-4。

表 5-4 淘汰单壳油船的时间表

油船类型	交船日期	淘汰年份
1 类油船	在 1982 年 4 月 5 日或以前	2005 年 4 月 5 日
2 类油船 或 3 类油船	1977 年 4 月 5 日或以前 1977 年 4 月 5 日—1978 年 1 月 1 日 1978 年和 1979 年 1980 年和 1981 年 1982 年 1983 年 1984 年或以后	2005 年 4 月 5 日 2005 年 2006 年 2007 年 2008 年 2009 年 2010 年

对某些 2 类和 3 类油船,如果仅设不装油双层底或双边舱,并且这些双层底或双边舱延伸至整个货油舱区域,或者设有不装油的双壳船体,并且双壳延伸至整个货油舱区域,但双壳的宽度没有满足保护要求的最小距离,并且这些船在 2001 年 7 月 1 日时是在从事营运的,经主管机关对其官方记录的验证确认其符合规定的条件,并且这些条件未发生改变情况下,主管机关可以同意这些油船在 2010 年以后继续从事营运,前提是应经过合格的状况评估计划(Condition Assessment Scheme, CAS)评估,但无论如何不能超过船龄达到 25 年的周年日。

具体要求可参见附则 I 第 20 条。

3. 防止载运重级别货油的油船造成污染

适用于载重量为 600 t 及以上载运重级别货油的油船,不论其交船日期。该条生效后从 2005 年 4 月 5 日开始,禁止载重量为 5 000 t 及以上的单壳油船装载重级别油(Heavy Grade Oil, HGO),对载重量为 600 t 及以上但小于 5 000 t 的单壳油船,从 2008 年的交船周年日开始执行这个禁令。

重级别油的定义如下:①在 15 ℃时密度高于 900 kg/m^3 的原油;②在 15 ℃时密度高于 900 kg/m^3 或在 50 ℃时运动黏度高于 180 mm^2/s 的燃油;③沥青、焦油及其乳化物。

对某些装载重级别油货物的 2 类和 3 类油船,如果仅设不装油的双壳底或双边舱,并且这些双壳底或双边舱延伸至整个货油舱区域,或者设有不装油的双壳船体,并且双壳延伸至整个货油舱区域,但双壳的宽度没有满足保护要求的最小距离,主管机关可以同意这些油船在 2005 年 4 月 5 日以后继续从事营运,但不能超过船龄达到 25 年的周年日。

该条还允许载重量为 5 000 t 及以上的油船,继续装载 15 ℃时密度大于 900 kg/m^3 但小于 945 kg/m^3 的原油继续从事营运,条件是主管机关认为满意的 CAS 评估结果能保证船舶适宜继续从事这样的营运,同时还要考虑到船舶尺度、船龄、航行区域和船舶的结构状况,而且营运日期不能超过船龄达到 25 年的周年日。

主管机关还可以允许载重量大于 600 t 但小于 5 000 t 的单壳油船装载重级别油货物继续从事营运,条件是主管机关考虑到船舶尺度、船龄、航行区域和船舶的结构状况,认为该船适宜继续从事这样的营运,但营运日期不能超过船龄达到 25 年的周年日。

对专门从事本国国内港口间营运的装载重级别油类的船舶,船旗国可以免除本条要求;对在另一缔约国港口专门从事该国国内港口间营运的装载重级别油类的船舶,经该国主管机关同意,船旗国亦可以免除本条要求，但现行公约缔约方有权拒绝经这一免除而继续营运的油船进入其管辖的港口或近海装卸码头。

4．泵舱底的保护

（1）在2007年1月1日或之后建造的载重量为5 000 t及以上的油船，泵舱应设有双层底，且在任一横截面，各双层底液舱或处所的深度应使泵舱底和船舶基线之间垂直于船舶基线量取的距离 h 不小于规定的值：$h=B/15$ m 或 $h=2$ m，取其小者。h 的最小值为1 m。

（2）如果泵舱的底板高出基线至少达以上所要求的最小高度（如平底船尾式设计），则在泵舱处不需要双层底构造。

（3）压载水泵应予合适布置，确保有效地从双层底液舱抽水。

（4）尽管有以上的规定，但如泵舱进水后不会使压载水或货油的泵吸系统无法运行，则不必设置双层底。

5．意外泄油状况

适用于2010年1月1日或之后交船的油船，当发生搁浅或碰撞时，要求船舶在结构上提供足够的保护。

6．油类与压载水的分隔和艏尖舱内载油

在1979年12月31日之后交船的4 000总吨及以上的非油船船舶，和在1979年12月31日之后交船的150总吨及以上的油船，不得在任何燃油舱内装载压载水。如有异常情况或需要载有大量燃油，以致必须在燃油舱中装载不清洁的压载水时，这种压载水应排至接收设备，或使用本附则规定的排油监控系统和油水分离设备，按本附则规定的排油规定排放入海，并将这一情况记入“油类记录簿”。

在1982年7月1日之后交船的400总吨及其以上的船舶，其艏尖舱或防撞舱之前的舱内不得载油。

7．对COW的要求与操作

（1）每艘在1982年6月1日之后交船的载重量为20 000 t及以上的原油油船应设置使用原油洗舱的货油舱清洗系统。主管机关应保证该系统在该船第一次载运原油航行之后的1年内或载运适合于COW的原油的第3个航程结束时（两者发生较晚者）完全符合本条的要求。

（2）COW装置及其附属设备与布置应符合主管机关所制定的要求。这些要求，至少应包括经IMO通过的《原油洗舱系统设计、操作和控制技术条件》的全部规定。如果对船舶没有如上述规定的要求，但其设置COW装置，则应符合上述技术条件的安全方面的要求。

（3）凡采用COW系统的油船，均应备有一本详细说明该系统及设备并列有操作程序的《操作与设备手册》，该手册应使主管机关满意，并应包括本附则所述技术条件中所列的全部资料。如果进行对系统有影响的变更，则《操作与设备手册》也应作相应的修订。

（4）关于货油舱的压载，应在每一压载航次开始之前，以原油清洗足够的货油舱，以便根据该油船营运的方式及预期的气候情况将压载水只装在经过原油清洗的货油舱内。

（5）除非一艘油船载运不适合于COW的原油，油船应按《操作与设备手册》操作COW系统。

8．滤油设备、排油监控系统和油/水界面探测器

（1）滤油设备。①凡400总吨及以上但小于10 000总吨的任何船舶，应装有符合规定的滤油设备：该滤油设备的设计，应经主管机关批准，而且应保证通过该系统排放入海的含油混合物的含油量不超过15 ppm。在考虑这类设备的设计时，主管机关应注意到IMO推荐的技术条件。②凡10 000总吨及以上的任何船舶，应装有符合规定的滤油设备：该滤油设备应符合上述①的

规定。此外，该系统应装有报警装置，在不能保持这一标准时发出报警。该系统还应装有在排出物的含油量超过 15 ppm 时能保证自动停止油性混合物排放的装置。在审批这类设备的设计时，主管机关应注意到 IMO 所推荐的技术条件。

(2) 排油监控系统。凡 150 总吨及以上的油船应装有一个经主管机关批准的排油监控系统。在考虑用于该系统的油分计的设计时，主管机关应注意到 IMO 所推荐的技术条件。该系统应设有一个记录器，用以提供每海里排放升数和总排放量或含油量和排放率的连续记录。这种记录应能鉴别时间和日期，并至少应保存 3 年。每当有排出物排放入海时，排油监控系统即应开始工作，并应保证在油量瞬间排放率超过本附则的油类排放规定时，即自动停止排放任何油性混合物。排油监控系统遇到任何故障即应停止排放。排油监控系统如遇任何故障，可使用一种手工操作的替代方法，但该有缺陷的装置应尽快予以修复。经过港口国当局的允许，排油监控系统有缺陷的油船在驶往修理港以前，可进行一次压载航行。

(3) 油/水界面探测器。凡 150 总吨及以上的油船应备有经主管机关认可的有效的油/水界面探测器，以便能迅速而准确地测定油/水分界面，其他舱柜如需进行油水分离并拟从其中将排出物直接排放入海者，也应有这种探测器。

9. 残油（油泥）舱和污油水舱

(1) 残油(油泥)舱。凡 400 总吨及以上的船舶，应参照其机型和航程长短，设置一个或几个足够容量的舱柜，接收本附则要求不能以其他方式处理的残油(油泥)，诸如由于净化燃油、各种润滑油和机器处所中的漏油所产生的残油。

(2) 污油水舱。①凡 150 总吨及以上的油船，应设有以下②～④所要求的污油水舱装置。对于在 1979 年 12 月 31 日或之前交船的油船，可以指定任一个货油舱作为污油水舱。②应有清洗货油舱和从货油舱将污压载水的残余物与洗舱水转移至经主管机关批准的污油水舱的适当设备。③在该系统中，应有将油性废弃物以这样一种方式转移至一个或一组污油水舱的装置并应使排入海中的任何排出物符合本附则排油的控制的规定。④污油水舱或一组污油水舱的布置，应有留存洗舱后所产生的污油水、残油和污压载水残余物所必需的容量，此总容量不得小于船舶载油容量的 3%。⑤在 1979 年 12 月 31 日之后交船的载重量为 70 000 t 及以上的油船至少应设置两个污油水舱。

10. 油船的泵吸、管路和排放布置

所有油船应设置连接接收设备的排放支管，且排放入海管路应在水线以上。对在 1979 年 12 月 31 日之后交船的 150 总吨及以上的油船应配备停止排放装置。

11. 标准排放接头

所有船舶均应备有标准排放接头，以使接收设备的管路与船上机舱舱底和油泥残余物的排放管路相连结。

(八) 将油船因船侧和船底损坏而造成的油污染减至最低限度

本附则从理论和实践两个方面的结合，提出损坏程度和计算估计流出油量的假定，从而进一步提出油船尺寸限制和布置要求，以及分舱及稳性要求。

1. 货油舱尺寸限制和布置要求

油船尺寸随油舱布置、双层底系统的设置和 CBT 的使用等因素而异。

(1) 对一般油船而言，每一货油舱的长度不得超过 10 m，或下列各值之一(取较大者)。①没有设置纵向舱壁时：$(0.5b_i/B+0.1)L$，但不超过 $0.2L$(L 为船长)。②若在货舱内中心线上设有纵向舱壁时：$(0.25b_i/B+0.15)L$。③若在货舱内设置两个或两个以上纵向舱壁时：a. 对于边货油舱：$0.2L$。b. 对于中间货油舱：当 $b_i/B \geqslant 1/5$ 时为 $0.2L$（b_i为边舱宽度，B 为船宽）。当 $b_i/B < 1/5$ 时则没有设置中心线纵向舱壁时为 $(0.5b_i/B + 0.1)L$；设有中心线纵向舱壁时为 $(0.25b_i/B + 0.15)L$。

（2）油船货油舱的尺度和布置应能使在船长范围内的任何位置上，按照本附则第 25 条规定计算的假定流出量 O_c（船侧损坏）或 O_s（船底损坏）都不超过 30 000 m^3 或 400 $\sqrt[3]{DWT}$，取较大值，但最大不得超过 40 000 m^3。

油船的任何一个边货油舱的容积都不得超过上述所述假定流出量限额的 75%。任何一个中间货油舱的容积不得超过 50 000 m^3。

2. 分舱及稳性要求

本附则提出相应的分舱和稳性要求，以保证油船在假定的船舶舷侧或船底受到一定程度破坏时，仍可保持其生存力。

（九）“油类记录簿”（**Oil Record Book，ORB**）

1. 产生背景

《防污公约》（MARPOL）附则Ⅰ、《海洋环境保护法》和《中华人民共和国防止船舶污染海域管理条例》均规定，船舶在进行任何一项油类活动后应及时、正确地在“油类记录簿”上做记载。

《防污公约》（MARPOL）附则Ⅰ第 17 条和 36 条规定要求，凡 150 总吨及以上的油船和 400 总吨及以上的非油船，必须备有“油类记录簿”。“油类记录簿”是适用于《防污公约》（MARPOL）附则Ⅰ的任何船舶必备的防污文书之一。它在法律地位上与船舶“航海日志”一样，具有同等效力和证据作用。如果一艘适用于《防污公约》（MARPOL）附则Ⅰ的船舶未备有“油类记录簿”或记载不当，可以认为是对附则Ⅰ的违反，有关当局有权指控该船造成污染的不法行为以及对该船进行各种处罚。“油类记录簿”的填写不当，可被作为怀疑船舶违章的证据。相反，如果坚持正确记录，则可免于对船舶的怀疑。因此，正确地使用和填写“油类记录簿”是十分重要的。

《1954 年防油污公约》就已提出“油类记录簿”的格式和要求。由于项目不够充分和实际操作记录中的缺陷，IMO 海上环境保护委员会的第 17 次会议上通过“油类记录簿”的格式并以 MEPC/99 通函通知各成员国，要求在《防污公约》（MARPOL）中生效起使用。《防污公约》（MARPOL）要求船舶配备一些防污设备，“油类记录簿”上要求操作程序与《防污公约》（MARPOL）中有关设备要求相互对应。“油类记录簿”与船舶的“航海日志”一样，需按照时间顺序进行填写。1983 年 10 月 2 日《防污公约》（MARPOL）生效后，“油类记录簿”的记录和使用得到重视。这对防止和减少船舶操作性的污染起积极的推进作用。1991 年 7 月，海上环境保护委员会通过的《防污公约》（MARPOL）附则Ⅰ的修正案，其最后一部分是对“油类记录簿”格式的修改。修改后的版本，增加若干重要说明和注释，记载细目也更为详细、具体。2004 年再次对“油类记录簿”的部分内容进行修正。目前我国航运船舶上所用的“油类记录簿”均为符合新规定的统一格式。

2. “油类记录簿”的内容和填写

“油类记录簿”有两种格式，第Ⅰ部分用于机器处所的操作，第Ⅱ部分用于货油/压载的操作。因此油船上应备有两种格式的“油类记录簿”，分别由轮机部门和甲板部门保管。非油船船舶只需备有一种格式的“油类记录簿”（机器处所作业）。但非油船船舶如设有建造为并使用于装载 200 m^3 及以上总容量散装货油处所的，则也应持有货油/压载作业部分的“油类记录簿”。

每当船舶进行下列任何一项作业时，均应逐舱填写“油类记录簿”。

第Ⅰ部分机器处所的作业（所有船舶）：①燃油舱的压载或清洗；②燃油舱污压载水或洗舱水的排放；③残油（油泥）的收集和处理；④机器处所内积存的舱底水向舷外排放或处理；⑤添加燃油或散装润滑油。

第Ⅱ部分货油/压载的作业（油船）：①货油的装载；②航行中货油的转驳；③货油的卸载；④货油舱和清洁压载舱的压载；⑤货油舱的清洁（包括原油洗舱）；⑥压载水的排放，但从专用压载舱排放者除外；⑦污油水舱的水的排放；⑧污油水舱排放作业后，所使用的阀门或类似装置的关闭；⑨污油水舱排放作业后，为清洁压载舱与货油和扫舱管路隔离所需阀门的关闭；⑩残油的处理。

用于机器处所的"油类记录簿"需记载的项目共有 9 大项，分别用英文大写字母 A～I 表示：

（A）燃油舱的压载或清洗；

（B）从（A）项所述油舱排放压载水或洗舱水；

（C）残油（油泥）的收集和处理；

（D）机器处所积存的舱底水非自动方式排出舷外或其他处理；

（E）机器处所积存的舱底水自动方式排出舷外或其他处理；

（F）油过滤设备的状况；

（G）意外的或其他异常的排油；

（H）加装燃油或散装润滑油；

（I）附加的操作程序和一般说明。

用于油船的"油类记录簿"需记载的项目共有 18 大项，分别用英文大写字母 A～R 表示：

（A）货油的装载；

（B）航行中货油在船内的调驳；

（C）货油的卸载；

（D）COW（仅适合于采用 COW 的油船）；

（E）货油舱的压载；

（F）CBT 的压载（仅适合于采用 CBT 的油船）；

（G）货油舱的清洗；

（H）污压载水的排放；

（I）污油水舱水的排放入海；

（J）残油和其他未经处理油性混合物的处理；

（K）货油舱内的清洁压载水的排放；

（L）CBT 的排放（仅适用于采用 CBT 的油船）；

（M）排油监控系统的情况；

（N）意外或其他异常的排油；

（O）附加的操作程序及一般说明；

（P）船内压载水的装载；

（Q）船内压载水的重新配置；

（R）压载水排入接收设备。

以上每一项又根据具体情况细分若干细目。每一种"油类记录簿"第一页上都有一个按《防污公约》（MARPOL）附则Ⅰ附录Ⅲ（"油类记录簿"格式）规定进行记载的细目表。这些细目按作业项目分组，每项作业由一个字母代号表示。

当填写“油类记录簿”时，日期、作业代号和细目的数码应记入相应的表格内，所要求的细节应按年月顺序记入空栏。“油类记录簿”中的记录应使用船旗国的官方文字，对于持有“国际防止油污证书”的船舶，则还需要有英文、法文或西班牙文的记录。

每记完一项作业，应由负责的人员签署姓名和日期。每记完一页，应由船长签字。

3. “油类记录簿”的填写注意事项

当填写“油类记录簿”时，必须准确、及时，并应遵守下列事项。

(1) 如果填写发生错误，应用一条直线将其划去，并使原来的字迹依然清晰可辨。错误的填写应予签字，并在其下方进行改正。

(2) “油类记录簿”应用擦不掉的墨水进行填写，并在完成最后一项记录后再保存3年。

(3) 一旦作业完毕，负责作业的人员应当立即记入“油类记录簿”。万一因其他紧急情况不可避免地耽误填写，必须尽早予以补记。

(4) “油类记录簿”每记完一页，应尽快交由船长在该页下方签字。

(5) 如果按船上某一人员的见解，对发生的某事件必须记入“油类记录簿”，但细目表并没有这一项目，则可在I栏(机器处所作业用簿)或O栏(油船用簿)记下这一作业或事件。

(6) “油类记录簿”应存放在随时可取来检查的地方。除没有配备船员的拖船以外，记录簿均应放在船上。

缔约国政府的主管当局有权在其港口或近海装卸站检查各缔约国船舶是否备有“油类记录簿”及其填写情况，并可将“油类记录簿”的任何记录制成副本，要求船长签字证明是该项记录的真实副本。该副本可在任何法律诉讼中作为该项记录中所述事实的证据。

4. “油类记录簿”的使用注意事项

在使用或记载“油类记录簿”时，应注意如下事项。

(1) 掌握并采用正确操作方法和操作程序：要使用和填写好“油类记录簿”，首先对于所有有关的高级船员必须掌握并采用能使污染减少到最低限度的各种正确的操作方法(对油船来说，如COW、CBT、装于上部法等)和操作程序，熟悉国内外港口区域的具体排放标准(包括特殊区域的要求及其具体的经纬度)。

(2) 避免漏记：一些船舶在进行某项油类作业时，未及时完整地记入“油类记录簿”，待港口当局检查时才发现漏记。还有一些船舶在停泊期间处理的残油及污油水，未能及时在“油类记录簿”上记载，亦未及时向港务监督换发“船舶残油接收证明”。事后，驶往另一港受到检查，只好再向原港口索取证明或单据，有的经罚款后再补发“船舶残油接收证明”，几经周折延误船期，造成经济损失。船舶在修船期间清洗油舱的洗舱水按规定应在“油类记录簿”中记载，但往往被忽视。

(3) 避免错记：对某项油类处理结束后，有的轮机长不知该油类活动属于记录簿中的哪一项。为应付港口当局的检查，就随意记入一项。有的应记入D项的机舱油污水记入C[残油(油泥)的收集和处理]，以致造成燃料油消耗与其产生的油渣数量不符，最终造成港口当局不该有的查处。又如G项主要指油污事故，原则上不要进行记录。记录时，要慎重、认真，避免给日后管理当局检查时留下不良印象。

(4) 避免记载数据不符：有的船舶“油类记录簿”记载的污油数量偏大。当实际调查时，机舱根本没有那么多的污水待处理，而且与油水分离器的处理量不符。亦有船舶平时由燃料油分离机分离的油渣数量与在“油类记录簿”记载的处理数量不符。当检查时，船方又提不出合理解释及任何证据。

(5) 杜绝伪造记载：如船舶油水分离器及报警装置已损坏或不能正常使用，有的焚烧炉设备已长期不用，有的油渣柜与其他燃油舱(柜)未设有相互联系的专门管系及泵等，但这些船舶在“油类记录簿”上仍然记载上述设备在正常使用。更有甚者，为避免更换油水分离器设备的分离元件或担心分离时间过长，擅自将油污水不送入分离装置处理，直接在航行途中排出舷外，当船舶抵港后又留有污水排放的痕迹，在“油类记录簿”上仍记载油水分离器正常工作。上述情况一旦查出，将受到严肃处理。

(十) 船上油污应急计划

经修正的《防污公约》(MARPOL)附则Ⅰ的第5章(防止油污事故造成的污染)第37条为“船上油污应急计划(Shipboard Oil Pollution Emergency Plan，SOPEP)”。

1. 产生背景

1989年3月24日美国阿拉斯加发生“埃克森·瓦尔迪兹(Exxon Valdez)”号超大型油船的搁浅溢油事件，造成7个油舱破损，共漏出3.3万t原油，清除费用高达20亿美元。

美国基于这一次溢油事故的教训，于1989年7月的巴黎主要工业国家高峰会议上提出一份建议书，促使各主要工业国家呼吁IMO进一步制定措施，以防止船舶污染，这个呼吁书于1990年11月为IMO所认可，并正式颁布《1990年油污防备公约》。在该公约中，规定船舶、近海装置、海港和装卸油设施必须制订油污应急计划。同时规定，油污应急计划应附加于MARPOL 73/78附则Ⅰ。

2. 船上油污应急计划的内容

(1) 凡150总吨及以上的油船和400总吨及以上的非油船，应备有经主管机关批准的“船上油污应急计划”。

(2) 该计划应符合IMO制定的指南，并使用船长或驾驶员的工作语言。计划至少包括：①按照公约第8条及议定书Ⅰ的要求，以IMO制定的指南为基准，船长或负责管理该船的其他人员报告油污事故的程序；②在油污事故中需联系的有关当局或人员的名单；③在事故后为减少或控制油类的排放，船上人员需立即采取的措施的详细说明书；④在处理油污时与政府和地方当局协调船上行动的程序和联络点。

(3) 对于也适用本公约附则Ⅱ第17条(船上有毒液体物质污染应急计划)的船舶，该计划可与本公约附则Ⅱ第17条所要求的“船上有毒液体物质海洋污染应急计划”合并。在这种情况下，该计划的标题应为“船上海洋污染应急计划(Shipboard Marine Pollution Emergency Plan，SMPEP)”。

3. 编制船上油污应急计划的目的与要求

船上油污应急计划用来帮助船员处理意外排油，其目的是采取必要的措施，以控制或减少排放或减轻其危害。

处于应急情况下的人员，面临着各种压力和复杂的情况，在这种紧急时刻，缺乏计划往往会使一些平日明智的关键人员陷于混乱、错误和失败，导致时间上的延误和浪费，使处境变得更糟，其结果可能使船舶及船员面临更大的危险和环境损害。而有效的计划则在结构、逻辑性和及时程度上应能确保采取必要的措施。因此，预先制订一个结构合理的计划，其必要性是十分清楚的。

为达到上述目的，船上油污应急计划必须满足下列要求：

(1) 确切、实用和易于操作。

(2) 使岸上和船上的船舶管理人员都能理解。

(3) 定期进行评估、检查和修改。

4．船上油污应急计划的编制指南

为实施《防污公约》(MARPOL)附则Ⅰ中的船上油污应急计划,IMO海上环境保护委员会于1992年3月6日的32届会议上通过船舶所有人“船上油污应急计划编制指南”。内容包括3个部分:绪论、强制性措施和非强制性措施。

(1)绪论。该部分明确指南的目的,在于帮助船舶所有人和船员按照规定制订船上油污应急计划。制订的计划要简明、确切、实用和便于操作。在制订时,要考虑所有应考虑的问题,实施所需要的各种措施和决定,增强应变能力,有效地控制操作性溢油和事故性溢油。

(2)强制性措施。这部分是船上油污应急计划的核心,包括4个部分:①沿海国报告。②油污事故中需联系的当局或人员名单。包括沿海国联系人、港口联系人、船舶重要联系人。③减少或控制油类溢出船上人员需立即采取的措施。包括控制操作性溢漏、控制或减少事故性溢漏。④国家或地方当局的协作。

(3)非强制性措施。非强制性措施包括以下各项其他方面的指南:①船舶设计和图表资料;②船上油污应急的反应设备;③提供对船长向新闻媒介发布信息的指导,以减少对应急事务的干扰;④记录的保存;⑤应急计划的检查与修改;⑥应急计划的演练。

(十一)接收设备

1．特殊区域外的接收设备

本公约各缔约国政府承担义务确保在装油站、修理港以及船舶需要排放残油的其他港口,设置接收油船和其他船舶留存的残油和油性混合物的足够设备,以满足船舶对其使用的需要,并不应对船舶造成不当延误。

2．特殊区域内的接收设备

凡海岸线与任何特殊区域相邻接的本公约缔约国政府,应保证在该特殊区域内的所有装油站和修理港,都备有足够的接收和处理来自油船的所有污压载水和洗舱水的设备。此外,该特殊区域以内的所有港口还应备有足够的接收来自一切船舶的其他残余物和油性混合物的设备。这类设备应有足够的容量,以满足使用它们的船舶的需要,不对船舶造成不当延误。

(十二)海上油船之间船对船转驳货油

在2009年7月17日结束的IMO的MEPC59次会议上,通过对《防污公约》(MARPOL)附则Ⅰ的修正案,该修正案在附则Ⅰ中新增第8章,内容是防止在船对船转驳货油操作时造成海洋污染。该修正案以默认接受程序已于2011年1月1日生效。

《防污公约》(MARPOL)附则Ⅰ新增的第8章适用于150总吨及以上的油船,要求涉及海上货油转驳作业(STS作业)的油船应配备由主管机关批准的“STS计划”,说明如何进行STS操作。该章还要求计划进行STS作业的油船应在作业前不少于48 h通知有关的沿海国(某些特殊情况下例外)。该要求不适用于供油船的作业。

同时,IOPP证书、IOPP证书的附件和“油类记录簿”等内容也随之作出修改。

(十三)在南极区域使用或载运油类的特殊要求

IMO海上环保会于2010年3月26日以MEPC.189(60)决议通过《防污公约》(MARPOL)附则Ⅰ的修正案,该修正案在附则Ⅰ中新增第9章——在南极区域使用或载运油类的特殊要求,规定自2011年8月1日或以后,所有在南纬60°以南区域航行的船舶,除为保证船舶安全或进行搜救作业之外,禁止将重级别油(修正的附则Ⅰ第21条,后经MEPC.141(54)再次修正)作为燃油载运和使用或作为货物载运。

对于适用的船舶,船舶所有人或船舶管理公司在船舶营运中应遵照本决议要求执行,并注意保存相关证据以备船旗国或PSC检查。根据MEPC.189(60)规定,船舶若在进入南极区域之前的操作中载运或使用重级别油,不必对液货舱或管系进行清洁或冲洗。

四、附则Ⅱ——控制散装有毒液体物质污染规则

《防污公约》(MARPOL)的附则Ⅱ已经过多次修改,现附则Ⅱ有8章共18条正文和7个附录,分别为:第1章总则,第2章有毒液体物质的分类,第3章检验与发证,第4章设计、建造、布置和设备,第5章有毒液体物质残留物的作业排放,第6章港口国监控措施,第7章防止有毒液体物质事故造成的污染,第8章接收设备;附录Ⅰ有毒液体物质分类指南,附录Ⅱ散装运输有毒液体物质的船舶货物记录簿格式,附录Ⅲ国际防止散装运输有毒液体物质污染证书格式,附录Ⅳ程序和布置手册的标准格式,附录Ⅴ对货舱、泵系及相关管系中残余物量的评定,附录Ⅵ预洗程序,附录Ⅶ通风程序。以下介绍其主要内容。

(一) 总则

1. 定义

(1)"液体物质(Liquid Substance)"系指那些温度在37.8 ℃时绝对蒸气压力不超过0.28 MPa的液体物质。

(2)"有毒液体物质(Noxious Liquid Substance, NLS)"系指IBC Code第17章或第18章污染类别栏中所指的任何物质或按第6.3条规定临时评定为X类、Y类或Z类的任何物质。

(3)"化学品液货船(Chemical Tanker)"系指经建造或改建用于散装运输IBC Code第17章所列的如何一种液体货品的船舶。

(4)"有毒液体物质运输船(NLS Tanker)"系指一艘建造或改装用于散装运输有毒液体物质的船舶,包括本公约附则Ⅰ所定义的核准用于散装运输全部或部分有毒液体物质货物的油船。

2. 适用范围

(1) 除另有明文规定外,本附则规定适用于所有核准散装运输有毒液体物质的船舶。

(2) 如果在有毒液体物质运输船上货物处所装运的是本公约附则Ⅰ所涉及的货物,则还应适用本公约附则Ⅰ的相关要求。

3. 例外

本附则的排放要求不适用于将有毒液体物质或含有此类物质的混合物排放入海,如果此种排放为如下情况。

(1) 为确保船舶的安全或救护海上人命所必须的;或

(2) 因船舶或其设备的损坏而引起的,①除非在发生或发现破损后为避免或减小排放已经采取所有合理的预防措施;和②除非船舶所有人或船长故意造成损坏,或大意或明知可能造成损坏;或

(3) 经主管机关批准,为减小污染损害使用抵御特定污染事故的措施。任何此种排放均需经对拟进行排放地区具有管辖权的某一政府的批准。

4. 等效

(1) 作为本附则所要求等效措施,主管机关可允许某些装置、材料、设备或仪表安装在船上,但这些装置、材料、设备或仪表至少与本附则要求的具有同等效力。主管机关的这种权力不得扩大到控制排油的操作方法,并作为等效来代替本附则各条所规定的设计和构造。

(2) 允许将某种装置、材料、设备或仪表代替本附则所要求的,主管机关根据上述(1),应将其细节告知IMO,以便通知各缔约国参考并采取适当的行动(如有需要的话)。

（二）有毒液体物质的分类

1. 有毒液体物质及其他物质分类和名单

就本附则的条款而言，有毒液体物质应分为以下4类：

（1）X类：此类有毒液体物质，如果从洗舱和排放压载水作业中排入海中，将会对海洋资源或人类健康造成严重危害，因此，有必要严禁将此类物质排入海洋环境。

（2）Y类：此类有毒液体物质，如果从洗舱和排放压载水作业中排入海中，将会对海洋资源或人类健康造成严重危害，或对舒适性或其他合法利用海洋造成损害，因此，有必要对排入海洋环境的此类物质的质量加以限制。

（3）Z类：此类有毒液体物质，如果从洗舱和排放压载水作业中排入海中，似乎对海洋资源或人类健康造成较小的危害，因此，有必要对排入海洋环境的此类物质的质量加以限制。

（4）其他物质（OS）：应评估作为IBC Code第18章污染类别栏中所示物质并发现这些物质并不属于X类，Y类或Z类，如果从洗舱和排放压载水作业中排入海中，似乎不会对海洋资源或人类健康造成危害，或不会对舒适性或其他合法利用海洋造成损害，因此，排放含有其他物质的舱底污水、压载水、其他残余物或混合物不受本附则要求的约束。

2. 有毒液体物质分类导则

根据修订的GESAMP危险分析评估，有毒液体物质分类导则见表5-5，GESAMP危害评估程序见表5-6、表5-7和表5-8。

表5-5　有毒液体分类导则

<table>
<tr><th>规则</th><th>A1
生物积聚</th><th>A2
生物降解</th><th>B1
急性中毒</th><th>B2
慢性中毒</th><th>D3
长期影响健康</th><th>E2
对海洋野生物和对深海栖息地的影响</th><th>类别</th></tr>
<tr><td>1</td><td></td><td></td><td>≥5</td><td></td><td></td><td></td><td rowspan="5">X</td></tr>
<tr><td>2</td><td>≥4</td><td></td><td>4</td><td></td><td></td><td></td></tr>
<tr><td>3</td><td></td><td>NR</td><td>4</td><td></td><td></td><td></td></tr>
<tr><td>4</td><td>≥4</td><td>NR</td><td></td><td></td><td>CMRTNI</td><td></td></tr>
<tr><td>5</td><td></td><td></td><td>4</td><td></td><td></td><td></td></tr>
<tr><td>6</td><td></td><td></td><td>3</td><td></td><td></td><td></td><td rowspan="6">Y</td></tr>
<tr><td>7</td><td></td><td></td><td>2</td><td></td><td></td><td></td></tr>
<tr><td>8</td><td>≥4</td><td>NR</td><td></td><td>非0</td><td></td><td></td></tr>
<tr><td>9</td><td></td><td></td><td></td><td>≥1</td><td></td><td></td></tr>
<tr><td>10</td><td></td><td></td><td></td><td></td><td></td><td>Fp，F或S
如果非无机物</td></tr>
<tr><td>11</td><td></td><td></td><td></td><td></td><td>CMRTNI</td><td></td></tr>
<tr><td>12</td><td colspan="6">不符合规则第1~11和13标准的货品</td><td>Z</td></tr>
<tr><td>13</td><td colspan="6">所有如下货品：A1栏中≤2；A2栏中为R；D3栏中为空白；E2栏中为非Fp，F或S（如非有机物）；在GESAMP有害曲线图中所有其他各栏中为0的货品</td><td>OS</td></tr>
</table>

表 5－6　经修订的 GESAMP 危害评估程序（A 和 B：水生动物环境）

专栏——A 和 B　水生动物环境					
数字比率	A			B	
	生物积聚和生物降解			水生生物毒性	
	A 1 生物积聚		A 2 生物降解	B 1 急性中毒	B 2 慢性中毒
	Log Pow	BCF		LC/EC/IC50/mg/L	NOEC/mg/L
0	<1 或 >ca. 7	不可测量		>1 000	>1
1	≥1 至<2	≥1 至<10	R：易生物降解 NR：不易生物降解 Inorg：非有机物质	>100 至≤1 000	>0.1 至≤1
2	≥2 至<3	≥10 至<100		>10 至≤100	>0.01 至≤0.1
3	≥3 至<4	≥100 至<500		>1 至≤10	>0.001 至≤0.01
4	≥4 至<5	≥500 至<4 000		>0.1 至≤1	≤0.001
5	≥5 至<ca. 7	≥4 000		>0.01 至≤0.1	
6				≤0.01	

表 5－7　经修订的 GESAMP 危害评估程序（C 和 D：人类的健康）

专栏——C 和 D　人类的健康（对哺乳动物的有毒危害）						
数字比率	C			D		
	急性哺乳动物毒性			刺激，腐蚀及长期健康影响		
	C 1 口服毒性 LD50/（mg/kg）	C 2 对皮肤的毒性 LD50/（mg/kg）	C 3 吸入毒性 LC50/（mg/L）	D 1 对皮肤有刺激和腐蚀	D 2 对眼睛有刺激和腐蚀	D3 长期健康影响
0	>2 000	>2 000	>20	无刺激	无刺激	C——致癌 M——突变 R——生殖中毒 S——导致过敏 A——吸入有毒物 T——目标器官系统中毒 L——肺部损害 N——神经中毒 I——免疫系统中毒
1	>300 至≤2 000	>1 000 至≤2 000	>10 至≤20	中等刺激	中等刺激	
2	>50 至≤300	>200 至≤1 000	>2 至≤10	刺激	刺激	
3	>5 至≤50	>50 至≤200	>0.5 至≤2	强刺激或腐蚀 3A Corr.（≤4 h） 3B Corr.（≤1 h） 3C Corr.（≤3 h）	强刺激	
4	≤5	≤50	≤0.5			

表 5-8 经修订的 GESAMP 危害评估程序(E 栏：对海洋其他用途的妨害)

E 栏 干扰海洋的其他使用			
E 1 污染	E 2 对野生生物及海底生态环境的影响	E 3 对海岸休憩环境的妨害	
		数字比率	说明与措施
NT：非污染(经检测) T：污染检测为阳性	Fp：持久性漂浮物 F：漂浮物 S：沉淀物质	0	无妨害 无警告
		1	轻度危害 警告，不关闭休憩场所
		2	中等危害 可能要关闭休憩场所
		3	高度危害 关闭休憩场所

3. 未分类的有毒液体物质

如拟散装运输的液体物质尚未按上述 1 予以分类，则从事运输业务的缔约国政府应根据上述 2 提及的导则为基础商定一个暂定的类别。在有关政府之间未完全取得一致意见之前，不得运输该物质。在达成协议后，生产或运输国政府及缔约国政府应尽快(但不迟于 30 天)通知 IMO，并提供这种物质的细节和暂定的类别，以便尽快通知所有缔约国。IMO 将对所有此类物质及暂定类别情况进行登记并保存到这些物质正式纳入 IBC Code 为止。

(三) 检验和发证

1. 化学品液货船的检验和发证

尽管有以下有关检验和发证的规定，经本公约缔约国按照相应的 IBC Code 或 BCH Code 检验和发证的化学品船，应被视为符合所述各条的规定，按该规则签发的证书(适装证书)应与按本附则第 9 条签发的证书(NLS 证书)同样有效并得到同样的承认。

2. 检验

散装运输有毒液体物质的船舶应接受下列规定的检验。

(1) 初次检验：在船舶投入营运之前，或首次签发“国际防止散装运输有毒液体物质污染证书”之前进行。该检验包括本规则所涉及的船舶全面检验，如船舶结构、设备、系统、附件、布置及材料。该检验应确保其结构、设备、系统、附件、布置及材料完全符合本规则的适用要求。

(2) 换证检验：按主管机关规定的间隔进行，但不得超过 5 年。换证检验应确保其结构、设备、系统、布置及材料完全符合本规则适用的要求。

(3) 中间检验：在证书的第 2 个周年日前或后 3 个月之内或第 3 个周年日前或后 3 个月之内进行，应取代下述的年度检验。中间检验应确保设备及其附属的泵和管系完全符合本附则适用的要求，并应处于良好的工作状况。

(4) 年度检验：在证书的每个周年日前或后 3 个月之内进行，包括对其结构、设备、系统、附件、布置及材料的全面检查，以确保其是按本规则进行保养的，同时确保其继续满足船舶营运目的。

(5) 附加检验：这种检验应确保已有效地进行必要的修理或换新，确保这种修理或换新的材料和工艺在各方面均属合格，同时确保该船在各方面都符合本规则的要求。

3. 证书的签发或签署

（1）对驶往本公约其他缔约国管辖的港口或装卸站的散装运输有毒液体物质的船舶，在按本附则第8条的规定进行初次检验或换证检验后，应签发“国际防止散装运输有毒液体物质污染证书”（International Pollution Prevention Certificate for the Carriage of Noxious Liquid Substances in Bulk，NLS证书）。

（2）此种证书应由主管机关或经其正式授权的任何个人或组织签发。在任何情况下，主管机关应对证书负全部责任。

（3）应主管机关的请求，本公约的其他缔约国政府可对船舶进行检验并在认为该船符合本附则的规定时，给该船签发或授权签发NLS证书，并按本附则规定在船舶证书上酌情签署或授权签署。应尽快向提出请求的主管机关传送一份证书的副本和一份检验报告的副本。如此签发的证书应注明，该证书系根据某主管机关的请求签发的，并与按上述（1）签发的证书具有同等效力，应得到同样的承认。不得向悬挂非缔约国国旗的船舶签发NLS证书。

（4）NLS证书的格式应与本附则附录Ⅲ中给出的样本相同，并应至少用英文、法文或西班牙文写成。如果使用船旗国的官方文字，一旦发生争议或分歧时，则应以该官方文字为准。

4. 证书的期限和有效性

NLS证书的有效期限应由主管机关规定，但不得超过5年。

（四）设计、构造、布置和设备

1. 设计、构造、设备和操作

核准散装运输IBC Code第17章确定的有毒液体物质的船舶的设计、构造、设备和操作，应符合下列规定，以使此类物质不受控制排放入海的情况减低至最低限度。

（1）对于1986年7月1日或以后建造的化学品船应符合IBC Code的要求。

（2）BCH Code1.7.2适用于：①1973年11月2日或以后签订建造合同，但在1986年7月1日之前建造的，航行至本公约其他缔约国所辖港口或装卸站航程的船舶；②1983年7月1日或以后但在1986年7月1日之前建造的，悬挂本国国旗专门航行于该船旗国国内的港口或装卸站之间航程的船舶。

（3）BCH Code1.7.3适用于：①1973年11月2日以前签订建造合同并从事航行于本公约其他缔约国管辖下的港口或码头的船舶；②1983年7月1日之前建造的，悬挂本国国旗专门航行于该船旗国国内的港口或装卸站之间航行的船舶。

核准散装运输IBC Code第17章确定的有毒液体物质的非化学品液货船或非液化气体运输船，主管机关应根据IMO指定的“指南”制定适当措施，以确保此类物质不受控制排放入海的情况减低至最低限度。

2. 泵吸、管系、卸货设施和污油水舱

（1）1986年7月1日之前建造的船舶应配备泵吸和管系，以确保核定为运输X类或Y类物质的每个液货舱的舱中及其相连的管系中不会留存超过300 L的残留物，和核定为运输Z类物质的每个液货舱及其相连的管系中不会留存超过900 L的残留物。应按照本附则的附录5进行性能试验。

（2）1986年7月1日或以后但在2007年1月1日之前建造的船舶应配备泵吸和管系，以确保核定为运输X类或Y类物质的每个液货舱的舱中及其相连的管系中不会留存超过100 L的残留物，和核定为运输Z类物质的每个液货舱及其相连的管系中不会留存超过300 L的残留物。

应按照本附则的附录5进行性能试验。

(3) 在2007年1月1日或以后建造的船舶应配备泵吸和管系,以确保核定为运输X类、Y类或Z类物质的每个液货舱的舱中及其相连的管系中不会留存超过75 L的残留物。应按照本附则的附录5进行性能试验。

(4) 2007年1月1日之前建造的非化学品船的船舶,不符合本条(1)和(2)提到的Z类物质泵吸和管系要求的船舶,不适用数量要求。如液货舱排空到最实际的程度,则应被视为符合要求。

上述经修正的《防污公约》(MARPOL)附则Ⅱ的扫舱要求可归纳为表5-9。

表5-9 经修正的《防污公约》(MARPOL)附则Ⅱ的扫舱要求

船舶	X类	Y类	Z类
2007年1月1日及以后建造的新船	≤75 L	≤75 L	≤75 L
1986年7月1日至2006年12月31日的国际散化船	≤100 L	≤100 L	≤300 L
1986年7月1日之前建造的散化船	≤300 L	≤300 L	≤900 L
2007年1月1日之前建造的其他船	不适用	不适用	尽最大可能排空

(5) 上述(1)~(3)所述的泵吸性能试验和条件应经主管机关批准。泵吸性能试验应使用水作为试验介质。

(6) 核准装运X类、Y类或Z类物质的船舶,应开设一个或几个水下排放口。

(7) 对2007年1月1日以前建造并核准载运Z类物质的船舶,本条(6)所要求的水下排放口无强制性规定。

(8) 水下排放口应位于货物区域内舭部弯曲处附近,其布置应避免在船舶吸入海水时将残余物/水混合物重新吸入。

(9) 水下排放口的布置,应使排放入海的残余物/水混合物不通过船舶的边界层。为此,当排放方向与船壳板成直角时,排放口的最小直径由下列公式得出:

$$d = Q_d / 5L_d$$

式中:d为排放口最小直径,m;L_d为从艏垂线到排放口距离,m;Q_d为船舶通过排放口排放残余物/水混合物所选的最高速率,m^3/h。

(10) 当排放方向与船壳外板成一角度时,上述关系应加以修正,用垂直于船壳板的、通过以Q_d的分量替换Q_d。

(11) 污油水舱。虽然本附则并不要求配置专用污油水舱,但某些冲洗程序可能需要污油水舱。液货舱可被用作污油水舱。

(五) 有毒液体物质残余物的排放控制

除本附则第3条规定外,对有毒液体物质的残余物或压载水、洗舱水或其他含有此类物质的混合物的排放控制应符合下列要求。

1. 排放规定

(1) 应禁止将X类、Y类或Z类或临时评定为此类物质的残余物或含有此类物质的压载水、洗舱水或其他混合物排放入海,除非此种排放完全符合本附则规定的适用操作要求。

(2) 在按本条进行任何预洗或排放程序之前,相关液货舱应根据手册中所规定的的程序最大限度地被排空。

(3) 禁止装运本附则第 6 条所述及的未经分类、临时评定的物质,或含有此类物质的压载水、洗舱水或其他混合物,同时禁止此类物质排放入海。

2. 排放标准

(1) 如果本条规定允许将 X 类、Y 类或 Z 类物质或临时评定为此类物质的残余物或含有此类物质的压载水、洗舱水或其他混合物排放入海,则应符合下列排放标准:①船舶在海上航行,自航船航速至少为 7 kn,或非自航船航速至少为 4 kn;②在水线以下通过水下排放口进行排放,不超过水下排放口的最高设计速率;③排放距最近陆地不少于 12 n mile,水深不小于 25 m。

(2) 在 2007 年 1 月 1 日之前建造的船舶,对于将 Z 类物质或临时评定为此类物质的残余物或含有此类物质的压载水、洗舱水或其他混合物在水线以下排放入海并无强制规定。

(3) 对于仅在船旗国的主权或管辖水域内从事航运的船舶,主管机关可以放宽上述有关距最近陆地不少于 12 n mile 处排放 Z 类物质的要求。除此之外,当船旗国与毗连国签定书面协议后,在所涉及的两个沿岸国之间,对于悬挂他们国旗并仅在他们主权或管辖水域内从事航运的船舶,主管机关可以放宽有关距离最近陆地不少于 12 n mile 处排放的相同要求,但不得影响第三方。应在签定协议后 30 天内将有关该协议的信息通报 IMO,以便通知其他成员国采取适当的行动。

3. 货物残余物的通风

主管机关批准的通风程序可用于清除液货舱中货物残余物。该程序应符合本附则的附录Ⅶ的要求。通风后再进入舱中的任何水应被视为清洁的水而且不受本附则中排放要求的约束。附录Ⅶ中的通风程序如下。

(1) 20 ℃时的蒸气压力大于 5 kPa 的物质货物残余物可通过通风从货舱中清除。

(2) 在含有有害液体物质残余物的液货舱被通风之前,应考虑与货物的易燃性和毒性有关的安全危险性。关于安全方面,应参照经修正的 SOLAS 1974,IBC Code,BCH Code 对货舱开口的操作性要求和国际航运公会(International Chamber of Shipping, ICS)“液货船指南(化学品)”中的通风程序。

(3) 港口主管当局可能也有货舱通风方面的规则。

(4) 液货舱货物残余物的通风程序如下:①管道应被排干并且由通风设备将液体进一步清除;②横倾和纵倾应尽可能调整到最小,以便增强液货舱残余物的蒸发;③应使用能产生到达液货舱底部的气流的通风设备;④通风设备应置于距离液货舱吸点最近的货舱开口;⑤通风设备应放置在切实可行的位置,以便将喷气头直接对准液货舱污水坑或吸点,要尽可能避免对构件的冲击;⑥通风应连续进行直至液货舱中无可见的液体剩余物,应通过目测或等效方法来验证。

4. 免除预洗要求

如满足下列条件,接受方政府可根据船长要求,准予预洗免除。

(1) 卸完货的液货舱装运相同的物质或与原先装运的物质相容的另外一种物质,并且该舱在装运前无须清洗或没有压载。

(2) 卸完货的液货舱在海上既没有清洗也不需要压载并按本条适用的条款在其他港口进行了预洗,但必须有书面证明该港有足够的接受设施。

(3) 按照本附则附录Ⅶ的规定,以主管机关批准的通风程序清除了货物残余物。

5. 清洁剂或添加剂的使用

(1) 当使用非水洗涤剂(如矿物油或氯化溶剂)代替水洗舱时,其排放应适用作为货物运输洗涤剂的附则Ⅰ和附则Ⅱ的规定。有关使用此种洗涤剂的洗舱程序应在手册中写明并经主管机关批准。

(2) 为便于洗舱而使用少量清洁添加剂(洗涤产品),则不应使用含有 X 类污染成分的添加剂,但其成分能被生物降解而且浓度小于清洁添加剂总量 10% 的除外。对于可适用于原先货物的液货舱将不得使用限制性添加剂。

6. X 类残留物的排放

除上述 1 中的排放规定外,还应适用下列规定。

(1) 已被卸完 X 类物质货物的货舱,在船舶离开卸货港之前应予以预洗。清洗的残余物其浓度质量处于或低于 0.1% 之前应被排至到接收设施。其浓度指标由检查员从排至接收设施的残余物中提取样品进行分析后确定。当浓度达到要求后,应将舱内剩余的洗舱水继续排空至接收设施,直至该舱排空。这种作业应在“货物记录簿”中作相应记录,并由上述检查员签署。

(2) 参照上述 2 的排放标准,预洗后灌入舱内的任何水均可被排放入海。

(3) 如果接收方的缔约国政府确信,要测量排出物中的物质浓度而不对船舶造成不当延误不可行时,该缔约国可接受相当于(1)中测量所要求浓度的等效措施,但须:①该液货舱已按主管机关批准的程序进行预洗并符合本附则附录Ⅵ的要求;②这种情况应适当记录在“货物记录簿”中并由上述检查员签署。

7. Y 类和 Z 类残余物的排放

(1) 除上述 1 中的排放规定外,还应适用下列规定。①对于 Y 类或 Z 类物质残余物的排放程序,应适用上述 2 中的排放标准。②如果 Y 类或 Z 类物质未按手册要求进行卸载,在船舶离开卸货港之前,应予以预洗,除非采取使本附则第 16 条所述的检查员满意的、从船上去除本附则规定数量的货物残余物的其他措施。预洗后的洗舱水应被排放至卸货港的接收设施,或排放至有合适设施的另一港口,但应有书面确认该港口的接收设施足以用于该用途。③对于 Y 类高黏度或固化物质,应适用下列各项规定:a. 应用附录Ⅵ所述的预洗程序;b. 应将预洗期间产生的残余物/水的混合物排放到接收设施直到排空为止;c. 此后再进入液货舱的水可按上述 2 中规定的排放标准排放入海。

(2) 压载和排放压载的操作要求:①卸货后及预洗后(如有要求),可对液货舱进行压载。这类压载水的排放程序在上述 2 中有明确规定。②如船舶位于距最近陆地不小于 12 n mile,且水深不少于 25 m的水域中,而灌入已清洗液货舱的、含前次所载物质的量小于 1 ppm 的压载水,可排放入海,而无须考虑其排放率、船速和排放口位置。这是指当按附录Ⅵ规定进行预洗,且对 1994 年 7 月 1 日以前建造的船舶其后又用清洗机进行完整周期清洗,或用不少于 $k=1.0$ 计算值的水量清洗后,已达到液货舱要求的清洁程度。③本附则的要求不适用清洁或专用压载水的排放情况。

8. 在南极区域的排放

(1) 南极区域系指在南纬 60°以南的海域。

(2) 禁止将任何有毒液体物质或含有此类物质的混合物排放入南极区域。

(六) 程序和布置手册(**Procedures and Arrangements Manual**)

(1) 核准为运输 X 类、Y 类或 Z 类物质的船舶应携带经主管机关批准的操作手册。如果该船从事国际航行,而使用的文字不是英文、法文或西班牙文,则本手册应包括翻译成其中的一种文字。

(2) 手册的主要目的是向船上的高级船员证实有关货物装卸、洗舱、沉淀舱处理和货舱压载和排放压载的物理布置符合本附则要求应该遵守的所有操作程序。

(3) 手册是按照附则Ⅱ的附录Ⅳ(程序和布置手册的标准格式)写成的,是关于海洋环境、货舱清洗和由这种作业中产生的残留物和混合物排放的手册。手册不是安全须知而是应参照其他专业出版物评估安全危险性。

(4) 此外,本手册连同船舶"货物记录簿"和按附则Ⅱ签发的证书将由主管机关进行监督,以确保船舶完全符合附则Ⅱ的要求。

(5) 船长应确保不会发生将含有X类、Y类或Z类货物残余或残余物/水的混合物排放入海,除非这种排放完全符合本手册规定的操作程序。

(6) 本手册已经主管机关批准,未经主管机关事先批准,手册的任何部分不得变动或修改。

(7) 手册应包括以下内容:①《防污公约》(MARPOL)附则Ⅱ的主要特征;②对船舶设备和布置的说明;③卸货程序和扫舱;④与货舱的清洗、残余物的排放、压载和排压载有关的程序;⑤资料和程序。

(七) 货物记录簿(Cargo Record Book, CRB)

(1) 本附则适用的船舶应备有"货物记录簿",无论是作为船员"航海日志"的一部分,还是作为其他的文件,均应符合本附则附录Ⅱ中规定的格式。

(2) 在完成附则附录2中所述的某些操作之后,应立即将操作情况记录在"货物记录簿"上。

(3) 假使将有毒液体物质或含有此类物质的混合物意外排放到海中,按照本附则第3条的规定,应将这种排放记入记录簿,说明具体情况、排放的原因和排放的量。

(4) 每份记录应由负责该项操作的有关船员签字,而且每一页上都要有船长签名。对于持有"国际防止散装运输有毒液体物质污染证书"或本附则第7条所提到的证书的船舶,应至少用英文、法文或西班牙文填写"货物记录簿"。如果是用船旗国的官方文字填写,则在发生争议或不一致时,应以船旗国的文字为准。

(5) "货物记录簿"应存放在随时便于检查的地方,除拖航中的无人船舶外,均应存放在船上。"货物记录簿"在最后一次填写后应保存3年。

(6) 缔约国政府的主管当局可以检查本附则所适用的任何在港船舶的"货物记录簿",并可以复制该记录簿中的任何记录,可要求该船船长证实这是真实记录的复印件。凡经船长证实是真实记录的副本在任何司法诉讼中可允许作为该项记录所述事实的证据。主管当局应尽快按本款对"货物记录簿"作出检查并取得核正无误的副本,避免造成船舶的不适当延误。

(7) 被记录项目的清单

以下作业中所涉及的各类物质都需要填写:

(A) 装货;

(B) 货物在船内转驳;

(C) 卸货;

(D) 按照"船舶的程序和布置手册"强制性预洗;

(E) 除强制性预洗以外的液货舱清洗(其他预洗作业、最终清洗和通风等);

(F) 将洗舱水排入海中;

(G) 液货舱的压载;

(H) 液货舱压载水的排放;

(I) 意外排放或其他的例外排放;

(J) 经授权的检查员的控制;

(K) 附加作业程序和说明。

有关“货物记录簿”的具体使用注意事项可参照附则Ⅰ中的“油类记录簿”。

2006年7月18日，日照海事局执法人员在对韩国籍某船进行危险品专项检查时发现，该船“货物记录簿”中记录，在烟台港卸完甲基苯乙烯后，采用通风程序清除货物残余，并且将甲基苯乙烯记录为C类排放货物。而其“程序和布置手册”中，明确说明不能采用通风程序清除货物残余，该船涉嫌伪造有关记录。经进一步调查发现，该船于5月18日在烟台港卸完甲基苯乙烯(该货物为A类排放货物)后，未向主管机关书面申请强制预洗及排放洗舱水，直接开往天津港准备装糠醇。在烟台市至天津市航行途中，采用人工清洗的方式对货舱进行洗舱，并将洗舱水存放在污液舱中。在天津港卸完货后，航经韩国釜山港锚地时将洗舱水排放接收上岸，但未在“货物记录簿”中记录，也未提供接收证明。该船伪造“货物记录簿”的事实清楚、证据确凿，其行为违反《海洋环境保护法》的有关规定，被日照海事局依法给予罚款18 000元人民币的行政处罚。在大量的证据面前，船方对该案件的事实认定和处理决定未提出任何异议。

(八) 港口国监控措施

1. 监控措施

(1) 本公约每一缔约方政府应任命或授权检查员实施本条的规定。检查员应按照本组织制定的监督程序执行监督。

(2) 当缔约方政府任命或授权检查员已证实按手册的要求实施操作，或已免除预洗时，检查员应将适当情况记入“货物记录簿”。

(3) 核准运输散装有毒液体物质船舶的船长应确保其船舶符合第13条和本条的规定，并按本附则第15条填写“货物记录簿”，如果发生该条所提到的操作的话。

(4) 运输X类物质的液货舱应按第13.7条进行预洗。这些操作应填写在“货物记录簿”上并按上述(1)提到的由检查员签署。

2. 关于操作要求的港口国监控

(1) 船舶在另一缔约方港口时，如有明显证据表明船长或船员不熟悉船上有关防止有毒液体物质污染的基本程序，应受到按本附则要求的该缔约方正式授权的官员进行有关操作要求检查。

(2) 在本条上述(1)规定的情况下，缔约方应采取措施确保船舶在未符合本附则的要求之前不得起航。

(九) 船上有毒液体物质海洋污染应急计划

(1) 核定为散装运输有毒液体物质的150总吨及以上的船舶应备有经主管机关批准的“船上有毒液体物质海洋污染应急计划(Shipboard Marine Pollution Emergency Plan for Noxious Liquid, SMPEP)”。

(2) 该计划应以IMO制定的指南为基础并以工作语言或船长和船员都能懂的语言写成。该计划应至少包括：①根据本公约第8条和议定书Ⅰ的要求，船长和其他负责人依据IMO制定的指南应遵守的有关有毒液体物质事故的报告程序；②一旦发生有毒液体物质污染事故需要联络的主管当局或人员的名单；③详细叙述需由船上人员立即采取的行动，以减少或控制事故后有毒液体物质的排放；④在处理污染时与政府及地方当局协调船上行动的程序和联络点。

(3) 如果该船舶还适用本公约附则Ⅰ第37条，则该计划可与公约附则Ⅰ第37条所要求的油污应急计划结合起来。在这种情况下，该计划的标题应为“船上海洋污染应急计划”。

（十）接收设施

（1）本公约每一缔约方的政府承诺保证根据船舶使用其港口、码头或修理港的需要提供下列接收设施：①涉及船舶货物装卸的港口和码头应有足够的接收设施，接收符合本附则要求的有毒液体物质残留物和含有此类物质的残留物的混合物，不会对所涉及的船舶带来不适当的延误。②承担有毒液体物质运输船舶修理的修船港应有足够的接收设施接收挂靠该港船舶的有毒液体物质残留物和含有此类物质的残留物的混合物。

（2）每一缔约方的政府应确定在其领土内的每一装货/卸货港口码头和修船港提供上述1中规定的接收设施，并相应通知IMO。

（3）海岸线边界位于某个特殊区域的本公约缔约方政府，应集体协商并确定需要满足上述1中要求的一个日期，以及何时该区域适用第13条，并将所确定的日期至少提前6个月通知IMO。然后，IMO应及时将该日期通报所有缔约方。

（4）每一缔约方的政府应承诺确保卸货码头所提供装置便于将船舶货舱的有毒液体物质卸载到这些码头。从船上接收的含有有毒液体物质的码头货物软管和管系应不会将卸下的这些物质倒灌回船上。

（5）每一缔约方应将指控上述（1）中要求的设施和上述（3）中要求的装置不足的任何情况转告有关的缔约方。

（十一）附录Ⅵ：预洗程序

为满足附则Ⅱ的若干要求，需要有一个预洗程序。本附录说明这些预洗程序应如何执行。分为A和B两个部分。

A. 1994年7月1日前建造的船舶，包括非凝固物质的预洗程序和凝固物质的预洗程序。

B. 1994年7月1日或以后建造的船舶，包括对于非凝固物质的不再循环预洗程序、对于凝固物质的不再循环预洗程序、用清洗媒质再循环的预洗程序和被用于预洗的最小水量。

截至2013年1月9日，已经有152个国家加入《防污公约》（MARPOL）附则Ⅰ和附则Ⅱ，船舶总吨位占世界商船总吨位的99.20%。

五、附则Ⅲ——防止海运包装有害物质污染规则

1991年7月1日止，参加《防污公约》（MARPOL）附则Ⅲ的国家已达45国，商船总吨位已占世界总吨位的53%，达到生效条件，按规定附则Ⅲ于1992年7月1日正式生效。

2010年10月在伦敦召开的IMO的第61届海上环保会上通过MEPC. 193（61）决议，该决议是为与2009年修订的全球化学品统一和标签协调系统（GHS）以及SOLAS Ⅶ/4条款的建议修正案相协调，而对原文件内容进行的修正。该修正案已于2014年1月1日生效。附则Ⅲ现有正文8条，1个附录（包装形式有害物质的识别标准），其主要内容如下。

1. 定义

（1）有害物质（Harmful Substances）：有害物质系指那些在IMDG Code中确定为海洋污染物的物质或满足本附则附录所述标准的物质。

按照联合国《全球化学品分类和标签制度》（紫皮书或GHS）的分类标准，对环境有害物质被分类为急毒和慢毒两大类，其中急毒又分为急毒1，急毒2和急毒3，慢毒又分为慢毒1，慢毒2，慢毒3和慢毒4，共7个小类。但是，由于包装的使用可以在一定程度上降低货物的危险性，在本附则附录中仅引入急毒1，慢毒1和慢毒2作为包装形式有害物质进行运输管理。包装形式有害物质的识别标准见表5-10。

表5－10　包装形式有害物质的识别标准

类别	相关水生物试验指标	数据
急毒1	96 h LC_{50}（对于鱼类）	≤1 mg/L 和/或
	48 h EC_{50}（对于甲壳纲动物）	≤1 mg/L 和/或
	72 或 96 h ErC_{50}（对于海藻或其他水生植物）	≤1 mg/L
慢毒1	96 h LC_{50}（对于鱼类）	≤1 mg/L 和/或
	48 h EC_{50}（对于甲壳纲动物）	≤1 mg/L 和/或
	72 或 96 h ErC_{50}（对于海藻或其他水生植物）	≤1 mg/L
	并且该物质不是可迅速降解的和/或 $\log K_{OW} \geq 4$（除非实验上确定 $BCF < 500$）	
慢毒2	96 h LC_{50}（对于鱼类）	>1 至≤10 mg/L 和/或
	48 h EC_{50}（对于甲壳纲动物）	>1 至≤10 mg/L 和/或
	72 或 96 h ErC_{50}（对于海藻或其他水生植物）	>1 至≤10 mg/L
	并且该物质不是可迅速降解的和/或 $\log K_{OW} \geq 4$（除非实验上确定 $BCF < 500$，除非慢性毒性 $NOEC_S > 1$ mg/L）	

（2）包装形式：包装形式系指 IMDG Code 中对有害物质所规定的盛装形式。

2．适用范围

（1）适用所有装运包装有害物质的船舶。

（2）除符合本附则各项规定外，应禁止装运有害物质。

（3）每一缔约国政府应颁布或促使颁布关于包装、标志、标记、单证、积载、限量和例外的详细要求，以防止或最大限度减少有害物质对海洋环境的污染。

（4）对以前曾装运过有害物质的空容器，除已采取足够的预防措施确保其中已无危害海洋环境的残余物外，应视其本身为有害物质。

（5）本附则要求不适用于船用物料和设备。

3．包装

根据其所装的特定物质，包件应能使其对海洋环境的危害减至最低限度。

4．标志和标记

盛装有害物质的包件应有耐久的标志和标记，指明根据 IMDG Code 的相关规定该物质为有害物质。

在盛装有害物质包件上加标志和标记的方法应符合 IMDG Code 的相关规定。

5．单证

有关载运有害物质的运输信息应符合 IMDG Code 的相关规定，并应向港口国当局指定的人员或组织提供这些信息。

每艘装运有害物质的船舶应具有一份特别的清单、舱单或积载图，按 IMDG Code 的相关规定列明船上所装有害物质及其位置。离港前应备有一份这些单证的副本，以供港口国当局指定的人员或组织使用。

6．积载

正确积载和系固，将污染危害减至最低限度，且不损害船舶和船上人员的安全。

7. 限量

对某些有害物质,由于科学和技术原因,可能禁运或对某一船舶的装载数量加以限制。限量时应考虑船舶大小、结构和设备、包装和性质等。

8. 例外

禁止将以包装形式装运的有害物质抛弃入海,但为保障船舶安全或救护海上人命所必需者除外。

9. 关于操作要求的港口国监控

当船舶停靠在另一缔约国港口时,如有明显理由确信该船长或船员不熟悉船上主要的防止有害物质污染程序,该船应接受该缔约国正式授权的官员对其按本附则的有关操作要求进行检查。

如有明显理由确信该船船长或船员不熟悉船上主要的防止有害物质污染程序,该缔约国应采取包括进行详细的检查在内的措施,并按本附则要求确保该船在按本附则的要求调整至正常状态前,不得开航。

截至2013年1月9日,已经有138个国家加入《防污公约》(MARPOL)附则Ⅲ,船舶总吨位占世界商船总吨位的97.59%。

六、附则Ⅳ——防止船舶生活污水污染规则

《防污公约》(MARPOL)附则Ⅳ已于2003年9月27日生效,我国于2006年11月2日加入,于2007年2月2日生效。该规则现共有13条正文和1个附录(国际防止生活污水污染证书格式)。其主要内容如下:

(一) 船舶"生活污水(Sewage)"的定义

(1) 任何形式的厕所和小便池以及从厕所排出孔排出的排出物和其他废弃物。

(2) 医务室(药房、病房等)的面盆、洗澡盆和从这些处所排出孔排出的排出物。

(3) 装有活畜禽货的处所的排出物。

(4) 混有上述排出物的其他废水。

(二) 适用范围

附则规定,本附则适用于400总吨及以上或经核定许可载运15人以上的新船。这里的"新船"系指本附则生效后签订建造合同或安放龙骨的船舶或处于类似建造阶段的船舶。对于现有船舶,则在本附则生效之日的5年以后适用。

(三) 检验

检验主要是指对船上安装的生活污水处理装置等的检验。

(1) 初次检验是指第一次发证时的检验。

(2) 换证检验是指间隔不超过5年,要换发新证时的检验。

(3) 附加检验是指在进行重大修理或换新后进行的全面或部分检验。

(四) 签发证书

经检验合格,由主管机关或由其正式授权的任何个人或组织签发"国际防止生活污水污染证书"(International Sewage Pollution Prevention Certificate, ISPP证书)。本附则附录中有ISPP证书格式。

(五) 证书有效期

证书有效期一般为5年,在某些情况下可展期,但展期不超过5个月。

（六）生活污水系统

按规定，要求符合本附则各项规定的每艘船舶均应配备下列之一的生活污水系统。

（1）生活污水处理装置：该装置应经主管机关型式认可，并考虑到IMO制定的标准和试验方法。

（2）经主管机关认可的生活污水粉碎和消毒系统：该系统应配备令主管机关满意的各项设施，用于船舶在离最近陆地不到3 n mile处临时储存生活污水。

（3）集污舱：该集污舱的容量应参照船舶营运情况、船上人数和其他相关因素，能存放全部生活污水，并使主管机关满意。集污舱的构造应使主管机关满意，并应设有能指示其集存数量的目视装置。

（七）排放条件和标准

附则规定，适用本附则的船舶排放生活污水，必须符合下列条件。

（1）距最近陆地3 n mile以外，使用主管机关认可的生活污水系统，排放已经粉碎和消毒的生活污水，或距最近陆地12 n mile以外，排放未经粉碎和消毒的生活污水。但在任何情况下，不得将集污舱中储存的生活污水或源自装有活体动物处所的生活污水顷刻排光，而应在航行途中，船舶以不小于4 kn的航速航行时，以中等速率排放；排放率应经主管机关根据IMO指定的标准予以批准。

（2）船舶所设经批准的生活污水处理装置正在运转，该装置已由主管机关验证符合本附则所述的操作要求，同时，①该装置的试验结果已写入该船的ISPP证书；②排出物在其周围的水中不应产生可见的漂浮固体，也不应使水变色。

（八）例外

（1）为保障船舶和船上人员安全和海上人命救护而排放。

（2）船舶和设备受损而排放，但在发生损坏之前和以后，已采取一切合理的预防措施和使排放减至最低限度。

（九）接收设备

要求各缔约国政府保证在其港口、装卸站设置足够的船舶生活污水接收设备，并使之不造成船舶的不当延迟。同时规定接收设备的进口管线与船上管路相联结，两条管线应装上符合标准的排放接头。

截至2013年1月9日，已经有131个国家加入《防污公约》（MARPOL）附则Ⅳ，船舶总吨位占世界商船总吨位的89.65%。

七、附则Ⅴ——防止船舶垃圾污染规则

IMO海上环境保护委员会第62届会议于2011年7月15日以MEPC.201（62）决议通过了《防污公约》（MARPOL）附则Ⅴ的2011年修正案，以替代现行的附则Ⅴ，并已于2013年1月1日正式生效。该修正案对垃圾进行重新定义和分类，并对垃圾的排放作出新的规定。垃圾排放的基本原则由原来的“原则性许可”改变为现在的“原则性禁止”。同时，修正案对“垃圾管理计划”“垃圾记录簿”和垃圾公告牌的内容和要求进行调整。

经修正后的《防污公约》（MARPOL）附则Ⅴ共有10条正文和1个附录（“垃圾记录簿”格式）。其主要内容如下：

（一）“垃圾”的定义

“垃圾（Garbage）”系指产生于船舶正常营运期间并需要连续或定期处理的各种食品废弃物、

生活废弃物、生活废弃物、操作废弃物、所有的塑料、货物残留物、焚烧炉灰、食用油、渔具和动物尸体,但本公约其他附则中所界定的或列出的物质除外。垃圾不包括因航行过程中的捕鱼活动中、为把包括贝类在内的鱼产品安置在水产品养殖设施内的活动中、把捕获的包括贝类在内的鱼产品从此类设施转到岸上加工的运输过程中产生的鲜鱼及其各部分。

（二）适用范围

除另有明文规定外,本附则须适用于所有船舶,也适用于国际航行船舶和沿海航行船舶,以及固定或浮动式平台。

（三）禁止排放垃圾入海的一般规定

（1）除本附则第4~7条另有规定外,禁止排放任何垃圾入海。

（2）除本附则第7条另有规定外,禁止排放任何塑料入海,包括但不限于合成绳、合成纤维渔网、塑料垃圾袋和塑料制品的焚烧炉灰。

（3）除本附则第7条另有规定外,禁止排放食用油入海。

（四）特殊区域之外的垃圾排放

（1）仅当船舶处于在航状态且尽可能远离最近陆地时,方允许在特殊区域之外向海洋排放以下垃圾,但无论如何必须：①在距最近陆地不少于3 n mile处排放已经粉碎机或研磨机处理后的食品废弃物。这种经粉碎或研磨后的食品废弃物须能通过筛眼不大于25 mm的粗筛。②未经上述①项处理过的食品废弃物,在距最近陆地不少于12 n mile处排放。③对于无法以常用卸载方法回收的货物残留物,在距最近陆地不少于12 n mile的地方排放。考虑到IMO制定的导则,这些货物残留物不得含有任何被列为有害海洋环境的物质。④对于动物尸体,考虑到本IMO制定的导则,其排放须尽可能远离最近陆地。

（2）货舱、甲板和外表面清洗水中含有的清洁剂或添加剂可以排放入海,但是,考虑到IMO制定的导则,这些物质不得危害海洋环境。

（3）当垃圾中掺入其他禁止排放或有不同排放要求的物质,或是被此种物质污染时,须适用更为严格的要求。

（五）特殊区域内的垃圾排放

（1）仅当船舶处于在航状态并遵守以下规定时,方允许在特殊区域内向海洋排放以下垃圾。①排放食品废弃物入海须尽可能远离最近陆地,但距最近陆地或最近冰架须不少于12 n mile。该食品废弃物须已经粉碎或研磨处理且须能通过筛眼不大于25 mm的粗筛。食品废弃物须未受任何其他类型的垃圾污染。除非已经过无菌处理,否则禁止在南极区域排放包括禽类和禽类部位在内的外来鸟类产品。②对于无法以常用卸载方法回收的货物残留物,须在满足下列所有条件后方可排放：a考虑到IMO制定的导则,货舱洗舱水中包含的货物残留物、清洗剂或添加剂不包含任何被列为对海洋环境有害的物质；b出发港和下一目的港都在特殊区域内,且船舶在这些港口间航行时不会驶出特殊区域；c考虑到IMO制定的导则,这些港口没有足够的接收设施；d当满足本款上述3项条件时,排放包含残留物的货舱洗舱水须尽可能远离最近陆地或最近冰架,且距最近陆地或最近冰架不少于12 n mile。

（2）考虑到IMO制定的导则,只有在对海洋环境无害的情况下,甲板和船舶外部表面清洗水中含有的清洁剂或添加剂才可以排放入海。

（3）以下规定适用于南极区域：①各缔约国,如其港口内有来往于南极区域的船舶挂靠,有义务根据船舶使用需求,确保尽快为所有船舶提供可接收所有垃圾的充足的实用设施,不使船舶发生不当延误；②各缔约国须确保悬挂其船旗的船舶在进入南极区域前,船上有足够容积储存船舶在该区域营运期间产生的所有垃圾,且已完成离开该区域后把这些垃圾排至某一接收设施的安排。

(4) 当垃圾中掺入其他禁止排放或有不同排放要求的物质,或是被此种物质污染时,须适用更为严格的要求。

就本附则而言,特殊区域指地中海区域、波罗的海区域、黑海区域、红海区域、海湾区域、北海区域、南极区域和大加勒比海区域。

(六) 公告牌、垃圾管理计划和垃圾记录

1. 公告牌 (Placards)

(1) 总长在 12 m 及以上的船舶,以及固定或浮动平台,均须张贴公告牌,根据具体情况告知船员和乘客本附则第 3 ~ 6 条的排放要求。

(2) 公告牌须使用船员的工作语言,对于航行于本公约其他缔约国管辖权限范围内的港口或离岸式码头的船舶,还须使用英语、法语或西班牙语。

2. "垃圾管理计划 (Garbage Management Plans, GMP)"

100 总吨及以上的船舶,经核准载运 15 人或以上的船舶,以及固定或浮动平台,须配备"垃圾管理计划",且船员均须执行。该管理计划须提供书面的有关垃圾减少、收集、存储、加工和处理,包括船上设施使用的程序。该计划还须指定一名或多名人员负责执行垃圾管理计划。该计划须基于 IMO 制定的导则并使用船员的工作语言。

3. "垃圾记录簿 (Garbage Record Book, GRB)"

(1) 驶向本公约其他缔约国管辖权范围内的港口或离岸式码头的 400 总吨及以上的船舶和经核准载运 15 人或以上的船舶,以及固定或浮动平台,均须配备"垃圾记录簿"。"垃圾记录簿"无论是否为官方日志的一部分或其他形式,均须使用本附则附录中规定的格式。①每次排放入海或排至某一接收设施,或者完成的焚烧作业,须及时记录在"垃圾记录簿"中并且由主管高级船员在排放或焚烧作业的当日签署。"垃圾记录簿"每页记录完成时须由船长签字。"垃圾记录簿"须至少使用英语、法语或西班牙语填写。如"垃圾记录簿"同时还以船舶的船旗国官方语言填写的,在出现争执或不一致情况时,须以船旗国官方语言填写的为准。②每次排放或焚烧作业记录须包括日期和时间、船位、垃圾的种类以及排放或焚烧垃圾的估计量。③"垃圾记录簿"须留存在船舶、固定或浮动平台上的适当处所,以备在所有合理时间内随时可查。该记录簿在完成最后一次记录后须至少保留 2 年。④若发生本附则第 7 条所指的任何排放或意外灭失,须在"垃圾记录簿"中予以记录,或者对于 400 总吨以下的船舶,须在船舶官方日志中予以记录。记录包括排放或灭失的位置、环境和原因,排放或灭失物的详情,以及避免或尽可能减少该类排放或灭失的合理预防措施。

(2) 主管机关可对以下情况免除"垃圾记录簿"的要求:①经核准载运 15 人或以上的、持续航行时间为 1h 或以下的任何船舶;②固定或浮动平台。

(3) 本公约缔约国的主管当局可对停靠本国港口或离岸式码头的、本条对其适用的任何船舶上的"垃圾记录簿"或"航海日志"进行检查,并可将记录簿中任何记录制作副本,也可要求船长证明该副本是有关记录的真实副本。所有经船长证明是船舶"垃圾记录簿"或船舶"航海日志"某项记录的真实副本,须可在任何的诉讼程序中作为该项记录中所记录事实的证据。主管当局根据本款针对"垃圾记录簿"或船舶官方日志的检查以及制作被证明的副本须尽可能迅速进行,不使船舶发生不当延误。

(4) "垃圾记录簿"种类和格式。附录列出船舶垃圾的种类为:

A. 塑料；
B. 食品废弃物；
C. 生活废弃物（如纸制品、布、玻璃、金属、瓶子、陶器等）；
D. 食用油；
E. 焚烧炉灰；
F. 操作废弃物；
G. 货物残留物；
H. 动物尸体；
I. 渔具。

"垃圾记录簿"新格式见表5－11。

表5－11　"垃圾记录簿"新格式

日期/时间	船舶位置/说明（如：意外灭失）	种类	排放或焚烧估算量	排入海中	排向接收设施	焚烧	证书/签名

这里还需强调的是作为防止船舶垃圾污染海洋的根本措施是尽可能地减少可能产生的垃圾量。所有船舶管理人员应尽可能减少带上船的垃圾和船上产生的垃圾，可以通过适当的供应食品方法减少生活废弃物；有效地装卸货物，以避免或减少货物残余物等。只有这样才可能将船舶垃圾对海洋环境造成的污染降至最小。

截至2013年1月9日，已经有144个国家加入《防污公约》（MARPOL）附则Ⅴ，船舶总吨位占世界商船总吨位的98.47%。

八、附则Ⅵ——防止船舶造成空气污染规则

1997年9月16—26日召开的《防污公约》（MARPOL）缔约国大会通过《73/78防污公约》1997年议定书，为该公约增加一个新附则，即附则Ⅵ——防止船舶造成空气污染规则。该附则已于2005年5月19日生效，2006年8月23日对我国生效。

经多次修正，附则Ⅵ现共有4章23条和8个附录。第一章总则，第二章检验、发证和控制手段，第三章船舶排放控制要求，第四章船舶能效规则；附录Ⅰ国际防止空气污染（IAPP）证书格式，附录Ⅱ试验循环和加权因数，附录Ⅲ指定排放控制区域的标准和程序，附录Ⅳ船上焚烧炉的型式认可和操作限制，附录Ⅴ燃油交付单中包括的资料，附录Ⅵ防污公约附则和燃油样品的燃油验证程序，附录Ⅶ北美排放控制区域和附则Ⅷ国际效能（IEE）证书格式。附则Ⅵ的主要内容如下。

（一）适用范围

本附则的规定应适用于所有的船舶。

（二）定义

（1）排放（Emission）系指从船舶上向大气或海洋释放受本附则控制的任何物质。

（2）排放控制区（Emission Control Area，ECA）系指要求对船舶排放采取特殊强制措施以防止、减少和控制 SO_x 或 NO_x 和颗粒物质或所有3种排放类型造成大气污染以及随之对人类健康

和环境造成不利影响的区域。排放控制区域应包括本附则第13条和第14条所列或所指定的区域。

(3) 消耗臭氧物质(Ozone Depleting Substances, ODS)系指在应用或解释本附则时有效的“1987年消耗臭氧层物质蒙特利尔议定书”第1(4)条中定义的并在该议定书附件A,B,C或E中所列的受控制物质。

在船上可能有的消耗臭氧物质包括但不限于下列各项:

Halon1211　溴氯二氟甲烷

Halon1301　溴三氟甲烷

Halon2402　1,2-二溴化物-1,1,2,2-四氟乙烷(亦称作Halon 114B2)

CFC—11　三氯氟甲烷

CFC—12　二氯二氟甲烷

CFC—113　1,1,2-三氯-1,2,2-三氟乙烷

CFC—114　1,2-二氯-1,1,2,2-四氟乙烷

CFC—115　氯五氟乙烷

(三) 检验

凡每艘400总吨及以上的船舶以及所有固定式和移动式钻井平台和其他平台,应进行下列规定的检验。

(1) 初次检验:在船舶投入营运之前或在首次签发“国际防止空气污染证书”(International Air Pollution Prevention Certificate, IAPP证书)之前进行。这种检验应保证设备、系统、装置、布置和材料完全符合本附则中适用的要求。

(2) 换证检验:按主管机关规定的间隔进行,但不超过5年。这种检验应保证设备、系统、装置、布置和材料完全符合本附则的要求。

(3) 中间检验:在证书的第二个周年日之前或之后3个月内或第三个周年日之前或之后3个月内进行。中间检验应确保设备及其布置完全符合本附则的适用要求,并处于良好的工作状态。

(4) 年度检验:在证书的每个周年日之前或之后3个月内进行,包括对设备、系统、附件、布置和材料的总体检查,以确保其已按规定进行保养,并确保其继续满足船舶预定的营运要求。

(5) 附加检验:在任何重大修理或换新后进行的全面或部分检验,这种检验应确保已有效进行了必要的修理或换新,确保这种修理或换新所用的材料和工艺在各方面均属合格,并确保该船在各方面均符合本附则的要求。

如果船舶小于400总吨,主管机关可制定相应措施,以确保其符合本附则中适用的规定。

(四) 证书的颁发

按规定进行检验合格后,由主管机关或经主管机关正式授权的任何人员或组织签发IAPP证书。本附则附录Ⅰ有IAPP证书格式,用发证国的官方文字写成。如所用文字非英文、法文或西班牙文,则证书的文字还应包括这3种文字之一的译文。证书的有效期为5年。

(五) 船舶控制排放的要求

1. 消耗臭氧物质

(1) 应禁止消耗臭氧物质的任何故意排放。故意排放包括在系统或设备的维护、检修、修理或处置过程中的排放,但故意排放不包括与消耗臭氧物质的回收或再循环相关的微量释放。由消耗臭氧物质泄漏引起的排放,无论此泄漏是否属于故意,可由各缔约国进行管理。

(2) 在下列情况下,须禁止使用含氢化氯氟烃(HCFCs)以外的消耗臭氧物质的装置:①2005

年5月19日或以后建造的船舶;或②对于2005年5月19日以前建造的船舶,设备交付船上的合同日期为2005年5月19日或以后,或者无交付合同日期,设备交付船上的实际日期为2005年5月19日或以后。

(3) 消耗臭氧物质以及设备中含有的此类物质,当其从船上卸下时,应送到合适的接受设备中。

(4) 受附则约束的每艘船舶应保存一份含消耗臭氧物质的设备清单。

(5) 拥有含消耗臭氧物质的可重新充注系统的每艘船舶应保存一份"消耗臭氧物质记录簿(Ozone Depleting Substances Record Book, ODSRB)"。经主管机关批准,该记录簿可以是现有航海日志或电子记录系统的一部分。

(6) "消耗臭氧物质记录簿"中的物质应按其质量(kg)记录,且在任何情况下都应及时记入下列内容:①含消耗臭氧物质的设备的全部或部分重新充注;②含消耗臭氧物质的设备的修理或维护;③消耗臭氧物质向大气的故意和非故意排放;④消耗臭氧物质向路基接收设备的排放;⑤向船舶供应消耗臭氧物质。

2. 氮氧化物 (NO_x)

除应急发电机组、救生艇以及应急装置使用的柴油机外,在2000年1月1日或以后建造的船上,每一台输出功率超过130 kW的船用柴油机,NO_x的排放量应在下列限值内。

(1) 第Ⅰ级。2000年1月1日或以后至2011年1月1日以前建造的船舶:①17.0 g/(kW·h)($n<130$);②$45.0\times n^{-0.2}$ g/(kW·h)($130\leqslant n<2\,000$);③9.8 g/(kW·h)($n\geqslant 2\,000$)。其中n为发动机额定转速,r/min。

(2) 第Ⅱ级。2011年1月1日或以后建造的船舶:①14.4 g/(kW·h)($n<130$);②$44.0\times n^{-0.2}$ g/(kW·h)($130\leqslant n<2\,000$);③7.7 g/(kW·h)($n\geqslant 2\,000$)。

(3) 第Ⅲ级。2016年1月1日或以后建造的船舶:①3.4 g/(kW·h)($n<130$);②$9.0\times n^{-0.2}$ g/(kW·h)($130\leqslant n<2\,000$);③2.0 g/(kW·h)($n\geqslant 2\,000$)。

3. 硫氧化物 (SO_x)

(1) 船上使用的任何燃油,其硫含量不得超过下列限值:2012年1月1日以前,4.50% m/m;2012年1月1日及以后,3.50% m/m;2020年1月1日及以后,0.50% m/m。

(2) 船舶在排放控制区(ECA)内航行时,船上所用的燃油的硫含量不得超过下列限值:2010年7月1日以前,1.50% m/m;2010年7月1日及以后,1.00% m/m;2015年1月1日及以后,0.10% m/m。

排放控制区应包括波罗的海区域、北海区域、北美区域和MEPC划定的任何其他区域,包括港口区域。

4. 挥发性有机化合物 (VOCs)

(1) 对液货船VOCs排放进行控制的缔约国须向IMO递交一份通知书。该通知书须包括所需控制的液货船的尺度、需要蒸气释放控制系统的货物种类以及该控制的生效日期。该通知书至少在生效日期之前6个月递交。

(2) 所有指定液货船VOCs释放控制港口或装卸站的缔约国,须保证在其指定的港口和装卸站配备经该缔约国根据IMO制定的"蒸气排放控制系统安全标准"认可的蒸气排放控制系统,并确保该系统的操作安全及能防止造成船舶的不当延误。

(3) 液货船须配备主管机关根据IMO制定的"蒸气排放收集系统安全标准"认可的蒸气排放收集系统,并须在装载有关货物时使用该系统。

(4) 安装蒸气排放控制系统的港口或装卸站可以在公约附则Ⅵ生效之后的3年内接纳没有

安装蒸气收集系统的液货船。

(5) 载运原油的液货船须在船上备有并实施经主管机关认可的"挥发性有机化合物(VOCs)管理计划"。该计划须参照MEPC制定的指南编写。计划须具体到各船并：①为装载、海上航行和卸货时将VOCs排放降到最低提供书面程序；②考虑到COW产生的额外VOCs；③指定负责实施该计划的人员；④对于国际航行船舶，用船长和高级船员的工作语言编写，如船长和高级船员的工作语言不是英语、法语或西班牙语，则包括其中一种语言的译文。

5. 船上焚烧

(1) 在船舶正常操作过程中产生的污泥和油渣的船上焚烧也可以在主、辅发电机或锅炉内进行，但这种焚烧不能在码头、港口和河口内进行。

(2) 除上条规定外，船上焚烧只允许在船用焚烧炉中进行。

(3) 应禁止下列物质在船上焚烧：①附则Ⅰ～Ⅲ规定的货物残余物或相关的被污染的包装材料；②多氯联苯(PCB)；③附则Ⅴ中定义的含有超过微量重金属的垃圾；④含有卤素化合物的精炼石油产品；⑤不在船上产生的污泥和油渣；⑥废气清洗系统的残余物。

(4) 应禁止在船上焚烧聚氯乙稀(PVCs)，但在已颁发IMO型式认可证书的船上焚烧炉内焚烧除外。

6. 接收设施

要求各缔约国保证提供充分的接收设施以满足①船舶使用其修理港时接收从船上卸下的消耗臭氧物质以及含有这些物质的设备的需要；②船上使用其港口、装卸站或修理站时接收废气滤清系统产生的废气清除残余物的需要，而不对船舶造成不当延误；③在拆船厂中接收从船上卸下的消耗臭氧物质和含有这些物质的设备的需要。

7. 燃油质量的提供和保证

(1) 燃油供应。如缔约国发现船舶不符合附则Ⅵ规定的合格燃油的标准，该缔约国主管当局有权要求船舶①递交为试图达到符合标准而采取行动的记录；②提供其根据航次计划试图购买合格燃油的证据，如无法按计划购得，已努力寻找该燃油的替代来源，并且虽已为获得合格燃油作出最大努力，仍无法购得该燃油的证据。

(2) 燃油质量。供给附则Ⅵ所适用的船舶，并用于船上燃烧的燃油须符合下列要求。①燃油须为石油精炼产生的烃的混合物，但并排除加入少量用于改善某些方面性能的添加剂；②燃油须不含无机酸；③燃油不得含有任何会产生下列后果的附加物质或化学废弃物：危害船舶安全或对机械性能有不利影响，对人员有害或总体上增加空气污染。

燃油交付单须存放在船上任何合理的时间随时可供检查之处，并须在燃油交付船上之后保持3年。

(六) 船舶能效规则

IMO于2011年7月通过在《防污公约》(MARPOL)附则Ⅵ中纳入船舶能效规则(新增第4章)的修正案，该修正案已于2013年1月1日生效，这是第一个专门针对国际海运温室气体减排的强制性法律文件。

1. 主要内容

船舶能效规则设定改进船舶能效的技术标准，规定新船(包括经过重大改建且被主管机关视为新造船的现有船)须在不同阶段满足相应的能效设计指数(Energy Efficiency Design Index, EEDI)。

船舶能效规则同时规定，每艘适用船舶须在船上保存一份具体的船舶能效管理计划(Ship

Energy Efficiency Management Plan, SEEMP)，该计划应按照 IMO《制定船舶能效管理计划导则》制定。

新船 EEDI 是衡量船舶设计和建造能效水平的一个指标，即根据船舶在设计最大载货状态下以一定航速航行所需推进动力以及相关辅助功率消耗的燃油计算出的 CO_2 排放量，EEDI 越大，说明船舶能耗越高。EEDI 的设立是为了在未来为船舶建立一个最低能源效率的标准。由于能源效率与 CO_2 联系的紧密性，IMO 在设立 EEDI 标准后通过设定最大允许 EEDI，然后在未来几年内逐步减小。

2. 适用范围

(1) 船舶能效规则适用于 400 总吨及以上的国际航行船舶。国内沿海和内河航行船舶，以及小于 400 总吨的国际航行船舶实施能效规则的要求另行规定。

(2) EEDI 适用于所有 400 总吨及以上船舶，并分 4 个阶段逐步达到在基线基础上降低碳排放 30% 的目标，即 2013 年 1 月 1 日—2014 年 12 月 31 日可保持基线要求，2015 年 1 月 1 日—2019 年 12 月 31 日降低 10%，2020 年 1 月 1 日—2024 年 12 月 31 日降低 20%，2025 年 1 月 1 日及以后降低 30%。EEDI 不适用于具有柴油电力推进、涡轮推进或混合推进系统的船舶。

(3) 船舶能效管理计划适用于 400 总吨及以上的现有和新建国际航行船舶。对于现有船舶，须在 2013 年 1 月 1 日以后的首次、中间或换证检验时进行验证；对于新建船舶，应在投入营运和签发"国际船舶能效证书"(International Energy Efficiency Certificate, IEE 证书)之前的初次检验时进行验证。

3. 船舶检验和证书签发

400 总吨及以上的国际航行船舶应按照修正案要求进行检验，并持有主管机关或经其授权的任何组织签发的 IEE 证书。除另有规定之外，IEE 证书应在船舶整个寿命期间内有效。检验须验证船舶达到的 EEDI 符合船舶能效规则的要求。

4. 船舶能效管理计划的审核

船舶能效管理计划可作为船舶安全管理体系的一部分。考虑到负责船舶能效管理的公司是指"承担船舶经营责任和任何组织或法人"，即船舶经营人。为避免公司建立更多的体系，既负责船舶安全管理又负责船舶营运的航运公司及其船舶应将船舶能效管理计划纳入安全管理体系。

截至 2013 年 1 月 9 日，已经有 75 个国家加入《防污公约》(MARPOL)附则Ⅵ，船舶总吨位占世界商船总吨位的 94.77%。

第七节　1990 年国际油污防备、反应和合作公约及2000 年议定书

一、1990 年国际油污防备、反应和合作公约

(一) 产生背景

自 20 世纪 50 年代以来，随着世界上油船船队和固定或浮动的平台迅速发展，重大油污事故不断出现。为保护海洋环境，防止船舶造成海洋污染，IMO 相继制定 MARPOL 73/78，《1969 年干预公约》和《1973 年干预议定书》等有关国际公约。据 IMO 统计，由于上述公约的实施，从 1981 年起，因海上运输导致在海洋中的排油量减少 60%。20 世纪 80 年代以来，每年发生重大溢油事

故的件数和溢油量比70年代有显著下降。但1989年却是个大灾年,全年海上溢油量达20万t左右,是80年代的第三个高峰年份。有人分析,世界油船船队正处于中年时期,70%的大型油船平均服役达13年以上,因而客观上存在着发生重大溢油事故的隐患。1989年3月,美国埃克森石油公司油船“埃克森·瓦尔迪兹(Exxon Valdez)”号在阿拉斯加附近海域搁浅,造成严重污染。对这一事故的处理表明,国际上缺少一种有效的油污防备、反应和合作机制。要想减少重大油污事故和避免重大灾难,就有必要建立一个国家、区域和全球性的有效的防备和反应系统。为此,IMO应巴黎工业发达国家会议的要求,于1989年10月第16届大会期间通过一项决议,着手拟订一项国际公约。

在IMO海上环境保护委员会第29届会议上,成立工作组,并讨论由美国提交的《国际油污防备和反应公约》草案。1990年5月,IMO又为此召开预备会议,讨论油污防备公约草案。1990年11月19—30日IMO在伦敦召开外交大会,93个国家和17个国际组织派代表或观察员与会,会议经过激烈的争论和反复协商,最后通过《1990年国际油污防备、反应和合作公约》(International Convention on Oil Pollution Preparedness, Response and Cooperation, 1990),简称《1990年油污防备公约》(OPRC 1990)。

(二)主要内容

该公约有19条条款和1个附件。

1. 适用范围

公约规定,本公约适用于所有类型的船舶、近海装置、海港和装卸油设施,包括油码头、海上输油管道。但不适用于任何军舰、海军辅助船舶或其他由国家拥有或使用、并在当时只用于政府非商业性服务的船舶。

2. 油的定义

公约规定,本公约中的油,指任何形式的石油,包括原油、燃料油、油泥、油渣和炼制品。因为《1990年油污防备公约》旨在防备,因此油的定义也应尽可能的广泛。一旦发现溢油,不论是持久性油类还是非持久性油类,均应迅速向有关方面报告。只有这样,才能防患于未然,切实起到防备的作用。

3. 油污应急计划

公约对船舶、近海装置和海港分别规定应配备油污应急计划:

(1)船舶油污应急计划:公约规定,所有船舶都应有一份船上油污应急计划。具体执行参照MARPOL 73/78中的有关规定。由于MARPOL 73/78已通过附则Ⅰ新增第26条(现37条)《船上油污应急计划》的修正案,规定凡150总吨及以上油船和400总吨及以上非油船船舶,均备有一本经主管机关批准的“船上油污应急计划”,因此《1990年油污防备公约》里不作详细规定,只提及参照MARPOL 73/78有关规定。

(2)近海装置的油污应急计划:公约规定,每一缔约国应要求在其管辖的近海装置的经营人,备有油污应急计划,并规定,该油污应急计划应与国家系统协调,并按国家主管当局规定的程序批准。其中,国家主管当局系指沿海国主管当局,这充分反映沿海国的管辖权。

(3)海港和油装卸设施的油污应急计划:公约规定,海港和油装卸设施应按要求备有油污应急计划。海港和油装卸设施系指易发生油污事故的设施,其中包括海港、油码头、管道和其他油装卸设施。管道系指海底输油管道或可能造成海上油污染的管道。

4. 油污事故的报告程序

公约规定,当发生溢油事故时,应向最近的沿海国报告。

5. 关于技术合作条款

公约规定,为促进在遇有重大油污事故时进行区域性或国际性合作,缔约国有义务为请求援助的缔约国促进人员培训,并保证根据其国家法律、条例和政策,在转让油污防备和反应技术方面进行积极合作。

6. 其他内容

公约中还对国家和区域防备和反应系统的最低要求、油污反应的国际合作、研究和开发油污防备和反应的新技术,如监视、围控、回收和清除技术等,促进设备和反应方面的双边和多边合作,评估公约的有效性等方面作了规定。

7. 生效情况

《1990年油污防备公约》已于1995年5月13日生效。我国已于1998年3月30日加入《1990年油污防备公约》,并于1998年6月30日对我国生效。截至2013年1月9日,已经有106个国家加入《1990年油污防备公约》,船舶总吨位占世界商船总吨位的71.04%。

二、2000年有害和有毒物质事故防备、反应和合作议定书

(一) 产生背景

随着世界经济的迅猛发展,国际贸易运输中化工产品特别是有害和有毒物质(Hazardous and Noxious Substances, HNS)日益增多,载运有害和有毒物质的船舶事故也呈多发趋势,给海洋环境和海员的人身安全造成重大威胁。

依据《1990年国际油污防备、反应合作会议》第10号决议,IMO加强与有关国际组织在有害和有毒物质事故防备、反应和合作的各方面协作,将《1990年油污防备公约》扩大到有害和有毒物质。于是国际有害和有毒物质事故防备、反应和合作会议于2000年3月9—15日在伦敦召开,通过《2000年有害和有毒物质事故防备、反应和合作议定书》(Protocol on Preparedness, Response and Cooperation to Pollution Incidents by Hazardous and Noxious Substances, 2000),简称OPRC-HNS 2000议定书。如同《1990年油污防备公约》一样,OPRC-HNS 2000议定书旨在为抗御重大有害和有毒物质事故或海上污染威胁的国际合作方面提供一个全球性的统一框架。

(二) 主要内容

该议定书共18条及1个附件(援助费用的偿还),包括总则、定义、应急计划和报告、国家和区域的防备和反应系统、污染反应的国际合作、研究和开发、技术合作等。

1. 定义

(1) 有害和有毒物质污染事故系指任何发生或同一起连续发生包括火灾或爆炸,因而导致或可能发生有害和有毒物质的排放、释放或喷出,因而造成或可能造成对海洋环境或海岸线或一个或多国利益构成或可能构成威胁,和需要应急行动和其他迅速反应措施的事故。

(2) 有害和有毒物质系指除油类之外的任何物质,如其进入海洋环境很可能危及人体健康,损害生物资源以及海洋生物,损害舒适度或妨碍其他海洋的合法利用。

(3) 海港与有害和有毒物质的处理设施系指这些港口或这些物质的设施是为船舶进行装卸的设施。

2. 应急计划和报告

(1) 每个缔约国应要求悬挂其船旗的船舶备有船上污染事故应急计划,要求船长和其他人员掌握报告程序、内容要求,按照IMO制定的公约并对该缔约国生效的规定进行报告。对近海

装置的船上污染事故应急计划包括浮动生产贮库、卸货设施(FPSOs)和浮动贮存装置(FSUs),除使用本条规定外,应执行国家规定和/或公司环境管理系统的规定。

(2) 每一缔约国应要求海港和有害和有毒物质处理设施的主管领导或作业人员,对其管辖下认为合适的有害和有毒物质污染应急计划或对有害和有毒物质作类似的安排并认为满意的规定,根据下面3要求建立的国家系统以及按照国家主管当局制定的程序进行批准。

(3) 当一缔约国主管当局接到污染事故时,他们应通报可能受到事故影响有利益关系的其他缔约国。

3. 国家和区域的防备和反应系统

(1) 每一缔约国应建立一个有效对付污染事故和快速反应的国家系统。

(2) 此外,每一缔约国应在其力所能及的范围内,各自通过双边或多边合作的能力,扩充造船业或有害和有毒物质工业、港口及其他有关实体合作的要求。

(3) 每一缔约国应确保直接地或通过有关区域性组织或安排向IMO提供其要求的最新资料。

4. 其他内容

该议定书的其他内容有污染反应的国际合作、研究和开发、技术合作、促进防备和反应的双边和多边合作等。

(三) 小结

OPRC-HNS 2000议定书已于2007年6月14日正式生效。截至2013年1月9日,已有33个国家加入OPRC-HNS 2000议定书,船舶总吨位占世界商船总吨位的47.97%。

OPRC-HNS 2000议定书要求,载运有害和有毒物质的船舶以及装卸港口等应制定船上污染应急计划以及港口污染应急计划等。同时,OPRC-HSN 2000议定书使载运有害和有毒物质的船舶与油船一样在防备反应和合作的框架之内,对于推广在防备反应方面的技术合作以及双边和多边的国际合作具有重要的意义,从而促进国际范围内有关有害和有毒物质防备、反应技术教育、训练、技术服务和帮助的进行。

第八节　美国《1990年油污法》

一、产生背景

1990年8月18日,美国总统布什签署美国新的油污法——Oil Pollution Act of 1990,(OPA 90)。尽管此法不是一项国际法规定,但由于此法规定船舶所有人、经营人和光船租船人油污损害的严格责任制和义务,以及对油船和其他各类船舶设计和安全设备提出严格要求,这样凡在美国海域从事航运的船舶所有人都必须在其船舶管理和经营方面遵守这一整套规则。从而引起国际航运界极大震惊和不安。加之美国的石油运输在国际航运中占有举足轻重的地位,这样,美国《1990年油污法》的实施对油船船舶所有人和石油工业界产生极其不利的影响。

随着我国国际航运业近年来的发展,航行于美国港口水域的我国油船、集装箱班轮、散化船和其他货船日益增多。我国经营美国航线的航运公司应适应美国《1990年油污法》实施后的严峻形势，研究出相应对策。

美国早在1924年就制定本国的《石油污染法》，以后又制定1948年的《水污染控制法》、1956年的《联邦水污染控制法》、1972年的《联邦水污染控制法修正案》等，此外还参加一些国际防污公约。然而，1989年3月24日，美国阿拉斯加发生埃克森石油公司“埃克森·瓦尔迪兹（Exxon Valdez）”超大型油船的搁浅溢油事件，仅就油污清除费用而言，已高达20亿美元，美国国会在环境保护者的巨大压力下，制定该法。

二、主要内容

该法共有9章78节。从油污责任与赔偿、油污事件的预防与清除等方面，就防止船舶和海洋勘探开发等造成的污染，作出一系列严格规定。

1. 责任方

该法适用于船舶的所有者、经营者或光船租赁者，而不论船型如何，在该法中，每一责任方共同承担各自的严格责任。

2. 管辖

管辖适用于美国可航性水域，包括专属经济区，200 n mile 以内的范围。

3. 责任

当船舶发生油类排放或造成类似巨大威胁时，每一责任方应负担：①所有清除油污的费用（其中，当有油污威胁时，包括防止或减少事故所产生的费用）；②所有对自然资源、不动产或私人财产（包括经济损失）的损害，利用自然资源方面的损失，收益损失（包括税收），利润、能力的损失，以及在清除油污之时或之后所提供公共服务的附加费用。

4. 抗辩

如果责任方能够提供足够的证据证实油类排放的巨大威胁所造成的损失或清除油污费用是由以下原因引起的，责任方就可获得责任豁免。①天灾；②战争行为；③由于第三方的行为与不为，假使责任方能够证实他在油污问题上作到谨慎处理，对任何此种第三方的可预见行为与不为（和可预见的后果）采取预防措施；④油污事故是由索赔方的重大过失或恶意行为造成的。

然而对责任方来说，如果不能或拒绝按法律要求报告油污事故，在负责除油的官员执行清除活动时，不能或拒绝提供所有的合作，这些抗辩将不能成功。

5. 责任限制

油船的责任限额为每总吨1 200美元，超过3 000总吨的船舶，最低责任限额为1 000万美元；不足3 000总吨船舶，最低责任限额为200万美元。非油船船舶，责任限额为每总吨600美元，最低责任限额为50万美元。然而，如果油污事故是由以下引起的。①重大过失与恶意行为；②责任方的雇佣人员或其代理，或与责任方有契约关系的其他人违背适合于联邦安全、船舶结构或驾驶等方面的规则。责任方不能或拒绝遵从以上所述的关于对油污事故的报告，提供合作及其他适用于依该法进行抗辩的要求，责任方将丧失责任限制权利。

6. 民事责任

该法规定强制民事罚金为每天25 000美元或按排放油类每桶1 000美元计。如果排放油类是由于责任方的重大过失与恶意行为所引起，民事罚金不低于10万美元，但不超过按每桶3 000美元所计算的金额。如果不能清除油污或不遵守政府命令，将可以进一步的违规民事罚金为每天25 000美元或为溢油责任信托基金发生的费用的3倍。刑事处罚方面的许多条款包括对单位的罚金最高额为50万美元、对个人罚金最高额为25万美元。如果他没有对溢油事故加以汇报，对个人判刑最高为3年，即如果属于责任方的疏忽，或有意排放油类，则更进一步的刑事处罚包括罚金以及对个人的判刑。

7. 财务责任

要求航行于美国管辖的任何水域的超过300总吨的船舶（不运载货油或燃油的非自航船除外）的责任人或航行于属于美国管辖的专属经济区或以油类为燃料的任何船舶的责任人，必须建立足够的财务责任担保，以达到依该法责任限制条款规定的由责任方所有或经营的总吨最大的船舶的最高责任限额。

8. 与州立法的关系

该法不对州立法构成优先权。因此，每州都可以规定与排放油类或清除溢油有关的附加责任或要求，许多沿海州已制定它们自己的法案。已有案例表明，这些州的立法对本州或他州溢油损失实施无限责任。因此，在各联邦州法案下船舶所有人和经营者可能面临着超过新法规定责任以外的责任风险。

三、主要特点

美国《1990年油污法》的特点如下。

1. 大幅度提高船舶所有人的油污损害责任赔偿限额

原来的赔偿限额对油船船舶所有人为每总吨150美元，现提高到每总吨1 200美元；大于3 000总吨的油船，最低限额为1 000万美元；小于3 000总吨的油船，最低限额为200万美元。对其他船舶的船舶所有人为每总吨600美元或总额50万美元，以大者为准。

例如，一艘1万总吨的远洋船，船舶所有人责任限于赔付1 200万美元。换句话说，一艘船在美国发生重大油污事故，有可能把40条船一起赔进去。

2. 船舶所有人极易丧失赔偿责任限制的权利

该法规定丧失责任限制权利的条件是：①油污事故性质恶劣，系船舶所有人重大过失或故意过失造成的；②违反某项适用的联邦安全、建筑或营运规章。

尤其是后者，美国对船舶在可航水域中适用的联邦规定名目繁多，故发生这样或那样的违章是很容易的。而且，更有甚者，除以上条件外，还有一些规定：如事故发生后，船舶所有人未能及时报告，或未能提供负责官员要求的一切合理合作和协助，或在没有充分理由的情况下未能遵照执行海岸警卫队或其他政府有关当局对清除或减轻油污发布的一切合法命令，船舶所有人均可能丧失赔偿责任限制的权利。

3. 对船员的要求更加严格

（1）对船员酗酒和吸毒问题进行严厉处罚，甚至追究刑事责任。

（2）赴美国船舶尤其是油船的船员，将接受美国主管机关的考核，其中包括配员、培训、资历和值班标准。油船还要附加COW培训与证书、航行计划以及英语能力，外国船员发证的标准至少相当于美国法律或美国所接受的国际标准规定的能力，否则可能禁止其入港。要求油船船员必须具备为防止和消除油污行动时的应急反应能力。

4. 货船航行安全标准更为严格

（1）配备完善的、足够的航行设备和系统，如操舵罗经、ARPA雷达和卫星技术等。

（2）制订符合规定的航行计划和驾驶台常规命令。

（3）本国语言和英文对照的船舶所有人管理船舶的规章制度。

（4）船位报告制度。

5. 将要采取的一些新举措

（1）油船禁航的水域将增多。

（2）油船强制引航的水域将增多和扩大。

（3）某些水域将强制雇佣拖船护航（如威廉王子海湾，华盛顿的罗萨里欧海峡和普夫特海峡）。

（4）某些水域将派大马力拖船值守，通过此水域的油船将被强行收费。

6. 对油船构造和货油设备提出更高要求

（1）必须具有超高位液位报警装置。

（2）必须具有液位和舱内压力监测装置。

（3）油船必须建造成双层壳体。

（4）货油舱封闭测量装置。

（5）油气回收装置。

（6）船上必须备有经主管机关认可的油污应急计划。

四、影响与对策

1. 影响

美国《1990年油污法》属于联邦法律。该法不顾《1969年责任公约》和《1971年基金公约》及其修正案的规定，允许美国各州颁布自己的有关油污责任的法律，且对其不占有优先权。至少已有24个州制定有各自的油污法，其中16个州实施油污损害赔偿严格责任制，而且对船舶所有人没有责任限制的规定。以前由于船舶所有人可以享受"责任限制法"所规定的船价加运价的责任限制，这些州法对船舶所有人的责任不起很大作用。然而依照美国《1990年油污法》，船舶所有人已很难享受责任限制权利，该法又规定联邦油污法不影响任何州当局对发生在本州领域的油类污染事故对船舶所有人规定的额外赔偿责任或要求。例如，某船在美国西雅图港发生油污事故，除执行《1990年油污法》规定外，还得执行华盛顿州油污法规定。美国《1990年油污法》对船舶所有人的赔偿责任虽有限制，但华盛顿州实施"无限责任"的规定，船舶所有人就只能被剥夺享受责任限制的权利。

美国《1990年油污法》和州油污法对船舶所有人负责赔偿的油污损害项目和范围也在不断扩大，除费用之外，还有对自然资源（包括陆地、鱼类、野生动物、空气、水、地下水、饮用水源等）或个人财产的伤害、破坏、灭失所引起的损害赔偿，特别是其中有一项"由于自然资源的损害、破坏或灭失所引起的相等于利润损失或收益能力降低的损失"，对此，任何索赔人均可提出。例如，一位旅游区的所有人，虽然他的海滩没有受到油污，但他可提出由于油污事故引起的利润损失赔偿诉讼；或是一位饭店老板，由于他的鱼类来源被油污事故中断，他也可据此提出收益能力降低的赔偿诉讼；甚至一位卡车车主由于无鱼可运而损失营业额或一个猎人由于无野鸭可猎而一季无业，都可以提出索赔。

值得注意的是，美国《1990年油污法》虽然是针对油船制定的，但该法对各类运输船舶也完全适用。一艘货船一旦在美国水域发生海事，如与油船发生碰撞导致对方大量溢油，或自身发生触礁、搁浅等事故，双层底油舱破损漏出大量燃油，都会造成严重污染，而肇事船的船舶所有人将承担无法估计的赔偿责任，如果公司船队结构不作相应改变的话，更逃脱不了连带的赔偿责任。因此，一宗油污事故决不能单独地把它看成是一条船的问题，也可能给整个公司或整条船队带来灾难性覆没。

2. 对策

美国《1990 年油污法》出台后，国际海商法界及航运界反映十分强烈。特别是航运量大的集团公司，对于该法及各州法律对船舶所有人的绝对责任制和无限责任制以及天文数字的油污损害赔偿都在认真研究对策。如通过分散资产、改变公司结构、成立单船公司等手段以逃避连带责任。但从根本上讲，只有重视安全，防止各项事故尤其是油污事故，以及加强对油污事故处理和减少损失的训练，才能在最大限度上减少损失。

针对美国《1990 年油污法》，一些航运公司都纷纷采取一些对策措施。国内某航运公司曾于1990 年发出紧急通知，要求公司船舶：

（1）航行美国水域（包括美国近海和专属经济区及夏威夷海域）的各类船舶，船舶领导要向全体船员宣讲美国的《1990 年油污法》，应强调指出若造成油污损失，船舶所有人将承担无限赔偿责任的严重性。发生重大油污事故，不是单独一条船的问题，很可能会给全公司带来意想不到的灾难。

（2）船舶领导和全体船员严格遵守各项安全航行和防污染规章制度，采取一切措施，确保在美国水域不发生任何碰撞搁浅和油污事故。

（3）船舶在进出港和狭窄水道航行时，船长必须亲临指挥，即使有引水员在船也必须严格履行职责。特别是当与油船相遇时应密切注意，早让、宽让。

（4）所有船舶在港进行加装燃油作业时，应严格按操作规程办理，随时监测加油的速度和监测油舱油位，以防满舱溢油等事故发生，加油油舱应留有充分的余量。

五、小结

美国《1990 年油污法》实施后，大多数的石油公司船舶所有人改变运油至美国的策略，决定自用租进的船舶运油至美国港口，另外还有许多包括日本在内的船舶所有人和经营人知难而退，放弃运油至美国港口，因此运费上涨，为美国港口污染责任风险的保费上升，这些负担最终都会转嫁到美国消费者头上。因此有人担心从美国消费者的长远利益看，《1990 年油污法》只有负作用而已。

但《1990 年油污法》作为一种防治污染的环境保护法律是成功的。《1990 年油污法》制定的目的是防止海上石油运输过程中的溢油事故，保护海洋环境。10 多年实践结果很好地诠释了这一目的。

1991—1998 年间，美国海域溢油次数和溢油量大幅下降；1984—1990 年，美国海域运输 100 万加仑石油平均溢油量为 14 加仑，1991—1997 年已降为 5 加仑，自 1990 年以来没有出现过溢油量超过 100 万加仑的溢油事故。事实上，也没有一个承运人触犯《1990 年油污法》而被处以无限责任赔偿。

《1990 年油污法》防污染的成功，关键在于一个“严”字，在于严厉的赔偿条款和严格的执法过程。应该说，美国所建立的油污赔偿机制是行之有效的，对于无论是油污的赔偿还是污染的防范都起到很好的效果。

《1990 年油污法》对船舶所有人赔偿的严厉要求是基于一个极为简单的“谁污染，谁赔偿”的原则。正是法律所规定的无限责任赔偿的巨大风险，震撼油船运输的所有者、经营者、管理者和操作者，使他们绝对不会再对油污事故掉以轻心，从而想尽一切办法来确保运输的安全。

第九节　1996 年国际海上运输有害有毒物质损害责任和赔偿公约

一、产生背景

20 世纪 70 年代以后,海上包装危险货物运输已经历一个较长的时期,自 20 世纪 50 年代初期开始的散装液体化学品运输和随后兴起的海上液化气运输也已进行 20 多年。但是,上述包装和散装有害有毒物质的海上运输因数量和品种相对较少,并且在当时的一个相当长阶段内发生较大事故不多。因此,制定国际海运有害有毒物质损害责任和赔偿公约的问题未能引起足够的重视。到 20 世纪 80 年代初,由于石油化工的迅速发展,使得海上运输的有害有毒物质的数量和品种急剧上升,考虑到有害有毒物质运输事故对生命和财产损害的巨大,有毒物质对海洋环境影响的严重,IMO 从 1982 年 2 月起着手有关有害有毒物质损害责任和赔偿公约的制订工作。IMO 的法律委员会模仿《1969 年责任公约》和《1971 年基金公约》制订 HNS 公约草案,但是,这个草案在 1984 年的法律会议上未获通过。原因是,当时人们注意力集中在《1984 年责任公约》和《1984 年基金公约》上;另外 HNS 公约草案本身不够完善,需要进一步修改。此后,此项制定工作进展缓慢,原因有多种。20 世纪 80 年代后期,有害有毒物质事故不断发生教训,特别是《1989 年公路、铁路及内河船舶运输危险货物损害民事责任公约》(CRTD)的通过,欧洲国家强烈要求建立一个海上运输有害有毒物质损害赔偿制度,法律委员会才又重新开始 HNS 公约的制定工作。在 1990 年法律委员会的第 62 届会议上,包括美、英、前苏联在内的 10 多个国家联合提出一个公约草案,为法律委员会的进一步工作打下基础,经过长达 14 年的努力,终于在 1996 年 4 月 15 日—5 月 3 日在伦敦召开有害有毒物质的责任限制国际会议上通过《1996 年国际海上运输有害有毒物质损害责任和赔偿公约》(International Convention on Liability and Compensation for Damage in Connection with the Carriage of Hazardous and Noxious Substances by Sea,1996,简称 HNS 1996)。

二、主要内容

(一) 公约宗旨和形式

1. 公约宗旨

HNS 1996 的宗旨是,确保海上运输有害有毒物质遭受损害的受害人得到充分、迅速和有效的赔偿,而这种赔偿制度也是一种双层赔偿机制,即损害责任由船舶所有人和收货人共同承担,所以,HNS 1996 与经修正的《1969 年责任公约》和《1971 年基金公约》虽然产生的背景不同,但是,其宗旨和机制原则上是一致的。

2. 公约形式

由于历史条件的限制,《1969 年责任公约》和《1971 年基金公约》分别于 1969 年和 1971 年在由 IMO 召开的国际会议上制定。但是,到 20 世纪 90 年代中期,因时机已经成熟,HNS 1996 是将船舶所有人对受害人的赔偿和收货人对受害人的补偿统一在一个公约中。

(二) 适用范围

1. 适用的物质

HNS 1996 所适用的有害有毒物质包括以下 8 大部分。

（1）经修正的 MARPOL 73/78 附则Ⅰ附录Ⅰ所列的散装运输的油类。

（2）经修正的 MARPOL 73/78 附则Ⅱ的附录Ⅱ所述的散装有毒液体物质和按上述附则Ⅱ第3(4)条被暂定为 A,B,C 或 D 污染类别[①]的物质和混合物。

（3）经修正的 IBC Code 第 17 章中所列的散装运输的危险液体物质以及主管机关和有关的港口管理部门按该规则第 1.1.3 段对其初步适运条件作出规定的危险产品。

（4）经修正的 IMDG Code 所包括的包装形式的危险、危害和有害物质、材料和物品[②]。

（5）经修正的 IGC Code 第 19 章所列的液化气体以及主管机关和有关港口管理部门按该规则第 1.1.6 段对其初步适运条件作出规定的产品。

（6）闭杯闪点不超过 60 ℃的散装运输的液体物质。

（7）经修正的 BC Code[③] 附录 B[④] 所包括的具有化学危害的，且包装运输时又被 IMDG Code 所包含的散装固体物质[⑤]。

（8）上一航次散装运输（包装运输除外）上述物质的残余物。

应该指出，有害有毒物质还应包括符合上述各类标准，但其名单尚未列入上述有关部分的物质。原来曾考虑在 HNS 1996 附件上建立一个有害有毒物质清单，但是，由于有害有毒物质种类、性质繁复，这份清单列出的物质至少达 6 000 种，并且每年需修正的物质品名达 200 ~ 300 种，为修正清单，还要制订修正程序，因此建立清单困难很大，而决定不再设定物质清单。未列入上述 8 部分的物质是否属于有害有毒物质，一般要求货主提供该物质的相关资料由专家评估作出决定。

很明显，有害有毒物质中包括经修正的《1969 年责任公约》和《1971 年基金公约》所适用的持久性油类。但是，暂不包括放射性物质、包装和散装运输的鱼粉、BC Code 附录 B 中包括煤炭在内的 18 种 MHB 物质、废弃物等。

2. 适用的地域

HNS 1996 的地域适用范围，不仅包括在缔约国领土、领海上造成的任何损害，而且适用于缔约国按国际法所规定的专属经济区内环境污染损害，以及在缔约国注册或有权悬挂缔约国国旗的船上，由运载物质造成的除环境损害以外的其他损害。

3. 适用的船舶

HNS 1996 适用于一切商业性船舶，但允许各国保留公约不适用于不超过 200 总吨，且只从事国内港口间包装形式有害有毒物质运输船舶的权利。同《1969 年责任公约》和《1971 年基金公约》一样，该公约不适用于军舰、海军辅助船、或其他为国家拥有的、在当时仅用于政府的非商业性服务的船舶。

4. 损害范围

HNS 1996 所指的损害，不仅包括经修正的《1969 年责任公约》和《1971 年基金公约》的污染损害，而且还包括有害有毒物质因毒性、火灾、爆炸造成的损害。

（1）由有害有毒物质造成的、在运输这些物质的船舶上或船舶外的人身伤亡。

（2）由有害有毒物质造成的、在运输这些物质的船舶外的财产灭失或损坏。

---

① 从 2007 年 1 月 1 日开始生效的修正案修改为 X，Y，Z 和 OS 类。

② IMDG Code 第 34 - 08 版修正案为环境有害物质。

③ 该规则已修改并更名为国际海运固体散装货物规则（IMSBC Code），并已于 2011 年 1 月 1 日起生效。

④ IMSBC Code 将其作为 B 组物质，包括安全危险性物质和 IMDG Code 中海洋污染物。

⑤ 不包括仅在散装时具有危险的物质（MHB）。

（3）由有害有毒物质造成的环境污染所致的灭失或/和损害，但对不包括环境损害所致的利润损失在内的环境损害的赔偿应限于实际采取或将要采取的合理恢复措施的费用。

（4）预防措施的费用和预防措施造成的新的灭失或损害。

不接受因货物和旅客运输合同引起的索赔以及经修正的《1969 年责任公约》和《1971 年基金公约》所规定的持久性油类造成的污染损害。

（三）责任限额与船舶所有人免责

1．责任限额

HNS 1996 沿用《1969 年责任公约》的严格责任制，引入更高的赔偿责任限额，并继续采用强制保险。这是时代进步的表现，反映涉及环境损害的事故，其船舶所有人的责任越来越严格。公约规定船舶所有人的责任限额如下。

（1）不超过 2 000 总吨的船舶，限额为 1000 万特别提款权。

（2）超过 2 000 总吨，但不超过 50 000 总吨的船舶，每增加 1 吨位，增加 1 500 特别提款权。

（3）超过 50 000 总吨，每增加 1 吨位，再增加 360 特别提款权。

无论如何，任何一次事件的赔偿限额不得超过 1 亿特别提款权。

对于等于或者低于 200 总吨的船舶，如果仅仅以包装形式载运有害有毒物质，并且只从事同一国家港口之间的运输，HNS 1996 的缔约国可以不对其实施本公约。对于只在两个相邻国家港口之间从事营运的船舶，这两个国家也可达成协议实施相同规定。

HNS 1996 采纳强制保险原则，要求船舶必须持有保险证书，该船舶登记的主管机关应保留其副本。

2．船舶所有人免责

（1）免责条件。与经修正的《1969 年责任公约》相比，HNS 1996 多了一个免责条件，这一免责条件是：托运人或任何其他人没有提供有关所运物质的危害性和毒性的信息，从而完全或部分地造成损害或者使船舶所有人没有按第 12 条取得保险，但以船舶所有人及其雇员或代理人均不知道或合理地不知道所运物质的危害性和毒性为条件。这一条虽然违背船舶所有人的严格责任制原则，且不利于受害人及时得到赔偿。但是，这样做更体现合理性，因为船舶所有人以及实际操作船舶的人不可能对成千上万种有害有毒物质的性质都了解，而作为清楚物质性质的发货人应有义务将物质的性质告知船舶所有人。这样做是为减少事故的发生，对任何一方都是有利的。

应该指出，船舶所有人要获得免责，必须负举证责任，证明损害是由于上述免责条件之一或一种以上原因造成的。

（2）船舶所有人责任限额权的丧失。HNS 1996 规定的船舶所有人丧失责任限额权条件比修正的《1969 年责任公约》要严格得多。公约规定，只有当损害被证明是船舶所有人有意造成此项损害的个人行为或不为，或明知可能会导致此项损害而毫不在意所造成的，船舶所有人才无权按本公约限制其责任。“个人行为或不为（Personal Act or Omission）”所包含的情况要比“实际过失（Atual Fault）”或“暗中参与（Privity）”少得多。“个人行为”意味着行为必须由船舶所有人本人（法人）所做的，如果船舶所有人委托一个管理公司或合伙人管理船舶，则后者的过失不能算作船舶所有人的过失。所以，只要不是指本身的失误，船舶所有人在航行过程中的责任限额权就不会被打破。由于现在船舶所有人普遍使用管理公司，所以“个人行为”使船舶所有人更容易享受责任限额权。“不为”指的不是不作为，即船舶所有人本应知道损害可能发生并不一定构成“不为”，还要看其有无故意或轻率，即要看船舶所有人的主观态度，要构成“故意或轻率（Intention or

Recklessness)”首先要证明船舶所有人主观上确有这种想法,即明知道其行为会造成事故;其次是事故确是由他故意或轻率的行为造成的。即使是船舶所有人由于很不合理的疏忽而未预料到事故会发生,也不能算是“轻率”。并且是否属于船舶所有人的“故意或轻率”其举证责任在受害人。

HNS 1996 规定船舶所有人丧失责任限额权的难度加大,也许是为与它所规定的高额责任限额取得平衡。

(四)索赔与诉讼

HNS 1996 规定的索赔时效:一般为 3 年,但无论如何不得在引起损害事故发生之日起 10 年之后提出诉讼,如该事故包括一系列事件,10 年时限应从该事故中最后一个事件发生之日起算。这一规定,无疑有利于受害人,反映人类对受害人和环境保护认识的进一步提高。

HNS 1996 与经修正的《1969 年责任公约》和《1971 年基金公约》规定的船舶所有人的诉讼管辖权、“基金”(HNS 基金、油污基金)的诉讼管辖权、代位求偿权等在原则上是相同的。

(五)HNS 基金

HNS 1996 与经修正的《1969 年责任公约》和《1971 年基金公约》一样,规定承担损害责任的双层赔偿体系,即第一层为船舶所有人责任赔偿体系,通过强制保险,由保险人赔偿受害人;第二层为货主责任赔偿体系,通过收货人摊款由 HNS 基金或油污基金对受害人补偿。即海上运输有害有毒物质或持久性油类,造成的损害责任赔偿,由海运业和货主利益方共同分担。HNS 1996 规定,超过船舶所有人赔偿责任的部分将由 HNS 基金提供,其最高限额为 2.5 亿特别提款权(包括从船舶所有人赔偿中获得的部分),这将在一定程度上解决船舶所有人赔偿责任不足的问题。

1. 摊款人和摊款货

HNS 1996 与经修正的《1971 年基金公约》所定义的摊款人和摊款货基本上是一样的,即由收货人作为摊款人,收货人是那些在缔约国的,收取在该国港口或码头卸下的摊款货,并为之办理海关结关手续的人,或当无须办理海关结关手续的情况下,实际提取交付之摊款货的人,若此人作为他人的代理行事,当他收取货物时向“基金”披露谁是其委托人,且该委托人是受任何缔约国管理的,该委托人应视为收货人,也即摊款人。摊款货是指任何经海上运输至一缔约国港口或码头,并在该国卸下的需向“基金”摊款的货物。HNS 1996 的摊款货与经修正的《1971 年基金公约》所指的摊款货的区别主要有两点。

(1)摊款货的种类不同,前者指有害有毒物质,而后者指持久性油类。

(2)摊款货物量不同,前者的年度摊款最低货物量为 2 万 t,并且液化天然气(LNG)不规定年度摊款最低货物量,而后者的年度摊款最低货物量为 15 万 t。

2. 摊款和基金管理

按 HNS 1996 规定,为避免不同有害有毒物质的交叉,即为避免某类物质,如液化石油气的收货人为其他有害有毒物质所造成的损害赔偿,因为海上运输液化石油气一直保持良好的安全记录,因此,HNS 基金设总账户和独立账户。向各独立账户的摊款应用于各自独立账户摊款的物质造成的损害赔偿,而向总账户的摊款应用于总账户摊款的物质造成的损害赔偿。

向 3 个独立账户交纳摊款的货物是:油类、液化天然气和液化石油气,除此之外有害有毒物质向总账户交纳摊款。

经修正的《1971 年基金公约》规定:油污基金是不分独立账户和总账户的。HNS 基金的其他方面,如基金的管理、初次摊款、年度摊款、免责条件、缔约国的责任等原则上与经修正的《1971 年基金公约》的规定相类似。

3. HNS 基金的使用

HNS 基金将在下列情况下使用。

(1) 不是由于船舶所有人责任产生的损害赔偿。例如,如果船舶所有人没有被告知运输货物中包含有害有毒物质或者由于战争行为引起的意外事故。

(2) 船舶所有人不能从财政上完全满足本公约义务,并且根据公约规定所提供的任何财产抵押,不能包括不足以满足损害的赔偿请求。

(3) 损害赔偿超过由本公约规定的船舶所有人赔偿责任。

(六) 生效条件

HNS 1996 规定在满足下列条件之日起 18 个月之后生效。

(1) 12 个国家接受该公约,并且其中 4 个国家的船舶总吨位不少于 200 万总吨。

(2) 这些国家中有责任为总账户提供摊款的人,在上一个日历年度接收总量不少于 4 000 万 t的摊款货物。

HNS 1996 不与其他公约连接,这样可以避免在加入本公约时处理与其他公约间关系的麻烦。

三、HNS 1996 的意义

由于海上运输的特殊危险性,船舶一旦发生事故,特别是涉及有害有毒物质的事故,其损害往往是巨大的。HNS 1996 对船舶所有人的赔偿责任加以限制,一定程度上保护船舶所有人,同时又使受害人得到限额内的赔偿。强制保险一方面分散船舶所有人风险,另一方面又使受害人得到限额内赔偿的保障。HNS 1996 规定较高的赔偿限额,但在某些情况下,受害人仍有可能得不到足够赔偿,HNS 基金的建立使货物受益者分担船舶所有人风险,使受害人的利益进一步得到保护。

HNS 1996 除了告诉人们有害有毒物质造成的损害责任和赔偿以及如何赔偿和补偿的问题之外,还提醒人们对有害有毒物质造成损害的赔偿处理,虽然是必不可少的,但终究是消极的办法。为尽可能不产生损害或减少损害,重要的是在于事故的预防和发生事故后的应急措施,这些远比事故后的损害赔偿的意义大得多。

由此可见,HNS 1996 是一个较为复杂的国际公约,涉及的法律问题和利益关系方较多,它提到的强制保险、收集摊款等管理问题都是新课题,所以,考虑我国是否要加入该公约,如果加入如何建立相适应的管理机制等问题,都是要认真研究的。

四、HNS 2010 议定书

截至 2010 年 2 月 28 日,接受 HNS 1996 的仅有 14 个国家,这些国家基本上是发展中国家,美国和欧洲的发达国家均未加入该公约。尽管接受该公约的国家数已经超过 12 个,但 IMO 秘书处未收到这些国家在上一个日历年度接收的摊款货总量至少 4 000 万 t 的报告资料,所以该公约仍未到达生效条件。

公约本身的复杂性、不提交摊款货物的报告、液化天然气摊款问题和对收货人定义的争议等问题阻碍公约的生效。为促使 HNS 1996 生效,2010 年 4 月 26 ~ 30 日,IMO 在其总部召开修订该公约的外交大会,出席本次大会的有 79 个成员国以及 1 个联系会员和联合国贸易与发展会议、欧洲委员会、国际油污赔偿基金组织、西非和中非组织、国际移动卫星组织以及 14 个非政府组织。大会审议并通过《HNS 2000 议定书》(或称《2010 年 HNS 公约》)。

该议定书由 29 条规定和 1 个附件组成,与 HNS 1996 相比,主要变化在定义和赔偿限额方面。议定书的最终条款在批准、接受、核准或加入的程序和生效条件、修正程序、退出等方面的规定与 NHS 1996 的最终条款基本相同,不同的是前者增加有关明示接受后缔约国的权利和义务方面的规定：在向秘书长提交表示愿意受本议定书约束的时候,应伴随上一个日历年度该国接收的摊款货物量,如果没有这一数量,秘书长不应接受;在该议定书生效之前,明确表示同意受议定书约束的每一国家,应于当年 5 月 31 日或以前将上一个日历年度该国接收的摊款货物总量及每一独立账户告知秘书长;明确表示同意受该议定书约束,但在该议定书对该国生效之前未按规定提供相关数据的国家,将被暂时停止作为缔约国;对于已经明确表示同意受 NHS 1996 约束的国家,在其签署本议定书或交存批准、接受、核准或加入文件之日,将被视为撤销对原公约的同意。

我国是世界航运大国,随着对外贸易的进一步扩大,各种类型的船舶特别是运输有害有毒物质的船舶数量不断增加,同时,由于船舶老龄化和技术状况差等因素,发生事故的频率也必将增加。尽管我国也陆续加入一些国际公约,但由于现行的国际公约和国内立法对责任主体、责任承担方式的规定不完善,加上海上运输有害有毒物质的损害涉及船舶国籍、类型、损害原因等因素,使海上损害具有特殊性、多样性和复杂性。其次,我国的经济还相对较薄弱,至今还未加入《1971 年基金公约》或《1992 年基金公约》等赔偿基金公约,这就从一定程度上影响一旦污染事故发生后对污染事故责任方的赔偿责任。因此,有关部门应认真研究 HNS 1996 及其议定书的各项规定,综合分析、权衡利弊,在条件成熟时加入 NHS 1996,并切实采取相应的行动,参照 HNS 1996 及其议定书的规定制定相应的国内法,建立国内的保险和赔偿机制。

第十节　2001 年国际船舶燃油污染损害民事责任公约

一、产生背景

世界经济发展促进集装箱运输市场的兴旺,加之船价低廉,从而刺激船舶所有人订造集装箱船的愿望。而集装箱船的大型化导致燃油舱的容积也随之大型化,如韩国现代重工设计的 9 000 TEU的集装箱船日耗油量为235.9 t 重油,按一个往返航次 30 天计算,燃油柜的容积至少为 7 077 m^3,所以一旦出现油污事故,像这样的超大型集装箱船舶的燃油的溢油量不亚于一艘小型油船的货油的溢油量。这样的船舶一旦溢油,对海洋环境的影响是灾难性的。

在国际海洋保护立法中,随着 HNS 1996 的制定,在船舶污染损害民事责任国际立法领域,非油船造成的燃油污染尚是一处空白,与货油污染相比,燃油污染有诸多的特殊性,如燃油污染事故数量大,据英国船东互保协会统计,燃油污染索赔事故占全部污染事故的 50% 以上。为了解决这一问题,在通过 HNS 1996 之后,IMO 将燃油公约的制定工作作为今后工作的最优先议题。

从 1996 年 10 月第 74 届 IMO 法律委员会会议开始,到 2000 年 10 月第 82 届法律委员会会议止,在连续 4 年的 9 次法律委员会会议上,参与制定燃油公约的各国代表团就公约的各项问题展开讨论和进行争论,最终达成统一的认识：单独制定一个船舶燃油公约,在《1992 年责任公约》的基础上扩大适用范围,确定责任制度和强制保险。

2001 年 3 月 19 ~ 23 日,IMO 主持的"2001 年船舶燃油污染损害责任与赔偿外交大会"在英国伦敦召开,来自 70 个国家的代表和观察员出席会议。中国政府派出由交通运输部组团,外交部、最高人民法院、中远集团、中国船东互保协会等单位派员参加的代表团出席此次外交大会。中国代表团积极参与大会、全委会和起草委员会的讨论。最终制定《2001 年国际船舶燃油污染损害民事责任公约》(International Convention On Civil Liability For Bunker Oil Pollution Damage,

2001)，简称《燃油公约》(BUNKERS Convention)。

二、主要内容

《燃油公约》的最终文本主要由3部分组成：序言、正文和附录。序言说明《燃油公约》制定的宗旨是建立一套统一的关于燃油污染损害民事责任和赔偿的国际准则和程序。正文共19条。附录是关于燃油污染损害民事责任的保险证明或其他财务担保证书。

《燃油公约》的起草很大程度上参照《1992年责任公约》和HNS 1996的规定，一些主要条款更是照搬这两个公约的内容。但是《燃油公约》并不是上述公约的翻版，具有许多新的内容和自己独具的特点。

1. 适用范围

一般而言，公约适用于非油船溢出的用于或打算用于操作或推进船舶的燃料油、润滑油及其残余物。和《1992年责任公约》一样，公约不但适用于在领海和专属经济区发生的溢油事故，还适用于在其他区域采取的预防措施。

2. 船舶定义

《燃油公约》定义的船舶为“任何类型的海船和海上运输工具”。

《1969年责任公约》船舶的定义是“实际装载散装货油的船舶”；《1992年责任公约》中规定“任何建造或改造的目的是为运输散装货油的船舶或器具”。也就是说，《1969年责任公约》只适用于装货的油船，而《1992年责任公约》不仅适用于装货的油船，还适用于空载的油船。

因此，《燃油公约》对船舶的定义要比两个民事责任公约广，但它排除适用于油船，原因在于《燃油公约》第4条第1款规定“本公约不适用于民事责任公约中规定的污染损害，不论这种污染损害在该公约下能否得到赔偿”。

由此分析，《燃油公约》在适用范围上有两处空白。

(1) 当一载货油船溢油时，很可能既包括燃油又包括货油，而溢油事故发生的地点在一个既不是《1969年责任公约》的成员国又不是《燃油公约》的成员国的国家管辖范围内，则《1969年责任公约》和《燃油公约》均不能适用解决该溢油事故的民事责任问题。

(2) 当一空载油船在一个既是《1969年责任公约》的成员国又是《燃油公约》的成员国的国家管辖范围内溢出燃油时，由于这两个公约对船舶的定义不同导致它们都不能适用的尴尬局面。在这种情况下，原《1969年责任公约》的成员国可以通过加入《1992年责任公约》解决问题。

在《燃油公约》和HNS 1996的关系方面，对于化学品船发生的污染事故，溢出的化学品产生的污染损害适用HNS 1996，溢出的燃油或润滑油产生的污染损害适用《燃油公约》。

3. 责任主体

《燃油公约》对责任人实行的是严格责任制，只有在少数几种情况下可以免责，这一点与《1969年责任公约》《1992年责任公约》和HNS 1996保持一致。然而《燃油公约》对责任主体的规定不同于《1969年责任公约》《1992年责任公约》和HNS 1996，它参照美国《1990年油污法》(OPA 90)的做法。

根据《燃油公约》第1条第2款，燃油污染索赔仅能向船舶所有人，包括登记所有人、光船租船人、船舶经营人和船舶管理人提出。对索赔人而言，登记所有人、光船租船人、船舶经营人和船舶管理人负有共同的连带责任。《1992年责任公约》中，索赔只能向船舶的登记所有人提出。这一点受到美国和欧盟的诟病。他们认为，只追究船舶登记所有人的责任无助于提高船舶的营运水准。在IMO外交大会上，国际船东互保协会也曾提议仅由船舶的登记所有人面对燃油污染索赔,只有在其无法赔偿的情况下,索赔才可向光船租船人、船舶经营人和船舶管理人提出。但由于时间的关系,该提议最终未正式提交。客观地说,《燃油公约》的这一规定更为合理,因为与船舶登记所有人相比,光船租船人、船舶经营人和船舶管理人直接对船舶的营运负责,将他们纳入责任人的范围有助于提高船舶安全营运水准,及时采取防止和减轻损害的措施,增大获得赔偿的机会。

《燃油公约》的这一规定又带来一些问题。在受害者得到赔偿之后,船舶登记所有人、光船租船人、船舶经营人和船舶管理人之间的责任如何分摊?再如,由于在责任限制体系中,上述人均有权限制自己的责任,但如果有一方因存在恶意而被剥夺限制责任的权利,其他人限制责任的权利是否会受到影响?公约对这些方面并没有作出任何规定,但在实际的索赔中需要解决这些问题。

4. 责任限制

《燃油公约》不同于《1969年责任公约》或《1992年责任公约》,并没有单独的责任限制制度,只是在公约第6条中规定:"本公约不影响船舶所有人或提供保险或其他财务保证的人,根据适用的国内或国际法律制度,如经修正的《1976年海事索赔责任限制公约》(LLMC 1976),享受责任限制的权利。"《燃油公约》此规定反映国际社会避免出现过多特别责任限制制度,影响责任限制制度统一的努力,但同时也带来如何处理本公约与其他责任限制公约关系的问题。

实际上,《燃油公约》中未设立自己的责任限制,也就没有责任限制基金,所以,《燃油公约》的燃油污染损害的索赔只能依据其他相关的法律来解决(国内法或责任限制公约)。另外,根据以往处理燃油污染损害的经验,依据责任限制公约解决问题的情况很少。

5. 强制保险和证书

《燃油公约》规定"已登记的船舶所有人在一缔约国内登记拥有1 000总吨以上船舶的,必须进行保险或取得其他经济担保,如银行或类似金融机构的担保,以便按照适用的国内或国际责任限制法律中的规定承担其对油污损害应负的责任。但是,这种保险或担保在任何情况下不得超过经修正的《1976年海事赔偿责任限制公约》"。

公约还要求在缔约国登记的船舶必须持有由缔约国主管当局签发的证书,以证明该船已根据公约规定投保或已取得其他有效的财务担保。对不在缔约国登记的船舶,则应持有由任一缔约国主管当局签发的上述证书。此证书全称为"燃油污染损害民事责任保险或其他财务保证证书"(Certificate of Insurance or Other Financial Security in Respect of Civil Liability for Bunker Oil Pollution Damage),简称"燃油公约证书"或BCC证书。

相对于《1992年责任公约》,要求船舶强制保险的吨位由2 000总吨降为1 000总吨,这也是油污损害赔偿发展的一个趋势。因为,在各国沿海和近洋运输中,低于2 000总吨的船舶数量为数不少,所以公约规定1 000总吨,可以进一步扩大公约适用的范围。

6. 没有货主分担责任的赔偿制度作为补充

《1992年责任公约》有由货主分摊费用建立的船舶污染损害赔偿基金,用于补偿受害人因船舶所有人享受责任限制而未能得到充分补偿的部分损失,以及在船舶所有人无力提供相应补偿或船舶所有人根本找不到的情况下,向受害人提供一次性更大范围的赔偿。但《燃油公约》则不同,燃油不是货物,而是船舶营运所需的物料。以此,由燃油造成的污染损害,难以要求货主来承担赔偿责任,也无法设立类似于油污基金的赔偿基金。

7. 应急反应者豁免

为鼓励救助和清污方采取及时有效的措施,很多公约都规定其对因过失造成的损害不负赔偿责任,即所谓“应急者免责”。然而《燃油公约》中没有类似《1992 年责任公约》中救助人对环境进行救助失败但可以受到保护的条款,没有把救助人列在受保护之列,即没有“应急者免责”,这与《1992 年责任公约》和 HNS 1996 的规定大相径庭。众所周知,救助人如果对环境进行救助的同时还要考虑一旦救助不成功将要承担责任的问题,那么还有谁愿意对环境进行救助呢?

8. 时效

与《1992 年责任公约》一样,有关燃油污染损害赔偿的诉讼时效为 3 年,从损害发生之日起计算。但不管在何种情况下不得在引起损害的事故发生之日起 6 年之后提起诉讼。

三、生效情况

随着塞拉利昂的加入,《燃油公约》于 2007 年 11 月 21 日达到生效条件,于 12 个月后,即 2008 年 11 月 21 日生效。我国于 2008 年 12 月 9 日加入,并于 2009 年 3 月 9 日生效,同时适用于我国澳门特别行政区,于 2010 年 1 月 22 日扩及我国香港特别行政区。截至 2013 年 1 月 9 日,已经有 74 个国家加入《燃油公约》,船舶总吨位占世界商船总吨位的 90.72%。

四、公约意义

《燃油公约》除具有涉及船舶广泛、事故发生频繁、中小事故较多等特性外,随着船舶大型化的发展,船舶燃油污染的重大事故也时有发生。《燃油公约》填补国际有关船舶油类泄露造成污染的损害赔偿法规的最后一个缺口,与《1992 年责任公约》《1992 年基金公约》和 HNS 1996 一起形成一套完整的规范船舶污染损害民事责任和赔偿的国际海事法律体系。而且,该公约对于统一各国在燃油污染方面的损害立法,尤其是统一强制保险方面的要求,加快燃油污染事故的处理无疑将发挥重大的作用。由于该公约与现行的海事赔偿责任限制公约挂钩,该公约普遍加入后,有利于海事责任限制立法的进一步统一。

第十一节 2001 年国际控制船舶有害防污底系统公约

一、产生背景

为清洁船底、节省能耗,人们广泛采用防污漆驱除或杀死船壳上的附着生物。三丁基锡(TBT)作为防污底中的杀虫剂,曾经被广泛应用于防污底系统。防污底系统是指船舶用于控制和防止船底海生物生长和附着所使用的防护涂层、油漆、表面处理装置。然而,TBT 能使海洋生物致死或致畸,破坏生态平衡,使养殖和捕捞业减产,还能在经济鱼类和贝类体内蓄积,间接地对人类健康产生危害。

从 20 世纪 80 年代开始,国际社会就认识到 TBT 引入海洋造成的污染,并采取各种措施减少污染危害的发生。1990 年 IMO 海上环境保护委员会通过一项决议,建议各国政府采取措施对船长小于 25 m 的非铝质船壳的船舶不准使用含 TBT 的防污底系统和不准使用 TBT 渗透率超过每天 4 $\mu g/cm^2$ 的防污系统。1999 年 11 月,IMO 通过一项大会决议,敦促海上环境保护委员会,尽快制订出一个全球性的强制的法律文件,解决船舶防污底系统的有害影响问题。该决议呼吁从 2003 年 1 月 1 日起在全球范围内禁止船舶使用的防污漆中以 TBT 作为杀虫剂,到 2008 年 1 月 1 日要完全禁止使用。本次大会还通过早日和有效应用控制船舶有害防污底系统公约、本组织与公约有关的今后的工作、船舶防污底系统认可和试验方法、促进技术合作等 4 项决议。

2001 年 10 月,IMO 在英国伦敦总部召开国际控制船舶有害防污底系统外交大会,2001 年 10 月 5 日大会通过《2001 年国际控制船舶有害防污底系统公约》(International Convention on the Control of Harmful Anti-fouling Systems on Ships,2001),简称《防污底公约》或《AFS 公约》。

二、主要内容

该公约共包含正文 21 条和 4 个附件。

(一) 定义

(1) 本公约中船舶的定义与以往的公约不同,船舶是指于海洋环境航行营运的任何类型船舶,包括水翼船、气垫船、潜水艇、浮动艇筏、固定或浮动式平台、浮动式储存装置(FSU)以及浮动式生产、储存和卸货装置(FPSO)。

(2) 防污底系统(Anti-fouling System)系指用于船舶控制或防止有害生物附着的涂层、油漆、表层处理、表面或装置。

(3) 技术组是本公约中比较新的一个概念,是指由缔约国、本组织成员、联合国及其专门机构、与本组织有协议的政府间国际组织和在本组织享有咨询地位的非政府国际组织的代表组成的一个机构,其中最好包括从事防污底系统分析的研究机构和试验室的代表。这些代表应具有环境影响、毒素影响、海洋生物学、人体健康、经济分析、风险管理、国际航运、防污底系统涂层技术方面的专门知识,或客观地审查综合提案的技术性优缺点所需的其他方面的专门知识。

(二) 适用范围

(1) 公约第 3 条规定,除另有规定外,公约适用于:①有权悬挂缔约国船旗的船舶;②无权悬挂缔约国船旗,但在该缔约国的权力下营运的船舶;③进入缔约国的港口、船厂或近海装卸站但不属于前两项的船舶。

(2) 本公约不适用于任何军舰、军用辅助船舶或缔约国所拥有或营运的到目前为止只用于政府非商业服务目的的其他船舶。然而,各缔约国须通过采取不妨碍其所拥有或营运此类船舶的操作或操作性能的适当措施,保证此类船舶在合理和可行时符合本公约。

(3) 对于本公约非缔约国的船舶,各缔约国可在必要时适用本公约的要求,保证不给此种船舶以更优惠的待遇。

(三) 对防污底系统的控制

公约第 4 条规定,根据公约附件的要求,各缔约国必须禁止和/或限制在公约适用范围内的船舶上施涂、重涂、安装或使用有害的防污底系统。公约第 4 条要求各缔约国采取有效措施确保适用公约第 3 条的船舶符合附件 1 的要求。目前附件 1 中仅列出在防污底系统中作为杀虫剂的有机锡化合物(以 TBT 为代表)。附件 1 中要求:2003 年 1 月 1 日开始,所有船舶[2003 年 1 月 1 日前建造并在 2003 年 1 月 1 日或以后未曾坞修的固定或浮动式平台、浮动式储存装置(FSU)、浮动式生产、储存和卸货装置(FPSO)除外]不得再施涂或重新施涂有机锡化合物(TBT)的防污底系统。

到 2008 年 1 月 1 日,所有现有船舶在船壳或外部结构的表面上不得再施涂含有有机锡化合物(TBT)的防污底系统;对于已经施涂的含有 TBT 的防污底漆,应将其全部清除;或在已经施涂的含有 TBT 的防污底漆上涂上封闭漆(Sealer Coat)形成一个隔离层阻挡含有有机锡化合物(TBT)的防污底漆的渗出,然后再在其表面上施涂无 TBT 的防污底系统。

从附件所述内容可以看出,本公约条款都有追溯力,公约实施后将约束所有在上述规定日期之后的施涂行为，并对违反公约的行为采取相应制裁措施。

（四）检验和发证

公约要求，缔约国应确保根据公约附件4的规定，对有权悬挂其国旗的船舶或其管辖下营运的船舶进行检验和发证。适用检验和发证要求的船舶如下。

（1）从事国际航行的400总吨及以上的营运船舶（2003年1月1日前建造并在2003年1月1日或以后未曾坞修的固定或浮动式平台、浮动式储存装置（FSU）、浮动式生产、储存和卸货装置（FPSO）除外），经检验合格，可发给"国际防污底系统证书"（International Certificate of Anti-fouling Systems）简称防污底系统证书或IAFS证书。

（2）从事国际航行的小于400总吨但船长24 m及以上的营运船舶，应持有一份由船舶所有人或其代理签署的"防污底系统证明"（Statement of Compliance）。该声明需附有适当凭证，如油漆收据或合同发票。

我国的国际航行船舶，中国船级社已从2003年开始对船舶防污底系统的检验工作并签发"防污底符合证明"。公约生效前，部分国际航行的国际航运船舶，绝大多数通过检验并获得符合证明。

三、生效情况

2007年9月17日，在MEPC第56次会议上，巴拿马政府代表向IMO秘书处递交加入文件，使加入该公约的国家增加到25个，占世界商船总吨位的38%，从而达到公约生效的条件（25个国家，占世界商船总吨位25%），该公约于12个月后，于2008年9月17日正式生效。截至2013年1月9日，已经有65个国家加入《防污底公约》，船舶总吨位占世界商船总吨位的82.25%。

经国务院批准，我国于2011年3月3日向IMO递交加入该公约的加入书，并于2011年6月7日对我国正式生效，同时适用于我国澳门特区，不适用于我国香港特区。

四、公约的作用

大多数业内人士认为，《防污底公约》的问世填补海上防污方面的一块空白，并将在全球范围内建立一个规范其他有害防污底系统机制。

（1）通过强制性规定，全面控制和管理缔约国的船舶和进入缔约国港口、船坞和离岸码头的船舶；参与该公约修改过程，建立防止使用含有害物质的防污漆系统机制；针对控制有害防污底系统方面的新研究、发展实践和操作经验方面进行信息交换。

（2）建立国际机制，共同反对防污底系统方面的各国单边行动，体现航运业国际化本质；建立新的标准化机制，鼓励新的成本优化的防污底系统研发；促使防污底系统更经济、高效和环保。

第十二节　2004年国际船舶压载水和沉积物控制与管理公约

一、产生背景

从20世纪80年代开始，国际社会就认识到船舶压载水造成的有害水生物和病原体的入侵问题，并采取各种措施减少和控制污染危害的发生。例如，为预防这类水生物和病原体的传播和蔓延，澳大利亚检疫和检查处在1990年就提出，凡进入澳大利亚海域的船舶自愿遵守的一系列准则：在装压载水的港口采取的措施包括有关当局要出具证书，证明该地区的水和海底沉积物中没有有毒有害的水生物；途中措施包括在海上更换压载水或进行压载水处理；抵达后的措施包括不排放压载水、近岸压载水处理和将沉渣排放到经批准的区域。

由于大湖区内船舶排放淡水压载水带进外来有机体而造成的环境问题，加拿大宣布从 1989 年 4 月 1 日起，随着“大劳伦斯航道”的再次开放，提请拟进入该航道的船舶不要在压载水中带有淡水水生物。这些船舶应在进入该航道之前在海中更换压载水。美国、阿根廷等一些国家纷纷采取单方面措施对船舶压载水的排放进行控制和管理。然而，这毕竟是一个全球性的问题，需要世界性适用的规定，并依此采取行动，才能解决问题。

IMO 的 MEPC 第 27 届会议于 1989 年 3 月起讨论船舶压载水带进外来有机物而造成的环境问题。1991 年 MEPC 第 31 届会议以 MEPC. 50(31)决议的形式，通过《防止船舶压载水及沉积物排放传播有害的水生物和病原体的国际指南》。该指南提出一系列的船舶压载水排放的管理措施。1993 年 11 月召开的 IMO 第 18 次大会，又以 A. 774(18)决议的形式，通过 MEPC 提交的这一指南，并向 IMO 成员国散发。该工作组根据指南的应用、科学研究和技术发展的成果修改指南，并考虑将其作为《防污公约》(MARPOL)涉及压载水的新附则的框架文件。1996 年 MEPC 第 38 届会议上，压载水工作组提交《船舶压载水的控制和管理规则草案》。1997 年 9 月，MEPC 第 40 届会议通过 A. 868(20)决议《关于控制和管理船舶压载水，减少有害水生物和病原体传播的指南》。该决议废止 A. 774(18)决议，进一步请求各国政府采取紧急行动，应用新通过的指南并将指南下发到各航运单位。

经过 14 年的讨论和准备，2004 年 2 月 13 日，IMO 在伦敦召开成员国外交大会，出席外交大会有 74 个成员国和 1 个联系会员，还有来自 20 个政府间和非政府间组织的观察员。大会最终通过《2004 年国际船舶压载水和沉积物控制和管理公约》(International Convention for the Control and Management of Ships' Ballast Water and Sediments, 2004)，简称《压载水管理公约》(BWM 2004)。该公约旨在通过对船舶压载水和沉积物的控制和管理防止、减少和最终消除有害水生物和病原体的转移对环境、公众健康、财产和资源带来的风险。

二、主要内容

《压载水管理公约》共有 22 条正文和 1 个附则，附则包括相关技术标准和要求。公约的要点如下。

(一) 定义

(1) 压载水系指为控制船舶纵倾、横倾、吃水、稳性或应力而加装到船上的水及其悬浮物。

(2) 压载水管理系指用机械的、物理的、化学的、生物的处理方法，单独或综合使用以清除、无害处置、避免摄入或排放压载水和沉积物中的有害水生物和病原体。

(3) 有害水生物或病原体系指此类水生物和病原体一旦进入海水中，包括河口或淡水水程，可产生对环境、人类健康、财产或资源的危害，损害生物多样性或影响此类区域的其他合法使用。

(4) 沉积物系指船舶压载水中沉淀的物质。

(5) 船舶系指在海洋环境中运行的任何类型的船舶，包括潜水船、浮动船艇和固定或浮动式工作平台、浮动存储装置(FSUs)以及浮动生产、存储和卸载装置(FPSOs)。

(二) 一般责任

根据公约第 2 条一般责任的规定，各当事国应保证全面、充分地实施本公约及其附则的规定，通过控制和管理船舶压载水和沉积物防止、减少和最终消除有害水生物和病原体的传播。公约当事国有权在符合国际法的前提下，独自或与其他当事国联合采取更严格的措施防止、减少或消除有害水生物和病原体的传播。当事国应确保依照本公约进行的压载水管理对其或其他国家的环境、人员健康、财产或资源不造成比其所预防的更大的损害。

（三）适用范围

（1）除本公约另有明文规定外，本公约应适用于下列船舶：①有权悬挂某一当事国国旗的船舶；②无权悬挂某一当事国国旗但在一当事国的管辖下营运的船舶。

（2）对于非本公约当事国的船舶，各当事国应在必要时适用本公约的要求，以确保不给予此类船舶更为优惠的待遇。

（四）控制由船舶压载水和沉积物传播有害水生物和病原体

（1）各当事国须要求悬挂其船旗或在其管辖下运营的船舶遵守本公约的要求，包括附则的标准和要求，并应采取有效措施确保此类船舶遵守这些要求。

（2）各当事国须根据其各自的条件和能力，制定其港口和沿海水域的国家政策、战略或计划，以符合和促进达到本公约的目标。

（五）接收设施

根据公约第5条——沉积物接收设施，各当事国应确保在其指定的进行压载舱清洗和维修作业的港口和码头内提供充足的接收设施接受沉积物。此类接收设施的操作不应造成船舶的不当延误，并应安全地处理这些沉积物而不损害或破坏其或其他国家的环境、人员健康、财产或资源。

（六）科技研究与监测

公约第6条涉及科技研究与监测，要求各当事国单独或联合努力促进并推动压载水管理的科技研究，并监测在其管辖水域内的压载水管理的效果。

（七）检验、发证和检查

船舶应接受检验和发证（第7条），并可接受港口国监督官员的检查（第9条）。港口国监督官员可核实船上是否配备有效的证书，检查压载水管理记录簿和（或）对船舶的压载水进行采样。如果有疑问可对船舶进行详细检查。“执行检查的当事国须采取步骤，确保船舶在不会对环境、人员健康、财产或资源产生有害的威胁后才可排放压载水”。应尽力避免使船舶受到不当的滞留或延误（第12条）。

（八）技术援助与地区性合作

根据公约第13条——技术援助、合作和地区性合作，公约当事国承诺直接或通过IMO和其他适当的国际机构，就控制和管理船舶的压载水和沉积物向需要技术援助的当事国提供支持以帮助培训人员；确保相关技术、设备和设施适用；进行联合研究和开发项目；采取以有效实施本公约及IMO制定的相关指南为目的的其他行动。

（九）生效

公约第18条规定公约在合计不少于世界商船总吨位35%的至少30个国家批准之后的12个月后生效。

三、公约附则

公约附则为“船舶压载水和沉积物控制和管理规则”，主要涉及技术性要求，共包括以下5个部分。

（一）A部分——总则

本部分包括定义、适用和免除。其中第A－2条规定：“除另有明文规定外，压载水的排放必须根据本附则的规定，通过压载水管理进行。”

（二）B 部分——船舶的管理和控制要求

1. 压载水管理计划（B-1）

船舶应配备并实施经主管机关批准的压载水管理计划（Ballast Water Management Plan, BWMP）。船上压载水管理计划应针对每一具体的船舶并包括为实施压载水管理要求和措施所采取的行动的详细描述。

2. 压载水记录簿（B-2）

船舶必须配备压载水记录簿（Ballast Water Record Book, BWRB）以记录压载水加装的时间、为压载水管理目的而进行的循环和处理及压载水的排放等。除此之外还应记录压载水被排放到接收设施的时间和意外或其他异常的压载水排放事件。

3. 船舶压载水管理（B-3）

对船舶压载水的管理要求如下。

（1）2009 年前建造的船舶，压载水容量在 1 500 ~ 5 000 m^3 之间的，应在 2014 年前至少实施满足压载水更换标准或压载水性能标准的压载水管理，此后，应至少满足压载水性能标准。

（2）2009 年前建造的船舶，压载水容量小于 1 500 m^3 或大于 5 000 m^3 的，应在 2016 年前至少实施满足压载水更换标准或压载水性能标准的压载水管理，此后，应至少满足压载水性能标准。

（3）2009 年及之后建造的船舶，压载水容量少于 5 000 m^3 的，应至少满足压载水性能标准。

（4）2009—2012 年之间建造的船舶，压载水容量为 5 000 m^3 及以上的，应在 2016 年前至少实施满足压载水更换标准或压载水性能标准的压载水管理，此后，应至少满足压载水性能标准。

（5）2012 年及以后建造的船舶，压载水容量为 5 000 m^3 及以上的，应至少满足压载水性能标准。

船舶压载水管理要求实施时间见表 5-12。

表 5-12 船舶压载水管理要求实施时间

船舶建造时间	压载水容量/m^3	管理要求
2009 年前	1 500 ~ 5 000	2014 年之前至少符合 D-1 或 D-2，其后符合 D-2
	<1 500 或 >5 000	2016 年之前至少符合 D-1 或 D-2，其后符合 D-2
2009 年或之后	<5 000	至少符合 D-2
2009 年或之后但在 2012 年之前	≥5 000	2016 年之前至少符合 D-1 或 D-2，其后符合 D-2
2012 年或之后	≥5 000	至少符合 D-2

4. 压载水更换（B-4）

根据该条关于压载水更换的规定，所有采用压载水更换的船舶，只要可能，应根据 IMO 制定的导则，在距离最近陆地至少 200 n mile 和水深至少 200 m 以上的地点进行压载水更换。在船舶不能根据以上要求进行压载水更换时，此种压载水更换应在尽可能远离最近陆地进行，但在任何情况下，应距离最近陆地至少 50 n mile 并且水深至少 200 m。当无法满足这些要求时，可为船舶指定进行压载水更换的区域。所有船舶应根据船舶压载水管理计划的规定对设计用来装载压载水处所的沉积物进行清除和处理。

5. 船舶沉积物管理（B-5）

（1）所有船舶均应按本船的压载水管理计划的规定清除和处置被指定承载压载水的处所中的沉积物。

(2) 船舶的设计和建造应考虑 IMO 制定的导则,在不降低安全或营运效率的情况下做到:将沉积物的摄入和有害夹带减至最低程度,便于沉积物的清除和提供用于沉积物清除和取样的安全通道。

(三) C 部分——附加措施

一当事国可单独或与其他当事国联合对船舶采取附加措施,防止、减少或消除通过船舶压载水和沉积物传播有害水生物和病原体。

在此种情况下,该当事国应与毗邻或附近可能受到影响的国家进行协商并至少提前 6 个月(除非在紧急或疫情的情况下)通知 IMO 其设立附加措施的意向。可行时,应获得 IMO 的批准。

(四) D 部分——压载水管理标准

1. 压载水更换标准 (D-1)

(1) 进行压载水更换的船舶应达到其所载压载水量的95%的更换量。

(2) 对于使用注入排出法进行压载水更换的船舶,注入排出压载舱 3 倍容积的水量,应被视为满足上述标准。如果船舶能够证明满足至少 95% 的更换量,注入排出少于 3 倍水量也可以被接受。

2. 压载水性能标准 (D-2)

进行压载水管理的船舶排放性能标准如下。

(1) 应达到每立方米最小尺寸大于或等于 50 μm 的可生存生物少于 10 个,每毫升中最小尺寸小于 50 μm 但大于或等于 10 μm 的可生存生物少于 10 个;并且指示微生物的排放不应超过第(2)项的规定浓度。

(2) 作为一种人体健康标准,指示微生物应包括①有毒霍乱弧菌(O1 和 O139):每 100 mL 少于 1 个菌落形成单位(cfu:Colony Forming Units)或每一克(湿重)浮游动物样品少于 1 个 cfu;②大肠杆菌:每 100 mL 少于 250 个 cfu;③肠道球菌:每 100 mL 少于 100 个 cfu。

压载水排放性能标准见表 5-13。

表 5-13　压载水排放性能标准(D-2 标准)

存活水生物尺寸/μm	数量	指示微生物	允许浓度
≥50	<10 个	有毒霍乱弧菌	<1 cfu/100 mL 或 <1 cfu/g
≥10 和 <50	<10 个/mL	大肠杆菌	<250 cfu/100 mL
		肠道球菌	<100 cfu/100 mL

3. 压载水管理系统的认可要求 (D-3)

(1) 除第(2)项款规定者外,用于符合本公约的压载水管理系统必须由主管机关认可并考虑本 IMO 制定的导则(G8)。

(2) 使用活性物质或含有一种或多种活性物质的制剂的符合本公约的压载水管理系统,应由 IMO 根据 IMO 制定的程序(G9)认可。该程序应陈述对活性物质及其建议的应用方法的认可或该认可的撤销。在撤销认可时,在此种撤销之日后的一年内应禁止使用有关的活性物质。

(3) 用于符合本公约的压载水管理系统必须对船舶及其设备和船员均安全。

4. 试验型压载水处理技术 (D-4)

该条涉及试验型压载水处理技术,并规定参加经主管机关批准的测试和评估具有前景的压载水处理技术项目的船舶在符合相关要求方面将有5年的宽限期。

5. IMO对标准的审议（D-5）

该条涉及IMO对标准的审议，要求IMO对压载水性能标准进行审议，审议应考虑到几种标准，包括：①船舶和船员的安全；②环境的可接受性；③可行性，即与船舶设计与作业的兼容性；④经济性；⑤生物有效性。

（五）E部分——压载水管理的检验和发证要求

E部分是对船舶压载水管理的初次检验、年度检验、中间检验、换证检验、附加检验和相关发证的要求。

400总吨及以上的船舶需要在压载水管理方面接受检验，检验的内容包括压载水管理计划，任何相关结构、设备、系统、配件、装置的材料或工艺，以验证其符合本公约管理的要求。

船舶经检验合格后，由主管机关或其授权的任何个人或组织颁发“国际压载水管理证书”（International Ballast Water Management Certificate，IBWM证书），该证书有效期为5年。在任何情况下，主管机关均对此证书负有全部责任。

该部分的附录给出IBWM证书格式和“压载水记录簿”格式。

四、公约相关导则

为有效实施公约，现已通过一系列与其配套的相关导则，具体见表5-14。

表5-14　IMO通过的压载水控制和管理相关导则

代号	导则名称	通过文件	通过时间
G1	沉积物接收设备导则 Guidelines for Sediments Reception Facilities	MEPC.152(55)	2006年10月13日
G2	压载水取样导则 Guidelines for Ballast Water Sampling	MEPC.173(58)	2008年10月10日
G3	压载水管理等效符合的导则 Guidelines for BW Equivalent Compliance	MEPC.123(53)	2005年7月22日
G4	压载水管理和压载水管理计划编制导则 Guidelines for BWM and the Development of BWM Plans	MEPC.127(53)	2005年7月22日
G5	压载水接收设备导则 Guidelines for BW Reception Facilities	MEPC.153(55)	2006年10月13日
G6	压载水更换导则 Guidelines for BW Exchange	MEPC.124(53)	2005年7月22日
G7	根据《压载水公约》A-4条的风险评估导则 Guidelines for Risk Assessment under Regulation 4-A of the BW Convention	MEPC.162(56)	2007年7月13日
G8	压载水管理系统认可导则 Guidelines for Approval of BW Management Systems	MEPC.125(53), Rev. MEPC.174(58)	2008年10月10日

（续表）

代号	导则名称	通过文件	通过时间
G9	使用活性物质的压载水管理系统的认可程序 Procedure Approval of BWM Systems That Make Use of Active Substances	MEPC. 126(53), Rev. MEPC. 169(57)	2008 年 4 月 4 日
G10	原型压载水处理技术程序认可和监督导则 Guidelines for Approval and Oversight of Prototype BW Treatment Programs	MEPC. 140(54)	2006 年 3 月 24 日
G11	压载水更换的设计和构造标准导则 Guidelines for BW Exchange Design and Construction Standard	MEPC. 149(55)	2006 年 10 月 13 日
G12	便于船舶沉积物控制的设计和构造导则 Guidelines for Design and Construction to Facilitate Sediment Control on Ships	MEPC. 150(55)	2006 年 10 月 13 日
G13	包括紧急情况下压载水管理附加措施导则 Guidelines for Additional Measures Regarding BWM Including Emergency Situations	MEPC161(56)	2007 年 7 月 13 日
G14	指定压载水更换区域导则 Guidelines on Designation of Areas for BWE	MEPC. 151(55)	2006 年 10 月 13 日

五、公约生效进展状况

截至 2013 年 1 月 9 日，已经有 38 个国家加入《压载水管理公约》，船舶总吨位占世界商船总吨位的 30.38%，尚未到生效条件。

公约通过至今仍未达到公约生效要求的原因主要是因为公约通过时尚没有成熟的商业化的压载水处理技术，对压载水处理系统的商业化进度存在不确定性，对公约中规定的 D-2 标准实施带来影响。但随着越来越多的压载水处理系统通过 IMO 最终批准和型式认可，特别是欧盟各国对《压载水管理公约》早日生效的期望，有可能会加快公约生效进程。

第十三节　2009 年香港国际安全与无害环境拆船公约

一、产生的背景

船舶作为海上运输工具，一般的运营寿命在 30 年左右，报废后被送到拆船厂进行拆解。随着拆船行业的发展，拆船作业引发的安全、环保和从业人员健康问题也更加突出；船舶拆解过程中经常引发事故，造成严重污染，更受到国际社会的高度关注。

拆船问题最早引起 IMO 的关注是在 1998 年的 MEPC 第 42 次会议上，在随后的几届会议上，各成员国一致认为，IMO 在拆船问题上应该扮演一个重要的角色。2002 年 3 月的 MEPC 47 会议上，委员会同意制定一个建议性导则并以缔约国大会决议的形式通过。2003 年 7 月的 MEPC 49

会议上，通过拆船导则的最终草案，在2003年12月第23次缔约国大会上通过《IMO拆船导则》[A.962(23)]。2005年7月的MEPC 53会议上，委员会同意将拆船作为优先事项，由IMO制定一个新的强制性公约为国际范围内的拆船业提供新的法律和技术标准。在2005年11月召开的IMO第24届大会通过关于制定拆船公约的A.981(24)号决议，随后挪威于2006年2月向MEPC 54会议提交首份拆船公约草案——《国际安全与环保拆船公约草案》，初步设定公约的框架与其所应包含的强制性要求，拆船公约的制定进入实质性阶段。此后，经过IMO及航运界历时3年的共同努力，2009年5月15日在我国香港召开的IMO大会上，通过《2009年香港国际安全与无害环境拆船公约》(Hongkong International Convention for the Safe and Environmentally Sound Recycling of Ships,2009)(以下简称《香港拆船公约》或HONG KONG SRC 2009)，这标志着航运界又一部国际统一标准的形成必将为拆船行业的可持续发展发挥积极的作用。

二、主要内容

《香港拆船公约》包括正文21条正文和1个附则，其主要内容如下。

(一) 定义

(1) 船舶系指在水环境中运行的任何类型的船舶，包括潜水船、漂流筏、浮动平台、浮动式储存装置(FSUs)和浮动式生产储存卸货装置(FPSOs)。

(2) 拆船系指所有相关操作，包括停泊、冲滩、拆船以及材料回收和再加工。

(3) 拆船设施系指由所在国家的主管机关批准的用于拆船的厂站、场所或设施。

(4) 有害材料系指IMDG Code、《巴塞尔公约》或其他国际权威组织或法律文件认定的对人身健康和环境有害的材料。

(二) 适用范围

公约第3条指出，公约适用于悬挂缔约国国旗或在其管辖下运营的500总吨及以上的船舶以及其管辖下的拆船设施的管理。但不适用于500总吨以下的船舶，或始终在缔约国管辖水域内航行的船舶以及军舰、海军辅助船舶或政府非商业服务的船舶，但同时倡导采取适当措施确保此类船舶尽可能合理和可行地符合公约要求。公约同时规定，对于非缔约国船舶不给予更为优惠的待遇。

(三) 船舶检查

对于适用公约船舶的检查，要求船上持有“国际有害材料清单证书”(International Certificate On Inventory Of Hazardous Materials)或“国际拆解准备就绪证书”(International Ready For Recycling Certificate)，如船舶未持有有效证书或有充分证据证明船舶或设备情况与证书或有害材料清单第Ⅰ部分不符，或船上没有采取有效措施维护有害材料清单第Ⅰ部分时，可以根据IMO指定的导则进行详细的检查。

(四) 生效条件

公约于2009年9月1日~2010年8月31日在IMO总部开放签署，加入公约的国家达到15个，占世界商船总吨位的40%后的24个月，且这些国家在过去10年内的拆船总量不少于其商船总吨位之和的3%，公约即生效。

三、公约附则

公约附则名称为安全与环境无害化拆船规则，共包括4章25条和7个附录，公约附则与公约正文具有同等效力，引用公约即视为引用公约附则。

(一) 第1章　总则

总则中对"适用人员""雇主""现有船舶""新船""新装置""安全进入""安全热工"等概念进行定义。总则中还说明本公约与《巴塞尔公约》和国际劳工组织的有关标准的关系,要求各缔约国主管机关在履行公约要求时充分考虑到《巴塞尔公约》和国际劳工组织的有关标准和指导性文件。

(二) 第2章　对船舶的要求

对船舶的要求共分3部分,包括船舶的设计、建造、运营和危害,拆船准备,检验和发证。

(1) 船舶的设计、建造、运营和维护应满足公约要求:船舶须在设计建造时就从源头上禁止和(或)限制附录1中所列的有害材料在船上的安装和使用。在船舶后续的运营和维护保养过程中,应同样遵守这些规定。新船应备有有害材料清单,至少列明船体结构和设备中含有附则的附录1和2中所列有害材料名称、位置和大概数量,并明确阐明是否符合公约相关要求。现有船舶应在不迟于公约生效后5年,或在前往拆船设施之前,以较早者为准,尽可能满足如同新船的上述要求。船舶在整个营运过程中应对有害材料清单适当保存和更新,反映安装上船的新装置或对船舶结构和设备的相关改变所出现的有害材料的变化情况。

(2) 接受检验和发证管理:公约采取检验、发证机制,适用船舶应接受投入运营之前的初次检验、不超过5年间隔的换证检验、船舶相关情况发生重大变化的附加检验以及结束运营及拆解作业开始前的最终检验。检验由缔约国主管机关或其认可并授权的组织和个人实施,初次或换证检验合格后签发"国际有害材料清单证书",附加检验则在证书上进行相应签注。如果证书到期时,船舶不在其被检验的港口,主管机关可以适当延长证书的有效期,这种展期仅允许船舶完成前往被检验的港口的航行,且在任何情况下不得超过3个月,船舶在被检港口未获得新证书前不得凭展期离港。

(3) 接受常规检查、违章调查和处罚:适用船舶应接受港口国授权官员的检查,核实船上是否携带有效的"国际有害材料清单证书"或"国际拆解准备就绪证书"。针对船舶没有携带有效证书或有明确根据认为船舶或其设备的状况与证书和(或)有害材料清单第一部分所载的细节严重不符,或者船上没有实施用以维护有害材料清单第一部分的程序等违反公约的行为,应接受调查,并根据港口国的国内立法进行处理,包括警告、滞留、驱逐、拒绝进港乃至提起诉讼。采取如上行动的当事国应立即将有关情况通知该船的主管机关和IMO。

(4) 做好船舶拆解准备并书面报告:船舶在拆解前应做好相关准备,满足以下要求:一是确保选择公约批准的且能完成拆船计划所列工作的拆船设施;二是在进入拆船设施前将船上货物残留、燃油残留和污水量残留降到最低;三是液货船在抵达拆船设施时货舱和泵舱按拆船设施当事国有关法律要求达到"人员进入安全"或"热工作业安全"的发证条件;四是向拆船设施提供关于船舶的所有可用信息,以便拆船设施制定符合公约要求的关于本船的拆船计划;五是按公约附则要求确保有害材料清单第一部分保持最新外,还应列明第二部分操作性废料和第三部分物料的有关情况。

船舶做好相关准备后,应以书面形式适时通知主管机关其拆船的意图,并接受主管机关按公约要求开展的最终检验,检验合格的发给"国际拆解准备就绪证书"。

(三) 第3章　对拆船厂的要求

(1) 实施拆船厂审批机制:公约要求缔约国通过国内立法确保拆船厂按照符合公约规定的安全和无害环境方式设计、建造和运营。通过确立审批机制,在对公约要求的文件和设施现场进行检查的基础上,对拆船设施厂审批,准予从事拆船作业。

审核合格的拆船厂签发统一格式的有效期不超过 5 年的拆船厂批准证书。证书的签发批准、撤销、中止、修改和换新的条件,由缔约国具体制定。

(2) 制订和落实拆船厂计划: 经批准的拆船厂应制订“拆船厂计划”,以明确工人安全、人员健康防护和环境保护的管理政策、管理目标: 建立确保实施公约要求和公司政策所列目标的拆船作业程序和标准体系;雇主与工人在拆船作业中的角色和责任;为工人提供信息和培训的项目;应急准备和反应计划及事故报告系统;拆船作业的监控和记录系统等方面内容。

在拆船作业过程中,接受检查、监督、取样等,切实落实“拆船厂计划”相关内容,实现对有害材料的安全与无害环境管理,防止拆船作业对人身健康和环境造成有害影响,对于拆船作业中任何造成或可能造成工人安全、人身健康和环境损害的事件、事故、职业疾病或长期影响进行报告。

(3) 制订拆船计划,报告拆船作业完工情况: 针对一具体的拆船作业,拆船厂应根据船舶提供的信息结合自身情况,制订拆船计划,包括有关建立、保持和监控人员进入安全和热工作业安全条件及如何管理包括有害材料清单中所明确的材料在内的所有材料的类型和数量信息。拆船计划应接受主管机关的审批。

拆船厂在待拆船舶获得“国际拆解准备就绪证书”后,应按附录 7 中的格式书面报告拆船作业计划开始的时间,提交报告之前不得进行拆船作业。拆船作业结束后,拆船厂应在完工之日起 14 天内签发一份按照附录 7 格式编制的完工声明并向主管当局报告。

(四) 第 4 章 报告要求

船舶所有人在拆船之前应在适当时间通知主管机关,以便主管机关做好检验和发证的相关准备工作。拆船厂在接收废船之前和拆船结束之后,也应向主管机关通报该船舶的有关信息。

四、制定有害材料清单导则

该导则为实施公约而制定的有害材料清单提供指导意见。导则除适用公约中的定义外,又增加一些定义,包括“均匀材料”“阈限值”“供应链”和“产品”等。

一份完整的有害材料清单分为 3 部分: Part Ⅰ是船体结构和设备中使用的材料,这部分是强制性内容,在船舶初次检验时就要完成,并由主管机关签发证书,在船舶整个营运周期内,都要求船舶上有相应的管理方法保持这部分内容的真实有效;Part Ⅱ是船舶正常营运产生的垃圾;Part Ⅲ是船上备品。

导则中又将需列入有害材料清单的物质分为 4 类,并列于 4 个表中。Table A 和 Table B 分别为公约附件 1 和 2 的内容,对公约要求的各类物质列出具体的化学物质的名称,Table A 和 Table B 共同构成有害材料清单的 Part Ⅰ部分。Table C 是可能对环境和拆船厂的工人健康具有潜在危害的物质,根据导则的具体要求可写入 Part Ⅱ或 Part Ⅲ。Table D 为船舶常规消耗物品,可不在拆船厂进行拆解或处理,写入 Part Ⅲ。

制订有害材料清单的 Part Ⅰ是导则的重点内容。对于新建船舶,应在船舶设计和建造阶段根据供应商提供的“成分说明”制订。对于没有“成分说明”的设备和材料,应在规定时间内补充或按照 Table C 类物质处理。制订过程中应按公约要求对清单中的物质进行核对,确保不含有公约附件 1 即 Table A 中的物质,对故意添加且超过公约规定阈限值的物质,应按其具体成分列入清单并标明有害物质所在的位置和含量。

五、公约特点

(1) 强制性。由于以前所制定的公约是自愿性的,并没有引起各个国家足够的重视,而《香港拆船公约》的第 9 条违章调查中引入“强制性缔约国履约审核机制”，要求 IMO 对缔约国遵守并实施公约的情况实施监督，一旦加入公约，缔约国应考虑并开始任何必要的后续行动，自觉地接受 IMO 审核组织的审核。

（2）安全和环保性。公约一个最显著的特点就是特别注重人的安全和环境保护，从事故的预防，有害材料的安全与环境无害化拆除及管理、应急准备与反应到工人安全和培训都进行详细的说明和规定，确保在整个拆船作业中切实达到安全和环保的双重目标。

（3）系统性。“安全与环境无害化拆船规则”是公约的核心部分，填补长期以来在船舶管理领域存在的真空，系统地规定整个船舶供应链的各个环节，包括对船舶的设计、建造、运营及维护、船舶拆解、检验和发证，都进行系统的阐述，并制定有效的执行机制。

（4）预防性。针对有害材料对人体和环境的影响，公约特别规定对有害材料的控制，除在附录 1 中列明的禁止和/或限制的各类有害材料在其所属船舶上的安装和使用外，并根据技术的进步，逐步完善公约中关于有害材料的种类和数量，这就可以有效预防有害材料的使用。

复习思考题

一、OILPOL 1954，INTERVENTION 1969，《CLC 1969》和《FUND 1971》及修正案

1.《1954 年油污公约》产生的背景如何？其主要内容有哪些？该公约有何意义？该公约有哪些不足之处？
2.《1969 年干预公约》产生的背景怎样？其主要内容有哪些？
3.《1969 年干预公约》干预的油类有哪几种？它与持久性油类有何不同？
4.《1969 年干预公约》解决争议有哪三种方法？
5.《1973 年干预议定书》干预的物质有哪些？
6.《1969 年责任公约》产生的背景如何？其核心内容是什么？
7.《1969 年责任公约》适用的是什么油类？适用的地域是什么？对污染损害的定义是什么？
8.《1969 年责任公约》中规定的船舶所有人的赔偿限额是多少？什么情况下船舶所有人将丧失这些责任限额？
9.《1969 年责任公约》规定，载运 2 000 t 以上散装货油的船舶需取得什么证书？
10. 中国已加入《1969 责任公约》吗？已加入《1992 责任公约》吗？
11.《1971 年基金公约》产生的背景如何？其主要内容有哪些？
12. 什么是摊款石油？
13.《1971 年基金公约》中，什么是油污受害人的三类赔偿责任？
14.《1971 年基金公约》规定的摊款石油量是多少？
15.《1971 年基金公约》规定的油污基金的赔偿限额是多少？
16.《1992 年责任公约》和《1992 年基金公约》把船舶所有人责任限额、油污基金限额分别提高到多少？
17.《1992 年责任公约》和《1992 年基金公约》的 2000 年修正案把船舶所有人责任限额、油污基金限额分别提高到多少？
18.《1992 年基金公约》的 2003 年议定书的主要内容是什么？
19. 中国参加《1992 年基金公约》吗？为什么？
20. 试比较：①《1969 年责任公约》与《1992 年责任公约》的差异；②《1971 年基金公约》与《1992 年基金公约》的差异。

21.《伦敦倾废公约》产生的背景如何？
22. 什么是倾倒？什么是特别许可证？什么是一般许可证？
23. 禁止倾倒的物质主要有哪些？哪些物质需要特别许可证才可倾倒？
24.《伦敦倾废公约》经过哪几次修订？其主要内容是什么？
25.《伦敦倾废公约》的 1996 年议定书与原公约相比，最大变化在哪里？

二、《防污公约》(MARPOL)及其各附则

1.《防污公约》(MARPOL)产生的背景是什么？共有哪几个附则？
2.《防污公约》(MARPOL)附则Ⅰ对油类的定义是什么？
3.《防污公约》(MARPOL)附则Ⅰ对船舶的定义是什么？包括石油平台吗？
4.《防污公约》(MARPOL)附则Ⅰ的适用范围是什么？
5. 根据《防污公约》(MARPOL)附则Ⅰ，船舶需要哪些检验？检验合格后签发什么证书？证书有效期多少年？
6.《防污公约》(MARPOL)附则Ⅰ对油船操作排放有何规定？
7.《防污公约》(MARPOL)附则Ⅰ中，油类记录簿(ORB)记录哪些内容？油类记录簿有哪几种格式？记录时应注意些什么？
8. 船上油污应急计划产生的背景是什么？
9. 编制船上油污应急计划的目的是什么？它有哪三部分内容？
10.《防污公约》(MARPOL)附则Ⅰ规定，对现有单壳油船的淘汰船龄是多少年？
11.《防污公约》(MARPOL)附则Ⅰ要求的油船应具备哪些防污证书与文书？
12.《防污公约》(MARPOL)附则Ⅱ对有毒液体物质是如何定义的？
13.《防污公约》(MARPOL)附则Ⅱ的适用范围是什么？
14.《防污公约》(MARPOL)附则Ⅱ对有毒液体物质是如何进行分类的？分类的依据是什么？
15.《防污公约》(MARPOL)附则Ⅱ中，船舶需要哪些检验？检验合格后签发什么证书？证书有效期多少年？
16.《防污公约》(MARPOL)附则Ⅱ中，规定有毒液体物质应如何排放？排放标准如何？
17.《防污公约》(MARPOL)附则Ⅱ中，对有毒液体物质的扫舱要求如何？
18. 有毒液体运输船为什么要制定程序和布置手册(P&A 手册)？
19. 货物记录簿(CRB)需记录哪些内容？它有何作用？
20. 通风程序是针对哪些有毒液体物质？通风应注意哪些问题？
21.《防污公约》(MARPOL)附则Ⅱ要求的船舶防污染证书和文书有哪些？
22.《防污公约》(MARPOL)附则Ⅲ对“有害物质”是如何定义的？
23. 什么是船舶生活污水？《防污公约》(MARPOL)附则Ⅳ对船舶生活污水的排放是如何规定的？
24. 什么是船舶垃圾？《防污公约》(MARPOL)附则Ⅴ对船舶垃圾排放的基本原则是什么？
25.《防污公约》(MARPOL)附则Ⅴ对船舶垃圾排放的规定如何？
26. 船舶垃圾记录簿(GRB)应记录哪些内容？它有何作用？
27.《防污公约》(MARPOL)附则Ⅵ所定义的消耗臭氧层物质(ODS)是什么？
28. 什么是排放控制区？为什么要设立排放控制区？
29.《防污公约》(MARPOL)附则Ⅵ规定的船舶检验有哪些？检验合格颁发什么证书？有效期几年？

30.《防污公约》(MARPOL)附则Ⅵ规定，控制船舶释放的要求中包括哪些物质？
31.《防污公约》(MARPOL)附则Ⅵ对船用燃料油中含硫量是如何规定的？
32. 依据《防污公约》(MARPOL)附则Ⅵ，船舶禁止焚烧的物质有哪些？
33. 为什么要在《防污公约》(MARPOL)附则Ⅵ中纳入国际能效规则？
34. 什么是船舶的能效设计指数(EEDI)？
35. 根据国际能效规则，船舶经检验需取得哪个证书？证书有效期多少年？

三、OPRC1990，OPA90 和 HNS 1996

1. OPRC1990 产生背景如何？其核心内容是什么？
2. OPRC1990 适用范围如何？该公约对油的定义是什么？
3. OPRC1990 中规定哪些装置和设施需制定油污应急计划？
4. OPRC－HNS 2000 产生的背景如何？
5. OPRC－HNS 2000 对“有害和有毒物质”的定义如何？
6. OPRC－HNS 2000 生效了吗？我国加入了吗？
7. OPA 90 产生的背景如何？
8. OPA 90 规定怎样的责任方？与责任公约、基金公约中规定的责任方有何不同？
9. OPA 90 中，责任方承担怎样的责任？
10. OPA 90 规定怎样的责任限制？
11. OPA 90 有哪些特点？
12. OPA 90 生效后对航运的影响如何？有什么对策措施？
13. OPA 90 有哪些内容值得注意？
14. HNS 1996 产生的背景如何？主要内容是什么？
15. HNS 1996 适用的货物有哪些？
16. HNS 1996 的宗旨是什么？HNS 1996 适用的地域范围如何？
17. HNS 1996 所定义的损害是指什么？
18. HNS 1996 规定的船舶所有人赔偿责任限额为多少？
19. HNS 1996 基金赔偿的最高限额是多少？HNS 1996 基金有哪些账户？
20. HNS 1996 规定的索赔时效多少年？
21. HNS 1996 生效了吗？我国加入了吗？为什么？
22. HNS 1996 的 2010 年议定书的主要内容是什么？
23. 比较 HNS 1996 与经修正的《1969 年责任公约》和《1971 年基金公约》的异同点。

四、《燃油公约》《防污底公约》《压载水管理公约》和《香港拆船公约》

1.《燃油公约》产生的背景如何？
2.《燃油公约》的适用范围是什么？
3.《燃油公约》对船舶是如何定义的？
4.《燃油公约》实行怎样的责任制？其责任主体是谁？
5.《燃油公约》有没有单独的责任限制规定？
6.《燃油公约》规定的强制保险的船舶吨位是多少？有没有确定的保险金额？
7. 依据《燃油公约》，船舶需取得什么证书？
8.《燃油公约》有没有货主分担责任的赔偿制度做补充？为什么？
9.《燃油公约》何时生效？我国加入了吗？

10.《防污底公约》产生的背景如何?
11.《防污底公约》中对船舶是如何定义的?
12.《防污底公约》的适用范围如何?
13.《防污底公约》对船舶防污底系统是如何进行控制的?
14. 依据《防污底公约》,船舶需取得何种证书?
15.《防污底公约》生效及我国加入情况如何?
16. 我国如何应对《防污底公约》的生效?
17.《压载水管理公约》产生的背景如何?
18. 什么是压载水管理?
19.《压载水管理公约》适用于哪些船舶?
20.《压载水管理公约》的适用范围如何?
21. 依据《压载水管理公约》,船舶需制定何种计划? 需配备何种记录簿?
22.《压载水管理公约》中规定的压载水管理时间表如何?
23.《压载水管理公约》中,压载水更换须离陆地多少海里? 水深至少多少米?
24.《压载水管理公约》中规定的船舶检验有哪些? 检验合格颁发什么证书? 有效期几年?
25. 为有效实施《压载水管理公约》,现已通过哪些与之配套的相关导则?
26.《压载水管理公约》的生效及我国加入情况如何?
27. 我国如何应对《压载水管理公约》的生效?
28.《香港拆船公约》产生的背景如何?
29.《香港拆船公约》的适用范围如何?
30. 符合《香港拆船公约》的船舶需持有哪种证书?
31.《香港拆船公约》对船舶的管理要求如何?
32.《香港拆船公约》对拆船厂的管理要求如何?
33.《香港拆船公约》有哪些特点?
34.《香港拆船公约》如生效将产生怎样的影响?
35. 我国应如何应对《香港拆船公约》?

第六章　防止船舶造成污染的国内法规

第一节　中华人民共和国海洋环境保护法

《海洋环境保护法》是1982年由全国人民代表大会常务委员会颁布，并于1999年12月25日修订和公布，自2000年4月1日起施行。该法修订后共10章98条：第一章总则，第二章海洋环境监督管理，第三章海洋生态保护，第四章防治陆源污染物对海洋环境的污染损害，第五章防治海岸工程建设项目对海洋环境的污染损害，第六章防治海洋工程建设项目对海洋环境的污染损害，第七章防治倾倒废弃物对海洋环境的污染损害，第八章防治船舶及有关作业活动对海洋环境的污染损害，第九章法律责任，第十章附则。

一、目的、适用范围、义务

为保护和改善海洋环境，保护海洋资源，防治污染损害，维护生态平衡，保障人体健康，促进经济和社会的可持续发展，制定本法。

本法适用于中华人民共和国内水、领海、毗连区、专属经济区、大陆架以及中华人民共和国管辖的其他海域。在中华人民共和国管辖海域内从事航行、勘探、开发、生产、旅游、科学研究及其他活动，或者在沿海陆域内从事影响海洋环境活动的任何单位和个人，都必须遵守本法。在中华人民共和国管辖海域以外，造成中华人民共和国管辖海域污染的，也适用本法。

一切单位和个人都有保护海洋环境的义务，并有权对污染损害海洋环境的单位和个人，以及海洋环境监督管理人员的违法失职行为进行监督和检举。

二、管理体制

国务院环境保护行政主管部门作为对全国环境保护工作统一监督管理的部门，对全国海洋环境保护工作实施指导、协调和监督，并负责全国防治陆源污染物和海岸工程建设项目对海洋污染损害的环境保护工作。

国家海洋行政主管部门负责海洋环境的监督管理，组织海洋环境的调查、监测、监视、评价和科学研究，负责全国防止海洋工程建设项目和海洋倾倒废弃物对海洋污染损害的环境保护工作。

国家海事行政主管部门负责所辖港区水域内非军事船舶和港区水域外非渔业、非军事船舶污染海洋环境的监督管理，并负责污染事故的调查处理；对在中华人民共和国管辖海域航行、停泊和作业的外国籍船舶造成的污染事故登船检查处理。船舶污染事故给渔业造成损害的，应当吸收渔业行政主管部门参与调查处理。

国家渔业行政主管部门负责渔港水域内非军事船舶和渔港水域外渔业船舶污染海洋环境的监督管理，负责保护渔业水域生态环境工作，并调查处理前款规定的污染事故以外的渔业污染事故。

军队环境保护部门负责军事船舶污染海洋环境的监督管理及污染事故的调查处理。

沿海县级以上地方人民政府行使海洋环境监督管理权的部门的职责，由省、自治区、直辖市人民政府根据本法及国务院有关规定确定。

三、海洋环境监督管理

国家根据防止海洋环境污染的需要，制定国家重大海上污染事故应急计划。国家海洋行政主管部门负责制订全国海洋石油勘探开发重大海上溢油应急计划，国家海事行政主管部门负责制订全国船舶重大海上溢油污染事故应急计划，报国务院环境保护行政主管部门备案。

依法行使海洋环境监督管理权的部门，有权对管辖范围内排放污染物的单位和个人进行现场检查。被检查者应当如实反映情况，提供必要的资料。检查机关应当为被检查者保守技术秘密和业务秘密。

四、防治倾倒废弃物对海洋环境的污染损害

任何单位未经国家海洋行政主管部门批准，不得向中华人民共和国管辖海域倾倒任何废弃物。需要倾倒废弃物的单位，必须向国家海洋行政主管部门提出书面申请，经国家海洋行政主管部门审查批准，发给许可证后，方可倾倒。禁止中华人民共和国境外的废弃物在中华人民共和国管辖海域倾倒。

获准倾倒废弃物的单位，必须按照许可证注明的期限及条件，到指定的区域进行倾倒。废弃物装载之后，批准部门应当予以核实。获准倾倒废弃物的单位，应当详细记录倾倒的情况，并在倾倒后向批准部门作出书面报告。倾倒废弃物的船舶必须向驶出港的海事行政主管部门作出书面报告。

禁止在海上焚烧废弃物。禁止在海上处置放射性废弃物或者其他放射性物质。废弃物中的放射性物质的豁免浓度由国务院制定。

五、防治船舶及有关作业活动对海洋环境的污染损害

在我国管辖海域，任何船舶及相关作业不得违反本法规定向海洋排放污染物、废弃物和压载水、船舶垃圾及其他有害物质。

船舶必须按照有关规定持有防止海洋环境污染的证书与文书，在进行涉及污染物排放及操作时，应当如实记录。船舶必须配置相应的防污设备和器材。载运具有污染危害性货物的船舶，其结构和设备应当能够防止或者减轻所载货物对海洋环境的污染。

船舶应当遵守海上交通安全法律、法规的规定，防止因碰撞、触礁、搁浅、火灾或者爆炸等引起的海难事故，造成海洋环境的污染。

国家完善并实施船舶油污损害民事赔偿责任制度；按照船舶油污损害赔偿责任由船舶所有人和货主共同承担风险的原则，建立船舶油污保险、油污损害赔偿基金制度。实施船舶油污保险、油污损害赔偿基金制度的具体办法由国务院规定。

载运具有污染危害性货物进出港口的船舶，其承运人、货物所有人或者代理人，必须事先向海事行政主管部门申报。经批准后，方可进出港口、过境停留或者装卸作业。

交付船舶装运污染危害性货物的单证、包装、标志、数量限制等，必须符合对所装货物的有关规定。需要船舶装运污染危害性不明的货物，应当按照有关规定事先进行评估。装卸油类及有毒有害货物的作业，船岸双方必须遵守安全防污操作规程。

港口、码头、装卸站和船舶修造厂必须按照有关规定备有足够的用于处理船舶污染物、废弃物的接收设施,并使该设施处于良好状态。装卸油类的港口、码头、装卸站和船舶必须编制溢油污染应急计划,并配备相应的溢油污染应急设备和器材。

进行下列活动,应当事先按照有关规定报经有关部门批准或者核准。

(1) 船舶在港区水域内使用焚烧炉。

(2) 船舶在港区水域内进行洗舱、清舱、驱气、排放压载水、残油、含油污水接收、舷外拷铲及油漆等作业。

(3) 船舶、码头、设施使用化学消油剂。

(4) 船舶冲洗沾有污染物、有毒有害物质的甲板。

(5) 船舶进行散装液体污染危害性货物的过驳作业。

(6) 从事船舶水上拆解、打捞、修造和其他水上、水下船舶施工作业。

船舶发生海难事故,造成或可能造成海洋环境重大污染损害的,国家海事行政主管部门有权强制采取避免或者减少污染损害的措施。对在公海上因发生海难事故,造成我国管辖海域重大污染损害后果或者具有污染威胁的船舶、海上设施,国家海事行政主管部门有权采取与实际的或者可能发生的损害相称的必要措施。

所有船舶均有监视海上污染的义务,在发现海上污染事故或者违反本法规定的行为时,必须立即向就近的依照本法规定行使海洋环境监督管理权的部门报告。

六、法律责任

违反本法有关规定,有下列行为之一的,由依照本法规定行使海洋环境监督管理权的部门责令限期改正,并处以罚款。

(1) 向海域排放本法禁止排放的污染物或其他物质的。

(2) 不按照本法规定向海洋排放污染物,或者超过标准排放污染物的。

(3) 未取得海洋倾倒许可证,向海洋倾倒废弃物的。

(4) 因发生事故或者其他突发性事件,造成海洋环境污染事故,不立即采取处理措施的。有前款第(1)和(3)项行为之一的,处3万~20万元的罚款;有前款第(2)和(4)项行为之一的,处2万~10万元的罚款。

违反本法有关规定,有下列行为之一的,由依照本法规定行使海洋环境监督管理权的部门予以警告,或者处以罚款。

(1) 不按照规定申报,甚至拒报污染物排放有关事项,或者在申报时弄虚作假的。

(2) 发生事故或者其他突发性事件不按照规定报告的。

(3) 不按照规定记录倾倒情况,或者不按照规定提交倾倒报告的。

(4) 拒报或者谎报船舶载运污染危害性货物申报事项的。

有前款第(1)和(3)项行为之一的,处2万元以下的罚款;有前款第(2)和(4)项行为之一的,处5万元以下的罚款。

违反本法规定,经中华人民共和国管辖海域转移危险废弃物的,由国家海事行政主管部门责令非法运输该危险废弃物的船舶退出中华人民共和国管辖海域,并处5万~50万元的罚款。

违反本法规定,有下列行为之一的,由依照本法规定行使海洋环境监督管理权的部门予以警告,或者处以罚款。

(1) 港口、码头、装卸站及船舶未配备防污设备、器材的。

(2) 船舶未持有防污证书、防污文书,或者不按照规定记载排污记录的。

(3) 从事水上和港区水域拆船、旧船改装、打捞和其他水上、水下施工作业,造成海洋环境污染损害的。

(4) 船舶载运的货物不具备防污适运条件的。

有前款第(1)和(4)项行为之一的,处2万~10万元的罚款;有前款第(2)项行为的,处2万元以下的罚款;有前款第(3)项行为的,处5万~20万元的罚款。

违反本法规定,船舶、石油平台和装卸油类的港口、码头、装卸站不编制溢油应急计划的,由依照本法规定行使海洋环境监督管理权的部门予以警告,或者责令限期改正。

造成海洋环境污染损害的责任者,应当排除危害,并赔偿损失;完全由于第三者的故意或者过失,造成海洋环境污染损害的,由第三者排除危害,并承担赔偿责任。

对破坏海洋生态、海洋水产资源、海洋保护区,给国家造成重大损失的,由依照本法规定行使海洋环境监督管理权的部门代表国家对责任者提出损害赔偿要求。

对违反本法规定,造成海洋环境污染事故的单位,由依照本法规定行使海洋环境监督管理权的部门根据所造成的危害和损失处以罚款,罚款数按照直接损失的30%计算,但最高不得超过30万元。负有直接责任的主管人员和其他直接责任人员属于国家工作人员的,依法给予行政处分。

对造成重大海洋环境污染事故,致使公私财产遭受重大损失或者人身伤亡严重后果的,依法追究刑事责任。海洋环境监督管理人员滥用职权、玩忽职守、徇私舞弊,造成海洋环境污染损害的,依法给予行政处分;构成犯罪的,依法追究刑事责任。

完全属于下列情形之一,经过及时采取合理措施,仍然不能避免对海洋环境造成污染损害的,造成污染损害的有关责任者免予承担责任:战争;不可抗拒的自然灾害;负责灯塔或者其他助航设备的主管部门,在执行职责时的疏忽,或者其他过失行为。

七、常见用语的定义

“海洋环境污染损害”是指直接或者间接地把物质或者能量引入海洋环境,产生损害海洋生物资源、危害人体健康、妨害渔业和海上其他合法活动、损害海水使用素质和减损环境质量等有害影响。

“内水”是指我国领海基线向内陆一侧的所有海域。

“油类”是指任何类型的油及其炼制品。

“油性混合物”是指任何含有油分的混合物。

“排放”是指把污染物排放海洋的行为,包括泵出、溢出、泄出、喷出和倒出。

“倾倒”是指通过船舶、航空器、平台或者其他载运工具,向海洋处置废弃物和其他有害物质的行为,包括弃置船舶、航空器、平台及其辅助设施和其他浮动工具的行为。

“海上焚烧”是指以热摧毁为目的,在海上焚烧设施上,故意焚烧废弃物或者其他物质的行为,但船舶、平台或者其他人工构造物正常操作中,所附带发生的行为除外。

我国缔结或者参加的与海洋环境保护有关的国际条约与本法有不同规定的,适用国际条约的规定;但是,中华人民共和国声明保留的条款除外。

具体内容见本书附录三。

第二节　防治船舶污染海洋环境管理条例

为适应新的海洋环境保护的需要，加强海洋环境污染治理的力度，国务院已于2009年9月2日在第79次常务会议上通过《中华人民共和国防治船舶污染海洋环境管理条例》（以下简称《防污条例》），并于2010年3月1日起施行。1983年12月29日国务院发布的《中华人民共和国防止船舶污染海域管理条例》同时废止。

《防污条例》共有9章78条，包括总则、防治船舶及其有关作业活动污染、船舶污染物的排放和接收、船舶有关作业活动的污染防治、船舶污染事故应急处置、船舶污染事故调查处理、船舶污染事故损害赔偿、法律责任和附则。

一、修改背景

自20世纪80年代以来，为应对国际海运业快速发展对海洋环境带来的威胁，有关国际组织制定出台一些加强防治船舶污染海洋环境的国际公约。我国作为IMO的A类理事国，积极推动并加入《国际防止船舶造成污染公约》《1969年责任公约》《国际油污防备、反应和合作公约》等多个防治船舶污染海洋环境的国际公约。与此同时，全国人大常委会也根据我国保护海洋环境的实际需要和加入的国际公约的要求，对1983年出台的《海洋环境保护法》进行了修订，增加了国家建立船舶油污保险、油污损害赔偿基金制度以及对船舶载运油类、危险化学品等污染危害性货物的作业进行监管等内容。

为进一步做好防治船舶及其有关作业活动污染海洋环境工作，加强生态环境保护，建设环境友好型社会，有必要根据修订后的《海洋环境保护法》以及我国加入的国际公约的要求，在总结防治船舶及其有关作业活动污染海洋环境的实践经验基础上，对原有的《中华人民共和国防止船舶污染海域管理条例》进行全面修改，制定新的《防治船舶污染海洋环境管理条例》。

二、适用范围和主管机关

防治船舶及其有关作业活动污染中华人民共和国管辖海域适用本条例。

防治船舶及其有关作业活动污染海洋环境，实行预防为主、防治结合的原则。

国务院交通运输主管部门主管所辖港区水域内非军事船舶和港区水域外非渔业、非军事船舶污染海洋环境的防治工作。

海事管理机构依照本条例规定具体负责防治船舶及其有关作业活动污染海洋环境的监督管理。

三、提高防污应急能力

做好日常防治污染应急能力建设，保证在船舶及其有关作业活动污染海洋环境时，有关单位能够迅速有效地调集人员和设备、设施，开展清污工作，对防治船舶及其有关作业活动污染海洋环境，减少污染损害有着重要意义。为此，《防污条例》从以下3个方面作了规定。

（1）规定国务院交通运输主管部门、沿海地区的市级以上地方人民政府，应当根据防治船舶及其有关作业活动污染海洋环境的需要，组织编制防治船舶及其有关作业活动污染海洋环境应急能力建设规划，建立健全防治船舶及其有关作业活动污染海洋环境应急反应机制，制定相应的应急预案。

(2) 规定海事管理机构应当建立健全船舶及其有关作业活动污染海洋环境的监测、监视机制，加强对船舶及其有关作业活动污染海洋环境的监测、监视。

(3) 规定国务院交通运输主管部门、沿海地区的市级以上地方人民政府应当按照防治船舶及其有关作业活动污染海洋环境应急能力建设规划，建立专业应急队伍和应急设备库，配备专用的设施、设备和器材。

四、加强船舶污染物排放和接收的监管

近年来，随着我国船舶数量和吨位大大增加，船舶营运中产生的船舶垃圾、生活污水、含油污水等船舶污染物也越来越多，在加强对船舶向海洋排放污染物的监管的同时，还要加强对船舶污染物接收单位接收船舶污染物之后的监管，避免造成二次污染。为此，《防污条例》除明确规定船舶排放船舶污染物应当符合法律、行政法规、有关国际公约以及相关标准的要求，不符合排放要求的船舶污染物应当排入港口接收设施或者由船舶污染物接收单位接收外，还进一步规定船舶污染物接收单位接收船舶污染物，应当向船舶出具污染物接收单证，按照国家有关污染物处理的规定处理接收的船舶污染物，并每月将船舶污染物的接收和处理情况报海事管理机构备案。

五、船舶有关作业活动的防污染监管

船舶在进行污染危害性货物装卸、过驳等作业时，对海洋环境存在较大污染风险，在加强对船舶本身排放污染物进行监管的同时，防治船舶装卸、过驳等作业活动对海洋环境造成污染也十分重要。为此，条例从以下 3 个方面作了规定。

(1) 规定载运污染危害性货物的船舶应当符合污染危害性货物适载要求，在具有相应安全装卸和污染物处理能力的码头、装卸站进行装卸作业。污染危害性货物所有人或者代理人交付船舶载运污染危害性货物，应当确保货物的包装和标志等符合有关安全和防治污染的规定，并在运输单证上准确注明货物的技术名称、编号、类别(性质)、数量、注意事项和应急措施等内容。同时，针对瞒报、谎报污染危害性货物逃避监管的问题，条例规定，海事管理机构认为交付船舶载运的污染危害性货物应当申报而未申报，或者申报的内容不符合实际情况的，可以按照国务院交通运输主管部门的规定采取开箱等方式查验。

(2) 为加强对散装液体污染危害性货物过驳作业的监管，条例规定进行散装液体污染危害性货物过驳作业的船舶，其承运人、货物所有人或者代理人应当向海事管理机构提出申请，告知作业地点，并附送过驳作业方案、作业程序等材料，经许可方可作业。

(3) 为在发生船舶污染事故后，充分发挥社会专业清污力量的作用，条例借鉴美国、欧盟等发达国家和地区的经验，规定载运散装液体污染危害性货物的船舶和 1 万总吨以上的其他船舶，其经营人应当在作业前或者进出港口前与取得污染清除作业资质的单位签订污染清除作业协议，明确双方在发生船舶污染事故后污染清除的权利和义务。当发生船舶污染事故后，污染清除作业单位应当按照协议及时进行污染清除作业。

六、船舶污染事故应急处置

为加强船舶污染事故的应急处置，确保发生船舶污染事故时能够及时有效地开展相关工作，条例根据有关安全生产管理的法律、行政法规的规定，总结多年来我国船舶污染事故应急处置的实践经验，按照船舶溢油量、事故造成的直接经济损失数额，将船舶污染事故分为特别重大、重

大、较大和一般事故4个等级。

(1)特别重大船舶污染事故是指船舶溢油量1 000 t以上,或者造成直接经济损失2亿元以上的船舶污染事故。

(2)重大船舶污染事故是指船舶溢油量500 t以上不足1 000 t,或者造成直接经济损失1亿元以上不足2亿元的船舶污染事故。

(3)较大船舶污染事故是指船舶溢油量100 t以上不足500 t,或者造成直接经济损失5 000万元以上不足1亿元的船舶污染事故。

(4)一般船舶污染事故是指船舶溢油量不足100 t,或者造成直接经济损失不足5 000万元的船舶污染事故。

条例还明确规定,船舶在中华人民共和国管辖海域发生污染事故,或者在中华人民共和国管辖海域外发生污染事故造成或者可能造成中华人民共和国管辖海域污染的,应当就近向有关海事管理机构报告;接到报告的海事管理机构应当立即核实有关情况,并向上级海事管理机构或者国务院交通运输主管部门报告,同时报告有关沿海设区的市级以上地方人民政府。此外,为有效处置船舶污染事故,条例还对不同等级事故的应急指挥机构作了明确规定,发生特别重大船舶污染事故,国务院或者国务院授权国务院交通运输主管部门成立事故应急指挥机构;发生重大、较大和一般船舶污染事故,由有关省、自治区、直辖市人民政府或者设区的市级人民政府会同海事管理机构成立事故应急指挥机构。

七、完善船舶污染事故损害赔偿制度

据统计,自1998年至2008年,在我国管辖海域共发生733起船舶污染事故,这些污染事故给我国海洋环境造成巨大的损害,需要完善船舶污染事故损害赔偿制度,以保障船舶污染事故造成的损害能够得到合理赔偿。条例根据《海洋环境保护法》《中华人民共和国海商法》(以下简称《海商法》)以及我国加入的《1969年责任公约》等国际公约的规定,对船舶污染事故损害赔偿制度作了以下4个方面的规定。

(1)规定船舶污染事故的赔偿原则,即造成海洋环境污染损害的责任者,应当排除危害,并赔偿损失;完全由于第三者的故意或者过失,造成海洋环境污染损害的,由第三者排除危害,并承担赔偿责任。

(2)根据《海商法》的规定,明确船舶污染事故损害赔偿限额制度。条例规定,船舶污染事故的赔偿限额依照《海商法》关于海事赔偿责任限制的规定执行。但是,船舶载运的散装持久性油类物质造成中华人民共和国管辖海域污染的,赔偿限额依照中华人民共和国缔结或者参加的有关国际条约的规定执行。

(3)建立船舶油污损害民事责任保险制度。为保障发生船舶污染事故后,污染损害能够得到合理赔偿,同时也为防止航运企业因船舶污染事故赔偿导致破产,条例根据《海洋环境保护法》和我国加入的有关国际公约的规定,并兼顾我国小型油船多、事故率高、赔付能力差,以及1 000总吨以上大型非油船发生燃油污染事故后,造成的后果比较严重的情况,规定除1 000总吨以下载运非油类物质的船舶外,在中华人民共和国管辖海域内航行的船舶,其所有人应当按照国务院交通运输主管部门的规定,投保船舶油污损害民事责任保险或者取得相应的财务担保。

(4)目前我国进口原油90%以上通过海上运输,运输持久性油类物质货物的船舶发生污染事故的风险较大,一旦发生船舶油污事故,会给海洋环境造成重大损害,带来巨额赔偿,仅仅依靠船舶投保的船舶油污损害民事责任保险难以合理地进行赔偿。为此,条例细化《海洋环境保护法》有关船舶油污损害赔偿基金的制度,规定在中华人民共和国管辖水域接收海上运输的持久性油类物质货物的货物所有人或者代理人应当缴纳船舶油污损害赔偿基金。船舶油污损害赔偿基金由有关行政机关和主要货主组成的船舶油污损害赔偿基金管理委员会负责管理。

具体内容见本书附录四。

八、案例

1. 某船违法排放洗舱水被罚

2011 年 5 月,上海海事局执法人员对停靠在上海孚宝码头的韩国籍某船检查时发现,该船“货物记录簿”记载:2011 年 4 月 13 日 1900 时至 14 日 0500 时排放含 X 类有毒物质“C9”和 Y 类有毒物质“ORTHOXYLENE”的洗舱水共 500 m^3。执法人员对照该船“航海日志”记载,认为排放过程中部分船位位于我国领海基线 12 n mile 以内,属违法排放。

遂对该船开具海事行政调查通知书,并展开进一步调查。后对该船船长和大副制作询问笔录,并在海图上进行标绘,该船船长和大副在事实面前均承认在我国领海范围内违法排放洗舱水 200 m^3。

根据调查,该船在我国领海范围内违法排放洗舱水,其行为违反《防治船舶污染海洋环境管理条例》第 15 条第 1 款及《防污公约》(MARPOL)附则Ⅱ第 13 条之规定。依据《防治船舶污染海洋环境管理条例》第 60 条第(3)项和《海洋环境保护法》第 73 条第 1 款第(1)项及第 2 款的规定,拟给予当事人罚款人民币 8 万元整的行政处罚。

2. 某船发生溢油、迟报船舶污染事故案件

2010 年 3 月,某船在上海港外高桥炼油厂码头卸载原油过程中,约 1.86 t 原油从右舷污油水舱的观察孔排入上海港水域,造成江面大面积污染,构成一般船舶污染事故。事故发生后,该船未及时向海事部门报告,直至次日上午才向海事主管机关报告,导致污染影响扩大化。

此次污染事故造成部分原油泄漏入江,由于船方未及时向海事主管机关报告事故情况,随着潮水的涨落,导致卸货码头上游区域沿线形成较大面积的污油带,对外高桥水域环境、在泊的部分船艇及公园的湿地、滩涂造成一定的污染。

海事部门依据《海洋环境保护法》第 91 条第 1 和 2 款,给予该船“发生船舶污染事故”行为罚款人民币 30 万元整的处罚;依据《防治船舶污染海洋环境管理条例》第 70 条,给予该船“迟报船舶污染事故”行为罚款人民币 20 万元整的处罚;合并给予罚款 50 万元整的行政处罚。

依据《防治船舶污染海洋环境管理条例》第 70 条的规定,给予船舶当事负责人(大副)“迟报船舶污染事故”行为罚款人民币 2 万元整,扣留船员适任证书 6 个月的行政处罚。

第三节　船舶污染物排放标准

国家标准 GB 3552—1983——船舶污染物排放标准是为贯彻原《海洋环境保护法》,防止船舶排放的污染物对水域污染而制定的,于 1983 年 4 月 9 日发布,1983 年 10 月 1 日实施。该标准适用于中国籍船舶和进入中华人民共和国水域的外国籍船舶。

一、定义

(1) 船舶指海上、内河各类船舶,包括水翼船、气垫船、潜水船、固定的或浮动的工作平台。

(2) 距最近陆地指按照领海基线作为起点计算的距离。

(3) 含油污水指含有原油和各种石油产品的污水。

(4) 生活污水指含有粪、尿及船舶医务室排出的污水。

(5) 漂浮物质指漂浮于水面的船舶垫、衬舱材料及各种包装材料。

(6) 其他垃圾指纸制品、破布、玻璃坛罐、瓶子、陶瓷器、金属及其类似的废弃物。

二、排放标准

(1) 船舶排放含油污水(包括压载水、洗舱水和舱底水等)的含油量最高允许排放浓度应符合表 6-1 的规定。

表 6-1　船舶排放含油污水的含油量最高允许排放浓度　mg/L

排放区域	最高排放浓度
内　河	15
距最近陆地 12 n mile 以内海域	15
距最近陆地 12 n mile 以外海域	100

注：根据 1992 年 MARPOL 73/78 修正案(MEPC. 51(32)号决议),自 1998 年 7 月 6 日起,最高排放浓度均应为 15 ppm。

(2) 船舶排放的生活污水(包括粪、尿和船舶医务室排出的污水)最高允许排放浓度见表 6-2。

表 6-2　船舶排放的生活污水最高允许排放浓度

项　目	内河	沿　海	沿　海
		距最近陆地 4 n mile 以内	距最近陆地 4～12 n mile
生化需氧量/(mg/L)	50	15	
悬浮物/(mg/L)	150	150	无明显悬浮物固体
大肠菌群/(个/100 mL)	250	250	1 000

(3) 船舶垃圾(包括纸制品、破布、金属、瓶子、陶瓷品及其类似废弃物)的排放规定应符合表 6-3 的规定。

表 6-3　船舶垃圾的排放规定

排放物	内　河	沿　海
塑料制品	禁止投入水域	禁止投入水域
漂浮物(漂浮的垫舱物料、衬料及包装材料)	禁止投入水域	距最近陆地 25 n mile 以内,禁止投入水域
食品废弃及其他垃圾	禁止投入水域	未经粉碎的,禁止在距最近陆地 12 nmile 以内投弃入海;经过粉碎,颗粒直径小于 25 mm 的,可允许在距最近陆地 3 n mile 之外投弃入海

第四节　中华人民共和国海洋倾废管理条例

《中华人民共和国海洋倾废管理条例》1985 年 3 月 6 日由国务院颁布，于 1985 年 4 月 1 日实施。该条例主要内容如下。

一、适用范围

本条例适用于向中华人民共和国的内海、领海、大陆架和其他管辖海域倾倒废弃物和其他物质；为倾倒的目的，在中华人民共和国陆地或港口装载废弃物和其他物质；为倾倒的目的，经中华人民共和国的内海、领海及其他管辖海域运送废弃物和其他物质；在中华人民共和国管辖海域焚烧处置废弃物和其他物质。

二、倾倒废弃物的分类

废弃物根据其毒性、有害物质含量和对海洋环境的影响等因素，分为如下 3 类。

（1）禁止倾倒的废弃物：本条例附件一所列物质，这种废弃物在紧急情况下经国家海洋局批准，获得“紧急许可证”，可到指定的区域按规定的方法倾倒。

（2）需要获得特别许可证才能倾倒的废弃物：本条例附件二所列物质，这种废弃物倾倒，需事先获得“特别许可证”。

（3）低毒或无毒的废弃物：未列入附件一和二的物质，倾倒这种废弃物，需事先获得“普通许可证”。

三、废弃物倾倒的管理

凡需向海洋倾倒本条例所规定的废弃物质，均应事先向国家海洋局或其派出机构提出申请，获得批准的相应级别的“许可证书”，按规定进行倾倒。未经批准的单位和船舶不得擅自向海洋倾倒废弃物。获准向海洋倾倒废弃物的单位在废弃物装载时，应通知主管部门予以核实。主管部门如发现实际装载与许可证所注明的内容不符，应责令停止装运，情节严重的，应终止或吊销许可证。凡需要使用船舶倾倒废弃物的，要向起运港的港务监督（或港航监督）提交国家海洋局或其派出机构的批准许可证，经核实后，方可办理船舶进出港签证。如发现船舶实际装载的与所批准的许可证的内容不符，则不予办理签证，并及时通知批准许可证的机构。船舶在执行倾倒任务时，船方要在航海日志上如实记录倾倒情况。

附件一禁止倾倒的物质有：①含有机卤素化合物、汞及汞化合物、镉及镉化合物的废弃物；②强放射性废弃物及其他强放射性物质；③原油及其废弃物、石油炼制品、残油以及这类物质的混合物；④渔网、绳索、塑料制品及其他能在海面漂浮或在水中悬浮，严重妨碍航行、捕鱼及其他活动或危害海洋生物的人工合成物质；⑤含有本附件①和②项所列物质的阴沟污泥和疏浚物。

复习思考题

1.《海洋环境保护法》产生和修改的背景如何？

2.《海洋环境保护法》制定的目的是什么？适用范围如何？

3.《海洋环境保护法》规定了怎样的海洋防污管理体制？

4.《海洋环境保护法》第 66 条的内容是什么？国内船舶油污保险、油污损害赔偿基金制度现在已经建立起来了吗？
5.《海洋环境保护法》规定的油类及油性混合物定义？与《防污公约》(MARPOL)附则Ⅰ中的油类有何区别？
6.《防污条例》修订的背景如何？
7.《防污条例》的适用范围如何？
8.《防污条例》中,防治船舶污染海洋环境的原则是什么？
9.《防污条例》是怎样加强船舶污染物的排放和接收的监管的？
10.《防污条例》对船舶污染事故分哪几个等级？不同等级的事故分别由谁进行调查处理？
11.《防污条例》是怎么完善船舶污染事故损害赔偿制度的？
12.《船舶污染物排放标准》针对哪几类污染物？还缺少哪些污染物的排放标准？
13.《船舶污染物排放标准》对含油污水的排放浓度规定是多少？
14.《海洋倾废管理条例》的适用范围如何？
15.《海洋倾废管理条例》对倾倒的废弃物如何分类？如倾倒各需要取得什么许可证？
16.《海洋倾废管理条例》附件一中禁止倾倒的物质有哪些？

第七章　防止船舶造成污染技术

以上主要介绍国际和国内防止船舶造成污染的法律和法规。这些法律法规一方面作为船舶或海上平台为防止其造成海洋污染必须遵守的规则；另一方面也作为防止船舶造成海洋污染的监督管理部门判断船舶或海上平台是否违反有关法律法规的依据。这些法规的制定和实施，无疑对防止船舶造成污染、保护海洋环境是极其重要的。但是，要真正做到防止船舶造成污染，还必须靠一整套的防止船舶造成污染技术加以保证。就法规的制定而言，法规中制定的许多技术定得过低，起不到防止船舶造成污染、保护海洋环境的目的。反之，技术指标制定得过高，脱离现行防污技术和能力的实际，阻碍防污法规的实施，即使实施也达不到预期的目的。就防污技术而言，涉及许多方面，并且有一个发展的过程。对船舶制造者而言，船舶必须在防污结构和设备上符合有关公约或法规的要求；就船舶经营者而言，必须掌握这些结构和设备的使用和保养，否则，无法参与经营；就港口部门来说，根据公约和法规的要求，要设置足够的岸上接收和处理设施，否则，无法接待有关的船舶；就监督管理部门来说，必须具有和掌握监视、检测污染的设备和技术，以及污染事故发生后，有实施应急计划的各种设备和器材，为执行有关法规获得必要的证据。所有这些，涉及科学技术问题，甚至还涉及人员素质和经济问题。这都需要认真对待。上述这些技术问题，经过人类不断努力，许多已经获得解决，但还有不少的技术方法问题有待于进一步的发展和改进。随着人类社会的向前推进，在保护海洋环境、防止船舶造成污染方面还会出现新的课题。因此，不论从法规的制定上看，还是从防污技术设备研制上看，在这些方面的发展也同样是无止境的，需要人类作出一代又一代的努力。

本章不准备提及对污染的监视、监督等技术问题，对其余技术问题的介绍，也只是从理解和掌握防污法规的角度出发，因此也是简单扼要的。关于防污技术的研究是很有发展前途的一个领域。

第一节　防止船舶油污染技术

一、船舶防油污结构和设备

（一）货油舱和压载处所防油污结构和设备

1．保证船舶安全和防止污染的船舶结构和设备

在1978年的国际油船安全和防污染会议（TSPP）会议上，一致同意设置新的保证船舶安全和防污染的结构和设备，并认为这是一项根本性的措施。这里的船舶结构和设备主要是指以下几种。

（1）专用压载舱（Segregated Ballast Tanks，SBT）：指在油船上专用于压载的舱室，有独立管系，与货油舱和燃油舱完全隔开。在正常情况下，其容量保证能满足压载航行的要求，可以不使用货油舱装压载水，其水清洁，可按有关规定在许可海域排放。

(2) 专用压载舱的保护位置(Protective Location of SBT, SBT/PL)：指 SBT 合理布置在船舶易损部位，当油船发生碰撞、搁浅、触礁事故时，以最大限度地防止和减少油类外流。要求 SBT 有一定的保护面积，并有安排位置的推荐方案。它同 SBT 是一个整体，能有效地代替双层底。

(3) 清洁压载舱(Clean Ballast Tanks, CBT)：指现有油船在营运中根据船型、货舱结构、航区特点、吃水要求等，将部分货油舱经过清洗，改为专门用于装载压载水，成为临时的 SBT。但对船舶结构、泵、管路等方面不作改动，即泵、管路仍与货油为同一个系统。只不过降低货油的装载容积，操作程序变得复杂，但并不能保证压载水一定符合标准。因此，必须增设油水分离器和排油监控装置。

公约及防污规范对 CBT 有如下要求：①选用边舱作为 CBT，这有利于减少船舶破舱时造成的污染。但是如果从船体应力、舱容或管系布置方面考虑，选用中舱有利，则可选用中舱作 CBT，但须经主管机关批准；②CBT 应有足够的容量，并至少能满足上述 SBT 最小容量的要求；③所选的 CBT，尽可能不涉及货油管系和泵系统，并在每一管路上至少有两套阀门，使货油舱管系与 CBT 隔断；④应装有符合 IMO A393(Ⅹ)决议“关于油水分离设备和油分浓度计国际性能和试验规程的建议案”的，且经认可的油分浓度计，以便对要排放的压载水中含油量进行监测；⑤每艘采用 CBT 油船，均应备有一本详细说明该系统并列有操作程序的《清洁压载舱操作与设备手册》。该手册应符合 IMO A495(Ⅻ)决议，并使主管机关满意。如果对 CBT 系统进行有影响的变更，则操作手册也应作相应的修正。

(4) 泵、管系和排放布置：根据《防污公约》(MARPOL)附则Ⅰ及其修正案和统一解释的规定，油船泵、管系和排放布置，必须按规定的原则进行设计和改装。

(5) 允许的假定流出油量：当油船因碰撞、搁浅受损以后，为使油污减至最低限度，《防污公约》(MARPOL)附则Ⅰ规定在船侧损坏和船底损坏时，如沿船长方向的一切设想位置的损坏导致破舱的范围是可知的。这个假定的破损范围是根据理论和实践的总结提出来的，因而是科学的。由这个破损范围可以计算出假定的流出油量，而假定流出油量都不得超过假定流出油量的限额，即允许流出油量。

(6) 货油舱的尺度限制和布置：为使假定流出油量不超过假定流出油量限额，即允许流出油量，必须对货油舱的尺度和布置作限制。限制值可以通过计算得出。对货油转驳系统作出规定是为保持油船的纵倾平衡。

(7) 破舱稳性：在上述规定的破损要求和范围内，《防污公约》(MARPOL)附则Ⅰ要求船舶破损后应能在稳定平衡的状态下保持不沉。在任何进水阶段，船舶下沉、横倾或纵倾的最后水线，应低于任何开口的下缘。

2. 油船操作的防污染设备和措施

油船除上述的防污染结构外，还需有操作的防污设备和措施，IMO 和国际航运公会(ISC)对油船操作提出一些相应防污措施。这些设备和措施主要是把油类留在船上，或在船上采用原油洗舱法，将舱洗干净，防止污染海洋。

1) 将油类留在船上(Retain On Board, ROB)

(1) 装于上部法(Load On Top, LOT)：如果将油船脏压载水或洗舱水全部排入岸上接收设施，对船舶所有人来说会遇到这样一些问题，即增加船舶在港停泊时间和港口使费、需交纳相应的污水处理费用、并非所有的装油港(站)都设有接收设施。由此，迫使一些船舶所有人和油船船长利用油船本身的潜力，使货油舱得以清洗，而后注入清洁压载水驶到装油港，而这种清洁的压载水可在装油港排出舷外。

"装于上部法"就是根据"将油类留在船上"的原则设计的,目前已成为油船上的一种标准作业措施。"装于上部法"是指将含油的压载水、洗舱水保留在船上的污油水舱中,而不是直接排放入海。在污油水舱中,油水混合物被静置沉降分离。静止的时间最好在 36 h 以上,实践证明,油污的压载水经过 48 h 以上的静置,大部分的油水是能够得到自然重力分离,离表面 2 m以下的污水中,含油量不超过 100 ppm,下层可降至 50 ppm左右。在污油水舱中,最初静置 1 h 后,约 85% 的含油污水达到油水分离,故可以把底部分离出来的水排出,而余下的乳化水至少需要再静置 24 h才能分离出含油量低于 100 ppm的水,然后再予排出。可见时间越长分离得越彻底,然后将符合规定的下层水缓慢排入大海,上层污油和油水乳浊液层合并到二级、三级分离的污油水舱中继续分离。最后在污油水舱中剩留的污油中只含少量的水,且只占污油水舱容积的一部分。这种污油可以在抵达装货港时排放到岸上的接收设备,也可以把新货油装在残油的上部至卸货港一起卸出。"装于上部法"就是选择后一种污油处理方法而得名的。

"装于上部法"不需要任何特殊设备,对现有原油油船特别适用。这种方法自 1961 年以来,在减少海洋环境污染方面起着一定的作用,已被 80% 左右的油船所采用。其优点是:花费少、操作简便。但是,这种"装于上部法"还有缺陷。例如,受到高温高压作用的洗舱乳化或微粒化程度较高的油污水难以分离,必须配合闭式循环洗舱方法。因此,污油水舱必须使用惰性气体系统,以保证安全。若缺乏有效的监控装置,单凭人的目视观察,难以避免排出部分污油危险;由于受机器和波浪振动的影响,舱内油水静置的效果不如在陆上;若压载航行路程较短,必须具有较高的油水分离器等。针对上述存在的问题,目前船上已作了进一步改进,即增加多级污油水舱,并以油/水界面探测器和有效的排油监控系统与之相配合,对油分浓度、油水排出量、排出率、总排油量进行控制和管理,保证排放符合规定的排放标准,称之为改进的"装于上部法"。

(2) 污油水舱:系指专用于收集舱柜排出物、洗舱水和其他油性混合物的舱柜。这是按《防污公约》(MARPOL)附则Ⅰ第 29 条的规定,凡 150 总吨及其以上的油船应设有将货油舱污压载水的残余物与洗舱水转移至经主管机关批准的油污水舱的适当设备。现有油船,可以指定任一个货油舱作为污油水舱,并连接于货油舱的扫舱系统。对污油水舱的安全等级、总容量等都有规定的要求,一般总容量不得小于船舶载油容量的 3%。对载重量超过 70 000 t 的新油船,至少应设有 2 个污油水舱。污油水舱可以由 1 ~ 3 个舱组成。简单的单级分离舱只有 1 个舱。目前又出现双式污油水舱,它由 2 个舱组成,其中第一级为主分离舱,第二级为分离舱。还有三级式污油水舱,即在将水排放入海以前,又增加一个分离阶段。

(3) 油/水界面探测器:是指按《防污公约》(MARPOL)附则Ⅰ第 32 条的规定,凡 150 总吨及以上的油船均应备有经国家主管机关认可的有效的油/水界面探测器,以便能迅速而准确地测定污油水舱中的油/水界面,保证排放油污水时不致造成意外污染的仪器。一般而言,界面探测器分为固定式和可携式 2 种。船上的界面探测器应能探测舱柜内任何液位分界面的垂向位置。

(4) 排油监控系统(Oil Discharge Monitoring Control System):是指用于监视和控制船舶排放油污水的装置。该装置应能连续测定、自动记录,并能发出声、光等报警信号和自控信号。每当船舶有废液排入海时,该装置立即投入工作,并保证在废液的油分浓度或油量瞬间排放率超过规定值时,能立即停止排放任何油性混合物。

可见排油监控系统是用来监控和控制油舱内含油压载水和洗舱水排放入海的系统。按《防污公约》(MARPOL)附则Ⅰ第 31 条规定,150 总吨及其以上的油船应装设经国家主管机关批准认可的上述系统,该系统应能连续记录:"每海里排放油类的升数和排油总量,或代替排油总量,记录排出含油污水的油分浓度和排放率。”上述2种记录，均能鉴别其排放的时间和日期，并至少保存3年。同时还要求该系统每当船舶有废液排放入海时即应投入工作，并保证油量瞬间排放率超过30 L/n mile的规定时，能自动停止排放，可有效而准确地监视排出舷外的任何含油污水使之符合《防污公约》(MARPOL)规定的排放标准。该系统的主要指标是“油量瞬间排放率”和“排油总量”。它主要由油分计、流量率系统、船舶速度指示器、取样系统、停止舷外排放的舷外排放控制和控制部分(包括处理机、发信装置、记录装置和当排油监控系统出现故障时使用的人工控制系统)等组成。

2) 原油洗舱(Crude Oil Washing, COW)

系指运送原油的油船，在卸货期间或往卸货港的航行途中，利用本船所载的一部分原油作为洗舱介质，通过洗舱机以较高压力喷射到货舱内表面；依靠原油自身的溶解作用，把附着在油舱内壁及舱底的沉淀物，如沥青、蜡质、胶质和杂质冲掉，使其重新溶解在原油中，随货油一起卸到岸上油库。

COW是代替常规水洗的一种新的洗舱方法。对现有原油油船改造时，可作为SBT的一种等效措施。该系统应独立于船舶其他系统(即要求独立的泵和管系系统)，并要加固定洗舱系统和配置“惰性气体系统”保护。

传统的洗舱方法是采用海水作为洗舱介质。根据不同的油种，用冷水(轻质油)或热水(对于重质油或黏度较高的油，海水加热到40～80 ℃)，泵送到洗舱机，水压为0.6～0.8 MPa。海水从洗舱机喷嘴喷出后冲击到舱内构件，除去留在舱壁和舱底的沉积物。水洗舱的优点是所有洗舱作业均可在压载航程中执行，因而缩短了在港时间。然而，用于洗舱的海水在洗舱中被油所污染，不能直接排入海中。这些油/水乳化液留在船上，在污油水舱中沉淀，水排出舷外，油和油/水乳化液采用“装于上部法”处理。

据有关资料分析，清洗现代大型油船上的一个货油舱，需要1 800 t海水。为向货油舱注入清洁压载水，必须清洗3个以上的油舱。而在进厂修理前则需清洗20个油舱。这样要产生5 500～36 000 t污水。污水量如此之大，以致无论采取何种方式将洗舱水排放入海，都难免会造成海洋油污染。1969年12月，有3艘20万t超大型油船相继发生爆炸，IMO经大规模的调查实验，确认是这些油船在洗舱过程中，由于水在冲洗中产生的静电火花放电引燃可燃油气而造成爆炸。由于海水洗舱所造成的污染和安全问题，目前仅成品油油船和小于20 000 t的原油油船采用海水洗舱。

随着油船大型化发展，目前已在载重量为20 000 t及其以上的新油船和载重量为40 000 t及其以上现有原油油船上开始采用油船货油舱的合理清洗方法，即COW。COW就是用所载货油中的一部分原油在高压下(0.98～1.177 Pa)通过固定式洗舱机喷射到正在卸油或卸完油的货油舱内，借以把附着在油舱内管路、货舱的垂直舱壁、垂直大型主要物件、水平梁、肋骨及沉积在舱底上的油渣、石腊、沥青等残渣在洗清工质原油本身所具有的溶解作用和冲洗作用下，使油渣溶解和分散在原油中，然后通过货油泵将这些油渣连同原油一起卸往岸上油库。

从防止海洋油污染和控制货油舱沉积物提高载货量的观点出发，从20世纪70年代起，欧美的壳牌(Shell)、埃克森(Exxon)和英国石油公司(B. P)等对COW方法进行研究，经过试验阶段，到1973年后，已在欧美各港进入实施阶段。1975年前后，英、美陆续发表COW的详细报告。1973年日本各公司也开始试验，1976年开始在日本国内船上使用。1978年2月的TSPP大会上通过关于“原油洗舱系统设计、操作和控制技术条件”(“TSPP”Res. 15)决议，以及1979年11月“海大”通过的“修订的原油洗舱系统的设计、操作和控制技术条件”〔A. 446(Ⅺ)〕决议和1981

年 11 月通过的“关于对修订的原油洗舱系统设计、操作和控制技术条件的修正”〔A.497(Ⅻ)〕决议，便以法律形式确定新造原油油船必须实施 COW。

COW 系统由惰性气体系统、固定式洗舱机、货油泵、管路系统、扫舱装置、扫舱专用管路、油舱油量测量装置、通信联络装置等组成。COW 必须作出包括洗舱程序和洗舱方法在内的作业计划。人员必须经过培训，获得证书，才可上岗操作。COW 系统必须经过主管机关的检验和发证(IOPP 证书)。

与用海水洗舱相比，COW 在防止海洋油污染及营运经济性方面具有下列优点。

(1)增加卸油量，卸油效果有所提高：COW 的最大特点就是它溶解了货油舱内的沉渣，几乎可以全部同货油一起卸掉，从而增加卸油量和载货容积。据统计，采用水洗每年大约损失 120 万 t油，而采用油洗只损失 5.5 万 t。一般油舱卸油后的残渣留量占载油量的 0.2% ~0.5%，对于一艘 25 万 DWT 的超大型油船而言，残油量可达 1 250 t，如用 COW，可多卸 1 000 t 货油，而留在油船上的油脚和残油总量可降到 250 t。

(2) 减少洗舱油污水，防止海洋污染的效果增加：经过 COW，舱内油性残渣大大减少，油舱已经相当清洁，在下一次装载货油时可不必用水清洗。如作为压载用的油舱，也只要用少量海水冲洗就可满足要求。这些油污水混有的油分少，产生的油污水也少，容易过滤分离，送至污油水舱后，油分不易乳化。因此，大量地减少洗舱油污水，可防止洗舱油污水对海洋的污染。例如，载重量为 21.5 万 t 的油船，油洗后只要用每舱 360 t 的海水冲洗即可用作压载水舱。而采用水洗，则要用 1 200 ~2 300 t 水洗量。

(3) 大量缩短洗舱时间：用 COW 后，再用水洗舱，使油舱达到十船坞可进行作业的水准；若用海水洗舱一般要花七八天时间，才能完成油洗 2 天的标准。采用油洗，对于一艘 25 万 DWT 的油船，只需 29 h 就可完成卸油和洗舱作业。若人工水洗，则时间长、劳动强度大，还使油舱结构的强度降低。

(4) 防止油舱腐蚀：油洗后，在舱壁上将附有一薄层较为坚硬的带有光泽的胶状油膜，该油膜一般不易被压载水所浮起，这种油膜如同涂上一层油漆一样，可起防锈作用。若用海水洗舱，由于电化学腐蚀作用，金属结构很容易被腐蚀，而且铁锈和海水还会影响货油质量。

(5) 货油中的海水含量降低：如果采用“装于上部法”或通常的水洗法，大量的乳胶状油水混合物在短时间内难以分离，并且经污油水舱处理后的高浓度油含有大量的盐分，将留在船上，也会影响所装的原油质量。若排到岸上，又不被现代化炼油厂所欢迎。若采用油洗，由于海水与油接触减少，回收的污水量减少，乳胶状油水混合物减少，油水容易分离，货油及污油水中的海水含量也大幅度减少，炼油厂也容易处理。

(6) COW 系统比 SBT 价格便宜。

COW 也存在一些缺点，如：①根据条件的不同，需要延长油船在港的卸油时间。例如，COW 系统未设单独的专用洗舱泵而是指定其中一台货油泵作为 COW 的供油泵。②卸油工作量相应增加，而且由于船上设备差异等原因，船员的劳动强度也会增加。③由于增加一系列设备和系统，如惰性气体系统、固定洗舱机及其管路系统、氧气分析仪、油位测定装置等，不仅设备费用昂贵，而且使用操作管理复杂，在船员尚未熟悉掌握这一洗舱的技术前，有可能因操作失误造成爆炸等事故。④不适用所有的油类，即有些货油不适用于 COW 法。

3) 惰性气体系统(Inert Gas System, IGS)

惰性气体系统系指在油船航行、货油装卸以及 COW 过程中，用以控制油舱气体中含氧量的一项安全可靠的保护系统。根据 SOLAS 1974 及其修正案的规定，载重量为 2 万 t 及以上的新油船都要设置固定式惰性气体系统。《防污公约》(MARPOL)也规定,凡采用 COW 的原油油船均应装设惰性气体系统。我国船检局颁布的“钢质海船入级与建造规范”对此也有相应的要求。

为防止油船在油气与空气的混合物遇明火发生爆炸事故,一般可有两种办法加以防止:一种是控制混合气体中的石油气含量在其爆炸极限之外(一般来说,当油气在大气中所占的体积比处于 1% ~10% 时可燃,这就是它的可燃极限范围或爆炸范围);另一种是控制某一环境中的氧在大气中所占的比值使之减少到 11% 以下,那么,不管在此环境中碳氢化合物气体的浓度是多少,见明火也不会发生燃烧或爆炸。油船上使用惰性气体系统就是根据后一种防爆原理而设置的。船上惰性气体的来源,最常见的是利用船上的锅炉烟道气(主要成分是 CO_2 和 N_2),经冷却、脱硫、洗涤等处理后使用。当然也可以利用专门的隋性气体发生装置制取,或者利用储藏在气瓶内的 N_2。但后一种方法价格昂贵,只用在某些需要妥善处置的特殊物品,如液化石油气、液化天然气或某些特殊化学品。常用的锅炉烟道气体系统由锅炉烟道取气的烟道控制阀、洗涤塔、除湿器、鼓风机、甲板水封装置和压力/真空断路器(P/V 阀)等组成。

(二) 机舱部分(包括油船和非油船)的防油污结构和设备

1. 油类与压载水的分隔及艏尖舱禁止装油

根据《防污公约》(MARPOL)附则Ⅰ规定,凡 400 总吨及以上非油船的新船和 150 总吨及以上的新油船,均不得在任何燃油舱内装载压载水。对于现有船舶在合理和可能的范围内,也应尽力遵守此项规定。异常情况例外,但该压载水必须处理达到排放标准,方可排入海中或排入接收设备。

此外,公约的修正案还要求 1982 年 1 月 1 日以后订立建造合同,或无建造合同而在 1982 年 1 月 1 日以后安放龙骨的 400 总吨及以上的船舶,不得在艏尖舱和防撞舱壁以前舱柜内装油。

2. 机舱油水分离装置

船用油水分离装置系指用以处理机舱油污水或来自燃油舱的油性压载水。该设备包括油水分离器、过滤器或粗粒化器的组合装置,或者单体的装置,可排出含油量不超过 15 ppm 的含油污水。

船用油水分离装置由分离器、专用配套泵、电控箱、滤器、取样装置以及必要的附属设备,如管路、阀件、自动排油装置和油分浓度监视器(包括报警器)等组成。油水分离器是现今船舶所不可缺少的一个重要装置。油水分离的方法很多,如利用比重差进行上浮分离、凝聚沉降分离、加压浮选分离、吸附分离、电解分离、生物氧化分离等。而目前用得较多的是比重差分离法,即利用油水的比重不同,从含油污水中分离出浮油。利用此原理制造适合船用的油水分离器。随着船舶油污水排放标准的提高,油品种的复杂化,有时甚至需要处理几个 μ 的油粒,单靠利用比重差的重力式油水分离器,很难达到这个要求。近年来,国内外在发展油水分离装置时,主要采用重力式分离和过滤吸附的组合形式,这种形式的油水分离器分离性能更高。我国目前船上采用大容量的油水分离器较多,做成密封式的,用于处理舱底水,如我国“庆阳”号远洋干货船采用 25 t/h舱底水油水分离器。当然,根据污油性质和油污水数量的不同,处理舱底水的油水分离器,其容量范围一般在 0.25 ~10 t/h,而以 1 ~3 t/h 油水分离器较多。一般大于 10 t/h 的油水分离器主要用于分离油船压载水和洗舱水以及各种专用油污水处理船。用油水分离器处理压载水和洗舱水,既可防止污染,又可减少储存油污水舱容积,简化油污水处理系统设施,提高船舶营运的经济性。据知,日本研制的容量为 400 t/h 的油水分离器为最大的船用油水分离器。我国也在研制各种容量和类型的油水分离器并配有专用舱底水泵,以满足水运部门环境保护工作的需要。

船用油水分离器必须符合下列条件。

(1) 经处理后的油污水须符合国际排放标准,即含油浓度在 15 ppm 以下,分离装置应获得验船部门认可。

(2) 工作尽可能自动化,能自动排油。

(3) 在正常工作位置向任何方向倾斜22.5°时仍能正常工作。

(4) 构造简单、体积小、重量轻、易于拆洗和检修。

(5) 当油水分离装置被设置于可能有可燃气体的处所时,应符合对这种处所有关的安全规则,而且装置的任何电气部分均应安放在非危险区域,或应由主管机关证明在危险区域可以安全使用。

典型的油水分离器和过滤装置:第一级采用重力分离,即为多层斜板式油水分离器;而第二级则是过滤式分离,内含多孔性过滤元件。油水分离器主要由分离室、集油室和油分监控装置3部分组成。分离室是进行油水分离的区域,有的分离室又分为粗分离、细分离和精分离3部分。集油室是收集被分离出油液的地方,室内设有自动控制排油和水中空气的排放装置。油分监控装置能保证符合排放标准的水排出弦外,它又由检测部分、自动记录、自动报警和控制部分组成。

船用油水分离器的主要类型有多层斜板式、多层隔板式、组管式、斜板加过滤组合式、重力-吸附-过滤组合式和"塞里普"油水分离器等。

IMO的MEPC于2003年在其第49届会议上以MEPC.107(49)决议的方式通过《修订的船舶机舱舱底水防污染设备指南和技术条件》,该决议替代MEPC.60(33)。我国参照MEPC.107(49)决议制定中华人民共和国国家标准《15 mg/L舱底水分离器》(GB/T 4795—2009)。为适应国际海洋环境保护的需要,该标准主要性能指标基本与MEPC.107(49)决议一致。

《修订的船舶机舱舱底水防污染设备指南和技术条件》适用于:①在2005年1月1日或以后安放龙骨或处于类似建造阶段的船舶所设装置;②按合理可行的范围,在2005年1月1日以前安放龙骨或处于类似建造阶段的船舶于2005年1月1日或以后所设的新装置。

3. 机舱油污水检测装置

船上设置油分浓度监视和报警装置后,就能有效地监视排至舷外舱底水中的含油量,保证排放的水符合标准。因此,水中含油量检测装置是海洋环境保护的耳目,防止油污染的依据,是船上非常重要而不可缺少的设备。检测装置有多种。测定油分浓度的最基本的方法是重量法和改进重量法,后来又出现红外线法、比浊法(浊度法)、改进的比浊法、紫外线法、荧光法、气相色谱法和激光测定法等。船上应用的油分浓度计要求结构简单、尺寸小、使用方便、价格便宜,但对精度的要求不高,允许有较大的误差。例如,"海大"决议A.393(X)对大量程油分计的精确度只要求其读数为试样中实际含油量的±10 ppm,或在20%之内,并以大者为准。对15 ppm的报警器的精度也只要求为±5 ppm,但却必须适合于船上的环境条件,经船检部门型式认可方可装船使用。目前,国际上基本采用以下几种船用油分计:荧光法油分浓度计、浊度法油分浓度计、气相色谱法油分浓度计、红外吸收法油分浓度计、紫外分光光度法油分浓度计等。由于多种原因,如油类对传感器污染,使之长期使用有问题。同时面临的难题为油类众多、测量系统复杂、通用性要求高、船舶工作条件差、防震和防爆困难等。

在《修订的船舶机舱舱底水防污染设备指南和技术条件》中,对15 mg/L舱底水报警装置的要求如下。

(1) 15 mg/L舱底水报警装置若预定设在可能有易燃气体的位置,则应符合此类处所的相关安全规定。作为15 mg/L舱底水报警装置一部分的任何电气设备应设在非危险区域,或应由主管机关认证为可在危险区域安全使用。设在危险区域的所有活动部件应避免形成静电。

(2) 15 mg/L舱底水报警装置不得含有或使用任何危险性质的物质,除非有主管机关可以接受的合适布置消除由此引起的所有危险。

(3) 应设有 mg/L 显示器。mg/L 显示器不应受到乳状液和/或任何一种油的影响。没必要在船上校验 15 mg/L 舱底水报警装置,但应允许按制造厂的说明书作试验。读数精度应始终保持在 ±5 mg/L。

(4) 15 mg/L 舱底水报警装置的响应时间,即从送至 15 mg/L 舱底水报警装置的样品发生变化至 mg/L 显示器显出正确的响应所花时间应不超过 5 s。

(5) 15 mg/L 舱底水报警装置应记录日期、时间和报警状态以及 15 mg/L 舱底水分离器的运行状态。记录装置还应储存数据至少 18 个月,并应能显示或打印官方检查所要求的报告书。若更换 15 mg/L 舱底水报警装置,应有办法确保所记录的数据可在船上留存 18 个月。

4. 残油 (油泥) 舱

按《防污公约》(MARPOL)附则Ⅰ规定,凡 400 总吨及以上的船舶都应参照其机型和航程的长短,设置一个或几个适当容量的舱柜,接收不能用其他方式处理的残油。诸如因净化燃油、润滑油和机器处所中的漏油所产生的残油以及分离器分离出来的污油。这些通过规定管路和标准排放接头排至岸上接收设施,或在船上自行焚烧掉(如船上装有焚烧炉),残油舱的要求容量有方法进行估算,对残油舱柜的设计和建造,还要求能便于清洗和将残油排入接收设备。

5. 标准排放接头

为便于将船上的机舱舱底水或残油舱柜内的油渣排至岸上接收设备或污水回收船,应在船舶开敞甲板排出管路上装有标准排放接头,其尺寸和外形均有规定。此外,应配有与法兰尺寸相同的盲板,以便在使用过后将法兰封死。

二、港口接收和处理含油污水技术

对于中、小型油船和船舶要装备复杂的设备是不现实的。比较经济可靠的办法是将含油污水卸到装(卸)油港、修船坞(厂)以及一切可以接收含油污水的港口码头,集中进行处理。另外,法规中还有一些例外的特殊情况,也需要在岸上接收和处理含油污水、残油和废油。

岸上接收处理含油污水的设施,通常有固定式的处理场,也有流动性的接收或接收处理船。这些处理设施,对于缺乏现代化的防污设备的船舶尤为重要,特别是对中小型船舶。上述两种处理设施各有优缺点,建造固定式大型的处理设施,毫无疑问其处理能量大,适合于接收量大,又有场地的港口,但其造价费用高,劳动强度大,占地面积也较大。而如果没有较大的场地,要求接收含油污水的数量并不十分巨大的港口或码头,流动性的接收处理船就显得十分有意义。

(一) 油污水处理船

1. 油污水处理船简介

这是一种流动性的油污水接收处理设施,目前国内外广为采用,它一般由废油船改建而成,所以具有投资少、建成快、机动灵活和不占港口陆地等优点。这些处理船常用以集中处理油船的压载水和洗舱水等大宗油污水。国外,如原苏联、日本、瑞典等国的某些港口都有年处理能力数 10 万 t 的废油处理船。我国上海港是用改造的"大庆 41"轮洗舱,油污水由各单位的 22 条处理船解决。原上海海运局 1976 年将报废的"大庆 26"号万吨油船改装成油污水处理船成功,油污水经分舱沉淀、浮析和滤析三级处理,最后含油污水的油分浓度可达 2.8 mg/L,达到国家油污水的排放标准,日处理能力近 2 000 t,并可利用处理所得到的废油燃烧的热量制取淡水供油船洗舱等用。"大庆 26"号油污水处理船,1976 年 4 月投入运行,一年后统计,就处理油污水 25 万 t,自制淡水 2.1 万 t,一艘万吨级的油船的洗舱时间由 15 天减少到 6 天,这不仅防止水域油污染,而且为国家创造财富。中国船舶燃料供应公司于1975年将一艘300 t旧油驳改装成油污水处理船——“油燃环保一号”，改装费用仅用去2 000元，投产不到3年，就处理含油污水1万t，回收利用混合油800 t。其工艺流程采用沉淀、过滤及吸附等程序。一次可接收含油污水100 t，日处理能力为50 t左右。

2. 油污水处理船实例

图7－1所示为“大清河”轮油污水处理船工艺流程。“大清河”轮是一艘具有自航能力、自动化程度比较高的油污水处理船兼洗舱船，最大接收能力为每小时1 000 t，储存容量为8 000 m^3，处理能力为每小时300 m^3，处理后排水含油量小于5 mg/L。

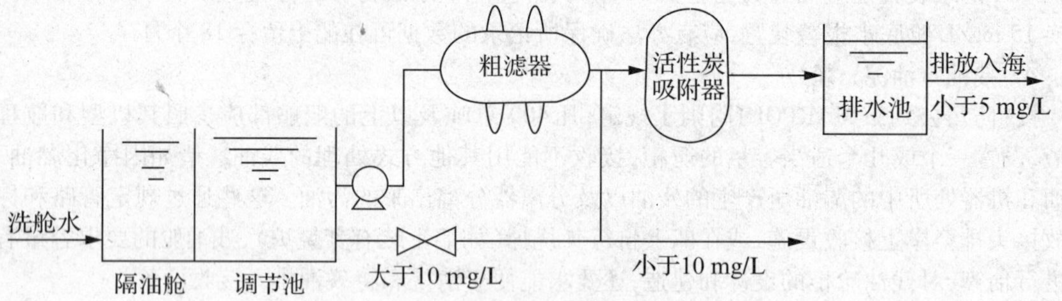

图7－1 “大清河”轮油污水处理船工艺流程

“大清河”轮油污水处理工艺流程采用三级处理：第一级是重力分离法；第二级是过滤法；第三级是吸附法，即油污水通过活性炭吸附器，使污水中的微小乳化油滴被活性炭吸附处理。在实际使用中，因油污水经粗滤器分离后即可达到小于10 mg/L的排放标准，故在一般情况下不使用第三级。

洗舱油污水首先进入隔油舱，进行自然浮上法分离，含油污水从两个隔油舱分别溢流至边舱再汇合到中间重力分离舱。整个流程长80 m，这个阶段可除去水中油分的99%（使直径大于150 μm的油滴上浮）。然后油污水进入三台KC－100型粗滤器（每台处理量为100 m^3/h）。该滤器内装10个由聚丙烯短纤维毛毡制成的粗粒化芯子，水从芯内向外渗透，水中油滴在毛毡纤维缝隙中碰撞聚合，直径增大即上浮到集油室。油水分离器能将10 μm以上的油滴分离出来，使水质达到10 mg/L以下的排放标准，故一般情况不用第三级（装有3台FF－15型活性炭吸附器）便可直接排入海。

该流程的特点是全部采用物理法，利用隔油舱隔出浮上油，充分利用其他舱做重力分离舱，使分散油进一步上浮，只需用二级分离处理即可达到排放标准。粗粒化芯子一般运转6个月需更换一次，成本较低，效果好。

该船的另一特点是全部监测和控制自动化：安装一系列自动化仪器，如7台L5－1221型液位指示器，可随时了解各舱水量；5台P－105型油水界面计及其配套装置，可自动回收各隔油舱及重力分离舱内的水面浮油；4台ET－25型油分浓度计能连续自动取样监测并自动控制水流阀门，保证所排污水符合排放标准。不符合排放标准的污水返回中间重力分离水舱，再进行处理。各种信号灯和报警器及所有装置均可在中心控制室集中监视和操纵控制。

（二）油污水处理场

这是一种固定式的油污水接收处理设施。随着我国石油和石油化学工业的飞速发展，为防止海洋石油运输对沿海水域和港口水域的油污染，保护海洋环境，我国先后在大连、青岛、秦皇岛等油港新建成含油污水处理场，对回收废油，防止海洋污染，保护环境起了积极的作用。上海港也已经建设一座停靠万吨级的油船码头和相应的油污水处理场，以适应上海港石油运输和防止油污水污染的需要。

1．实例1：　某油港的油污水处理场

图7－2所示为某油港的油污水处理场流程。该污水处理场主要处理油船压载水和洗舱水，也可处理油港油管道清洗水。污水处理场接收能力为每小时3 000 t，每小时处理量为1 000 t，日处理量为20 000 t，含油量为3 000 mg/L的压载水或含油量更高的洗舱水经处理后可使水中含油量降到10 mg/L以下，并能将回收的污油进行脱水处理和炼制。

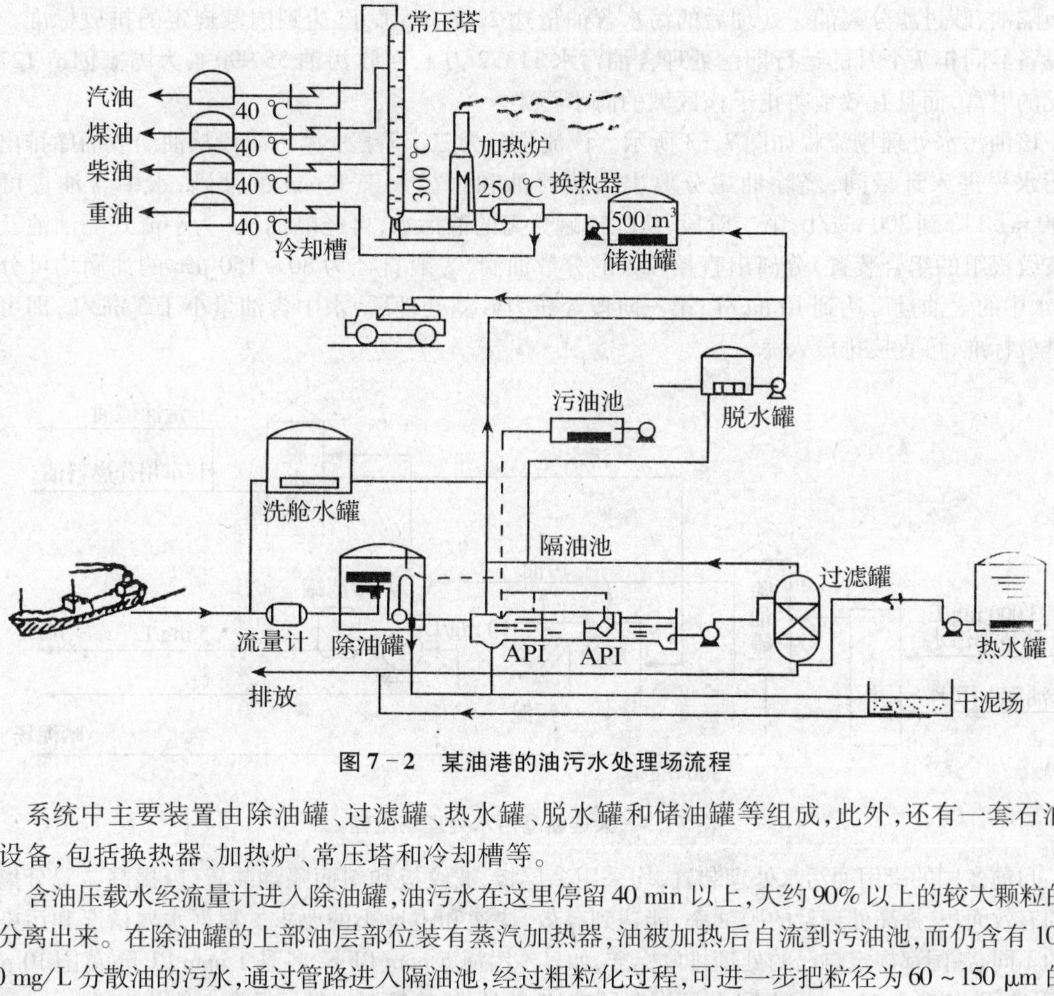

图7－2　某油港的油污水处理场流程

系统中主要装置由除油罐、过滤罐、热水罐、脱水罐和储油罐等组成，此外，还有一套石油精炼设备，包括换热器、加热炉、常压塔和冷却槽等。

含油压载水经流量计进入除油罐，油污水在这里停留40 min以上，大约90%以上的较大颗粒的油被分离出来。在除油罐的上部油层部位装有蒸汽加热器，油被加热后自流到污油池，而仍含有100～300 mg/L分散油的污水，通过管路进入隔油池，经过粗粒化过程，可进一步把粒径为60～150 μm的油分离出来。分离出来的油也排入污油池，从隔油池出来的污水含油量可降低到10 mg/L及以下。如果再经过砂过滤罐处理，污水含油量可降低到5 mg/L以下。污水最终经排水口排到海中。

从除油罐和隔油池分离出来的污油，经管路进入污油池，经加温降低黏度后再泵入储油罐储存，分离出来的污油可直接作为锅炉等的燃料油，也可再通过热交换器、加热炉送进常压塔蒸馏精炼，制成各种成品油。

由除油罐沉淀的污油（油泥）排到干泥场。油泥的成分中主要含有比重较大的油和泥砂以及铁锈等。油泥经晒干后可用卡车运往指定的地点进行掩埋处理，在掩埋处理时应特别注意不要污染地下水源；也可进行焚烧处理，这样既不会污染地下水又不会占地，但是焚烧处理的费用太高。

利用本装置可有效地防止压载水和洗舱水对海域的污染，并能回收大量的原油。但经过几年来的运行实践，本装置在设计和施工技术上还存在一些不完善之处：池壁有渗油、加温管受海水的腐蚀严重,这一点在管理上应该注意。另外本装置只能处理原油油船压载水和洗舱水,而对于成品油船的压载水和洗舱水及含有润滑油之类的油污不能处理。

2. 实例2: 大连港建成10万吨级浮水油码头及相应的油污水处理场

大连新港在建成我国第一座10万吨级浮水油码头的同时,1976年5月1日建成总容量达3万 m^3 的大型油污水处理场。该场主要用于处理油船压载水,也用于处理油库的油罐脱水和检修油管时的含油污水。采用重力分离方法,其工艺流程分为3个阶段:除油罐除油、平流及斜波纹板隔油、砂过滤分离油。处理后的污水含油量达2.08 mg/L,已达到国家规定的排放标准。该场设备经同年7个月的运行即已处理含油污水113.2万t,回收污油35 990 t,为国家创造127.8万元的财富,而且有效地防止了该区域的海水污染。

该油污水处理场流程如图7-3所示。该流程分为三个阶段:第一阶段从油船或油库排出的油污水先进入计量间,经除油罐分离出大块浮油和直径大于1 mm的油滴,水中含油量可从3 000 mg/L降到300 mg/L;第二阶段,从除油罐分离的油污水,再经隔油池(为平流式隔油池及倾斜波纹板组的组合装置)分离出直径较大的分散油滴,一般直径为80~150 μm的油滴均可分离掉,水中的含油量可达到10 mg/L;第三阶段经压力砂滤处理后,水中含油量小于5 mg/L,即可达到排放标准,可直接排放入海。

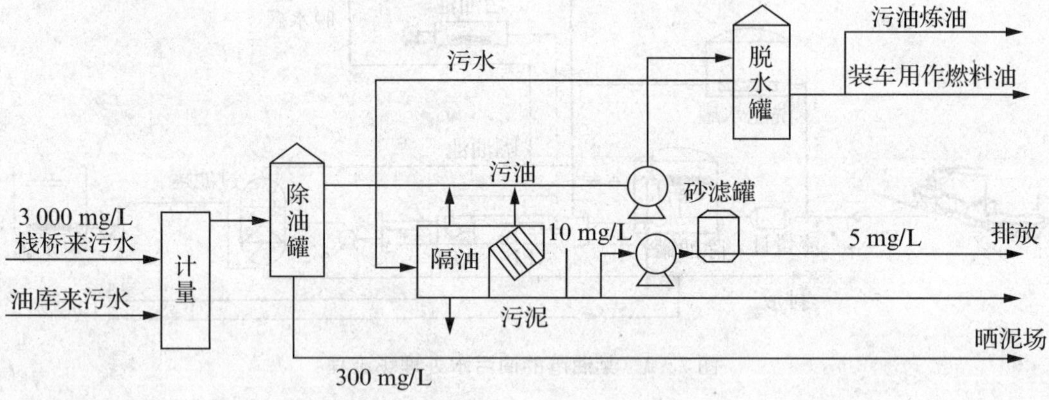

图7-3 大连新港污水处理场流程

目前各国的岸用油污水处理装置,均采用多层板、波纹板和斜面隔油装置,以提高装置分离工作的有效面积,提高处理量的脱油率,能达到高效、快速和占地小的要求。根据水域情况和污染程度的不同,各国都规定自己的处理排放标准,如日本沿海5 ppm以下,各县1 ppm以下;英国10 ppm以下;美国、加拿大15 ppm以下;我国沿海厂矿、洗舱站、维修废旧船舶厂及海上油井为15 ppm。

三、海上溢油应急计划

(一)溢油应急计划(Oil Contingency Planning)的目的与内容

对任何成功的作业,尤其是对紧急事故应急作业来说,预先周密地制订计划是一项重要的准备工作。溢油事故的处理就是一个典型的例子。与森林火灾以及其他类似的环境紧急事故一样,溢油事故是无法预测的。溢油事故既不会仅仅发生在工作日的上午9:00至下午5:00之间,也不会选择出现在良好的天气条件下。只要人类社会仍然依靠石油,只要石油的生产和运输过程中仍然存在着人为差错的可能性,应更加注意地方、地区、省市、国家以及国家间溢油对抗能力的发展和维护。对指定区域,应当估计溢油事故发生的可能性;如能事先组织好溢油对策反应队伍，制订好相应策略，就可以将环境损失或潜在灾难的风险降至最小。

1. 目的

在特定的区域内依据溢油源海区环境和资源情况，制订紧急对付溢油事故的具体部署和实施方案，使溢油引起的紧急情况得到及时和有效的反应，这种事先制订的对付溢油事故的部署和方案称为溢油应急计划。

溢油应急计划的目的是在污染事故发生时提供及时和足够的反应措施，以将对环境的损害减到最小。因此，应急计划就是要建立一个程序，使得所有有关的部门，不管是政府机关还是工厂企业，均可在事先委派的权威人士指挥和协调下，调集他们的资源快速地投入到溢油对策反应中。这样，无论是单个炼油厂还是整段海岸线，都可保证和维持足以防止、围截、清除任何可能发生在该溢油应急计划所覆盖区域内的溢油事故所需要的通信网络、人力和物力资源以及相应的抗击溢油的对策措施。

2. 内容

根据溢油的区域、严重程度及治理能力，应急计划大致可分为地区、国家、国际等，小到一个具体的有可能发生溢油的单位，如沿岸工厂、油码头、船舶、钻井平台或产油平台等。

一般而言，无论应急计划的范围是地区、国家还是国际的，虽然它们的篇幅和内容随着区域的大小和风险程度而变化，但它们应遵循同一格式。同一格式有助于人们理解计划，也有助于统一并确保应急计划顺利地从一个层次转到另一个层次。应急计划主要由两部分组成(图 7-4)：一为战略部署，明确政策、责任、对治理工作的要求，指明情报来源等；二为作业计划，它规定有关治理工作的各种具体措施，作业计划部分应该是比较完整的，这样不必参考其他资料而延误时间。

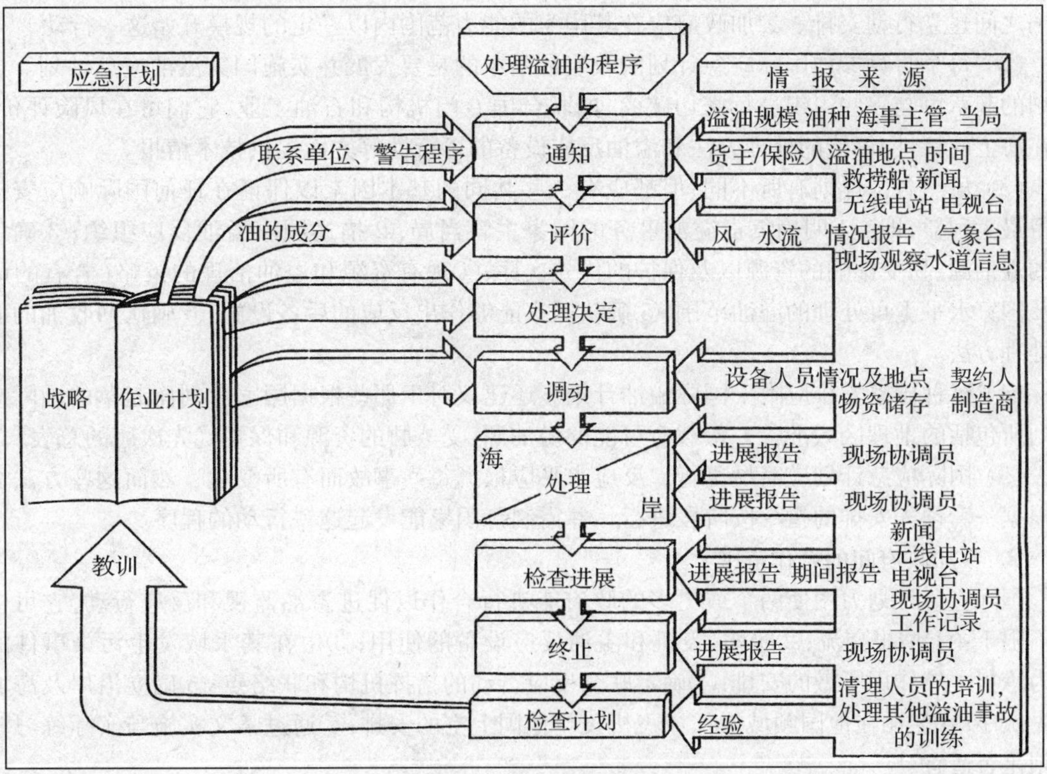

图 7-4　应急计划对处理溢油的作用

应急计划至少应明确考虑以下几个方面的问题。

(1) 应考虑溢油的可能去向;对可能产生的溢油危害性质、规模和最可能受到损害的资源作出客观的评估。

(2) 应在比较各种保护和清除方案的利弊后,确定优先保护的区域或项目。

(3) 应清晰地阐明各种区域的保护战略和清除溢油的战略战术。

(4) 应明确规定参与应急行动的单位或部门,并规定其必须履行的职责,所有人员都应清楚本人执行的任务。

(5) 对设备、器材和人力应有后援,如需从国外引入,还应考虑如何快捷办理入境手续。

(6) 应确定收集的油品、油性垃圾的临时储存场所及最终处理的途径。

(7) 应清晰地阐明一旦发生溢油事故时的报警程序和初评估的程序。

(8) 应妥善安排好岸上、海上和空中之间的有效通信联系。

(9) 应急计划的各个方面应作检验,不断修正补充,对重要事项不能遗漏。

(10) 本计划不应与临近地区或其他活动的计划相矛盾,一经发现,立即修订。

IMO 为帮助各缔约国制订溢油应急计划,特编写《国际海上溢油应急计划指南》和《国际应急计划建议大纲》。

(二) 国际海上溢油应急计划指南

1. 引言

(1) 该指南确定那些应该包括在国际应急计划中的因素,以保证在对油污染或油污染威胁作出反应合作的政府之间能在行动水平上达成协议。这些指南可用于区域、分区或双边协议下的国际应急计划的发展,但并不打算以此取代现有的应急计划,基本打算以此帮助发展中国家与邻国之间建立行动安排。参加政府应在其国家的能力范围内以一定的规模开始这一行动。

(2) 每个打算参加国际应急计划的政府最基本的是要发展并实施国家溢油应急计划。这些计划的起草可与一些组织进行密切磋商,如联合国专门机构和石油工业,它们可在风险评价、溢油在海上的特性、可能的处理方法和溢油反应设备的可行性等方面提供技术情报。

(3) 虽然各国计划有所不同,但都应有一些共同的基本因素以保证在任何国际响应安排中获得最大利益,即:①明确负责溢油事务的国家主管当局;②描述国家溢油反应组织;③确认可能的溢油源、易受影响的资源以及保护的优先次序;④现有资源和溢油治理的策略(若有的话),以及国家水平上可处理的溢油范围;⑤确认国家能够作出反应的后备设施;⑥确认回收油的储存及处理方法。

(4) 这种国家安排应附于国际溢油计划。还建议对于那些根据国家计划而起草的国际应急计划所包括的地理区域准备一份载有可能的溢油源、受威胁的资源和保护优先次序的总表。

(5) 国际应急计划应简易可行。反应水平应根据每一事故而有所变化。然而这些方法需允许根据一套预先安排的指令按阶段进行。并需制订国家能发起这一行动的程序。

2. 参加政府间的合作范围

国际应急计划力图使两个或更多的政府能进行合作以促进溢油监视和反应行动,它可包括但不限于:①情报交流;②船舶、飞机和溢油反应设备的使用;③由在其水域发生污染事件的国家为承担主导作用所做的安排;④确定联合反应行动的指挥机构和联络点;⑤确立沿岸及海域的优先次序;⑥船舶在他国领域操作或飞机飞越他国上空的安排;⑦通过条文实施与实际练习检验计划是否适宜。

3．地理区域的定义以及责任分担

(1) 国际应急计划所包含的地理区域必须有明确的定义。责任区应明确定义，在这些责任区各国或数国联合，可能有责任对监视、报告、报警以及反应活动等采取行动。

(2) 地理区域的确定可使用附于计划内的适当地注释的地图、经纬坐标或两者共用。

(3) 在其责任区发生溢油的国家应承担主导作用并最先负责所采取的一切与查寻溢油和任何必要的反应有关的行动。责任权由一国转至另一国的根据应写入国际应急计划，有关国家可增加反应活动号召来自其他参加计划国或非参加国或组织的援助。

4．报告、报警及通信

(1) 国际应急计划应包括各国同意的一览表，细述由主管当局或组织所担负的其国家应急计划的责任。这些表中应明确有适当电话和/或电传号的联络点，并且要能24 h连续工作。现有设施，如国防或警察总部可用来接收和发送报告。

(2) 某一国家的责任区发生溢油或严重威胁，若有可能影响他国海域及海岸线，则该国应立即通知邻国并尽可能详细地给出事故情况。一旦发生溢油，该信息应包括日期、时间、位置、形式和溢油量，预测天气条件以及建议的行动。随着局势的发展，给这些国家的信息也应不断更新，提供有规律的总结以保持对它们的通知。报告格式及样本的范例见附录2和3(指原附录)。如果不能马上得到全部信息，该报告也不能延迟发出。

(3) 应对可能的气象及水文数据进行分析以早期粗略地估计出基本溢油动态，继而可进行更为复杂的溢油动态分析法。然而对溢油的肉眼观测是最基本的，国家应急计划的负责当局应适当地使用那些已经确定的来源，如海图、用于监视的军用或商业飞机。重要的是要把这些观察及估计结果发送给其他可能受到溢油影响的国家，直到溢油不再威胁计划所包括的国家为止。

(4) 溢油事件中对援助的要求、提供和接受等程序应得到发展。

(5) 为促进现场无线电通信，基本的是要在指定的当局之间确定预先的协议，如特殊操作频率的分配以及对溢油行动反应的工作语言。

5．后勤、后备与基金

(1) 国际应急计划应有这样一览表，它包括反应设备和材料的程序以及有关的收费标准。建议的格式见附录4(指原附录)。所需内容短缺时，有可能通过在某一地区可能提供援助的国家政府和商业承担得到补充。然而有必要同意增加各国的储备，或另作出安排以保留一个共同的设备及材料的补充储备或库存。国际应急计划还应明确来自外区随时可能得到的商业及政府来源，这样可达到对最恶劣情况的合理反应。所有国家都应保留对该国来源许诺的自主权。

(2) 执行国际应急计划重要的一点就是能将设备、材料及人员运至所需地点，而不应有不适当的延迟或手续。因而基本问题是各参加国际应急计划的国家制订管理安排以加快进出其领土的海关、移民局的人员和设备材料控制的手续，以有助于该国或他国对油污染或油污染威胁的防治。

(3) 这些安排之细节应包括在国际应急计划中并转发给所有计划的参加国以及国际组织或其他国家，他们有可能被号召在溢油事件中给予帮助。这些细节应含有适当国家当局(海关、移民局等)所需的基本情报，以便于特殊安排。理想的情况是这些安排应包括迅速给予入关签证以及免税溢油清除设备和材料的临时进口或进口税等条文。

(4) 应为联合反应作业基金以及贷款来源等制订特殊协议。参加国应清楚国际地区及可用于该地区的自愿形式以得到对溢油清除费的补偿。

(5) 各国应对所采取的行动及设备和对事件反应所用其他来源保留独自的记录，这些记录可继而用于溢油事件期间所采取行动的分析以发展国际应急计划。

6．国际应急计划的回顾与发展

国际应急计划应定期回顾以补充从常规练习及该地区实际事件中所获得的经验。应根据各国提供的情报对联络点及设备储存等方面定期进行更新。

（三）国际应急计划建议大纲

1．引言

（1）背景

（2）意图及目的

（3）范围及地理区划

（4）缩写

（5）定义

2．政策与责任

（1）情报交换

（2）确定国家主管当局和联络点

（3）主导作用的承担

（4）反应计划

（5）联合训练及演练

3．反应行动

（1）溢油监视与预报

（2）要求援助

（3）联合反应行动

（4）消油剂的使用

4．报告与通信

（1）初始报警系统

（2）污染报告（POLREPS）

（3）后期事故报告

5．后勤与后备

（1）基金

（2）海关、移民及飞机飞越上空程序

（3）清除费单据

（4）计划的修改

附则1　指明地理区划及参加国责任范围的地图

附则2　示有可能的溢油源及环境敏感区的地图

附则3　通信计划

附则4　设备清单及专业人员名单

附则5　参加的国家应急计划

（四）案例

1．案例1：营口港的溢油应急计划

目前，我国五大油港已接受世界银行贷款，正在制订油污应急计划。营口老港地处辽河河口附近，近几年来油类运输逐年增加，所以制订油污应急计划势在必行。

（1）编制的目的和适用范围：辽河油田位于辽河沿岸地区，在距辽河口 22 n mile 范围内就有7个油码头，油类运输作业十分频繁，溢油事故时有发生。如果发生重大污染事故，后果不堪设想，制订辽河口油污应急计划就成了非常紧迫的任务。其目的在于预防溢油事故的发生，并能在最短的时间内控制和清除油污染，最大限度地保护生态环境。

本计划适用范围是距辽河口 22 n mile 河道区域及近海水域。

（2）组织机构：溢油应急计划是否能正确和有效地付诸实施，并且取得预期的效果，需要强有力的组织体系作保障。应急机构的建立应遵循以下3个原则：①溢油所带来的影响是多方面的，控制和清除工作能否顺利进行有赖于多方面的通力合作，因此机构所包括的部门应是全面的。②由于各部门相对独立，难免出现事故处理过程中的脱节和不协调，影响应急计划的顺利进行。因此，需要具有绝对权威的总指挥协调各部门的工作，该总指挥对各部门有管辖权。③由于溢油是偶然发生的，因此无须设置庞大的溢油应急反应机构。应该成立一个包括总指挥在内的应急指挥中心，当发生重大溢油事故时及进行统一演习时，召集机构成员共同对付溢油事故或实施模拟演习，从而减少不必要的庞大开支。在非事故期间，机构各部门人员从事各自的正常工作。

综上所述，溢油应急机构应由地方政府领导担任总指挥。组成部门有辖区内的交通部海上安全监督部门、环境保护部门、国家海洋局的有关部门、港务部门、水产部门、渔政监督部门、海上救捞部门以及驻军和公安、消防部门，并设一应急指挥中心，负责应急机构的组织和协调。该中心应设在海上安全监督部门。

（3）报告制度和反应程序：根据《中华人民共和国防止船舶污染海域管理条例》第6条规定，船舶发生油类、油性混合物和其他有害物质造成污染海域事故时对应立即采取措施，控制和清除污染，并尽快向就近的港务监督部门提交书面报告，接受调查处理。

设在港务监督的应急指挥中心，接到报告后应做好以下工作：①迅速向总指挥报告，并接受总指挥指令；②根据总指挥指令，召集指挥中心成员，实施抵抗溢油污染损害的应急计划方案；③通知机构内各成员单位，做好紧急抗灾动员；④向有关部门发出重大污染损害警告，并通知可能遭受污染损害的单位采取防污染的紧急措施；⑤通知电台、电视台、报社等宣传机构，向社会各界发出溢油危害警报；⑥向邻近地区的有关部门发出溢油危害的警报，并告知可能遭受损害的区域；⑦调集清油队伍进行油污控制和清除；⑧清理环境达到标准后，编制总结报告以便为修改应急计划提供参考。

（4）技术手段和应急设备：港口要配备一定的应急设备，以备在发生油污染事故时使用。根据营口港的实际情况，油船的装载量最大为 2 000 t，所以应配备满足 2 000 t 溢油事件处理能力的应急设备。设备的配置有两种方式可供选择：一是由各个码头分别配备一些满足一定处理能力的设备，同时港务当局应该根据各码头应急设备配备情况，补齐可能发生最大溢油事故的应急设备，以备统一调拨使用；二是由港口当局配备清油公司，以满足最大溢油事故的救助工作。无论采取哪种方式，均应在计划中列出应急设备的储存地点、管理方式以及设备的型号、数量。通常要配备的设备有船、撇油器、围油栏、吸附材料、消油剂、应急反应车、通信设备、照明材料等。

（5）应急人员培训：应急指挥中心应制订一份日常培训计划，并按规定定期进行训练和演习以保持应有的反应能力。

日常培训计划应根据本港历史上曾发生过的溢油事故及可能发生的最大事故作为制订的依据。对专业应急人员的培训应编写书面培训教材，进行严格的培训学习。学习的内容包括设备维护、防火救生、车船驾驶、操作技能和应急意识教育等。

(6) 应急措施及行动方案：在应急计划中，除机构组织及时应变部署外，还应制订发生事故时的具体清油决策计划。对一旦溢油可能存在的危险性进行预分析和预评价，建立模拟系统，根据计算机模拟分析，在现场制订对各种溢油事件的应急措施和行动方案。增加反应的准确性、有效性和及时性，提高效率。

2．案例2：大连港船舶防污应急体系

以上是根据营口港的实际情况对油污应急计划的制订与实施进行简单的介绍，下面将通过一起重大油污事故的处理过程认识防污应急体系的重要性。

该事故发生于1996年5月的大连。大连海监局于20世纪90年代初建立防污应急体系，这个体系在处理“浙普渔油31”轮被碰撞重大污染案中发挥重要作用。

1996年5月1日凌晨，浙江省个体联户油船“浙普渔油31”，装载476 t润滑油航行至老铁山水道，雾中与一艘不明国籍的船舶相碰，“浙普渔油31”轮右舷中部船体破损严重而沉没，大量润滑油外溢，碰撞后肇事船逃离现场。海上事故发生后，大连海监局随即启动防污应急体系，局长毛德敏和副监督长姜永立即赶赴指挥中心，首先调集以防污专业人员为主的防污应急队伍以及局内的车队、船队有关人员，同时将当时掌握的案情及相关情况及时全面地报告给交通部安全局，并把案情分别通报给大连地区的各油码头公司、大连船舶燃料供应公司、大连港生活服务公司、旅顺海军基地和空军大连基地等10多个单位，要求各单位做好一切准备，以便随时抽调人力、物力赶赴清污现场，以防止灾害扩大。为摸清情况，一方面派出专业人员随旅顺海军基地的舰艇，于事故当天在海面上进行搜索，以确定海事发生的准确位置及污染状况。同时派人乘飞机在出事地点的上空进行低空飞行侦察，结果发现长约20 km，宽10 km范围的海面上分片油污，其中污染严重的是黄色黏稠状润滑油。通过精心的组织和果断的决策，不仅动员一大批清污力量，而且准确地寻到沉船位置及污染源，为清污工作的顺利开展提供良好的基础。

为迅速开展清污工作，防止污染扩大，防污应急体系专业组进行具体的研究，以科学的态度制订一整套清污方案，并经局领导同意后付诸实施。5月3日，大连海监局出动由4艘船组成的船队带着紧急调集的消油剂、吸油毡和各种清污器械到达污染水域。到现场后，油带已被波浪分解成大片大片的油块，于是决定集中指挥，分头工作，协同作战。每条船在专业人员的指导下，各自分头清污，直到将所面对的大片油块清除为止。坐镇指挥的局长毛德敏和副监督长姜永仔细研究5月3日清污人员从现场拍回的录像，并征求专业人员意见后，决定在使用吸油毡和消油剂的同时，使用撇油器对油层较厚的部分实施回收。工作人员紧急调用大连造船厂和造船新厂的撇油器，于5月4日兵分两路：一路船队赶赴污染海域，用撇油器、吸油毡、消油剂继续清污；另一路由猎潜艇利用声纳技术确定沉船位置，找到污染源。

为缩短海上航行时间，指挥中心决定清污船队当晚靠泊旅顺军港，加足物料和清污物品。由于污油在海上随潮汐的流动性很大，为防止油污污染渤海湾内辽宁、山东两地的海珍品养殖场，指挥中心决定将案情通报给防污应急体系的半紧密性单位、小型码头作业区、部队修船厂等单位，让他们随时准备开展清污自救。由于采取正确的清污措施和科学的清污方法，到5月7日，事故现场的油污已基本被清除。

5月1日发生海上事故之后，海军和空军应防污应急体系，分别协助现场搜寻、侦察，为清污工作争取时间。为彻底消除污染，5月13日再次调用空军大连基地的飞机，对老铁山水道附近水域进行空中搜寻，并对现场情况进行摄像；5月14日，指挥中心又发出航行警告，命令过往老铁山水道的船舶注意观察，发现污油立即电告大连海监局；5月15日，清污船队再次到达事故现场及附近水域,并与过往的船舶联系,要求他们报告本船附近的海域污染情况,结果没有大的油污存在。截至5月20日,共出动船舶20艘次,人员500人次/日,使用卫星遥感照片2次,使用消油剂10 t,吸油毡3 t,出动飞机2架次,军舰2艘次,清除污油约100 t。由于清污及时,这次特大污染事故没有给任何一家海珍品养殖场和渔业单位造成污染,经济和社会效果明显。

四、海上溢油清除技术和方法

关于油污的清除技术和方法,可参见IMO制定的《油污染处理手册》第1~4册。一般的技术和方法有以下几种。

(一) 物理机械方法

利用物理机械方法清除溢油,但此方法不适合乳化油,具体使用设备和方法又有以下几种。

1. 围油栏

围油栏是一种用于围住海上溢油,防止溢油漂移扩散,为回收设备迅速有效地回收海面浮油的防污设备,也可用于油类作业的船舶或码头周围,防止油类泄漏扩散。

围油栏约有150多种,按结构和使用条件可分为轻便型(可用于布放、展开和卷起)、重型(使用时要求用机械工具展开)、专门型(适合于风浪大的海上使用)、特种型(气动式)等。按不同标准又可分为浮上式和沉浮式两种。浮上式又分为可搬式和固定式,它装有固定浮体,使围油栏浮在海面上,适用于一般港口码头或处理海上事故溢油。沉浮式则是利用充气和排气的方法,使围油栏工作时浮在海面上,工作后沉下海底,它适用于海上石油平台、单点系泊场所。英国、挪威用于防治海上溢油的围油栏,可在有效波高2.5 m、风速10~20 m/s、流速1.5 n mile/h的海况下使用。

围油栏,又叫油坦,常用一种氯乙稀柏油防护布或其他材料制成的带状物,有的高10~40 cm。它由"浮体"(浮在水面上防油透过)、"帷幕"(在水下成一道墙防止油从下面流过)、"重物"(垂在帷幕下保持围油栏垂直稳定)等3部分组成。一旦发生油污染事件,将其展开在海面上,防止石油向海岸或被保护的海域扩散,便于回收设备及时回收处理。

2. 油回收船

油回收船的种类很多,日本就有倾斜板式、回转皮带倾斜板式、滚筒式、浮子吸引式、皮带吸附式等。如按船体尺寸分为小型船、中型船和大型船。按船体类型分为两种单体船和双体船。相比较而言,单体船操作简单,拐小弯容易,维修保养方便,但回收能力稍差,回收油罐容量较小。而双体船则具有较好的回收能力和较大的容量,而且能在极坏的气候条件下进行海上作业。

油回收船在回收浮油时,以低速前进,将油收集到集油舱,通过液位汁的作用,吸油泵自动工作,把油吸入储油舱,如回转皮带倾斜板式油回收船,船首有与水平成15~30°的回转倾斜皮带装置,下端接油水分离器,上端是集油舱,当作业时,船以1.5 n mile/h左右的航速前进,回转倾斜皮带向后旋转,水面浮油随着回转皮带旋转输入油水分离器,分离出的油浮至集油舱,当油达到一定数量时,液位计产生作用,自动起动吸油泵,将油吸入储油舱,分离出的水从后部排出口排出。这种油回收船的特点是:①回收效率高,含水率小,每小时可回收浮油10万L;②在比较恶劣的海况下也能作业;③回收时不受油膜厚度和黏度影响,均能回收;④海面垃圾也可以随油一起回收。回转皮带倾斜式回收船以DIP2OM型的性能最好,可以在远离海岸、风浪较大的情况下,进行回收油作业。同时,船上设有消防设备、消油剂散布、围油栏敷设等设备,是一种多用途的船。

油回收船的选择应根据溢油量、海况、周围的环境以及设备的操作性能和经济性等方面进行综合考虑。大型船回收能力超群但价格太高，并且存在船长资格问题。中型双体船有两个收油系统，效率高，但回收油罐容量小。小型船易在狭窄水域自由进出，但不易在气候恶劣、风浪特大时使用。

油田收船的溢油回收效果，除船本身的性能外，还取决于船上的溢油集油器的性能。

3. 浮油回收装置

浮油回收装置（Oil Spill Skimmer）有油回收网、滚筒式油回收装置、浮子吸油器、撇油器、抽油泵系统、液压式油抓斗等多种类型。这是一种不具备动力、非自航的回收机械。如水泵抽吸是用真空泵吸取海上浮油入油船油舱，再进行分离处理，或注入特制的聚氨酯桶内，或橡胶气球中。它们的特点是结构简单、造价低、机械灵活、易于保管、清扫海面面积大、油回收效率高等。

我国于1999年12月1日开始实施国家标准《浮油回收装置》（GB/T 17728—1999），该标准规定浮油回收装置的产品分类、技术要求、试验方法、检验规则、标志、包装、运输和储存等。该标准适用于最大回收速度为2～60 m^3/h 的转盘式和转鼓式回收装置。

4. 油扫帚

油扫帚是机械集油器的一种，它实际是一种浮油回收艇，前面有一个海绵圆鼓，在海上不停地转动，吸取浮油，再在艇中将油压出来，每小时可回集6 t。它既可收集石油，又可清洁海面。

5. 旋涡式海面清洁器

利用螺旋桨旋转时形成的旋涡把海面浮油集中在旋涡内，再从中将油抽到船上，每小时可清除209 m^2海面，并且可吸取20 m远处的浮油。

6. 吸油材料

1）定义

吸油材料是一种内部孔隙多，比重小，能漂浮在水面的通过吸收和吸附作用捕集回收海面浮油的材料。它一般作为浮油清除工作的补充手段。从广义上讲，凡能吸油的多孔固体都是吸油材料。这种多孔固体具有毛细管组织，除表面吸附油外，还可以靠毛细现象将油吸入材料的内部。从狭义上讲，吸油材料应具有某些特殊性质，它应具有亲油疏水的特性，材料比容较大，事后可被妥善处理。

2）分类

吸油材料按其材质可分为无机材料、天然纤维及高分子材料3种。

（1）无机材料：无机材料包括云母、滑石、浮石、石藻土、白垩、硅、高岭土、黏土白云石、重晶石、珍珠石等。其价格便宜，容易获得，但吸油性能差。多数无机材料加工成细颗粒状使用，便于从船上倾倒入海，或用喷射装置撒在水面，但回收起来困难，只能用细筛和细网。被无机材料吸着的油可焚烧除去，但无机材料本身不燃，也不能再利用。

（2）天然纤维：天然纤维比较轻，能浮于水，吸油后也不易下沉。其成本低，使用经济，吸油后容易处理，焚烧不产生有害气体。但其回收麻烦，保管困难，易霉烂；吸油率不高，只有5～15倍。可用作吸油材料的天然纤维有草包、树皮、干草、稻壳、稻草、麦杆、碎布和毛毡等。

日本曾推荐利用炭化后的稻壳回收溢油，被称为ASSW原油吸附剂，是用普通稻壳特殊加工后制成，撒在原油上约30 s后，便会吸收浮油，呈网状物。清除后的水面清洁如初。

（3）高分子材料：高分子材料吸油性能较好，效率较高，至少在自重的10倍以上，能够成批生产，不易变质，便于大量储备；弹性好，能反复使用。其缺点是原料较贵，成本较高，焚烧处理比较麻烦，尤其是热可塑树脂，不仅需要专用焚烧炉，而且因其具有热熔融性质，焚烧时容易固化，易使焚烧炉损坏。

常被用作吸油材料的高分子材料有聚丙烯、聚氨脂、聚苯乙烯和聚氯乙烯等。如聚氨脂吸油率最高,为自重的20～30倍,处理得好可达50～60倍,吸水量仅为自重的1/13。价格昂贵,焚烧时会产生有害气体。

3）吸油材料的性能规定

(1) 多孔,具有较好吸附性能,亲油而疏水。吸油量为自重的6倍以上,吸水量为自重的1.5倍以下。

(2) 能够迅速吸附高黏度的油,如A重油、B重油、原油以及黏度稍低的C重油。

(3) 保存过程中不变质、不腐烂。

(4) 吸油后较长时间保持原形。

(5) 容易回收,从水面捞起不发生松散现象。

(6) 可被燃烧处理,燃烧时不产生大量有害气体。

4）吸油材料的应用场合

(1) 吸油材料用于油未扩散时清除围油栏以外的油以及围油栏内的油;有两道围油栏时,清除两道围油栏之间的油。

(2) 利用油回收机械收油使油层变薄,回收效率下降时,用吸油材料吸附较薄油层的油。

(3) 当溢油到达岸边及不易处理的狭窄海域时,用吸油材料吸附。

(4) 吸油材料适合于吸附油层厚度为1～10 mm的薄油层。

(5) 吸油材料还可用于对水面上的浮油进行阻拦或做记号。

7. 人工清洗

人工清洗包括用舢板、木筏、吊桶、勺子、网、油布及港口清洗工具等清除。

(二) 燃烧方法

在合适的情况下,将溢油就地燃烧可能是一种能迅速消除大面积油污和需要后勤支持最小的应急方法。

1. 适用条件

(1) 油膜厚度：如果油膜厚度至少有几个毫米,同时温度及点火面积适当,多数原油和成品油可以在水上点燃。经验表明,当油膜厚度大于2 mm时,才能维持水面油层的正常燃烧。

(2) 油的乳化情况：随着时间的延长,溢油会发生乳化,减小其挥发性,而且油膜也会变薄,将明显地影响燃烧的控制。因此,在海上燃烧溢油尽量在溢油尚处于较新鲜状态(溢油后1～2天)时进行,即在油中含水量应小于30%时进行。对于乳化油,可在扩大其点火面积的情况下起燃。乳化油被破乳后也能被点燃。

(3) 海况：一般情况下,在浪高小于1 m,风速小于15～20 kn时,溢油燃烧将成为可能。

2. 地点的选择

为保证点火和整个燃烧过程中的安全和焚烧效果,并尽量减小焚烧对其他溢油防护设施的干扰,必须小心谨慎地选择焚烧地点。焚烧地点应与海岸、船坞、森林和海岸通信设施保持适当的距离,并远离生态敏感区、人口密集地区和停泊在附近水域的其他船舶,火势也不应波及周边地区的其他浮油。并利用大气扩散模式输入当时的风况资料,预报烟雾的漂移轨迹,以确保这些烟雾不被扩散到人口密集的地区。因此,任何海上焚油活动都必须经过周密规划,留有足够的安全余地,并且具备良好的通信和导航设施,以保证焚烧及其产生的污染物不对人类、自然资源、当地的器材设备和下风向的作业产生不良影响。

3．点火技术

当油膜较薄时,可使用耐火围油栏和集油剂(化学围油栏)先使油层增厚,达到燃烧的条件再点火燃烧。可把浸透燃油的纸卷和碎布或吸油材料和装满汽油的塑料桶投入油膜区作为引燃溢油的替代物。更省事的办法就是由直升飞机向油膜上倾倒一些汽油,也可采用激光点火装置、引火材料(钠、镁)等帮助点火和燃烧。

焚烧持续的时间一般不超过1 h或更短一些。如果溢油被拖动着焚烧,要想熄火只要将围油栏张开即可(溢油迅速扩散而使油膜变薄),或者突然加快拖航速度,尚未燃烧的油会从围油栏下漏走,火焰便会自动熄灭。

4．燃烧的优缺点

(1)优点:①除油率高。海况好时,焚烧效率可达95%~98%;当海况较差时,焚烧效率在80%~98%。②无需运转存储,也不用水。水面上的油几乎全被烧掉,因此用不着储油槽,也用不着转运船舶。焚烧后只剩下少量残渣。③处理量少,所花费用低。一般回收和处理水面溢油要花费很高的处理费用,就地燃烧只需处理少量残渣。燃烧溢油的费用是用分散剂费用的1/2,比机械回收和处理近海溢油少花1/3经费。④适用性强。就地焚烧溢油在江湖河海中均可使用,也可用于海岸和沼泽地区仅有几英寸水深处。既可在平静水面,也可在4~5级海况条件下使用,在热带地区、极地和冰冻地带亦可使用。⑤后勤工作少。只需由2艘拖船把防火围油栏放成U形,即可完成在海上就地焚烧溢油的任务。空中点火可改为由拖船上的人员向溢油释放火种,因而所需设备和工作人员较少,除油效率高,指挥调度容易。⑥操作方便。即使从未参加过就地焚油操作的人员,经过几个小时的训练就能安全而有效地完成焚油作业。

(2)缺点:①受溢油状况的限制。被焚烧的溢油要有足够的厚度,溢油的含水量也应较低,并含有足够的可挥发组分,以利于点火。如果油层较薄,必须使用防火围油栏将其围聚以满足焚烧和点火的厚度,并且围油栏要能承受焚烧引起的温度和化学反应。②使当地大气质量降低。在海上就地焚烧溢油过程中,其所含的烃类物质的90%~95%被烧掉,所排放的CO_2颗粒物约占被烧溢油的5%~10%,其中有一半散发出去。这些物质和其他排放物(CO,SO_2,NO_x)会迅速向下风向扩散。如果这些烟雾被扩散至人口密集的地区,其影响范围更大。

(三)化学处理方法

化学处理方法就是喷洒化学药剂,如分散剂、凝油剂、洗涤剂、固化剂和去垢剂等在浮油的表面上,它们或是把浮油分散成极小微粒,让海水乳化、分散、溶解或沉入海底;或是将海面溢油凝固成块,再用网将油块回收,达到清除海上溢油的目的。以下分别介绍分散剂和凝油剂的原理及使用情况。

1．分散剂

1)分散剂原理

溢油分散剂(Oil Spill Dispersant)是指可将水面浮油乳化、分散或溶解于水体中的化学制剂。溢油分散剂由表面活性剂的混合物和溶剂组成。分散剂处理海上溢油或水面浮油的机理是:分散剂将水面油乳化,并以微细的水包油颗粒分散进入水体,由于水体运动或其他混合能的作用得以漂移、扩散至广阔的水域,从而消除水面油膜,降低局部水体分散油的浓度。而低浓度分散油最终将被生物降解或氧化等天然过程消除,以致可减少或避免对沿岸生态环境、水生物以及敏感地带的冲击或破坏,保护环境。

2)分散剂类型

实际上,现代分散剂可分为两类:常规型分散剂和浓缩型分散剂。

（1）常规型分散剂指表面活性剂含量低于30%的分散剂。可直接投入溢油中使用，喷洒前不必用海水稀释。分散剂与溢油量的比例为1∶1或1∶3。

（2）浓缩型分散剂指表面活性剂含量在50%～75%之间的高效分散剂。可直接喷洒，也可与海水混合后喷洒，但效果还是直接喷洒的好。分散剂与溢油量的比例为1∶30至1∶5之间。

3）分散剂的使用

若使用乳化效率差、毒性大、不易降解的劣质分散剂，或者在水质较差的局限水域内使用分散剂，就可能出现油被乳化进入水体却不能扩散，水体油分浓度急剧增加而窒息水生物、破坏生态环境的局面，或发生劣质分散剂毒死水生物的情况。这就是人们所担心的“二次污染”问题。所以，合理地使用合格的分散剂是保护海洋环境所必须的。为此，IMO和联合国环境规划署编制出版包括环境影响的《溢油分散剂应用指南》（IMO/UNEP指南），提供关于分散剂的基本性能、应用方法及使用原则指导。应用分散剂的沿海国家，如美国、加拿大、英国、挪威、瑞典和新加坡等国家也均根据本国具体情况制定有关分散剂的规范、指南和性能检验标准。我国也已组织交通运输部水运科学研究所、交通运输部海事局、原交通部标准计量研究所共同编写国家标准《溢油分散剂技术条件》（GB 18188.1—2000）和《溢油分散剂使用准则》（GB 18188.2—2000），由国家质量技术监督局批准，于2001年10月1日起正式实施。该标准的实施将统一我国关于分散剂的试验方法，明确性能指标和使用准则，有益于保护水域环境，并使我国分散剂及其应用管理尽快与国际接轨。

4）溢油分散剂的使用原则

在下述情况下可以考虑使用溢油分散剂处理水面漂浮油或事故溢油。

（1）水面漂浮油或事故溢油可能向海岸、水产养殖地以及其他对溢油敏感的水域移动，威胁商业、环境或舒适性的利益，并且在到达上述敏感区域之前既不能通过自然蒸发或者风、浪、流的作用而自行消散，也不能用物理方法围堵或回收处理。

（2）对于物理的、机械的方法难于处理的溢油，采用溢油分散剂促使其向水体分散所造成的总的损害比把油留在水面上不处理的损害小。

（3）溢油发生在水深大于20 m的非港区水域，可以先使用，然后向主管部门报告。

（4）水面漂浮油或事故溢油的类型及水温适合于化学分散（一般来说，水温须高于拟处理油的倾点5 ℃以上），气象、海况等环境条件宜于分散油扩散。

（5）在已经发生或可能发生油火灾、爆炸等危及人命或设施安全的不可抗拒的情况下。

5）限制使用溢油分散剂的原则

下述情况不宜使用溢油分散剂，但发生或可能发生危及人命或设施安全的不可抗拒的情况除外。

（1）溢油为汽油、煤油等易挥发的轻质油，或呈现彩虹特征的薄油膜。

（2）溢油为高蜡含量、高倾点的难于化学分散的油。

（3）溢油在环境水温下不呈流态或经过几天风蚀后形成具有清晰边缘的油包水乳化物的厚碎片。

（4）溢油发生在封闭的浅水区或平静的水域。

（5）溢油发生在淡水水源或对水产资源有重大影响的区域。

从近几年世界溢油处理技术发展和应用来看，溢油分散剂这一措施似无多大进展。1989年3月24日，美国阿拉斯加Exxon Valdez油船污染事件及1991年海湾战争导致的人类历史上最大的溢油事件，溢油总量1.5万～200万t均未采用分散剂。《海洋污染通报（Marine Pollution

Bulletin)》统计出1990—1991年2年间10起溢油事件中，溢油污染控制使用较多方法的顺序是围油栏、自然挥发、扩散、机械、人力、吸油材料和分散剂。

2. 凝油剂

1）原理和应用场合

凝油剂是指加入溢油中可使溢油胶凝成黏稠的直至坚硬的油块，或者本身能高效地吸留油，最后形成一种便于回收的凝结物的溢油化学处理剂。它主要应用于以下场合。

（1）使原油、重质油、轻质油以至某些化学药品凝结。凝结后的溢油不再扩展，然后用网具、垃圾清扫船或专用凝油回收船加以打捞。凝油块经压榨或同类油溶解以回收溢油，回收率一般在90%～100%，最低在70%。

（2）凝油剂可以处理油包水乳化物，即“巧克力奶油冻”。溢油在海上经日光、风浪等作用，极易形成含水30%～80%的油包水乳化物，黏度大且极稳定，形成含水80%的油包水乳化物可使被处理的溢油量增大至新鲜溢油的4～5倍。用通常方法极难处理，而凝油剂可将油包水乳化物加以凝结，同时“吐出”油中所包容的水分。这种作用是到目前为止其他任何方法所不能代替的。

（3）轻质溢油，由于蒸气压高，溢油事故发生后，易酿成火灾。凝油剂可控制轻质溢油的扩展，降低溢油蒸气压，并使其凝结，能有效地防止火灾的发生并可回收溢油。原油溢油事故发生后，短期内也有发生火灾的危险，凝油剂在这方面也能发挥作用。

（4）堵塞事故油船的裂口，然后转载，可大大减少海上溢油量。

凝油剂一般属于无毒或低毒的溢油化学处理剂，其缺点是某些品种成本较高，油回收操作较为复杂。

2）凝油剂的品种

（1）吸油类型。如美国Strickman公司的Spill Away，为白色粒状物，用量为溢油量的1/20～1/10，能吸自重的10～20倍的油，吸油后膨胀，浮于水面。吸油后经压榨可收回70%溢油，如用石脑油洗，可回收溢油100%，无毒无害。其成分为专利，推测为聚降冰片烯之类物质。

（2）氨基酸类。如N－月桂酰谷氨酸α,γ－二丁酰氨（日本KK味精公司发明），市售品为9%溶液。使用时需喷水搅拌，治理海上溢油这一点很容易办到。气温20 ℃时，用量为溢油量的40%，溢油凝结后抗压强度可达103 g/cm^2。几乎无毒性，对青鳉鱼半致死浓度42 000 ppm。

（3）蛋白质类。由日本工业技术院东京工业技术所发明，其TNF系列与B重油1∶10混合振荡1 h，溢油黏度增加至800倍，无毒无害。

（4）梨醣醇衍生物。如日本理化的EC－TREAT和东邦的SOG－001。典型成分为苯亚甲对酸亚甲（替）山梨醣醇，商品一般配成25%溶液出售。当用量为溢油量的20%时，溢油凝后抗压强度可达760 kg/cm^2。由于商品中含有十八碳烯醇，对溢油可起先聚油后凝油的治理作用。毒性低，对青鳉鱼的半致死浓度为10 000 ppm。

（5）碳酰胺类。美国海军采用，该凝油剂由长链胺和CO_2作用产生，缺点是因要同时喷干冰，故操作麻烦。

3）凝油剂的使用

使用凝油剂处理溢油分成固化油、回收油和凝固油的处理等3个阶段。

（1）溢油的固化：纯凝油剂无法固化溢油，只有与水混合才使溢油固化。在海上实施这一操作时，可利用海水本身作为水源。当小规模溢油时，撒布凝油剂只采用人力便可；当大规模溢油时，可采用与撒布分散剂一样的散布器。当使用时，必须注意勿使水量过多以防止发生凝油剂自身固化的浪费现象。凝油剂使用量以溢油量的20%较为适当。使用量为溢油量的20%时所得凝油剂硬度为50 g/cm^2。增加凝油剂使用量可得到更硬的胶块。如遇凝油剂用量不足,油固化不充分时可及时补加凝油剂以达到良好的固化。凝油剂过剩无妨,其和海水接触后自身固化,可与油一起回收。

凝油剂和油必须与水接触才能凝固,在海上因为有风浪,此三者之间的搅拌混合可以很充分,风浪的天然搅拌可以收到比正弦波更有效的三角波等不规则波的效果。如果溢油海面非常平静,则应采用适当的混合方式加速溢油凝固。例如,用泵把海水吸起并喷洒在海面上,利用水的扩散压混合凝油剂,或利用船的螺旋桨产生的人工波搅拌凝油剂。处理高黏度油时用船拖搅拌器效果较好。

(2) 凝固油的回收：小面积凝固油可采用人工网加以回收。港湾内的凝固油可用围油栏围起来后用机动清扫船回收。在广阔海域中形成的凝固油可采用大型网式集油器进行回收,采用这种装置,风浪再大也能取得良好的效果。

实验证明,拖航速度为1 kn时油可以充分固化且捕集、回收也容易。适当的风浪,有助于固化,但妨碍凝固油回收操作。在广阔海面凝油剂的撒布量约为溢油量的40%。

(3) 回收后的凝固油处理：凝固油含水分10%～30%,将它加热到70～85 ℃则液化,不用助燃剂就可以进行烧却处理。燃烧以后产生的气体种类、数量均与油类燃烧后生成物的种类、数量相似。一般认为其不产生有害气体,也不损害炉子。除烧却处理外凝固油还可以回收,即将凝固油加热到70～85 ℃液化以后进行油水分离,除去水分后用原来的油稀释10倍,得到再生油,其黏度、比重等物理指标与原来的油相似,可以作为燃料油使用。如把经油水分离后的油再进行蒸馏,得到的馏分与蒸馏原来的油类得到的馏分几乎相同。此馏分可以作为燃料也可作为化工原料再利用。

(四) 微生物降解方法

用微生物治理污染的方法：一是在被污染的地区或其附近分离微生物,大量繁殖并增强其活性;二是向被污染地区引进新的微生物,进行遗传改良,用于处理污染物。

海洋环境中广泛存在着大量能够降解石油烃的微生物,石油一旦进入海洋,就受到一系列物理和化学的综合作用,同时被海洋中的各类微生物氧化、降解。目前已知,有70个属、200多种微生物能够氧化一种或几种石油烃类,其中28个属是细菌,30个属是丝状真菌,12个属是酵母。分解石油烃的能力,已是许多微生物的共性。

由于微生物具有种类多、繁殖快、容易培养和代谢能力强等特点,所以,采用微生物降解石油产品将会收到成本低、设备简单、无二次污染、适合于大面积应用的效果。微生物对石油产品的降解作用受石油的种类、微生物种属和海洋环境条件的影响。海洋环境中往往缺乏微生物所必需的营养成分,要提高石油产品的降解速率,可以人为地控制海洋微生物分解石油的影响因素,或筛选优势菌种。

在油污染成分和微生物种类一定的情况下,主要是各种环境因素大大地限制海洋微生物的降解力。其中主要因素有温度、溶解氧、营养盐、物理能等。

(1) 温度：从0 ℃到70 ℃,石油微生物降解菌广泛存在于各类海洋中。温度明显影响石油降解的速度,主要表现在两个方面：首先是温度影响原油在海洋中的物理状态,因为石油烃的挥发、分散、乳化都与温度有关。其次,温度对微生物生长有明显影响,细菌在最适合的生长温度时,温度每降低10 ℃,世代时间就延长2～3倍。在寒带水域里,广泛分布着嗜冷菌,这些细菌在20 ℃以上的生长就受到影响。

(2) 溶解氧：完全氧化1 mg烃类需要3～4 mg溶解氧。在沉积物中，石油降解的速度随沉积物的深度增加而迅速减慢。试验表明，在厌氧条件下，微生物也能降解石油，但要慢得多，另外，石油降解速度随氧化还原电位下降而减慢。因此，氧往往成为石油微生物降解的限制因素。

(3) 营养盐：处理污染用的微生物也与其他微生物一样，需要各种不同的元素及化合物作营养。如果某种营养物质的量不足，微生物吸收污染物质进行代谢的能力很快就会下降；如果添加营养物质，就会加快微生物的生长速度，提高净化污染物的效率。实验室和现场试验研究都证明，营养盐浓度对微生物石油降解是十分主要的，已经证明氮和磷是石油生物降解的限制因素。

(4) 物理能：物理能对石油的微生物降解影响很大，在高能区受到潮汐和海浪的冲击，不仅带走数量可观的石油，而且它们的搅动成为再通氧的手段，提高沉积物中的含氧量，还能不断地补充营养盐，加速微生物的石油降解。

在现实的海洋环境中，溶解氧和营养盐的含量往往限制微生物生长繁殖和降解石油烃的能力，故需要给它们以能利用的方式提供氧和营养盐，但这是较难操作且有争议的。为解决这一问题，培育筛选不受环境因素干扰或干扰较小的优势菌种就显得确有必要。目前，国家海洋环境监测中心对海洋丝状真菌降解原油进行深入研究，结果表明：

(1) 海洋丝状真菌菌株Fs－1，Fs－2，Fs－4具有适用油品种多、油浓度高，又能降解较长碳链石油烃组分等优良性状，而且它们对苯并(a)芘等石油烃中有毒芳烃亦有较高降解率。

(2) 受试的海洋丝状真菌降解石油烃的速率比同时受试的海洋细菌降解速率高数百倍乃至数万倍。

(3) 氮、磷营养盐和溶解氧不是受试丝状真菌降解石油烃的限制因素。这表明应用微生物清除海上溢油的开发前景很大。

总之，一旦海上发生溢油事故时，应掌握好浮油的特征，以此作为作业工序以及使用清除器具和方法的依据。一般清除溢油的原则是：当溢油发生污染时，先用围油栏将油阻隔，防止其扩散漂移；再用物理机械方法收集；最后用化学方法或生物方法处理。

第二节　防止散装有毒液体物质污染技术

一、对散化船防污结构和设备及操作的要求

(一) 散化船结构和设备防污方面

一般认为，散装运输液体化学危险品要保证安全和防止散装有毒液体物质污染的根本性技术措施，是设计、制造符合要求的专用船舶。这种船舶在破舱稳性、舱容性、防爆、防毒、防止溢漏等方面均有严格的规定。这些规定，已反映在IBC Code和BCH Code中。为防止散装有毒液体物质的污染，《防污公约》(MARPOL)附则Ⅱ规定，散化"新船"必须符合IBC Code；而散化"现有船"必须符合BCH Code。在装货时应按照IMO制定的依对海洋污染程度来确定相应散化船类型的原则来正确选择船型。

(二) 散化船操作的防污措施

散化船操作的防污措施包括强制洗舱、有效扫舱、通风程序、按标准排放、配备防污文书和证

书等。

1．强制洗舱

强制洗舱（Mandatory Prewash），即刚卸去 X 类或部分 Y，Z 类有毒液体物质的货舱必须在卸货港，按照规定的程序进行预洗，洗舱水必须排放到港口接收设备。强制预洗适用于：①装载 X 类物质的货舱；②未按照《程序与布置手册》卸货的装载 Y，Z 类物质的货舱；③装载 Y 类高黏度或凝固物质的货舱。

高黏度货物是指：Y 类货物在 20 ℃时，黏度大于 50 mPa · s。当实际检查时，主要参照《程序与布置手册》的货物清单。

强制预洗是《防污公约》（MARPOL）附则Ⅱ为保证装载危险化学品船中的有毒液体物质不直接排入海中，排放时符合标准规定的一项操作要求。它是船旗国、港口国加强管理，保证化学品液货船执行该附则的一项有力的手段。

2．有效扫舱

有效扫舱（Efficient Stripping），即在有利的泵吸条件下，在水试验过程中泵吸、管系和卸货布置及泵效率的要求。水试验是为获得有毒液体船舶 NLS 证书或 COF 证书不可缺少的检验项目之一。

有效扫舱具有以下优点：

（1）减轻港口接收设备的负担。对于港口而言，由于船舶可能在任何港口排放任意数量的有毒废液的残余物，导致港口或码头很难对这种残余物的回收和最终处理做好充分准备。采用有效扫舱后，对于除 X 类、高黏度的 Y 类以外的其他有毒液体物质，则可免去对港口接收设备的需求。

（2）免除预洗程序。装载需强制洗舱以外的有毒物质，如其货舱在卸货后已经过有效扫舱，就不必“预洗”，可省去洗舱的工作量和时间，减少污液量。

（3）减少营运中货物的损失。由于采用有效扫舱系统后，清舱效率提高，舱内的残液和甲板管系、泵内的残液可最大限度地卸到岸上，所以最后的残留量很少。

3．通风程序

有关有毒液体货物残余物的通风程序的适用性和要求可参见《防污公约》（MARPOL）附则Ⅱ。

通风清除液货舱内残余物程序是一个简便的程序。如果货舱、泵和管路中的液货残余物能够被吹干，那么就不会对海洋环境造成危害；同时，颇为麻烦的洗舱、扫舱、排放程序就可以省去。然而，通风程序可能会引起其他危害，所以，采用通风程序之前，应充分考虑到由此而引起的通风危险和污染问题，并要取得港口当局的密切合作。通风程序应注意以下 2 个的问题：

（1）安全问题：应考虑到与货物的可燃性、爆炸性有关的安全问题。例如，采用通风程序可能会在该船及周围形成一个可燃、爆炸性的气层。为此，可参阅 IBC Code，BCH Code 和国际航运公会“液货船安全指南（化学品）”中指出的与液货舱通风有关的规定。

（2）污染问题：应考虑到与货物毒性有关的污染问题。因为在通风过程中逸出的货物蒸气会在该船及周围形成一个毒性的气层，有可能对人的健康造成危害，再通过进一步扩散会导致更大范围的空气污染。港口当局可能会因此对此种通风作业提出异议或禁止。因此，在采用通风程序之前，必须事先与港方取得协调。

4．操作排放原则

《防污公约》（MARPOL）附则Ⅱ中控制化学品液货船有毒液体物质的操作性排放的基本原则

如下。

(1) 确保每一条化学品液货船卸载后,有毒液体物质的残余量能够减少到一个"可忽略"的最少量,不致构成对海洋环境的危害。

(2) 当上述允许的残余物量被排放到海里时,要确保立即与海水有效地混合。

(3) 上述排放还应受距最近陆地距离和最小水深的限制。

可以认为,上述3个原则如果能确保实现,那么就能做到:在排放前有毒液体物质已经降低到"可忽略"的最小量,且排放入海后将立即与海水混合并迅速扩散。这样就能从根本上避免构成对海洋环境危害的可能性。

二、岸上设置接收和处理设施

为执行《防污公约》(MARPOL)附则Ⅱ规定的排放散装有毒液体物质的要求,附则Ⅱ要求各缔约国政府应保证本国的港口、装卸站、修船厂(港)具备足够的岸上接收处理设施。

IMO 主持制定的《港口提供充分接收设备指南》提出《防污公约》(MARPOL)中关于设置接收船舶产生的油污水、有毒液体物质、生活污水和垃圾等设施的原则和要求。对各国政府实施《防污公约》(MARPOL)中的有关规定很有参考价值。该指南包括4个部分:即第Ⅰ部分含油污水;第Ⅱ部分有毒液体物质的废液和混合物;第Ⅲ部分生活污水;第Ⅳ部分垃圾。港口提供充分接收和处理设施,对于保障船舶执行《防污公约》(MARPOL)的规定至关重要。

(一) 港口化学品污水的来源和特点

1. 港口化学品污水的来源

(1) 船舶洗舱水:这种污水主要含有属国际公约要求强制预洗的X类有毒液体物质,Y或Z类易固化或高黏度物质以及应货主要求在码头预洗后接收的Y,Z类有毒液体物质。一个舱容为250~500 m^3 的船舱需洗舱水20~50 m^3;洗舱水中化学品的含量一般为0.5%~2%,少数为5%~10%,并含有0.1%的洗涤剂。

(2) 港口化学品仓储企业清洗储罐、管道等的清洗水。对罐容为600~3 000 m^3 的罐,清洗水量一般为40~100 t。污水中化学品的含量约为0.6%。

(3) 码头、仓储区域接卸和疏运灌装化学品时各种情况下泄漏物的冲洗水。水量不定,成分和含量复杂。

(4) 可移动罐柜,又称集装罐的清洗水。原则上只有设立交通运输部门承接客户疏运任务并且属于自备或租用的企业才会有这种水。对一只20 ft的集装箱罐,清洗水约为5 t。装运包装液体化学品的集装箱有时也须清洗,水量为0.1~0.5 m^3。以上这两种水水质不定。

2. 港口化学品污水的特点

(1) 品种多。对商业性的仓储企业少的有10多种,多的常稳定在30种左右。

(2) 水量少,水质多变,即具有多变性和随机性。

(3) 浓度高、毒性大、生物降解难。

(4) 有些污水不可相混,否则会产生反应,反应的结果可能出现沉淀或者危险反应。物理化学性质不同的污水相混,有时会给处理带来困难。

(5) 大多数为有机化合物污水,少数为无机物,特别是无机酸或碱类污水。

(6) 由于经过高压洗舱机、清洗剂射流和水泵叶轮提升机械剪力作用,使残液分散成细小油珠,又因在清洗水中加入体积浓度约为1/1 000的洗涤剂,使污水形成稳定的水包油型(O/W型)乳浊液,这给物理法处理带来一定的困难,需使用物化方法。

(7) 因港口化学品污水处理装置投资大、处理难度高等原因,造成处理成本高。例如一些发达国家每立方米废水处理收费达 100 美元以上。

(二) 港口液体化学品污水分类

有人认为,《防污公约》(MARPOL)附则Ⅱ按对海洋污染的危害程度将散装液体化学品分为 X,Y,Z,OS 四类,这种分类方法不适宜污水处理,因为,上述分类中的各类海洋污染危害程度大致相似,但同一类物质的物理化学性质可能相差较大,没有共性,无法归类处理。因此,从污水处理角度提出下列分类原则,如图 7-5 所示。

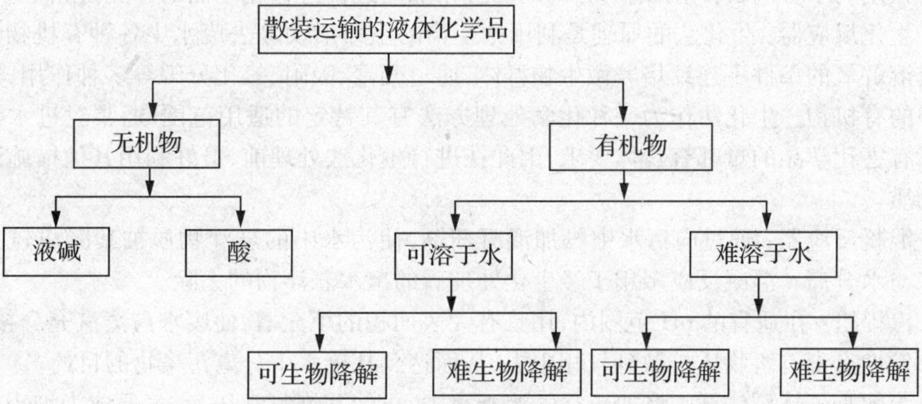

图 7-5　散装运输液体化学品分类

上述分类方法既是分类接收储存的基础,又是选择适合处理技术或程序的前提。从图中不难知道,除生物降解性能需要行家判定之外,其他方面具有一点物理化学知识的人就能理解。一些专家已对 375 种有机化合物进行研究,认为可被生物降解的有 280 种,占总数的 75%,难以生物降解的有 95 种,占总数的 25%。有人统计并验证《防污公约》(MARPOL)附则Ⅱ能够判定生物降解性能的有 108 种有机液体化学品,其中 82 种可生物降解,占总数的 75.9%,难生物降解的 26 种,占总数的 24.1%。得出的结论是:大多数有机物是可以被生物降解,而可生物降解的化学品可用生物法处理。

(三) 港口化学品残余物及污水的接收

港口有毒有害化学品残余物主要来自于散装化学品液货船。当装运散装化学品的运输船和装运化学品的集装箱需要清洗时,或更换装运货种清洗时,均会产生化学品污水。该类污水因含有有毒有害物质,而且多为可挥发性化学物质,所以对其接收和处理装置均有严格规定。

就目前情况来看,接收洗舱污水的主要装置仍为储罐,为防止环境温度变化或装卸物料时引起大气污染,大多采用浮顶储罐或内浮顶储罐。

化学品污水储罐是化学品污水处理工艺中的主要技术装备之一,主要用于船舶洗舱化学品污水处理的接收储存,便于船舶及时离港,化学品储存时应根据其种类分别储存以有利于下一步处理。酸碱污水储罐为固定立式拱顶不锈钢储罐,其他采用不固定立式拱顶钢质储罐,罐的容积可根据污水的发送量来定,每只储罐壁上端及罐底安装热水管,可定期对罐壁、罐底进行冲洗,储罐均设顶透光孔、呼吸阀、安全阀、测量孔、取样口、排污阀、疏水器、避雷接地装置、盘梯、底部人孔、清扫孔、防静电设施等标准罐附件。每罐还设置进、排水装置,消防冷却管及与罐区消防设施配套的泡沫接口。

（四）港口化学品污水的处理装置

港口有毒有害化学品主要包括苯、甲苯、二甲苯（对二甲苯和邻二甲苯）、氯苯、醇、酯、醛、酮及醚等一系列有机物和无机物，应根据各种化学品物质的性质，分别采用不同的方法去除它们。港口化学品污水处理装置主要如下。

（1）重力分离器：港口化学品有许多物质不溶于水或微溶于水，在用热水冲洗时随洗舱水带出，这部分物质一旦到了静止状态就与水分离，成为类油物质。类油物质性质与油相似，其相对密度（比重）略小于水，与水不混溶，此类物质中较典型的有苯类和一些脂类。对于这些物质可利用重力作用与水分离，将用于油水分离的装置稍加改进而进行化学品的分类去除。

（2）生化反应器：生化法的原理是利用微生物的生命活动除去废水中各种有机物。生化法通常在有溶解氧的条件下连续培养微生物群体，通过凝聚、吸附、氧化分解等多种作用，除去化学品污水中的有机物。生化法作为一种化学处理方法有其特定的适用范围，通常对进水浓度和废水中有毒有害化学品的量都有具体要求，因此在进行生化法处理前，最好利用其他措施除掉一部分污染物质。

（3）混凝反应器：通过向污水中投加混凝药剂，使污水中的悬浮物质被絮凝成较大颗粒而沉淀下来与水分离。混凝反应多用于经生化处理后的出水悬浮物的去除。

（4）汽提塔：在适宜的 pH 范围内，用具有大表面积的填充塔，使废水与蒸汽充分接触，使废水中的挥发性有毒有害物质扩散到气相中去，从而达到从废水中分离污染物的目的。

（5）溶解型气体浮洗法：将加压空气溶于水中，再使其恢复常压，空气便成为细小的气泡粘附在悬浮颗粒上，气泡上浮同时将悬浮颗粒带动上浮，达到分离的目的。

另外，还可以用砂滤、活性炭吸附等办法处理少量的有毒有害污水。

（五）港口化学品污水接收处理系统实例

1．上海船舶污水处理厂化学品污水接收处理系统

化学品污水水质主要考虑是含无机酸、碱类、醇类、苯类以及其他化学品计 10 多类化学品污水。由 14 只储罐分类储存，除酸、碱类污水采用固定立式拱顶不锈钢罐外，其余均为固定立式拱顶钢质储罐。整个系统包括以下 4 个部分。

（1）化学品污水储罐，其储存工艺过程是分类收集—储存—分道进入后级化学品污水处理系统。

（2）SBR 装置，调节池中的污水由泵送入 SBR 反应器进行生物降解，进入水质 $COD_{cr} \leqslant$ 2 500 mg/L，750 mg/L $\leqslant BOD_5 \leqslant$ 1 500 mg/L；出水水质 $COD_{cr} \leqslant$ 200 mg/L，$BOD_5 \leqslant$ 40 mg/L。

（3）混凝沉淀装置，由 SBR 装置出来的污水由泵送入化学反应槽中，加一定量混凝剂、助凝剂，搅拌、混合、反应、沉淀，沉淀分离后的污泥进入污泥池浓缩后处理。

（4）砂过滤装置及活性炭吸附塔，进一步除去悬浮物和降低 COD_{cr}，达标后排放。脱水装置选用福乐伟卧螺离心机，对污泥进行浓缩和脱水。

可见，该系统采用序批式活性污泥法（SBR 法）、化学法及物理法的综合处理。处理量为 10 m^3/h。需处理水质 $COD_{cr} \leqslant$ 2 500 mg/L，750 mg/L $\leqslant BOD_5 \leqslant$ 1 500 mg/L；出水水质 $COD_{cr} \leqslant$ 100 mg/L，$BOD_5 \leqslant$ 30 mg/L。

2．天津港化学品污水处理中心接收处理系统

主要处理含酸碱类、醇类、苯类、酯类等化学品污水。该系统由以下 5 个部分组成。

（1）分类储存，设醇酮类污水罐、酯类污水罐，通过不同渠道处理。

（2）预分离器，主要针对苯类等类油物质，通过预分类进行废液、水、污物三相分离。

(3) SBR 装置,除去可生物降解的化学品,处理总能力为 8 m^3/h,一次处理约 50 m^3/h。经 SBR 处理后达标后可排放。

(4) 活性炭吸附装置,经 SBR 处理后污水未达标的进入活性炭吸附柱,出水达标排放。

(5) 污泥脱水装置,用于浓缩污泥池底部污泥,可使污泥含水量低于 80%,处理量 5~10 m^3/h。

该系统处理水量为 8 t/h,需处理水质 $COD_{cr}\leqslant 2\,000$ mg/L,750 mg/L$\leqslant BOD_5\leqslant 1\,500$ mg/L;出水水质 $COD_{cr}\leqslant 100$ mg/L,$BOD_5\leqslant 30$ mg/L。系统中设酸、碱处理装置一套,处理量 1 t/h,进水 pH 为 1~12,出水 pH 为 6~9。

三、有毒液体物质泄漏入海的清除技术

由于有毒液体物质与油的性质有很大差别,因此,关于有毒液体物质泄漏入海的清除技术,远比油类复杂、困难。

(一) 化学品水污染控制方法

从船上或码头泄漏入水的化学品,按其在水中的状态以及从计算扩散模型得到的信息,可选择的水污染控制方法如下。

(1) 可形成气体和蒸汽的物质,如甲苯,预计受影响的范围,撤离有危险的人员,监控空气和水中的浓度,通过大气或水消散或稀释到安全水平。

(2) 漂浮物质,若为挥发性的,如甲苯,可采用(1)的方法;若为非挥发性的,在接近和处理安全的条件下,可采取围护、回收、吸收、扩散、燃烧等方法处理。对可燃烧或有毒的化学品还必须采取限制措施相配合。

(3) 能溶解扩散的物质,如甲醇,稀释和扩散是常用方法,并且常通过自然运动和水混合实现。但对毒性物质,会把毒性危险区扩大,因此,必须采用限制性措施配合。

(4) 沉积物质,如苯酚,若深度允许,在确定其位置的条件下可采用挖掘方法回收。否则,只能在监控条件下通过自然消散。

(5) 与空气或水反应的物质。这类化学品不多,可针对具体情况,综合采用上述的方法处理。

(二) 应急行动实践

1. 对泄漏船舶的处理

(1) 根据船舶损坏情况,决定是否要转移船上剩余货物。

(2) 实施围油栏围油。

(3) 如果可能将破损泄漏船舶拖至封闭水域。

(4) 实际必要时,将肇事船舶移至公海。

2. 对水污染物的处理

在环境检测部门对化学品在大气和水中浓度监控条件下:划出危险区域,限制使用航道,限制船舶往来,限制工农业和居民用水,控制点火源。

(1) 采用被动法,即依靠水混合和大自然逐步消失。

(2) 尽可能使用围油栏围油,动用清除设备和器材收集处理。

(三) 美国散装化学品事故应急措施

(1) 咨询:成立一个化学品咨询小组,即由从事化学品工作能随时提供信息的代表组成应急委员会,该委员会对化学品工业界的所有部门开放。

(2) 处理:成立一个处理化学品的突击队,通过签定商务合同的形式,保证在任何时候,在

接到通知6 h内,提供8名受过训练的人员。

(3) 设备:在应急货物转运的设备中,备有高效率的某些部件和组合管系,形成一定的装卸能力。

(4) 科研:抽出一部分力量研究化学品,包括海上环境中化学品的鉴定、化学品在海水环境中的反应、化学品气体凝结变化的数学模型。研究结果输入存有溢油目前运动及今后变化的计算机中。

四、防止装卸作业中造成的跑、冒、滴、漏

关于散装液体化学品的安全操作程序,请参阅国际航运公会(ICS)制定的《散液船安全指南》(散装液体化学品),或遵照其他操作规定进行,防止跑、冒、滴、漏引起的有毒液体物质污染。

第三节　防止包装有害物质污染技术

关于包装有害物质污染的防止,必须遵守IMDG Code和经修改后的《防污公约》(MARPOL)附则Ⅲ——防止海运包装有害物质污染规则。有关包装有害物质失落入海的搜寻和回收,或特别是有关放射性物质和爆炸物的溢漏问题,以及包装有害物质包件失落入海后,即被冲到岸上的收集和处理问题,请参阅IMO制定的《化学品污染处理手册》第2册。它介绍测定沉入海底的包装货位置的水下搜索装置及海上打捞方法。在此,还必须注意下面几点。

(1) 设法找回失落入海的包装有害物质包件:对因船舶事故或操作作业时失落入海或怀疑可能失落入海的包装有害物质,应当设法找回或作其他处理。

(2) 装卸作业时的防护:当装卸作业时,为防止包装有害物质包件落海(江),必须设置防护网或采取其他措施。

(3) 积载的要求:当船上积载包装有害物质时,必须遵守有关规定,特别是根据IMDG Code及《水路危规》的规定:舱位安排合适,绑扎牢固,衬垫适当,防止失落入海或破包泄漏事故。

(4) 含有包装有害物质的污水要处理后排放:对因破包撒漏或溢出的包装有害物质必须予以收集;清洗留有有害物质的残余物的货舱、库房、场地、容器等的污水必须经过处理后才可排放入江海。

第四节　防止船舶生活污水污染技术

由于世界上各国对船舶生活污水污染海洋的严重性看法不一,造成《防污公约》(MARPOL)附则Ⅳ生效较晚。有的国家认为,船舶生活污水与城市生活污水对海洋可能造成的污染相比是微不足道的;有的国家则十分重视防止船舶生活污水的污染。因此,各国相继制定国内法规,对来港船舶的生活污水排放进行管理,我国也有类似的规定,须引起注意。关于为防止船舶生活污水所采取的措施,着重介绍下面两点。

一、船上设置船舶生活污水的贮存或处理装置

对船舶生活污水的排放,要在达到规定排放标准的前提下进行,因此,必须在船上设置生活

污水的储存或处理装置。大致可分为两大类。

（一）船上设置储存式便柜

当船舶航行于沿岸或内河时，可将粪便污水贮存在便柜内，待陆上派船回收后集中处理；或者待航行距最近陆地 12 n mile 以外，排入海中。这类储存装置，为便于清洗，加固用构件要在便柜的外侧，内涂沥青环氧树脂，或采用玻璃钢衬，以防止腐蚀。这种装置结构简单、体积小、造价低。但如长期将未经处理的粪便储存在船上，既有容量限制问题，又不卫生。如果使用药物杀菌、除臭，还须增加药品费用和岸上接收处理费用。

为减少待处理的污水量，增加其容量，有的设计是将冲洗水经化学和物理方法处理后，水再作循环使用；有的则利用真空排送便器以减少冲洗水。这些装置，除船上可用之外，还可用在飞机上。有些设备对没有卫生设备的家庭也可以使用。最后剩下的残渣固体可集中于岸上接收，或者待到可排放海域排放，或者投入船上设置的焚烧炉中烧掉。

（二）船上设置船舶生活污水处理装置

这种装置是将船舶生活污水，经分离、净化、消毒等程序，处理到符合排放标准后排放掉，或与焚烧炉连用，将最后的污物焚化。

一种船舶生活污水处理装置采用活性污泥处理法，即利用好气微生物在有氧存在的条件下，让废水中溶解的有机物透过细菌的细胞壁，将其吸收入体内。对未溶解的固体和胶体有机质，先将其附着在细菌体外，再由细菌分泌出的外酶分解成溶解性物质渗入细胞内，加以吸收。吸收入体内的有机质，细菌通过自身的生命活动，即氧化还原反应、合成过程等，将一部分被吸收的有机质氧化成简单的无机质，同时发出热量，供细菌进一步繁殖。这种处理装置，净化污水效果好、体积小、比较简单可靠，近来得到广泛应用。我国的“育华”号船上装有该装置。

另一种被广泛采用的船舶生活污水处理装置，是用化学药品等处理的整体装置。在该装置中，首先将生活污水进行机械分离，使固、液分开，然后将污水进行化学清毒，使水生的细菌、悬浮物、磷化物含量和 BOD_5 等指标降低到一定水平，当符合排放标准后，排出舷外。沉渣和污泥等固体废弃物则送到焚烧炉中烧掉。这一装置全部实现自动化，可供无人机舱使用。我国“南江”号滚装船上装有这种装置。

生活污水处理装置，现在国际上有许多品种。该装置要经过主管机关的检验，在 HOG GROUP 制定的细则文件中，载有需要检验的内容和程序。经型式检验认可后，可取得 ISPP 证书。证书中记有检验的数据，证明该装置达到什么程度的性能。证书有效期 5 年，并要进行定期检验，再换发新证。证书应随船携带，以便检查。

（三）生活污水处理装置的排放标准

MEPC 于 2006 年 10 月 13 日在其第 55 届会议上以 MEPC. 159(55)决议的方式通过《经修正的实施生活污水处理装置排出物标准和性能试验导则》（称为新标准），该决议替代 MEPC 于 1976 年 12 月 3 日在其第 6 届会议上以 MEPC. 2(Ⅵ)决议通过的《关于生活污水处理装置国际排放标准和性能试验导则》（称为旧标准）。

新标准适用于 2010 年 1 月 1 日或以后安装上船的生活污水处理装置，即在该日期后吊装到不论新、旧船舶上的船用生活污水处理装置都应满足新标准的要求。船舶生活污水处理装置排放标准参见表 7－1。

表 7-1　船舶生活污水处理装置排放标准

指标	IMO 旧标准	IMO 新标准	USCG	Alaka
SS/(mg/L)	50	35	150	30
BOD_5/(mg/L)	50	25	无要求	30
COD/(mg/L)	无要求	125	无要求	无要求
大肠杆菌 Coliform/(个/(100 mL))	250	100	200	20
pH	6~9	6~8.5	无要求	6~9
余氯 Chlorine/(mg/L)	尽可能低	<0.5	无要求	10
试验天数 Test days/d	10	16	10	30

二、岸上设置船舶生活污水接收处理设施

按《防污公约》(MARPOL)附则Ⅳ的要求,各缔约国政府要保证在其港口或码头等处设置船舶生活污水接收处理设施,这对船上没有生活污水处理装置的船舶至关重要。

岸上设置船舶生活污水接收处理设施,一般由集污船接收,送到船舶生活污水处理场处理;也可纳入城市粪便污水的处理渠道去解决。有些国家设计、创造一种多用途的集污船,可接收在港或港区内航行的船舶污水、残油、粪便、垃圾等。集污船不但用于分离污水,并把残油、粪便和垃圾等分别送到处理地处理,还可以协助救火。这同时要求船上设置的集污箱、柜或储存马桶,应具有相应的收集箱排放管系,以便在海上向集污船上排出生活污水,再由集污船集中送至岸上的生活污水处理场处理。

第五节　防止船舶垃圾污染技术

一、船上设置船舶垃圾储存或处理装置

这类装置一般可分为 3 大类。

(一) 船上垃圾储存装置

这类装置的作用是暂时储存垃圾,待到非禁止排放海域排放,或者送至岸上接收处理设施集中处理。这类储存装置的形式很多,如垃圾箱、塑料袋、内装式容器、受压的专用垃圾箱、预先粉碎的垃圾箱,以及在高温和高压下可同时消毒的情况下,将垃圾压成块状,放在容器中暂时储存。这样既缩小垃圾体积,又可消毒除臭、保持卫生。这类装置最好使用统一规格标准的容器,以便调换使用,其中以聚乙烯塑料袋最为方便。

(二) 船上垃圾粉碎装置

根据《防污公约》(MARPOL)和我国《船舶污染物排放标准》,大部分垃圾经过粉碎按相应规定排放入海。粉碎处理方法先将废弃物高温消毒、除臭,然后利用粉碎机将废弃物粉碎成允许排放的粒度,再排放入海。这种方法可用于食品废弃物和小块木屑的粉碎处理,但一般多用于不可燃烧的玻璃器皿、金属罐、盒等物品的粉碎处理。

目前有一种粉碎机,它能粉碎纸盒、罐头、玻璃、塑料和旅客的一般生活垃圾。这种机器的处

理能力为 6 m^3/h(约 500 kg/h),处理后体积可以减少到 60%,并能把垃圾储存在粉碎机的箱子内,舱内垃圾是通过气动输送系统的管道直接送到粉碎机进行粉碎、分选和储存的。

(三) 船上设立焚烧炉

垃圾在船上消除是最好的办法,这样既不要保存,又不要远送。消除有机械、化学、生物和热力等方法。实践证明,以热力消除方法,即将其在船上烧掉为最佳。近年来,热力消除垃圾的方法被广泛采用。自《防污公约》(MARPOL)附则Ⅴ制定后,世界各国研制的焚烧装置(炉)有 50 多种。虽然,附则Ⅴ中没有规定一定要在船上设置焚烧炉。但事实证明,从事国际间航行的船舶,不可不装,因为,许多国家在其管辖海域,对防止垃圾污染管辖很严,违反者要给予处罚。

简单地讲,焚烧炉是由一个四周用耐火材料制成的炉壁,中间是一个炉堂(屋),上面有一个出气的烟道等部分组成的装置。焚烧时先加助燃剂,如柴油,燃烧半小时左右,待烧红炉堂后,再投入垃圾废弃物,温度可达 1 000 ℃以上,所以一般均可全烧完。目前焚烧炉的操作都是自动控制的。烟气在烟囱中冷却到 400 ℃以下,并经由空气稀释后排入空中。由烟囱排入空中的烟气、油黑与船用锅炉和柴油机燃料燃烧时产生的烟气相比,危害要小得多。若在海上焚烧,船又在航行中,则此时的污染物浓度是很低的。尽管如此,还应注意烟气、油黑及其他燃烧废弃物对大气的污染,特别是当广泛应用焚烧炉时,必须解决烟气的净化问题。

焚烧炉具有安全、易点燃、体积小、能量消耗低和适用性强等优点。船用焚烧炉,除可处理船舶垃圾外,还可处理从燃油中分离出的废油、从油水分离器中分离出来的油污泥和从生活污水处理装置中分离出来的生活污水污泥等。

二、岸上设置船舶垃圾接收或处理设施

在岸上设置船舶垃圾接收和处理设施是解决船上没有设置焚烧炉的一个重要办法,是《防污公约》(MARPOL)附则Ⅴ所要求的。岸上设置船舶垃圾接收和处理设施,主要是由垃圾接收船接收后,送至陆上的垃圾焚烧场处理掉,也可纳入城市垃圾的处理渠道处理。上海港于 1988 年 10 月 19 日安装于该港环保站的焚烧炉可焚烧来自船上有污染病菌的垃圾及有毒污染的工业垃圾。焚烧炉的建成和投入使用,解决外船生活垃圾的处理问题。该焚烧炉采用的是先进工艺,全部自动控制,由北京机电研究院环境保护研究所设计。

第六节　防止船舶污染空气技术

一、SO_x 和 NO_x 排放的控制

(一) 控制 SO_x 排放的措施

目前,减少 SO_x 排放的主要方法有:使用低硫燃料、石油脱硫和排烟脱硫。

使用低硫燃料的方法受到地球资源的限制,人类可以积极采取的对策便是后两种方法。而现今大多数船舶采用的控制是使用低硫燃油。船舶排烟脱硫处理将是船舶防止 SO_x 污染大气的主要发展方向。

1. 使用低硫燃料

《防污公约》(MARPOL)附则Ⅵ对 SO_x 的一般要求规定,船舶使用的任何燃油的含硫量质量百分比在 2012 年 1 月 1 日以前不得超过 4.50%,2012 年 1 月 1 日及以后不得超过 3.50%,2020

年1月1日及以后不得超过0.50%；船舶在排放区域内(ECA)航行时，船上所用的燃油的硫含量在2010年7月1日以前不得超过1.50%，2010年7月1日及以后不得超过1.00%，2015年1月1日及以后不得超过0.10%。

在石油炼制过程中，一般都经过脱硫工序，成品油中的含硫量比原油中的低得多。问题是燃油价格在一定程度上决定于含硫量。

2. 石油脱硫技术

水洗是烟气脱硫的办法之一，烟气在洗涤塔中将所含SO_x除去。麻烦的是洗涤水中的硫酸必须要化学中和，因此又产生含硫废水的处理问题。

从烟气中脱除SO_x的技术，早在20世纪30年代就已在陆上工业试验和使用，但因烟气量大而SO_x低、脱硫成本较高故难以得到发展。近年来，各国普遍开展这一研究，提出的方法有多种，各有优缺点。根据净化的原理和流程来分类，烟气脱硫方法大致有3类：①用各种液体和固体物料优先吸收或吸附SO_x；②在气流之中将SO_x氧化为SO_3，再冷凝为硫酸；③在气流中将SO_x还原为S，再将硫冷凝。

无论是洗涤塔还是其他烟气脱硫的办法，柴油机SO_x排放后处理都需要有较大的投资。为此，是选用低硫燃油，还是采用高硫燃油添置烟气后处理设施仍需仔细权衡。

(二) 控制NO_x排放的措施

船舶柴油机NO_x排放的控制措施大体可分为燃料预处理、工作过程处理和排气后处理3类。其中预处理可分为：采用低氮燃油或甲烷(或LNG)等低氮燃料、燃油乳化等；过程处理包括废气再循环、喷油定时延迟、改变喷油器参数及燃油-水分层喷射；后处理包括废气再燃烧处理和催化还原法处理。下面对目前船用柴油机常用的控制NO_x排放的措施加以重点说明。

1. 燃油乳化

燃油掺水乳化能较大幅度地减少NO_x。标准设计的发动机满负荷时可以加入20%的水，从燃烧的角度看，这并没有达到极限，曾有过油水比例为1∶1的试验，但此时需要对机器作一些改造。使用乳化后的燃油将对NO_x的生成量和燃油的消耗率产生一定的影响，其影响程度随机器型号的不同而不同，但在一般情况下，增加一个百分点的水将减少一个百分点的NO_x。

燃油的乳化必须在其进入燃油系统的循环回路前完成。水的增加量根据排气中测得的NO_x量来决定，因此需要对NO_x进行连续监测。对于采用燃油乳化技术的船舶，燃油系统应设置一个特殊设计的安全系统，当船舶失电时，将不会影响油水乳化的稳定性，保证机器再起动时仍可使用稳定的乳化燃油。

燃油乳化技术也有其局限性。水和重质燃油的乳化比较容易进行，也比较稳定；但水与柴油、轻质柴油的乳化就比较困难。当沿海航行需要强制采用低硫燃油时，如果要采用燃油掺水技术就需要设置专门的乳化装置。

2. 废气再循环

废气再循环(Exhaust Gas Recirculation, EGR)是指将发动机的一部分排气引回进气管，与新鲜空气混合后作为工质参加气缸内的热循环。废气再循环作为控制NO_x排放的一项有效措施，越来越受到重视。

废气再循环之所以能使排气中NO_x的浓度下降，是因为：①柴油机排出的废气中，由于含氧量少，在其再循环回气缸内后，使燃烧时反应混合物中的氧含量与不循环时相比，有显著降低。燃烧和爆炸过程中NO的生成反应速度与氧浓度的平方根成正比，因此NO的生成反应速度降低，于是废气中的NO_x浓度也相应下降。②废气中含有较多的水蒸气和CO_2，在高温下，水蒸气

和 CO_2 的比热比空气大得多。若燃料油的燃烧热值一定，燃烧混合气比热大者，会使燃烧过程所达到的火焰温度较比热小者为低。由于在燃烧和爆炸过程中，NO 的生成速度与燃烧绝对温度成指数关系，因此燃烧温度的降低导致废气中 NO_x 的浓度降低。

应注意的是，引入再循环的废气均需要冷却处理，使其温度降低到 160 ~ 180 ℃后，再经过过滤等清洁处理，方允许引入气缸再循环使用。废气循环法净化 NO_x 的主要优点是：废气净化效率高，能有效降低 NO_x 的排放；结构简单，处理经济，便于应用；操作方便，易于控制。但是，如果使用不当的话，也会招致冒烟和其他有害污染物的增加；另外，循环废气会造成润滑油的污染及发动机的磨损。

3. 延迟喷油定时

延迟喷油定时是在燃烧过程中降低 NO_x 发生量的简便、有效的改进方法。延迟喷油定时的作用主要是使燃料燃烧所形成的温度巅峰值降低，但会使油耗率略有增加。对于经常在热带航区运行的船舶动力装置，由于冷却水温较高，利用此方法能将 NO_x 的排放量减少 10% ~15%。

通过调整喷油规律，减少上止点前喷入气缸的燃油量；或者调整气阀正时，降低最高燃烧温度和压力，均可减少 NO_x 的发生量。另外，改进喷油器结构，如减小喷油器压力室容积，改动喷油嘴喷孔数目、孔径和长度等，也是控制 NO_x 排放的有效措施之一。

采用柴油机电子控制技术或智能喷射系统，既可以优化柴油机的控制，又可提高柴油机的运行经济性，同时也可实现低 NO_x 排放，无疑是解决发动机低污染排放和保证发动机性能之间矛盾的较好的办法之一。

4. 燃油-水分层喷射

燃油-水分层喷射(Stratified Fuel-Water Injection, SFWI)系统，与燃油掺水乳化的方法不同，在柴油机的喷油阶段，该系统将水送至喷油器，使油和水分层喷入气缸，以降低火焰温度。借助该系统，NO_x 排放的减少量几乎与水、油的相对比率成线性关系。据测定，对于低速柴油机，NO_x 生成量可降低 50%，高速柴油机可降低 70%。特别是对于低速柴油机，如果采用油-水-油-水-油组成的多层喷射，在降低 NO_x 的生成量的同时，燃油消耗率增长量也不大。

该系统给水量是由一个控制器根据发动机的负载和 NO_x 所需削减水平来控制的。在船舶环境下，造水机的容量要相对增大，同时由于不能加入任何防锈剂，所以必须对供水系统的防锈问题加以充分考虑。

5. 选择性催化还原法

用氨做还原剂对含 NO_x 的气体进行催化还原处理，使氨能有选择地与气体中的 NO_x 进行反应，而不与氧发生反应，称为选择性催化还原法(Selective Catalytic Reduction, SCR)。利用降低废气中的 NO_x，是利用废气在通过一层特殊的催化剂之前与氨相结合，温度为 300 ~400 ℃，使 NO_x 还原为 N_2 和 H_2O。

SCR 已作为一般技术用于近海平台固定柴油机装置。而在实际船舶上已处于试验应用阶段。

SCR 系统利用 SCR 技术对柴油机的废气作后处理，可除去高达 95% 的 NO_x，部分烟气和碳氢化合物亦会被 SCR 中的反应器的氧化作用除去。因此 SCR 技术能够较好的满足一些航区对 NO_x 排放控制较严的要求。SCR 系统装置尺寸大、初投资成本稍高、运行费用高，在负荷变化时难以适当地控制喷入量，另外，在船舶环境下，还原剂的装卸、储存和安全方面都是不容忽视的问题。

二、消耗臭氧层物质(ODS)的排放控制

1. 限制使用 ODS 的国际规定

臭氧层的保护已越来越受到全球众多学科科学家及各国政府的重视，已召开过多次国际会

议。1985 年通过《维也纳保护臭氧层公约》,1987 年 149 个国家参与签署《蒙特利尔议定书》,1992 年又通过哥本哈根修正案,就控制可破坏臭氧层物质达成协定;规定要控制 2 类 8 种物质的生产,第一类是氯氟烃,包括 CFC-11,CFC-12,CFC-113,CFC-114,CFC-115 等;第二类是含溴氯氟烃(Halon),包括 Halon 1211,Halon 1301,Halon 2402 等。工业化国家于 1996 年,发展中国家于 2010 年全面停止氯氟烃的生产。1995 年 12 月在维也纳召开的"蒙特利尔议定书缔约国第七次会议"规定,工业化国家氢氯氟烃(HCFC)类物质的使用量将于 2016 年冻结在 2015 年的水平,2020 年禁用;发展中国家将于 2016 年停止生产,并于 2040 年禁用。

《防污公约》(MARPOL)附则Ⅵ规定,在所有船上都应禁止使用含有 ODS 的新设备,但允许含有 HCFC 的新装置在 2010 年 1 月 1 日前使用。上述物质和含有这些物质的设备从船上移下时,应送到适当的接收设施。

2. CFCs 的替代方案

对于全球性的 CFCs 禁用,世界各国的对策是:减少制冷剂的泄漏及排放,选用对环境影响小的制冷剂作为 CFCs 制冷剂的替代工质,加紧研究、开发完全与臭氧层无关的制冷剂。面对这一形势,船舶所有人、制冷空调设备制造厂家纷纷研究对策,采取相应的技术措施,实施 CFC-12 的替代,即选用对环境影响较小的非公害工质作为制冷剂。

选择用来替代 CFC-12 的制冷工质时,应考虑具有以下一些特点:环境保护能够接受;性能良好、安全可靠;货源充足、价格合理。目前可供选择的有 HFC-134a,HCFC-22,氨和混合工质等。

三、VOCs 的排放控制

1. 设置 VOCs 蒸气释放控制系统 (VECS)

《防污公约》(MARPOL)附则Ⅵ包含有关控制散装挥发性有机化合物释放有毒蒸气造成港口大气污染,要求船舶设置蒸气释放控制系统(Vapour Emission Control System, VECS)回收蒸气和港口设置接收设备与船舶货舱蒸气回收系统配套使用。

该附则还要求缔约国,如果在其管辖港口或装卸站对挥发性有机化合物的释放进行控制,应向 IMO 递交一份通知,包括将要受到控制的液货船的尺度,要求蒸气释放控制的货种和实施控制的日期等内容。所有受到蒸气释放控制的液货船应备有经主管机关按 IMO 制定的安全标准认可的蒸气收集系统,并应在其装货过程中使用该系统。

蒸气控制系统的基本原理是:油气挥发控制系统对装卸油时的油气加以收集回收,并输送到岸上进行处理,防止油气中的烃类气化物扩散到大气中去,以确保安全及防止环境污染。

由于大部分油船已采用惰性气体保护系统,目前所用的装油方式是闭式装油,即装油时自舱内排除的油气直接由一个专用通气系统排除,油气通过甲板上方通气桅排出,并使其大气淡化和消散。在通气桅排气口附近安装火焰消除器或高速排气阀以防逆燃。为了释放超压或负压,在通气系统中设置 P/V 阀,与此同时,使用惰性气体系统,以保持舱内少量正压。而 VECS 的油气收集方法是通过油舱的惰性气体管路将油气输送到船侧的接岸上集气管接头处。装油时油舱内形成的油气压力,一般说有足够能力将油气排出舱外,并送到处理装置加以处理(焚烧或回收作为燃料)。因此,VECS 对现有油船而言,不需要大的改装,仅需将一个分支的惰性气体管与油船总集气管相连,以便与码头上的油气回收软管连接。

油气挥发控制系统的主要组成部分包括四大部分:闭式液位测量系统,货舱液位报警,高、低气压报警,油气收集管路。

2. 采用浮顶油罐或内浮顶油罐

采用浮顶油罐或内浮顶油罐是未装设回收系统油罐较好的控制措施。这种方法在罐内液面上加一个可随液面升降的浮动顶盖，使液体无蒸发空间，可有效地减少油气逸散。在罐顶不设固定顶盖的称为浮顶油罐；在拱顶油罐内装一个浮动盖的称为内浮顶油罐。对于合成材料内浮顶装置的研制，在国外发展很迅速。美国石油学会认为，设计完善的内浮顶盖是目前控制油罐油品损失的最有效装置，且投资最少。美国国家环境保护局也建议使用内浮顶油罐储存易挥发的烃类产品。

3. 配备储罐喷水降温系统

为防止环境温度对油罐的影响，宜在汽油等轻质油油罐上设置喷淋冷却设备，并在油罐上涂银粉，以减少对太阳辐射的吸收，降低罐体温度，减少油气逸散。

4. 采用密闭循环系统装卸货物

当液货从甲容器向乙容器装货时，乙容器的蒸气通过甲、乙容器顶部的气相连通管自然排入甲容器中，其体积与甲容器输入乙容器的液货体积相等。利用此装卸货物的方法，有效防止液货蒸气外泄。

5. 设置氮气自动密封装置

岸罐及管道进料前用氮气惰化，并维持一定的压力，进货后液面再覆盖一层氮气与空气隔绝。当储罐卸货或温度下降到罐内混合气层压力低于一定压力时，氮气装置自动打开补气以维持正压达到货物蒸气不外泄的目的。

6. 设置废气冷凝洗涤吸收系统

设置废气冷凝洗涤剂吸收系统，从使用的结果看该系统对净化有机化合物蒸气起到良好的效果。

将船源和岸源废气通过风机送到冷凝器，该装置中的冷媒是由冷冻机提供的 2 ℃的冷凝水。废气通过冷凝器中热交换器将沸点 2 ℃以上的货物蒸气液化成液体，再由下部的排放口排放接收、利用或处理。没有被冷凝器液化的混合气体送到洗涤塔底部，先进行液下鼓泡吸收，再经过洗涤塔填料层向上，同时洗涤塔用一个循环泵从塔顶喷淋与气体充分接触，吸收混合气体。吸收液对可溶性气体用水；对非溶性气体，则用20%的氢氧化钠（NaOH）溶液。未被吸收的气体经洗涤塔顶部由风机送到排放塔高空排放。吸收液循环使用，最后送污水处理系统处理。

第七节　防止船舶压载水污染技术

一、船舶压载水控制和管理

目前控制和管理船舶上装载的压载水的途径主要有两种方式：预防和管理。

（一）预防

压载水的预防主要通过如下方式实施。

（1）使船舶尽可能避免装载压载水以及避免不必要的压载水排放，如船舶设计成不需装载压载水，或者将压载水永久封闭在船上不会进行压载水的排放，再者如有必要在同一港口汲取和排放压载水，避免在另一港口汲取和排放压载水。

（2）最大限度减少有害水生物及病原体和沉淀物的汲取，如在加装压载水时，应尽力避免汲取有潜在危害性的水生物、病原体和可能含有这类生物的沉淀物。特别在某些区域和情况下，应最大限度减少或避免汲取压载水，如极浅的水域、螺旋桨可能搅起沉淀物的区域、正在或最近曾疏浚的区域，或在水生物易停留在水体表面时的夜晚时间。

（二）管理

压载水的管理主要包括两种方式：压载水置换和压载水处理。

1．压载水置换

压载水置换是指要求在深海中将在港口内装载的压载水置换成深海中的水，因为深海中的水即使携带某些水生物，被排放到接收港水域内后，水生物一般因生存条件的差异而不易存活，因而减少或避免对当地港口水生环境的不利影响。海上压载水置换常用3种方法。

（1）排空法：排空法也称逐舱更换法，是指将压载舱里的沿海港口压载水一个接一个地彻底排空，然后注入新鲜的深海海水。

该法优点是可以有效地对压载水进行几乎彻底的置换。其缺点是需要船员进行非常细致的计划和监控，以确保船舶的整体和局部强度、稳性和吃水差维持在允许的范围内，并且与船舶压载水管理计划是一致的。而且对老龄船舶或在不良的天气及海况下不适用。

（2）溢流法：溢流法是指压载水的连续注入和排放，依靠船舶设计，水从各个舱的排放管系或甲板上的入口溢出，其数量至少等于排放压载水的压载舱的3倍容积，这一置换体积确保压载舱中原有水至少置换95%。

该法优点是船员操作起来相对容易一些，并且它不像逐舱置换法那样影响船舶的纵向强度、稳性或吃水差。其缺点是更换时间较长、消耗能源较多、不能完全彻底地更换压载水、泵和管系的工作量较大等。

（3）稀释法：稀释法是指海上更换压载水时，从压载舱顶部泵入3倍体积压载舱的海水，同时，以相同的速率从压载舱底部将压载水泵出压载舱。该法优点是与溢流法相似，操作起来较为安全。其缺点是无法彻底地更换压载水，能耗过高、操作运行时间过长，对船舶管路及泵吸能力技术要求高。

2．压载水处理

压载水处理是指对加装上船的压载水在排放到另一水域内前必须对其中的水生物进行杀灭处理，使得其在压载水中的存活率达到一定的限定标准而不再会对接收港水域造成不利影响。

就IMO《压载水管理公约》而言，压载水置换要求仅是一种过渡性管理措施，而最终的压载水管理目标是必须对加装到船上的压载水进行处理达到一定的标准后，才允许排放。目前看来，实施这一目标的唯一手段就是通过船舶安装压载水处理系统，对压载水进行处理来满足。

二、压载水处理技术

目前，全球用于压载水处理系统的技术多达十几种。根据理化特性的不同，压载水处理技术可以分为如下几类。

（一）机械处理法

机械处理法通常包括过滤、离心分离等技术，将压载水通过滤网/筛子或“离心分离器”，滤出杂质和有害微生物，实现固液分离。滤出物将被返回海洋（如果在压载过程中进行处理），或者储存到单独的舱里（如果在排放压载的过程中进行处理）。其特点是对在一定大小范围内的微生物非常有效。但通常容易出现过滤器的阻塞、收集的残余物在船上须有残余物储存空间并且须进行处理以及压载泵排出阻力增加(压头)。这些方法对于小的病原体无效且整体处理能力有限,通常不适用于装载大量压载水的货船。主要机械处理法如下。

(1) 过滤:采用与拟滤出的微生物尺度相适应的滤网或滤芯(网格尺寸 10 ~ 50 μm 之间),一般用于过滤较大尺度的浮游生物。过滤的实用性主要取决于在给定的操作压力下获得的流量,而维持这个流量则要求滤器是均匀清洁的。因此泵的流量、操作压力和滤器的清洗频率之间的平衡决定过滤过程的实用性。有些过滤材料如薄膜材料可以滤出更小的微生物,但由于膜材料的低渗透性,对压载水的处理是不适用的。

(2) 旋分:利用高速注入的水流形成旋转运动产生离心力,使得水中颗粒物质分离出来。颗粒物质分离的有效性取决于水质、颗粒物尺寸、旋转速度和停留时间。旋分技术对大颗粒物更加有效。有的技术则在旋分过程前加入絮凝剂使颗粒物凝结成较大的颗粒。

(二) 化学处理法

化学处理法通常包括使用消毒剂或杀生剂,通过在加装的压载水中投放消毒剂和/或有机杀虫剂,或通过投放添加剂杀灭有害水生物。如氯化法、电解氯、臭氧法、二氧化氯(漂白粉)、过氧乙酸、过氧化氢、维生素 K3(杀真菌剂)。用于往水里添加的化学物质可以是加装上船的,也可以是系统直接在船上产生的。其特点是对于能处理的微生物非常有效,是目前在世界范围内被广泛接受的一种方法。但是必须考虑使用化学药剂对船员的健康和安全、对泵和管系以及压载舱可能的不利影响。采用化学处理法还须严格控制对环境的不利影响。每种化学物质的处理能力(剂量)和目标微生物是不同的,必须对处理后的压载水中的残余化学剂进行还原消除,如用硫代硫酸钠去除残余氯化物等。主要化学处理法如下。

(1) 氧化法:用臭氧或过氧化氢等在环境中易放出新生态氧(O),使生物体中酶变性达到杀灭的目的。

(2) 氯化法:利用漂白粉、氯气及其衍生物分解产生次亚氯酸,进一步分解生成新生态氧(O)和氯气,通过氧化和氯化作用使生物和细菌死亡。

(三) 物理处理法

通过诸如紫外线(UV)、超声波、加热的方法,破坏、抑制微生物和细菌的存活条件。其特点是对能处理的微生物非常有效,且对环境无害。但是一些微生物可能不受这种方法的影响,可能需要附加工作管系。对于加热法,可能对船上装载的货物和长期使用的泵和管系存在不利影响。主要物理处理法如下。

(1) 紫外线灭活技术:是目前最为广泛采用的一种方法之一。利用放在石英套管中的汞灯产生不同强度和波长的紫外线,能处理不同大小的微生物。处理范围较广,可包括病菌及孢子。紫外线灭活技术的最大障碍是对处理的水的洁净度要求高,需要良好的紫外线穿透力和干净的石英套管。水的浊度是紫外线灭活系统的关键。紫外线法一般还被辅以其他反应剂,如臭氧、过氧化氢或二氧化钛,可以加强氧化能力。

(2) 脱氧法:往压载水中注入惰性气体,降低压载水中氧的含量,使微生物窒息死亡。

(3) 气穴或超声法:都是作用于微生物的表面,通过气穴的破裂破坏细胞壁,达到灭活效果。单纯的超声法的有效性还没有被很好地证明,有些系统中同时采用化学处理法达到生物灭活效果。

(4) 加热法:温度在 38 ~ 50 ℃,持续加热 2 ~ 4 h,可杀灭大部分生物,但如果生物以休眠孢子形式存在的话,可能不一定杀灭,并在合适的条件下萌发生长,这样,就需要更高的温度才能杀灭。加热大量的压载水,耗能大,而且温度过高会产生加速舱壁锈蚀和设备损坏等其他负面作用。

（四）组合法

单一处理方法的处理能力有限，而各种处理方法的组合则能取得很好的处理效果。

复习思考题

1. 油船安全和防污结构和设备主要有哪些？
2. 什么是专用压载舱（SBT）？其压载水能任意排放吗？
3. 什么是清洁压载舱（CBT）？其压载水能任意排放吗？
4. 专用压载舱（CBT）与清洁压载舱（SBT）有何不同点？
5. 什么是“装于上部法（LOT）”？什么是改进的“装于上部法”？
6. 什么是原油洗舱（COW）？原油洗舱有什么优缺点？
7. 原油洗舱需要什么条件？原油洗舱与用水洗舱有何不同点？
8. 什么是惰性气体系统（IGS）？它有哪些作用？其规定的含氧量是多少？惰性气体来源有哪些？
9. 船用油水分离器应符合哪些条件？
10. 如何处理船上的污油（残油）？
11. 港口处理含油污水有哪些设施？各有哪些优缺点？
12. 什么是海上溢油应急计划？其目的是什么？
13. 海上用物理清除溢油的方法可用哪些材料、设备？
14. 什么是围油栏？它有什么作用？有哪些性能要求？
15. 什么是吸油材料？目前主要有哪3种类型？
16. 燃烧方法处理海上溢油需考虑哪些条件？有何优缺点？
17. 什么是溢油分散剂？目前有哪两种类型？使用时应注意些什么？
18. 关于溢油分散剂我国有国家标准吗？什么时候开始实施的？
19. 什么是凝油剂？它有哪些优缺点？
20. 用微生物降解处理海上溢油有哪些优点？
21. 当海上发生溢油事故时，一般清除溢油的原则是什么？
22. 什么是强制预洗？哪些有毒液体物质需要强制预洗？
23. 有效扫舱的目的是什么？有效扫舱具有哪些优点？
24. 港口化学品污水有何特点？
25. 如何对港口液体化学品污水进行分类？
26. 港口散装化学品处理装置主要有哪些？
27. 怎样处理船舶生活污水？
28. 怎样处理船舶垃圾？
29. 如何控制船舶 SO_x 的排放？
30. 如何控制船舶 NO_x 的排放？
31. 如何控制船上消耗臭氧层物质（ODS）的排放？
32. 如何控制船上挥发性有机化合物（VOCs）的排放？
33. 船舶压载水可采取哪些预防措施？
34. 船舶压载水有哪些置换方法？
35. 船舶压载水有哪些处理方法？优缺点如何？

第八章　国际安全管理规则与港口国监控

近年来,国内外加强对船舶安全和防污染管理,加强对船舶防污染的监督和控制。了解和掌握这些监控措施和管理规则,加强对船舶安全和防污染设备及措施的自检,对于保证船舶安全航行、减少对海洋环境的污染损害、避免不必要的船期迟滞和经济损失都是非常必要的。

第一节　国际船舶安全营运和防止污染管理规则

一、产生背景

当今世界经济的发展,促使世界船舶数量、吨位和种类快速增加,但同时船舶交通事故和污染事故也频繁发生,危及船公司和国际经济利益,引起国际社会的高度重视。人们曾传统地将船舶事故归咎于科技水平和产品质量,并努力改进。于是,船舶按有关标准配备救生、消防设备;油船设置 SBT 和采用双层船壳;客船采纳结构防火;配备现代化电子助航、导航、通信设备;采用性能优良的材料和计算机技术;用质量标准控制船用产品质量等。这些措施大大提高船舶构造和设备的质量和可靠性,避免诸多事故的发生和恶化。同时,IMO 用 STCW 1978 公约(即《1978 年海员培训、发证和值班标准国际公约》)约束船员素质和行为。然而,20 世纪 80 年代以来,世界上船舶海难事故不断发生,呈上升趋势。据权威统计,全世界全损船舶数量和吨位均居高不下,尤其是 1991 年全损船舶数量和总吨位分别是 182 艘和 171 万总吨,突破历史最高记录。统计分析结果表明,船舶安全和污染事故的 80% 是人为因素造成的,且重点在于公司和船员对船舶的管理和操作不规范。由此,IMO 致力于寻找有效地控制公司和船员的人为因素的途径。结合国际标准化组织(ISO)的 ISO 9001(9004)体系,由 IMO 的海上安全委员会于 1992 年 4 月草拟《国际船舶安全营运和防止污染管理规则》(International Management Code for the Safe Operation of Ships and for Pollution Prevention),简称《国际安全管理规则》(ISM 规则),并在 1993 年 11 月 4 日的 IMO 第 18 届大会通过 A. 741(18)号决议。为保证 ISM 规则能被广泛执行,IMO 于 1994 年 5 月的 SOLAS 公约外交大会上通过 SOLAS 1974 第Ⅸ章“船舶安全营运管理”,使 ISM 规则获得法律强制力。缔约国的相应船舶从法定日期起,若未执行 ISM 规则,将不能从事国际航行。非缔约国的船舶则不能享受比缔约国船舶更优惠的待遇。加之 IMO 先后用 A. 742(18),A. 787(19)号决议对港口国赋权监控船上操作,为控制人为因素创造良好条件。

二、主要内容

1993 年 11 月,IMO 在第 18 届大会上以 A. 741(18)号决议通过 ISM 规则。实施 ISM 规则的目的是保障海上安全、防止人员伤亡或生命损失、避免对海洋环境和财产的损害。

（一）适用范围

（1）船舶：IMS 规则适用于所有船舶，但根据 SOLAS 1974 第Ⅸ章的规定，属于政府经营的、用于非商业目的的船舶除外，即此类船舶不属于强制实施对象。

（2）公司：ISM 规则适用于船舶所有人、船舶经营管理人和光船租赁人。

（二）实施日期

SOLAS 1974 第Ⅸ章规定如下。

（1）包括载客高速船在内的客船，不迟于 1998 年 7 月 1 日。

（2）500 总吨及以上的油船、化学品船、气体运输船、散货船和高速货船，不迟于 1998 年 7 月 1 日。

（3）500 总吨及以上的其他货船和海上移动式钻井平台，不迟于 2002 年 7 月 1 日。

属于实施对象的船舶，应于实施日期前取得“船舶安全管理证书”；相应的公司应于实施日期前取得“符合证明”。船舶只能由持有“符合证明”的公司来营运。

（三）发证

主管机关（船旗国政府）应当向符合 ISM 规则要求的公司签发（或授权签发）一份“符合证明（Document Of Compliance, DOC）”，对持有 DOC 的公司所属船舶，经审核确认是按照经认可的安全管理体系（Safety Management System, SMS）运行的，应签发（或授权签发）一份“安全管理证书（Safety Management Certificate, SMC）”。船舶应保存 DOC 副本以备查验。IMO A. 788（19）号决议进一步明确：DOC 须经 5 年 1 次的换证审核和每年 1 次的年度审核，SMC 须经 5 年 1 次的换证审核和至少 1 次的中间审核，以确认其 SMS 的符合性和有效性。

（四）主要内容

ISM 规则包括前言和 13 节正文：总则（定义、目标、适用范围、安全管理体系的功能要求）；安全和环境保护方针；公司的责任和权力；指定人员；船长的责任和权力；资源和人员；船上操作方案的制定；应急准备；不符合规定的情况、事故和险情的报告和分析；船舶和设备的维护；文件；公司审核、复查和评价；发证、审核和监督。

前言指出，ISM 规则旨在提供船舶安全管理、安全营运和防止污染的国际标准，要求各国政府采取必要措施保证船长正当履行其安全职责，要求有适当的管理组织以满足船上高标准安全需要。声明该规则是根据一般化的原则和目标制定，用概括性术语写成。强调高级领导层的承诺是做好安全管理工作的基础。各级人员的责任心、能力、态度和主观能动性将决定安全和防止污染的最终结果。ISM 规则的正文规定如下。

1. 总则 (General)

“公司”系指船舶所有人或已承担船舶所有人的船舶营运责任并在承担此种责任时同意承担本规则规定的所有责任和义务的任何机构或个人，如管理人或光船承租人。

“主管机关”系指船旗国政府。

本规则的目标是保证海上安全，防止人员伤亡，避免对环境，特别是对海洋环境造成危害以及对财产造成损失。

公司的安全管理目标尤其应该是：提供船舶营运的安全做法和安全工作环境；针对已认定的所有风险制订防范措施；不断提高岸上及船上人员的安全管理技能，包括安全及环境保护方面的应急准备。

安全管理体系应当保证：符合强制性规定及规则，并对国际海事组织、主管机关、船级社和海运行业组织所建议的适用的规则、指南和标准予以考虑。

本规则的要求可适用于所有船舶。

2. 安全和环境保护方针 (Safety and Environmental-protection Policy)

公司应当制定安全和环境保护方针,说明如何实现公司的安全管理目标。公司应当保证船岸各级机构均能执行和保持此方针。

3. 公司的责任和权力 (Company Responsibility and Authority)

对管理、从事和审核涉及安全和防止污染工作的所有人员,公司应当明确并用文件形式规定其责任、权力及相互关系。

公司应当负责保证向指定的人员提供足够的资源和岸上的支持,以便使其能够履行各自的职责。

4. 指定人员[Designated Person (s)]

为保证各船的安全营运和提供公司与船上之间的联系渠道,公司应当根据情况指定一名或数名能直接同最高管理层联系的岸上人员。被指定人员的责任和权力应包括对各船的安全营运和防止污染方面进行监控,并确保按需要提供足够的资源和岸上的支持。

5. 船长的责任和权力 (Master's Responsibility and Authority)

公司应当以文件形式明确规定船长的下列责任:①执行公司的安全和环境保护方针;②激励船员遵守该方针;③以简明方式发布相应的命令和指令;④审核具体要求的遵守情况;⑤复查安全管理体系并向岸上管理部门报告其不足之处。

公司应当保证在船上实施的安全管理体系中包含一个强调船长权力的明确声明。公司应当在安全管理体系中确立船长的绝对权力和责任(the Overriding Authority and the Responsibility),以便做出关于安全和防止污染事务的决定并在必要时要求公司给予协助。

6. 资源和人员 (Resources and Personnel)

(1) 公司应当保证船长:具有适当的指挥资格;完全熟悉公司的安全管理体系;得到必要支持,以便可靠地履行其职责。

(2) 公司应当保证根据本国和国际有关规定,为每艘船舶配备合格、持证并健康的船员。

(3) 公司应当建立有关程序,以便保证涉及安全和环境保护工作的新聘人员和新调至该岗位人员适当熟悉其职责。凡需在开航前做出的指令均应当标明并以文件形式下达。

(4) 公司应当保证与其安全管理体系有关的所有人员对有关规定、规则和指南有充分的理解。

(5) 公司应当建立并保持有关程序,以便标明为支持安全管理体系可能需要的任何培训,并保证向所有相关人员提供这种培训。

(6) 公司应当建立有关程序,使船上人员藉此能够获得以一种工作语言或他们懂得的其他语言书写的有关安全管理体系的信息。

(7) 公司应当保证船上人员在履行其涉及安全管理体系的职责时能够有效地交流。

7. 船上操作方案的制定 (Development of Plans for Shipboard Operations)

对涉及船舶安全和防止污染的关键性的船上操作,公司应当建立制定有关方案和须知的程序。与之有关的各项工作,应当明确规定并分配给适任人员。

8. 应急准备 (Emergency Preparedness)

对船上可能出现的紧急情况,公司应当建立标明、阐述和反应的程序。公司应当制订应急行动的训练和演习计划。安全管理体系应提供措施,确保公司有关机构能在任何时候对涉及其船舶的危险、事故和紧急情况作出反应。

9．不符合规定的情况、事故和险情的报告和分析（Reports and Analysis of Non－Conformities，Accidents and Hazardous Occurrences）

安全管理体系应当包括确保不符合规定的情况、事故和险情得到报告(至公司)、调查和分析的程序,以便改进安全和防止污染工作。公司应当建立实施纠正措施的程序。

10．船舶和设备的维护（Maintenance of the Ship and Equipment）

公司应当建立有关程序,以便保证船舶按照有关规定、规则以及公司可能制订的任何附加要求进行维护。

为满足这些要求,公司应当保证：①按照适当的间隔期进行检查;②报告已知的不符合规定的情况并附可能的原因;③采取适当的纠正措施;④保存这些活动的记录。

公司应当在安全管理体系中制订有关程序,以标明那些会因突发性运行故障而导致险情的设备和技术系统。安全管理体系应当提供旨在提高这些设备和系统可靠性的具体措施。

上述措施应当包括对备用装置及设备或非连续使用的技术系统的定期测试。所述的检查和措施应当纳入船舶的日常操作性维护。

11．文件（Documentation）

公司应当建立并保持控制与安全管理体系有关的所有文件和资料的程序。公司应当保证：①各有关部门均能够获得有效的文件;②文件的更改由经授权的人审查批准;③被废止的文件应及时清除。

用于阐述和实施安全管理体系的文件可称为“安全管理手册”。文件应当以公司认为最有效的方式予以保存。每艘船应当备有与之有关的全部文件。

12．公司审核、复查和评价（Company Verification，Review and Evaluation）

公司应当开展内部安全评审,以审核安全及防止污染活动是否符合安全管理体系的要求。公司应当定期评价安全管理体系的有效性,必要时还应当根据公司建立的有关程序对安全管理体系进行复查。评审及可能采取的纠正措施应当按文件规定的程序进行。除非由于公司的规模和性质不可能做到,实施评审的人员应当不从属于被评审的部门。评审及复查结果应当告知有关部门的所有负有责任的人员,以便提请他们注意。负有责任的管理人员应当对所发现的缺陷及时采取纠正措施。

13．发证、审核和监督（Certification，Verification and Control）

船舶应当由持有与该船相关的“符合证明”的公司营运。

“符合证明”应当由主管机关、主管机关认可的机构或公司选定从事营运活动的国家的政府代表主管机关签发给符合本规则要求的每个公司。该证明应当被视为该公司能够符合本规则有关要求的证据。

该证明的一份副本应当保存在船上,以便船长被要求时出示给主管机关或主管机关认可的机构查验。

主管机关或主管机关认可的机构应当向船舶签发“安全管理证书”。在签发该证书时,主管机关应当审核该公司及其船上的管理是否按照经认可的安全管理体系运作。

主管机关或主管机关认可的机构应当定期审核经认可的船舶的安全管理体系是否正常运作。

三、ISM 规则的特点

1．针对性

(1) 针对安全管理：即针对航运公司的安全管理。航运公司要制订安全和防污染的目标、方针，并为实现这一目标建立和实施安全管理体系（SMS），明确管理架构，明确责、权、利并落实到每一个岗位。每一个员工的岗位职责必须非常明确。

（2）针对安全操作和维护保养：要建立、实施安全操作和维护保养的程序、须知，保证船舶的操作和维护规范化，满足强制性的国际、国内的规定和规则的要求。

（3）针对防止污染：现在全世界都对环境污染造成的危害有了越来越清晰的认识，防污染已经成为各项工作的一个重要的目标，所以，在SMS中一定要包括防止污染的管理内容。

但是无论如何，SMS首先是以规范航运公司对船舶的管理为主要内容的。重点是管理，而不是像以前的一些国际事务条约那样，把重点直接放在船舶的技术规范和技术操作上。

2. 全面的相关性

航运公司的安全和防污染管理主要是人事管理、海务管理和机务管理。而ISM规则还不止于此，ISM规则从现代管理方法分析，实际上安全和防污染工作涉及全体船员和企业的全体员工，甚至涉及船旗国主管机关、港口国有关当局等。

3. 完整的系统性

安全管理体系是一个完整的系统，除有一个运作系统外还有一个监督系统。最高管理层就依靠这两个系统来实施生产经营。安全管理体系包含有很多程序和须知，对具体的操作都有明确的规定，应彻底地实施法制，去除“人治”。所有的操作、监督过程都要作记录，都要提供证据。所以记录至关重要。

4. 不断的自我完善性

在体系运行过程中，通过抽查、内审和外审不断地发现问题，不断地采取措施予以纠正，不断地提高安全管理水平，也不断地完善体系本身。

各个航运企业都有自己的文化，都有自己的特点。所以，ISM规则没有要求建立一个统一的格式，只要求各个企业必须建立起自己的安全管理体系，但是无论何种体系文件要覆盖上述13个要素。任何一个体系都是在不断的发展并且在发展中得到进一步的完善。

四、ISM规则的意义

IMO以前制定的公约、规则，主要是针对船舶、设备和船员的技术标准作出的，而对现在已经暴露出的公司管理问题很少涉及。IMO认识到加强公司管理对船舶安全营运的重要性，需要采取有力措施，制定一个针对公司安全和防止污染事故的国际性管理标准。

制定ISM规则既是世界海事形势发展的需要，也是国际航运市场竞争的需要。目前国际航运市场令人关注的问题是世界船队老龄化和方便旗盛行。方便旗和老龄船发生的事故是海难事故的主要部分。这些无疑是一种潜在的威胁。如果任其继续发展，将导致海事率的急剧增加，船公司也就难以在国际航运市场上生存和发展。因此航运业只有通过强化安全管理，实施ISM规则，才能有效地克服这种潜在的威胁。

ISM规则的实施，既为船公司提供改善安全管理的规范和标准，也为推进整个航运业的管理现代化提供契机。传统的安全管理有许多弊端，如对公司管理本身缺乏规范要求；安全管理与营运管理脱节；管理职能交叉，关系不顺和船岸衔接不畅；船岸人员的安全业务和管理素质尚待提高；忽视信息反馈的动态管理，始终处于被动的事故后管理的落后状态。总之，要改变这种状况，只有实行安全管理方式从事后型向预防型的根本性转变。通过管理的系统化、标准化和规范化，才能实现安全管理的现代化。

我国是SOLAS 1974的缔约国，负有履行该公约的义务。我国实施ISM规则的主管机关为交通运输部海事局,负责向公司签发 DOC。DOC 的有效期为 5 年,并执行年度审核。交通运输部海事局授权中国船级社负责船舶 SMC 的签发,并规定只有取得 DOC 后才能签发 SMC。SMC 的有效期为 5 年,并执行至少 1 次的中间审核。交通运输部海事局作为实施 ISM 规则的主管部门,负责立法、统筹、规划、组织和协调工作,同时负责承办对公司发证,并对船舶发证工作实施监督。

第二节　港口国监控

港口国监控(Port State Control, PSC)亦称港口国管理、港口国监督或港口国检查,是指世界各地的港口国当局对抵港的外国船舶实施的,以船舶技术状况、操作性要求、船舶配员以及船员的生活和工作条件为检查内容的,以确保船舶和人命财产安全、防止海洋污染为宗旨的一种监督与控制。

目前,各港口国政府正日益严格和广泛地采取措施,对抵港外船实施港口国监控。不少抵港船舶因被发现存在重大缺陷而被警告、限期解决或被滞留。被滞留的船舶不仅要承担船期损失和高昂的修船费,还会使船舶、船公司、船旗国、船级社因被列入“黑名单”而导致名誉损失。

一、港口国监控的依据

IMO 从两方面交叉进行：一方面是纵向的船旗国管理；另一方面是横向的港口国管理。1994 年 5 月 IMO 召开《1974 年海上人命安全公约》(SOLAS 1974)缔约国政府间会议,72 个 SOLAS 缔约国政府代表参加大会。会议通过的决议中有一项内容为“实施新增第Ⅺ章,关于加强海上安全的特别措施(即港口国监控)”。该修正条款从 1996 年 1 月 1 日生效。受该项决议的影响,目前多数港口国政府已行动起来,采取各种强硬措施限制低标准船舶进入所属水域,进而阻止低于标准船舶的营运,避免港口国间不正当竞争,加强合作和信息交换。

目前港口国履行其监控职责和功能的依据为下列文件。

(1)《1974 年国际海上人命安全公约》(SOLAS 1974)。

(2) 经 1978 年议定书修订的《1973 年国际防止船舶污染公约》(MARPOL 73/78)。

(3) 经 1995 年修正的《1978 年海员培训、发证和值班标准国际公约》(STCW 78/95)。

(4)《1966 年国际载重线公约》(LL 1966),LL 1966 1988 年议定书。

(5)《1969 年国际吨位丈量公约》(ITC 1969)。

(6)《1972 年国际海上避碰规则公约》(COLREG 1972)。

(7)《1976 年商船运输(最低标准)公约》(ILO 147)。

二、港口国监控的检查项目和权限

根据相关国际公约要求,港口国监控的通常检查项目是：①对船舶证书、文件和手册；②船体、机器和仪器状态；③有关机器、设备和仪器的使用和操作要求；④船员配备、劳动及生活条件。

通常港口国管理人员只限于检查各种证书和资料。但若证书失效或检查人员有充分理由认为船舶不适航、船上设备所处状态不合要求或船员不合格,他们有权进行详细的检查。负责检查外籍船舶的港口国管理官员若有“充分理由”认为船长或船员不熟悉船上的安全操作程序,有权要求检查他们对操作要求的掌握情况。检查的重点包括以下方面：如船员是否悉知应变部署表上所列的他们各自的职责；彼此间是否能很好地交流合作；消防,弃船演习；对船舶受损、失火加以控制的方法是否熟悉;是否熟悉驾驶室、货物和机器设备的操作;是否理解各手册及工作须知的内容等。

如果港口国当局在检查中发现有可能影响安全、人员健康和污染环境的船舶缺陷,则有权要求船舶在开航前消除其缺陷,或是扣留船舶后通告船旗国采取行动。如果发现缺陷而当地又无力解决,港口当局可以在船舶保证其缺陷不致影响安全、人员健康及污染环境的情况下放行船舶到下一港口解决,但要通知下一港口国和船旗国采取行动。

三、港口国监控的程序

为指导和协调各国的港口国监控活动,IMO 先后通过若干决议。1995 年 11 月 23 日 IMO 第 19 次大会通过 A. 787(19)决议,即《港口国监控程序(Procedures For Port State Control)》,它已成为各港口国进行港口国监控的基准文件。

《港口国监控程序》共由 6 章和 7 个附件构成,包括总则、港口国检查、更详细的检查、违约和滞留、报告和审核程序。

1. 用语定义

(1) 明显理由:船舶及其设备或船员并不真正符合相应公约的要求,或船长和船员并不熟悉与船舶安全和防污有关的船上主要操作管理程序的根据。

(2) 缺陷:被发现并不符合相应公约规定的状况。

(3) 滞留:当船舶或其船员状况并不真正符合适用公约,为确保船舶在消除对船舶或船上人命构成的危险或对海上环境构成的过高危害之前不开船,港口国采取的干预行动。

(4) 检查:检查相关证书和其他文件的有效性,以及检查船舶及其设备和其成员的总体状况的一种登船查访。

(5) 更详细的检查:当存在明显理由确信船舶及其设备或船员并不真正符合证书的详细要求而进行的检查。

(6) PSC 检查官(PSCO):由某缔约国主管当局正式授权从事 PSC 检查的人员。

(7) 低标准船:其船体、机器、设备或操作安全实际上低于相应公约规定的标准,或者船员不符合最低安全配员证书的船舶。

(8) 有效证书:由缔约国直接签发或缔约国认可组织代其签发的符合相应公约的证书。它包含正确和有效日期、满足相应公约规定等。

2. 明显依据

进行详细检查的“明显证据”包括如下内容。

(1) 缺少公约所要求的主要设备或设施。

(2) 检查时,船舶证书明显失效。

(3) 船舶各种日志、操作手册或其他所要求的文件不在船上、没有保存或保存不当。

(4) 由 PSCO 的一般印象或观察所获得证据表明:船体或结构严重受损或存在的缺陷可能对船体结构、水密和风雨密构成危险。

(5) 由 PSCO 的一般印象或观察所获的证据表明:船舶在安全、防污或航行设备方面存在严重缺陷。

(6) 船长或船员并不熟悉与船舶安全或防污染有关的主要操作,或这些操作未被执行的信息或证据。

(7) 迹象表明主要船员之间、主要船员与船上其他人员之间不能进行交流。

(8) 缺少最新应变部署表、防火控制图和对客船的破损控制图。

(9) 遇险报警信号误发后没有适当的撤消程序。

(10) 收到某船可能是低标准船的报告或投诉。

3. 低标准船的判别

在一般情况下,如果船体、机器、设备或操作安全确实低于相应公约规定的标准,或其配员不符合最低安全配员证书,则该船被认定为低标准船。例如,①缺少公约要求的主要设备或布置;②设备或布置不符合公约的有关要求;③由于诸如管理不善造成的船舶或设备的实质性受损;④船员操作技能欠缺或对主要操作程序不熟悉;⑤船员配备不足或船员证书不足等。

4. 关于滞留船舶的指南

缺陷清单是根据有关公约和规则分类的(如属于 SOLAS 公约的范围、属于 IBC Code 的范围或属于 STCW 公约的范围等)。这些缺陷被认为性质严重,会导致对船舶的滞留。

可导致滞留的缺陷中,属于《防污公约》(MARPOL)附则Ⅰ的范围为:①油水过滤器设备、排油监控系统或 15 ppm 报警装置的短缺,严重坏损或不能正常操作;②污水舱和残油舱剩余容量不能满足计划航程的需要;③无有效的"油类记录簿";④未经批准而安装旁支排放管路。

属于《防污公约》(MARPOL)附则Ⅱ的范围为:①缺少 P&A 手册;②货物没有分类;③无有效的"货物记录簿";④运输类油物质[①]但未满足要求;⑤未经批准而安装旁支排放管路。

5. 证书和文件

按照适用情况,PSCO 登船应检查的证书和文件如下。

(1) 国际吨位证书(1969)。

(2) 客船安全证书,货船构造安全证书,货船设备安全证书,货船无线电报安全证书,货船无线电话安全证书,货船无线电安全证书,免除证书,货船安全证书,合格文件(SOLAS 1974 第Ⅱ-2/54)。

(3) 国际散装液化气体适装证书,散装液化气体适装证书。

(4) 国际散装危险化学品适装证书,散装危险化学品适装证书。

(5) 国际防止油污证书。

(6) 国际防止散装有毒液体物质污染证书。

(7) 国际船舶载重线证书,免除证书。

(8) 油类记录簿(第Ⅰ部分,第Ⅱ部分)。

(9) 货物记录簿。

(10) 最低安全配员证书,适任证书。

(11) 医疗证书(ILO 第 73 号公约)。

(12) 稳性资料。

(13) 船上油污应急计划。

(14) 船级社签发的有关船体强度和机械装置的证书。

(15) 加强报告文档(对散货船或油船)。

(16) 以往的 PSC 报告。

(17) 有关 $A/A_{最大}$ 率的资料(对滚装船)。

---

① 从 2007 年 1 月 1 日开始生效的 MARPOL 73/78 附则Ⅱ修正案已取消"类油物质"。

四、世界主要 PSC 组织

1980 年 13 个欧洲国家,加上欧共体、IMO 和 ILO 在巴黎开会,一致同意共同采取措施,限制并继而消除低标准船航行。在 1982 年召开的第 2 次会议上,通过有 14 个欧洲国家签署的“港口国监控巴黎谅解备忘录”(简称“巴黎备忘录”或“Paris MOU”),并于 1982 年 7 月 1 日生效。该备忘录现有 18 个成员国。

由于“巴黎备忘录”组织在防止和减少低标准船继续航行方面显得非常有效,IMO 在 1991 年召开的第 17 次大会上通过关于“在船舶排放和控制方面加强地区合作”的决议。该决议要求全球各地区建立与“巴黎备忘录”类似的 PSC 备忘录组织,并且各备忘录组织成员国以及实施 PSC 的其他国家应作出安排,相互合作,以期在世界范围内形成 PSC 网络。1994 年 5 月 IMO 又召开 SOLAS 1974 缔约国政府间会议,72 个 SOLAS 缔约国政府代表参加大会。会议通过的决议中有一项内容为“实施新增第Ⅺ章,关于加强海上安全的特别措施(即港口国监控)”。该修正案条款从 1996 年 1 月 1 日生效。受该项决议的影响,目前多数港口国政府已行动起来,采取强硬措施限制低标准船舶进入所属水域,进而阻止低标准船舶的营运,避免港口国间不正当竞争,加强合作和信息交换。

目前,世界上主要的区域性港口国监控组织已达 8 个:巴黎备忘录(1982.7)、拉美 PSC 协定(1992.11)、亚太地区 PSC 谅解备忘录(1993.12)、加勒比地区 PSC 谅解备忘录(1996.2)、地中海地区 PSC 谅解备忘录(1997.7)、印度洋地区 PSC 谅解备忘录(1998.6)、中西非地区 PSC 谅解备忘录(1997.10)和黑海地区 PSC 谅解备忘录(2000.4)。我国是亚太地区 PSC 谅解备忘录的成员国。

除区域性 PSC 组织外,国家性 PSC 组织也在不断发展和普及,发达国家利用其经济和科技上的优势,对 PSC 的程序越来越严,标准越来越高,范围越来越大。例如,美国的 PSC 机构是美国海岸警卫队(USCG),1994 年 5 月起采取主动港口国监控政策,根据船主、船旗国、船级社、PSC 以往履历、船种等给各船舶打分,按分数多少确定 PSC 的先后。澳大利亚的 PSC 机构是海运安全局(Australian Maritime Safety Authority, AMSA),对进入本国港口的外籍船舶进行 PSC 是由分散在全国 16 个地方办事处的 45 名检查员,在全国 60 多个港口和离岸码头进行 PSC。AMSA 执行 PSC 条款较严格,当发现较大缺陷后,将滞留船舶在澳强制修理直至缺陷消除。

五、针对 PSC 应采取的措施

如何保证船舶顺利通过 PSC,已成为与船舶有关各方共同关心的问题。我国对船龄 15 年及以上散货船、杂货船、油船和集装箱船,以及在国外 PSC 中曾被滞留或被强行要求修理的船舶,实施开航前安全检查。对未经开航前检查的船舶,或未按规定纠正缺陷的船舶,将不予办理离港手续。但不少船舶在接受船级社定期检验或港务监督安全检查时并不存在明显的缺陷,而事后在 PSC 时却被滞留,这大多是由于船舶缺乏适当的维修保养所导致的。因此,船舶所有人和船长应认真安排好船舶的维修保养工作,使之始终保持良好、安全的状态。对以下各点应特别注意。

(1) 船公司在加强船舶安全管理的同时,应要求船长加强船舶安全设备的管理,及时添置(或更换)缺少的(或过期失效的)安全设备,并经常安排有效的维修和保养。

(2) 船长应定期检查船舶状态(特别在进港前),发现缺陷应立即设法修复或采取行动。

(3) 在常规性的维修保养工作中,要特别注意船体和甲板上易受腐蚀的构件、设备,包括透气管、舱口围壁、舱盖、舷墙和通风管。

（4）通过定期训练和演习，船长和船员要熟悉救生艇的吊放程序、艇机的起动方法、应急消防泵和其他有关安全、卫生和环境的应急设备之操作要求。船上各责任人员要明确知道主机、舵机及其他重要机器的操作、熟悉《防污公约》（MARPOL）规定的有关设备的操作和要求。

（5）按规定应随船的各种证书、文件和手册应认真检查、注意其有效期，船员轮换时要交接清楚。及时安排与证书有关的检验，包括遗留项目的消除。

（6）船长和船员对 PSCO 登船检查应给予良好合作，并注意基本的礼节、仪表和卫生环境，以期给 PSCO 在一般性检查中留下良好印象。

（7）船舶在检查中被质疑或滞留时，应及时与船级社联络，请验船师上船协助和指导。对被发现的缺陷，应按处理意见认真纠正。

复习思考题

1. ISM 规则产生的背景如何？ISM 规则的适用范围如何？
2. ISM 规则的主要内容有些哪些？
3. 依据 ISM 规则如何发证？证书有效期为几年？
4. ISM 规则有哪些特点？该规则有何意义？
5. 什么是港口国监控（PSC）？为什么要实行港口国监控？
6. 港口国监控依据哪些文件？
7. 港口国监控通常要检查哪些项目？
8. 什么是明显理由？什么是低标准船？什么是有效证书？
9. 如何判别低标准船？
10. 依据《防污公约》（MARPOL）附则Ⅰ，可导致船舶滞留的缺陷有哪些？
11. 依据《防污公约》（MARPOL）附则Ⅱ，可导致船舶滞留的缺陷有哪些？
12. 世界主要的港口国监控组织有哪些？

附　录

附录一　国际船舶防污染公约英文缩略语一览表

中文全称	英文缩略语
1954 年国际防止石油污染海洋公约	OILPOL 1954
1969 年国际干预公海油污事故公约	INTERVENTION 1969
1973 年国际干预公海非油类物质污染议定书	INTERVENTION Protocol 1973
1969 年国际油污损害民事责任公约(1969 年责任公约)	CLC 1969
1969 年国际油污损害民事责任公约 1976 年议定书	CLC Protocol 1976
1969 年国际油污损害民事责任公约 1992 年议定书	CLC Protocol 1992
1971 年设立国际油污损害赔偿基金公约(1971 年基金公约)	FUND 1971
1971 年设立国际油污损害赔偿基金公约 1976 年议定书	FUND Protocol 1976
1971 年设立国际油污损害赔偿基金公约 1992 年议定书	FUND Protocol 1992
1971 年设立国际油污损害赔偿基金公约 2000 年议定书	FUND Protocol 2000
1971 年设立国际油污损害赔偿基金公约 2003 年议定书	FUND Protocol 2003
1972 年防止倾倒废弃物及其他物质污染海洋公约	LC 1972
1972 年防止倾倒废弃物及其他物质污染海洋公约 1996 年议定书	LC Protocol 1996
1973 年国际防止船舶造成污染公约	MARPOL 1973
经 1978 年议定书修订的 1973 年国际防止船舶造成污染公约	MARPOL 73/78
经 1978 年议定书修订的 1973 年国际防止船舶造成污染公约(附则Ⅰ)	MARPOL 73/78(Annex Ⅰ)
经 1978 年议定书修订的 1973 年国际防止船舶造成污染公约(附则Ⅱ)	MARPOL 73/78(Annex Ⅱ)
经 1978 年议定书修订的 1973 年国际防止船舶造成污染公约(附则Ⅲ)	MARPOL 73/78(Annex Ⅲ)
经 1978 年议定书修订的 1973 年国际防止船舶造成污染公约(附则Ⅳ)	MARPOL 73/78(Annex Ⅳ)
经 1978 年议定书修订的 1973 年国际防止船舶造成污染公约(附则Ⅴ)	MARPOL 73/78(Annex Ⅴ)
经 1978 年议定书修订的 1973 年国际防止船舶造成污染公约 1997 年议定书(附则Ⅵ)	MARPOL Protocol 1997 (Annex Ⅵ)
1990 年国际油污防备、反应和合作公约	OPRC 1990
2000 年有害和有毒物质事故防备、反应和合作议定书	OPRC-HNS 2000
1996 年国际海上运输有害有毒物质损害责任和赔偿公约	HNS Convention 1996
2001 年国际船舶燃油污染损害民事责任公约	BUNKERS Convention 2001
2001 年国际控制船舶有害防污底系统公约	AFS Convention 2001
2004 年国际船舶压载水和沉积物控制与管理公约	BWM Convention 2004
2009 年香港国际安全与无害环境拆船公约	HONGKONG SRC 2009

附录二　国际船舶防污染公约生效一览表

公　约	生效日期	缔约国(方)数量	商船总吨位/%	我国加入/生效情况
INTERVENTION 1969	1975.5.6	87	75.10	1990.2.23/1990.5.24
INTERVENTION Protocol 1973	1983.3.30	54	50.36	1990.2.23/1990.5.24
CLC 1969	1975.6.19	36	2.59	1980.1.30/1980.4.30
CLC Protocol 1976	1981.4.8	53	56.41	1986.9.29/1986.12.28
CLC Protocol 1992	1996.5.30	132	96.86	1999.1.5/2000.1.5
FUND Protocol 1976	1994.11.22	31	47.33	—
FUND Protocol 1992	1996.5.30	113	90.67	仅适用于中国香港
FUND Protocol 2000	2001.6.27	—	—	—
FUND Protocol 2003	2005.3.3	30	18.91	—
LC 1972	1975.8.30	87	67.17	1985.11.15/1985.12.15
LC Protocol 1996	2006.3.24	44	35.92	2006.6.29/2006.7.29
MARPOL 73/78(Annex Ⅰ)	1983.10.2	152	99.20	1983.7.1/1983.10.2
MARPOL 73/78(Annex Ⅱ)	1987.4.6	152	99.20	1983.7.1/1987.4.6
MARPOL 73/78(Annex Ⅲ)	1992.7.1	138	97.59	1994.9.13/1994.12.13
MARPOL 73/78(Annex Ⅳ)	2003.9.27	131	89.65	2006.11.2/2007.2.2
MARPOL 73/78(Annex Ⅴ)	1988.12.31	144	98.47	1988.11.21/1989.2.21
MARPOL Protocol 1997 (Annex Ⅵ)	2005.5.19	75	94.77	2006.5.23/2006.8.23
OPRC 1990	1995.5.13	106	71.04	1998.3.30/1998.6.30
OPRC-HNS 2000	2007.6.14	33	47.97	—
HNS Convention 1996	—	14	13.61	—
BUNKERS Convention 2001	2008.11.21	74	90.72	2008.12.9/2009.3.9
AFS Convention 2001	2008.9.17	65	82.25	2011.3.3/2011.6.7
BWM Convention 2004	—	38	30.38	—
HONGKONG SRC 2009	—	1	1.52	—

注：该数据统计截至2013年1月9日，资料来自IMO网站。

附录三　中华人民共和国海洋环境保护法[①]

第一章　总　则

第一条　为了保护和改善海洋环境，保护海洋资源，防治污染损害，维护生态平衡，保障人体健康，促进经济和社会的可持续发展，制定本法。

第二条　本法适用于中华人民共和国内水、领海、毗连区、专属经济区、大陆架以及中华人民共和国管辖的其他海域。

在中华人民共和国管辖海域内从事航行、勘探、开发、生产、旅游、科学研究及其他活动，或者在沿海陆域内从事影响海洋环境活动的任何单位和个人，都必须遵守本法。

在中华人民共和国管辖海域以外，造成中华人民共和国管辖海域污染的，也适用本法。

第三条　国家建立并实施重点海域排污总量控制制度，确定主要污染物排海总量控制指标，并对主要污染源分配排放控制数量。具体办法由国务院制定。

第四条　一切单位和个人都有保护海洋环境的义务，并有权对污染损害海洋环境的单位和个人，以及海洋环境监督管理人员的违法失职行为进行监督和检举。

第五条　国务院环境保护行政主管部门作为对全国环境保护工作统一监督管理的部门，对全国海洋环境保护工作实施指导、协调和监督，并负责全国防治陆源污染物和海岸工程建设项目对海洋污染损害的环境保护工作。

国家海洋行政主管部门负责海洋环境的监督管理，组织海洋环境的调查、监测、监视、评价和科学研究，负责全国防治海洋工程建设项目和海洋倾倒废弃物对海洋污染损害的环境保护工作。

国家海事行政主管部门负责所辖港区水域内非军事船舶和港区水域外非渔业、非军事船舶污染海洋环境的监督管理，并负责污染事故的调查处理；对在中华人民共和国管辖海域航行、停泊和作业的外国籍船舶造成的污染事故登轮检查处理。船舶污染事故给渔业造成损害的，应当吸收渔业行政主管部门参与调查处理。

国家渔业行政主管部门负责渔港水域内非军事船舶和渔港水域外渔业船舶污染海洋环境的监督管理，负责保护渔业水域生态环境工作，并调查处理前款规定的污染事故以外的渔业污染事故。

军队环境保护部门负责军事船舶污染海洋环境的监督管理及污染事故的调查处理。

沿海县级以上地方人民政府行使海洋环境监督管理权的部门的职责，由省、自治区、直辖市人民政府根据本法及国务院有关规定确定。

第二章　海洋环境监督管理

第六条　国家海洋行政主管部门会同国务院有关部门和沿海省、自治区、直辖市人民政府拟

---

① 2013年12月28日第十二届全国人民代表大会常务委员会第六次会议通过对《中华人民共和国海洋环境保护法》的修改：

（一）将第四十三条修改为："海岸工程建设项目的单位，必须在建设项目可行性研究阶段，对海洋环境进行科学调查，根据自然条件和社会条件，合理选址，编报环境影响报告书。环境影响报告书报环境保护行政主管部门审查批准。"

"环境保护行政主管部门在批准环境影响报告书之前，必须征求海洋、海事、渔业行政主管部门和军队环境保护部门的意见。"

（二）将第五十四条修改为："勘探开发海洋石油，必须按有关规定编制溢油应急计划，报国家海洋行政主管部门的海区派出机构备案。"

（三）删去第八十条中的"审核和"。

定全国海洋功能区划，报国务院批准。

沿海地方各级人民政府应当根据全国和地方海洋功能区划，科学合理地使用海域。

第七条 国家根据海洋功能区划制定全国海洋环境保护规划和重点海域区域性海洋环境保护规划。

毗邻重点海域的有关沿海省、自治区、直辖市人民政府及行使海洋环境监督管理权的部门，可以建立海洋环境保护区域合作组织，负责实施重点海域区域性海洋环境保护规划、海洋环境污染的防治和海洋生态保护工作。

第八条 跨区域的海洋环境保护工作，由有关沿海地方人民政府协商解决，或者由上级人民政府协调解决。

跨部门的重大海洋环境保护工作，由国务院环境保护行政主管部门协调；协调未能解决的，由国务院作出决定。

第九条 国家根据海洋环境质量状况和国家经济、技术条件，制定国家海洋环境质量标准。

沿海省、自治区、直辖市人民政府对国家海洋环境质量标准中未作规定的项目，可以制定地方海洋环境质量标准。

沿海地方各级人民政府根据国家和地方海洋环境质量标准的规定和本行政区近岸海域环境质量状况，确定海洋环境保护的目标和任务，并纳入人民政府工作计划，按相应的海洋环境质量标准实施管理。

第十条 国家和地方水污染物排放标准的制定，应当将国家和地方海洋环境质量标准作为重要依据之一。在国家建立并实施排污总量控制制度的重点海域，水污染物排放标准的制定，还应当将主要污染物排海总量控制指标作为重要依据。

第十一条 直接向海洋排放污染物的单位和个人，必须按照国家规定缴纳排污费。

向海洋倾倒废弃物，必须按照国家规定缴纳倾倒费。

根据本法规定征收的排污费、倾倒费，必须用于海洋环境污染的整治，不得挪作他用。具体办法由国务院规定。

第十二条 对超过污染物排放标准的，或者在规定的期限内未完成污染物排放削减任务的，或者造成海洋环境严重污染损害的，应当限期治理。

限期治理按照国务院规定的权限决定。

第十三条 国家加强防治海洋环境污染损害的科学技术的研究和开发，对严重污染海洋环境的落后生产工艺和落后设备，实行淘汰制度。

企业应当优先使用清洁能源，采用资源利用率高、污染物排放量少的清洁生产工艺，防止对海洋环境的污染。

第十四条 国家海洋行政主管部门按照国家环境监测、监视规范和标准，管理全国海洋环境的调查、监测、监视，制定具体的实施办法，会同有关部门组织全国海洋环境监测、监视网络，定期评价海洋环境质量，发布海洋巡航监视通报。

依照本法规定行使海洋环境监督管理权的部门分别负责各自所辖水域的监测、监视。

其他有关部门根据全国海洋环境监测网的分工，分别负责对入海河口、主要排污口的监测。

第十五条 国务院有关部门应当向国务院环境保护行政主管部门提供编制全国环境质量公报所必需的海洋环境监测资料。

环境保护行政主管部门应当向有关部门提供与海洋环境监督管理有关的资料。

第十六条 国家海洋行政主管部门按照国家制定的环境监测、监视信息管理制度，负责管理海洋综合信息系统，为海洋环境保护监督管理提供服务。

第十七条 因发生事故或者其他突发性事件，造成或者可能造成海洋环境污染事故的单位和个人，必须立即采取有效措施，及时向可能受到危害者通报，并向依照本法规定行使海洋环境监督管理权的部门报告，接受调查处理。

沿海县级以上地方人民政府在本行政区域近岸海域的环境受到严重污染时，必须采取有效措施，解除或者减轻危害。

第十八条 国家根据防止海洋环境污染的需要，制定国家重大海上污染事故应急计划。国家海洋行政主管部门负责制定全国海洋石油勘探开发重大海上溢油应急计划，报国务院环境保护行政主管部门备案。

国家海事行政主管部门负责制定全国船舶重大海上溢油污染事故应急计划，报国务院环境保护行政主管部门备案。

沿海可能发生重大海洋环境污染事故的单位，应当依照国家的规定，制定污染事故应急计划，并向当地环境保护行政主管部门、海洋行政主管部门备案。

沿海县级以上地方人民政府及其有关部门在发生重大海上污染事故时，必须按照应急计划解除或者减轻危害。

第十九条 依照本法规定行使海洋环境监督管理权的部门可以在海上实行联合执法，在巡航监视中发现海上污染事故或者违反本法规定的行为时，应当予以制止并调查取证，必要时有权采取有效措施，防止污染事态的扩大，并报告有关主管部门处理。

依照本法规定行使海洋环境监督管理权的部门，有权对管辖范围内排放污染物的单位和个人进行现场检查。被检查者应当如实反映情况，提供必要的资料。

检查机关应当为被检查者保守技术秘密和业务秘密。

第三章 海洋生态保护

第二十条 国务院和沿海地方各级人民政府应当采取有效措施，保护红树林、珊瑚礁、滨海湿地、海岛、海湾、入海河口、重要渔业水域等具有典型性、代表性的海洋生态系统，珍稀、濒危海洋生物的天然集中分布区，具有重要经济价值的海洋生物生存区域及有重大 科学文化价值的海洋自然历史遗迹和自然景观。

对具有重要经济、社会价值的已遭到破坏的海洋生态，应当进行整治和恢复。

第二十一条 国务院有关部门和沿海省级人民政府应当根据保护海洋生态的需要，规划、建立海洋自然保护区。

国家级海洋自然保护区的建立，须经国务院批准。

第二十二条 凡具有下列条件之一的，应当建立海洋自然保护区：

（一）典型的海洋自然地理区域、有代表性的自然生态区域，以及遭受破坏但经保护能恢复的海洋自然生态区域；

（二）海洋生物物种高度丰富的区域，或者珍稀、濒危海洋生物物种的天然集中分布区域；

（三）具有特殊保护价值的海域、海岸、岛屿、滨海湿地、入海河口和海湾等；

（四）具有重大科学文化价值的海洋自然遗迹所在区域；

（五）其他需要予以特殊保护的区域。

第二十三条 凡具有特殊地理条件、生态系统、生物与非生物资源及海洋开发利用特殊需要的区域，可以建立海洋特别保护区，采取有效的保护措施和科学的开发方式进行特殊管理。

第二十四条 开发利用海洋资源，应当根据海洋功能区划合理布局，不得造成海洋生态环境破坏。

第二十五条 引进海洋动植物物种，应当进行科学论证，避免对海洋生态系统造成危害。

第二十六条 开发海岛及周围海域的资源，应当采取严格的生态保护措施，不得造成海岛地形、岸滩、植被以及海岛周围海域生态环境的破坏。

第二十七条 沿海地方各级人民政府应当结合当地自然环境的特点，建设海岸防护设施、沿海防护林、沿海城镇园林和绿地，对海岸侵蚀和海水入侵地区进行综合治理。

禁止毁坏海岸防护设施、沿海防护林、沿海城镇园林和绿地。

第二十八条 国家鼓励发展生态渔业建设，推广多种生态渔业生产方式，改善海洋生态状况。

新建、改建、扩建海水养殖场，应当进行环境影响评价。

海水养殖应当科学确定养殖密度，并应当合理投饵、施肥，正确使用药物，防止造成海洋环境的污染。

第四章 防治陆源污染物对海洋环境的污染损害

第二十九条 向海域排放陆源污染物，必须严格执行国家或者地方规定的标准和有关规定。

第三十条 入海排污口位置的选择，应当根据海洋功能区划、海水动力条件和有关规定，经科学论证后，报设区的市级以上人民政府环境保护行政主管部门审查批准。

环境保护行政主管部门在批准设置入海排污口之前，必须征求海洋、海事、渔业行政主管部门和军队环境保护部门的意见。

在海洋自然保护区、重要渔业水域、海滨风景名胜区和其他需要特别保护的区域，不得新建排污口。

在有条件的地区，应当将排污口深海设置，实行离岸排放。设置陆源污染物深海离岸排放排污口，应当根据海洋功能区划、海水动力条件和海底工程设施的有关情况确定，具体办法由国务院规定。

第三十一条 省、自治区、直辖市人民政府环境保护行政主管部门和水行政主管部门应当按照水污染防治有关法律的规定，加强入海河流管理，防治污染，使入海河口的水质处于良好状态。

第三十二条 排放陆源污染物的单位，必须向环境保护行政主管部门申报拥有的陆源污染物排放设施、处理设施和在正常作业条件下排放陆源污染物的种类、数量和浓度，并提供防治海洋环境污染方面的有关技术和资料。

排放陆源污染物的种类、数量和浓度有重大改变的，必须及时申报。

拆除或者闲置陆源污染物处理设施的，必须事先征得环境保护行政主管部门的同意。

第三十三条 禁止向海域排放油类、酸液、碱液、剧毒废液和高、中水平放射性废水。严格限制向海域排放低水平放射性废水；确需排放的，必须严格执行国家辐射防护规定。

严格控制向海域排放含有不易降解的有机物和重金属的废水。

第三十四条 含病原体的医疗污水、生活污水和工业废水必须经过处理，符合国家有关排放标准后，方能排入海域。

第三十五条 含有机物和营养物质的工业废水、生活污水，应当严格控制向海湾、半封闭海及其他自净能力较差的海域排放。

第三十六条 向海域排放含热废水，必须采取有效措施，保证邻近渔业水域的水温符合国家海洋环境质量标准，避免热污染对水产资源的危害。

第三十七条 沿海农田、林场施用化学农药，必须执行国家农药安全使用的规定和标准。沿海农田、林场应当合理使用化肥和植物生长调节剂。

第三十八条　在岸滩弃置、堆放和处理尾矿、矿渣、煤灰渣、垃圾和其他固体废弃物的，依照《中华人民共和国固体废弃物污染环境防治法》的有关规定执行。

第三十九条　禁止经中华人民共和国内水、领海转移危险废弃物。

经中华人民共和国管辖的其他海域转移危险废弃物的，必须事先取得国务院环境保护行政主管部门的书面同意。

第四十条　沿海城市人民政府应当建设和完善城市排水管网，有计划地建设城市污水处理厂或者其他污水集中处理设施，加强城市污水的综合整治。

建设污水海洋处置工程，必须符合国家有关规定。

第四十一条　国家采取必要措施，防止、减少和控制来自大气层或者通过大气层造成的海洋环境污染损害。

第五章　防治海岸工程建设项目对海洋环境的污染损害

第四十二条　新建、改建、扩建海岸工程建设项目，必须遵守国家有关建设项目环境保护管理的规定，并把防治污染所需资金纳入建设项目投资计划。

在依法划定的海洋自然保护区、海滨风景名胜区、重要渔业水域及其他需要特别保护的区域，不得从事污染环境、破坏景观的海岸工程项目建设或者其他活动。

第四十三条　海岸工程建设项目的单位，必须在建设项目可行性研究阶段，对海洋环境进行科学调查，根据自然条件和社会条件，合理选址，编报环境影响报告书。环境影响报告书经海洋行政主管部门提出审核意见后，报环境保护行政主管部门审查批准。

环境保护行政主管部门在批准环境影响报告书之前，必须征求海事、渔业行政主管部门和军队环境保护部门的意见。

第四十四条　海岸工程建设项目的环境保护设施，必须与主体工程同时设计、同时施工、同时投产使用。环境保护设施未经环境保护行政主管部门检查批准，建设项目不得试运行；环境保护设施未经环境保护行政主管部门验收，或者经验收不合格的，建设项目不得投入生产或者使用。

第四十五条　禁止在沿海陆域内新建不具备有效治理措施的化学制浆造纸、化工、印染、制革、电镀、酿造、炼油、岸边冲滩拆船以及其他严重污染海洋环境的工业生产项目。

第四十六条　兴建海岸工程建设项目，必须采取有效措施，保护国家和地方重点保护的野生动植物及其生存环境和海洋水产资源。

严格限制在海岸采挖砂石。露天开采海滨砂矿和从岸上打井开采海底矿产资源，必须采取有效措施，防止污染海洋环境。

第六章　防治海洋工程建设项目对海洋环境的污染损害

第四十七条　海洋工程建设项目必须符合海洋功能区划、海洋环境保护规划和国家有关环境保护标准，在可行性研究阶段，编报海洋环境影响报告书，由海洋行政主管部门核准，并报环境保护行政主管部门备案，接受环境保护行政主管部门监督。

海洋行政主管部门在核准海洋环境影响报告书之前，必须征求海事、渔业行政主管部门和军队环境保护部门的意见。

第四十八条　海洋工程建设项目的环境保护设施，必须与主体工程同时设计、同时施工、同时投产使用。环境保护设施未经海洋行政主管部门检查批准，建设项目不得试运行；环境保护设施未经海洋行政主管部门验收，或者经验收不合格的，建设项目不得投入生产或者使用。

拆除或者闲置环境保护设施，必须事先征得海洋行政主管部门的同意。

第四十九条 海洋工程建设项目，不得使用含超标准放射性物质或者易溶出有毒有害物质的材料。

第五十条 海洋工程建设项目需要爆破作业时，必须采取有效措施，保护海洋资源。

海洋石油勘探开发及输油过程中，必须采取有效措施，避免溢油事故的发生。

第五十一条 海洋石油钻井船、钻井平台和采油平台的含油污水和油性混合物，必须经过处理达标后排放；残油、废油必须予以回收，不得排放入海。经回收处理后排放的，其含油量不得超过国家规定的标准。

钻井所使用的油基泥浆和其他有毒复合泥浆不得排放入海。水基泥浆和无毒复合泥浆及钻屑的排放，必须符合国家有关规定。

第五十二条 海洋石油钻井船、钻井平台和采油平台及其有关海上设施，不得向海域处置含油的工业垃圾。处置其他工业垃圾，不得造成海洋环境污染。

第五十三条 海上试油时，应当确保油气充分燃烧，油和油性混合物不得排放入海。

第五十四条 勘探开发海洋石油，必须按有关规定编制溢油应急计划，报国家海洋行政主管部门审查批准。

第七章 防治倾倒废弃物对海洋环境的污染损害

第五十五条 任何单位未经国家海洋行政主管部门批准，不得向中华人民共和国管辖海域倾倒任何废弃物。

需要倾倒废弃物的单位，必须向国家海洋行政主管部门提出书面申请，经国家海洋行政主管部门审查批准，发给许可证后，方可倾倒。

禁止中华人民共和国境外的废弃物在中华人民共和国管辖海域倾倒。

第五十六条 国家海洋行政主管部门根据废弃物的毒性、有毒物质含量和对海洋环境影响程度，制定海洋倾倒废弃物评价程序和标准。

向海洋倾倒废弃物，应当按照废弃物的类别和数量实行分级管理。

可以向海洋倾倒的废弃物名录，由国家海洋行政主管部门拟定，经国务院环境保护行政主管部门提出审核意见后，报国务院批准。

第五十七条 国家海洋行政主管部门按照科学、合理、经济、安全的原则选划海洋倾倒区，经国务院环境保护行政主管部门提出审核意见后，报国务院批准。

临时性海洋倾倒区由国家海洋行政主管部门批准，并报国务院环境保护行政主管部门备案。

国家海洋行政主管部门在选划海洋倾倒区和批准临时性海洋倾倒区之前，必须征求国家海事、渔业行政主管部门的意见。

第五十八条 国家海洋行政主管部门监督管理倾倒区的使用，组织倾倒区的环境监测。对经确认不宜继续使用的倾倒区，国家海洋行政主管部门应当予以封闭，终止在该倾倒区的一切倾倒活动，并报国务院备案。

第五十九条 获准倾倒废弃物的单位，必须按照许可证注明的期限及条件，到指定的区域进行倾倒。废弃物装载之后，批准部门应当予以核实。

第六十条 获准倾倒废弃物的单位，应当详细记录倾倒的情况，并在倾倒后向批准部门作出书面报告。倾倒废弃物的船舶必须向驶出港的海事行政主管部门作出书面报告。

第六十一条 禁止在海上焚烧废弃物。禁止在海上处置放射性废弃物或者其他放射性物质。废弃物中的放射性物质的豁免浓度由国务院制定。

第八章　防治船舶及有关作业活动对海洋环境的污染损害

第六十二条　在中华人民共和国管辖海域,任何船舶及相关作业不得违反本法规定向海洋排放污染物、废弃物和压载水、船舶垃圾及其他有害物质。

从事船舶污染物、废弃物、船舶垃圾接收、船舶清舱、洗舱作业活动的,必须具备相应的接收处理能力。

第六十三条　船舶必须按照有关规定持有防止海洋环境污染的证书与文书,在进行涉及污染物排放及操作时,应当如实记录。

第六十四条　船舶必须配置相应的防污设备和器材。

载运具有污染危害性货物的船舶,其结构与设备应当能够防止或者减轻所载货物对海洋环境的污染。

第六十五条　船舶应当遵守海上交通安全法律、法规的规定,防止因碰撞、触礁、搁浅、火灾或者爆炸等引起的海难事故,造成海洋环境的污染。

第六十六条　国家完善并实施船舶油污损害民事赔偿责任制度;按照船舶油污损害赔偿责任由船东和货主共同承担风险的原则,建立船舶油污保险、油污损害赔偿基金制度。实施船舶油污保险、油污损害赔偿基金制度的具体办法由国务院规定。

第六十七条　载运具有污染危害性货物进出港口的船舶,其承运人、货物所有人或者代理人,必须事先向海事行政主管部门申报。经批准后,方可进出港口、过境停留或者装卸作业。

第六十八条　交付船舶装运污染危害性货物的单证、包装、标志、数量限制等,必须符合对所装货物的有关规定。

需要船舶装运污染危害性不明的货物,应当按照有关规定事先进行评估。

装卸油类及有毒有害货物的作业,船岸双方必须遵守安全防污操作规程。

第六十九条　港口、码头、装卸站和船舶修造厂必须按照有关规定备有足够的用于处理船舶污染物、废弃物的接收设施,并使该设施处于良好状态。

卸油类的港口、码头、装卸站和船舶必须编制溢油污染应急计划,并配备相应的溢油污染应急设备和器材。

第七十条　进行下列活动,应当事先按照有关规定报经有关部门批准或者核准:

(一) 船舶在港区水域内使用焚烧炉;

(二) 船舶在港区水域内进行洗舱、清舱、驱气、排放压载水、残油、含油污水接收、舷外拷铲及油漆等作业;

(三) 船舶、码头、设施使用化学消油剂;

(四) 船舶冲洗沾有污染物、有毒有害物质的甲板;

(五) 船舶进行散装液体污染危害性货物的过驳作业;

(六) 从事船舶水上拆解、打捞、修造和其他水上、水下船舶施工作业。

第七十一条　船舶发生海难事故,造成或者可能造成海洋环境重大污染损害的,国家海事行政主管部门有权强制采取避免或者减少污染损害的措施。

对在公海上因发生海难事故,造成中华人民共和国管辖海域重大污染损害后果或者具有污染威胁的船舶、海上设施,国家海事行政主管部门有权采取与实际的或者可能发生的损害相称的必要措施。

第七十二条　所有船舶均有监视海上污染的义务,在发现海上污染事故或者违反本法规定的行为时,必须立即向就近的依照本法规定行使海洋环境监督管理权的部门报告。

民用航空器发现海上排污或者污染事件,必须及时向就近的民用航空空中交通管制单位报告。接到报告的单位,应当立即向依照本法规定行使海洋环境监督管理权的部门通报。

第九章 法律责任

第七十三条 违反本法有关规定,有下列行为之一的,由依照本法规定行使海洋环境监督管理权的部门责令限期改正,并处以罚款:

(一)向海域排放本法禁止排放的污染物或者其他物质的;

(二)不按照本法规定向海洋排放污染物,或者超过标准排放污染物的;

(三)未取得海洋倾倒许可证,向海洋倾倒废弃物的;

(四)因发生事故或者其他突发性事件,造成海洋环境污染事故,不立即采取处理措施的。有前款第(一)、(三)项行为之一的,处三万元以上二十万元以下的罚款;有前款第(二)、(四)项行为之一的,处二万元以上十万元以下的罚款。

第七十四条 违反本法有关规定,有下列行为之一的,由依照本法规定行使海洋环境监督管理权的部门予以警告,或者处以罚款:

(一)不按照规定申报,甚至拒报污染物排放有关事项,或者在申报时弄虚作假的;

(二)发生事故或者其他突发性事件不按照规定报告的;

(三)不按照规定记录倾倒情况,或者不按照规定提交倾倒报告的;

(四)拒报或者谎报船舶载运污染危害性货物申报事项的。

有前款第(一)、(三)项行为之一的,处二万元以下的罚款;有前款第(二)、(四)项行为之一的,处五万元以下的罚款。

第七十五条 违反本法第十九条第二款的规定,拒绝现场检查,或者在被检查时弄虚作假的,由依照本法规定行使海洋环境监督管理权的部门予以警告,并处二万元以下的罚款。

第七十六条 违反本法规定,造成珊瑚礁、红树林等海洋生态系统及海洋水产资源、海洋保护区破坏的,由依照本法规定行使海洋环境监督管理权的部门责令限期改正和采取补救措施,并处一万元以上十万元以下的罚款;有违法所得的,没收其违法所得。

第七十七条 违反本法第三十条第一款、第三款规定设置入海排污口的,由县级以上地方人民政府环境保护行政主管部门责令其关闭,并处二万元以上十万元以下的罚款。

第七十八条 违反本法第三十二条第三款的规定,擅自拆除、闲置环境保护设施的,由县级以上地方人民政府环境保护行政主管部门责令重新安装使用,并处一万元以上十万元以下的罚款。

第七十九条 违反本法第三十九条第二款的规定,经中华人民共和国管辖海域,转移危险废弃物的,由国家海事行政主管部门责令非法运输该危险废弃物的船舶退出中华人民共和国管辖海域,并处五万元以上五十万元以下的罚款。

第八十条 违反本法第四十三条第一款的规定,未持有经审核和批准的环境影响报告书,兴建海岸工程建设项目的,由县级以上地方人民政府环境保护行政主管部门责令其停止违法行为和采取补救措施,并处五万元以上二十万元以下的罚款;或者按照管理权限,由县级以上地方人民政府责令其限期拆除。

第八十一条 违反本法第四十四条的规定,海岸工程建设项目未建成环境保护设施,或者环境保护设施未达到规定要求即投入生产、使用的,由环境保护行政主管部门责令其停止生产或者使用,并处二万元以上十万元以下的罚款。

第八十二条 违反本法第四十五条的规定,新建严重污染海洋环境的工业生产建设项目的,按照管理权限，由县级以上人民政府责令关闭。

第八十三条　违反本法第四十七条第一款、第四十八条的规定，进行海洋工程建设项目，或者海洋工程建设项目未建成环境保护设施、环境保护设施未达到规定要求即投入生产、使用的，由海洋行政主管部门责令其停止施工或者生产、使用，并处五万元以上二十万元以下的罚款。

第八十四条　违反本法第四十九条的规定，使用含超标准放射性物质或者易溶出有毒有害物质材料的，由海洋行政主管部门处五万元以下的罚款，并责令其停止该建设项目的运行，直到消除污染危害。

第八十五条　违反本法规定进行海洋石油勘探开发活动，造成海洋环境污染的，由国家海洋行政主管部门予以警告，并处二万元以上二十万元以下的罚款。

第八十六条　违反本法规定，不按照许可证的规定倾倒，或者向已经封闭的倾倒区倾倒废弃物的，由海洋行政主管部门予以警告，并处三万元以上二十万元以下的罚款；对情节严重的，可以暂扣或者吊销许可证。

第八十七条　违反本法第五十五条第三款的规定，将中华人民共和国境外废弃物运进中华人民共和国管辖海域倾倒的，由国家海洋行政主管部门予以警告，并根据造成或者可能造成的危害后果，处十万元以上一百万元以下的罚款。

第八十八条　违反本法规定，有下列行为之一的，由依照本法规定行使海洋环境监督管理权的部门予以警告，或者处以罚款：

（一）港口、码头、装卸站及船舶未配备防污设施、器材的；

（二）船舶未持有防污证书、防污文书，或者不按照规定记载排污记录的；

（三）从事水上和港区水域拆船、旧船改装、打捞和其他水上、水下施工作业，造成海洋环境污染损害的；

（四）船舶载运的货物不具备防污适运条件的。

有前款第（一）、（四）项行为之一的，处二万元以上十万元以下的罚款；有前款第（二）项行为的，处二万元以下的罚款；有前款第（三）项行为的，处五万元以上二十万元以下的罚款。

第八十九条　违反本法规定，船舶、石油平台和装卸油类的港口、码头、装卸站不编制溢油应急计划的，由依照本法规定行使海洋环境监督管理权的部门予以警告，或者责令限期改正。

第九十条　造成海洋环境污染损害的责任者，应当排除危害，并赔偿损失；完全由于第三者的故意或者过失，造成海洋环境污染损害的，由第三者排除危害，并承担赔偿责任。

对破坏海洋生态、海洋水产资源、海洋保护区，给国家造成重大损失的，由依照本法规定行使海洋环境监督管理权的部门代表国家对责任者提出损害赔偿要求。

第九十一条　对违反本法规定，造成海洋环境污染事故的单位，由依照本法规定行使海洋环境监督管理权的部门根据所造成的危害和损失处以罚款；负有直接责任的主管人员和其他直接责任人员属于国家工作人员的，依法给予行政处分。

前款规定的罚款数额按照直接损失的百分之三十计算，但最高不得超过三十万元。

对造成重大海洋环境污染事故，致使公私财产遭受重大损失或者人身伤亡严重后果的，依法追究刑事责任。

第九十二条　完全属于下列情形之一，经过及时采取合理措施，仍然不能避免对海洋环境造成污染损害的，造成污染损害的有关责任者免予承担责任：

（一）战争；

（二）不可抗拒的自然灾害；

（三）负责灯塔或者其他助航设备的主管部门，在执行职责时的疏忽，或者其他过失行为。

第九十三条　对违反本法第十一条、第十二条有关缴纳排污费、倾倒费和限期治理规定的行政处罚，由国务院规定。

第九十四条　海洋环境监督管理人员滥用职权、玩忽职守、徇私舞弊，造成海洋环境污染损害的，依法给予行政处分；构成犯罪的，依法追究刑事责任。

第十章　附　则

第九十五条　本法中下列用语的含义是：

（一）海洋环境污染损害，是指直接或者间接地把物质或者能量引入海洋环境，产生损害海洋生物资源、危害人体健康、妨害渔业和海上其他合法活动、损害海水使用素质和减损环境质量等有害影响。

（二）内水，是指我国领海基线向内陆一侧的所有海域。

（三）滨海湿地，是指低潮时水深浅于六米的水域及其沿岸浸湿地带，包括水深不超过6 m的永久性水域、潮间带（或洪泛地带）和沿海低地等。

（四）海洋功能区划，是指依据海洋自然属性和社会属性，以及自然资源和环境特定条件，界定海洋利用的主导功能和使用范畴。

（五）渔业水域，是指鱼虾类的产卵场、索饵场、越冬场、洄游通道和鱼虾贝藻类的养殖场。

（六）油类，是指任何类型的油及其炼制品。

（七）油性混合物，是指任何含有油分的混合物。

（八）排放，是指把污染物排入海洋的行为，包括泵出、溢出、泄出、喷出和倒出。

（九）陆地污染源（简称陆源），是指从陆地向海域排放污染物，造成或者可能造成海洋环境污染的场所、设施等。

（十）陆源污染物，是指由陆地污染源排放的污染物。

（十一）倾倒，是指通过船舶、航空器、平台或者其他载运工具，向海洋处置废弃物和其他有害物质的行为，包括弃置船舶、航空器、平台及其辅助设施和其他浮动工具的行为。

（十二）沿海陆域，是指与海岸相连，或者通过管道、沟渠、设施，直接或者间接向海洋排放污染物及其相关活动的一带区域。

（十三）海上焚烧，是指以热摧毁为目的，在海上焚烧设施上，故意焚烧废弃物或者其他物质的行为，但船舶、平台或者其他人工构造物正常操作中，所附带发生的行为除外。

第九十六条　涉及海洋环境监督管理的有关部门的具体职权划分，本法未作规定的，由国务院规定。

第九十七条　中华人民共和国缔结或者参加的与海洋环境保护有关的国际条约与本法有不同规定的，适用国际条约的规定；但是，中华人民共和国声明保留的条款除外。

第九十八条　本法自2000年4月1日起施行。

附录四　防治船舶污染海洋环境管理条例

第一章　总　则

第一条　为了防治船舶及其有关作业活动污染海洋环境，根据《中华人民共和国海洋环境保护法》，制定本条例。

第二条　防治船舶及其有关作业活动污染中华人民共和国管辖海域适用本条例。

第三条　防治船舶及其有关作业活动污染海洋环境，实行预防为主、防治结合的原则。

第四条　国务院交通运输主管部门主管所辖港区水域内非军事船舶和港区水域外非渔业、非军事船舶污染海洋环境的防治工作。

海事管理机构依照本条例规定具体负责防治船舶及其有关作业活动污染海洋环境的监督管理。

第五条　国务院交通运输主管部门应当根据防治船舶及其有关作业活动污染海洋环境的需要，组织编制防治船舶及其有关作业活动污染海洋环境应急能力建设规划，报国务院批准后公布实施。

沿海设区的市级以上地方人民政府应当按照国务院批准的防治船舶及其有关作业活动污染海洋环境应急能力建设规划，并根据本地区的实际情况，组织编制相应的防治船舶及其有关作业活动污染海洋环境应急能力建设规划。

第六条　国务院交通运输主管部门、沿海设区的市级以上地方人民政府应当建立健全防治船舶及其有关作业活动污染海洋环境应急反应机制，并制定防治船舶及其有关作业活动污染海洋环境应急预案。

第七条　海事管理机构应当根据防治船舶及其有关作业活动污染海洋环境的需要，会同海洋主管部门建立健全船舶及其有关作业活动污染海洋环境的监测、监视机制，加强对船舶及其有关作业活动污染海洋环境的监测、监视。

第八条　国务院交通运输主管部门、沿海设区的市级以上地方人民政府应当按照防治船舶及其有关作业活动污染海洋环境应急能力建设规划，建立专业应急队伍和应急设备库，配备专用的设施、设备和器材。

第九条　任何单位和个人发现船舶及其有关作业活动造成或者可能造成海洋环境污染的，应当立即就近向海事管理机构报告。

第二章　防治船舶及其有关作业活动污染海洋环境的一般规定

第十条　船舶的结构、设备、器材应当符合国家有关防治船舶污染海洋环境的技术规范以及中华人民共和国缔结或者参加的国际条约的要求。

船舶应当依照法律、行政法规、国务院交通运输主管部门的规定以及中华人民共和国缔结或者参加的国际条约的要求，取得并随船携带相应的防治船舶污染海洋环境的证书、文书。

第十一条　中国籍船舶的所有人、经营人或者管理人应当按照国务院交通运输主管部门的规定，建立健全安全营运和防治船舶污染管理体系。

海事管理机构应当对安全营运和防治船舶污染管理体系进行审核，审核合格的，发给符合证明和相应的船舶安全管理证书。

第十二条　港口、码头、装卸站以及从事船舶修造的单位应当配备与其装卸货物种类和吞吐能力或者修造船舶能力相适应的污染监视设施和污染物接收设施，并使其处于良好状态。

第十三条 港口、码头、装卸站以及从事船舶修造、打捞、拆解等作业活动的单位应当制定有关安全营运和防治污染的管理制度，按照国家有关防治船舶及其有关作业活动污染海洋环境的规范和标准，配备相应的防治污染设备和器材，并通过海事管理机构的专项验收。

港口、码头、装卸站以及从事船舶修造、打捞、拆解等作业活动的单位，应当定期检查、维护配备的防治污染设备和器材，确保防治污染设备和器材符合防治船舶及其有关作业活动污染海洋环境的要求。

第十四条 船舶所有人、经营人或者管理人以及有关作业单位应当制定防治船舶及其有关作业活动污染海洋环境的应急预案，并报海事管理机构批准。

港口、码头、装卸站的经营人应当制定防治船舶及其有关作业活动污染海洋环境的应急预案，并报海事管理机构备案。

船舶、港口、码头、装卸站以及其他有关作业单位应当按照应急预案，定期组织演练，并做好相应记录。

第三章 船舶污染物的排放和接收

第十五条 船舶在中华人民共和国管辖海域向海洋排放的船舶垃圾、生活污水、含油污水、含有毒有害物质污水、废气等污染物以及压载水，应当符合法律、行政法规、中华人民共和国缔结或者参加的国际条约以及相关标准的要求。

船舶应当将不符合前款规定的排放要求的污染物排入港口接收设施或者由船舶污染物接收单位接收。

船舶不得向依法划定的海洋自然保护区、海滨风景名胜区、重要渔业水域以及其他需要特别保护的海域排放船舶污染物。

第十六条 船舶处置污染物，应当在相应的记录簿内如实记录。

船舶应当将使用完毕的船舶垃圾记录簿在船舶上保留2年；将使用完毕的含油污水、含有毒有害物质污水记录簿在船舶上保留3年。

第十七条 船舶污染物接收单位从事船舶垃圾、残油、含油污水、含有毒有害物质污水接收作业，应当依法经海事管理机构批准。

第十八条 船舶污染物接收单位接收船舶污染物，应当向船舶出具污染物接收单证，并由船长签字确认。

船舶凭污染物接收单证向海事管理机构办理污染物接收证明，并将污染物接收证明保存在相应的记录簿中。

第十九条 船舶污染物接收单位应当按照国家有关污染物处理的规定处理接收的船舶污染物，并每月将船舶污染物的接收和处理情况报海事管理机构备案。

第四章 船舶有关作业活动的污染防治

第二十条 从事船舶清舱、洗舱、油料供受、装卸、过驳、修造、打捞、拆解，污染危害性货物装箱、充罐，污染清除作业以及利用船舶进行水上水下施工等作业活动的，应当遵守相关操作规程，并采取必要的安全和防治污染的措施。

从事前款规定的作业活动的人员，应当具备相关安全和防治污染的专业知识和技能。

第二十一条 船舶不符合污染危害性货物适载要求的，不得载运污染危害性货物，码头、装卸站不得为其进行装载作业。

污染危害性货物的名录由国家海事管理机构公布。

第二十二条 载运污染危害性货物进出港口的船舶，其承运人、货物所有人或者代理人，应当向海事管理机构提出申请,经批准方可进出港口、过境停留或者进行装卸作业。

第二十三条 载运污染危害性货物的船舶,应当在海事管理机构公布的具有相应安全装卸和污染物处理能力的码头、装卸站进行装卸作业。

第二十四条 货物所有人或者代理人交付船舶载运污染危害性货物,应当确保货物的包装与标志等符合有关安全和防治污染的规定,并在运输单证上准确注明货物的技术名称、编号、类别(性质)、数量、注意事项和应急措施等内容。

货物所有人或者代理人交付船舶载运污染危害性不明的货物,应当由国家海事管理机构认定的评估机构进行危害性评估,明确货物的危害性质以及有关安全和防治污染要求,方可交付船舶载运。

第二十五条 海事管理机构认为交付船舶载运的污染危害性货物应当申报而未申报,或者申报的内容不符合实际情况的,可以按照国务院交通运输主管部门的规定采取开箱等方式查验。

海事管理机构查验污染危害性货物,货物所有人或者代理人应当到场,并负责搬移货物,开拆和重封货物的包装。海事管理机构认为必要的,可以径行查验、复验或者提取货样,有关单位和个人应当配合。

第二十六条 进行散装液体污染危害性货物过驳作业的船舶,其承运人、货物所有人或者代理人应当向海事管理机构提出申请,告知作业地点,并附送过驳作业方案、作业程序、防治污染措施等材料。

海事管理机构应当自受理申请之日起 2 个工作日内作出许可或者不予许可的决定。2 个工作日内无法作出决定的,经海事管理机构负责人批准,可以延长 5 个工作日。

第二十七条 依法获得船舶油料供受作业资质的单位,应当向海事管理机构备案。海事管理机构应当对船舶油料供受作业进行监督检查,发现不符合安全和防治污染要求的,应当予以制止。

第二十八条 船舶燃油供给单位应当如实填写燃油供受单证,并向船舶提供船舶燃油供受单证和燃油样品。

船舶和船舶燃油供给单位应当将燃油供受单证保存 3 年,并将燃油样品妥善保存 1 年。

第二十九条 船舶修造、水上拆解的地点应当符合环境功能区划和海洋功能区划,并由海事管理机构征求当地环境保护主管部门和海洋主管部门意见后确定并公布。

第三十条 从事船舶拆解的单位在船舶拆解作业前,应当对船舶上的残余物和废弃物进行处置,将油舱(柜)中的存油驳出,进行船舶清舱、洗舱、测爆等工作,并经海事管理机构检查合格,方可进行船舶拆解作业。

从事船舶拆解的单位应当及时清理船舶拆解现场,并按照国家有关规定处理船舶拆解产生的污染物。

禁止采取冲滩方式进行船舶拆解作业。

第三十一条 禁止船舶经过中华人民共和国内水、领海转移危险废弃物。

经过中华人民共和国管辖的其他海域转移危险废弃物的,应当事先取得国务院环境保护主管部门的书面同意,并按照海事管理机构指定的航线航行,定时报告船舶所处的位置。

第三十二条 使用船舶向海洋倾倒废弃物的,应当向驶出港所在地的海事管理机构提交海洋主管部门的批准文件,经核实方可办理船舶出港签证。

船舶向海洋倾倒废弃物,应当如实记录倾倒情况。返港后,应当向驶出港所在地的海事管理机构提交书面报告。

第三十三条 载运散装液体污染危害性货物的船舶和1万总吨以上的其他船舶，其经营人应当在作业前或者进出港口前与取得污染清除作业资质的单位签订污染清除作业协议，明确双方在发生船舶污染事故后污染清除的权利和义务。

与船舶经营人签订污染清除作业协议的污染清除作业单位应当在发生船舶污染事故后，按照污染清除作业协议及时进行污染清除作业。

第三十四条 申请取得污染清除作业资质的单位应当向海事管理机构提出书面申请，并提交其符合下列条件的材料：

（一）配备的污染清除设施、设备、器材和作业人员符合国务院交通运输主管部门的规定；

（二）制定的污染清除作业方案符合防治船舶及其有关作业活动污染海洋环境的要求；

（三）污染物处理方案符合国家有关防治污染的规定。

海事管理机构应当自受理申请之日起30个工作日内完成审查，并对符合条件的单位颁发资质证书；对不符合条件的，书面通知申请单位并说明理由。

第五章 船舶污染事故应急处置

第三十五条 本条例所称船舶污染事故，是指船舶及其有关作业活动发生油类、油性混合物和其他有毒有害物质泄漏造成的海洋环境污染事故。

第三十六条 船舶污染事故分为以下等级：

（一）特别重大船舶污染事故，是指船舶溢油1 000吨以上，或者造成直接经济损失2亿元以上的船舶污染事故。

（二）重大船舶污染事故，是指船舶溢油500吨以上不足1 000吨，或者造成直接经济损失1亿元以上不足2亿元的船舶污染事故。

（三）较大船舶污染事故，是指船舶溢油100吨以上不足500吨，或者造成直接经济损失5 000万元以上不足1亿元的船舶污染事故。

（四）一般船舶污染事故，是指船舶溢油不足100吨，或者造成直接经济损失不足5 000万元的船舶污染事故。

第三十七条 船舶在中华人民共和国管辖海域发生污染事故，或者在中华人民共和国管辖海域外发生污染事故造成或者可能造成中华人民共和国管辖海域污染的，应当立即启动相应的应急预案，采取措施控制和消除污染，并就近向有关海事管理机构报告。

发现船舶及其有关作业活动可能对海洋环境造成污染的，船舶、码头、装卸站应当立即采取相应的应急处置措施，并就近向有关海事管理机构报告。

接到报告的海事管理机构应当立即核实有关情况，并向上级海事管理机构或者国务院交通运输主管部门报告，同时报告有关沿海设区的市级以上地方人民政府。

第三十八条 船舶污染事故报告应当包括下列内容：

（一）船舶的名称、国籍、呼号或者编号；

（二）船舶所有人、经营人或者管理人的名称、地址；

（三）发生事故的时间、地点以及相关气象和水文情况；

（四）事故原因或者事故原因的初步判断；

（五）船舶上污染物的种类、数量、装载位置等概况；

（六）污染程度；

（七）已经采取或者准备采取的污染控制、清除措施和污染控制情况以及救助要求；

（八）国务院交通运输主管部门规定应当报告的其他事项。

作出船舶污染事故报告后出现新情况的，船舶、有关单位应当及时补报。

第三十九条　发生特别重大船舶污染事故，国务院或者国务院授权国务院交通运输主管部门成立事故应急指挥机构。

发生重大船舶污染事故，有关省、自治区、直辖市人民政府应当会同海事管理机构成立事故应急指挥机构。

发生较大船舶污染事故和一般船舶污染事故，有关设区的市级人民政府应当会同海事管理机构成立事故应急指挥机构。

有关部门、单位应当在事故应急指挥机构统一组织和指挥下，按照应急预案的分工，开展相应的应急处置工作。

第四十条　船舶发生事故有沉没危险，船员离船前，应当尽可能关闭所有货舱（柜）、油舱（柜）管系的阀门，堵塞货舱（柜）、油舱（柜）通气孔。

船舶沉没的，船舶所有人、经营人或者管理人应当及时向海事管理机构报告船舶燃油、污染危害性货物以及其他污染物的性质、数量、种类、装载位置等情况，并及时采取措施予以清除。

第四十一条　发生船舶污染事故或者船舶沉没，可能造成中华人民共和国管辖海域污染的，有关沿海设区的市级以上地方人民政府、海事管理机构根据应急处置的需要，可以征用有关单位或者个人的船舶和防治污染设施、设备、器材以及其他物资，有关单位和个人应当予以配合。

被征用的船舶和防治污染设施、设备、器材以及其他物资使用完毕或者应急处置工作结束，应当及时返还。船舶和防治污染设施、设备、器材以及其他物资被征用或者征用后毁损、灭失的，应当给予补偿。

第四十二条　发生船舶污染事故，海事管理机构可以采取清除、打捞、拖航、引航、过驳等必要措施，减轻污染损害。相关费用由造成海洋环境污染的船舶、有关作业单位承担。

需要承担前款规定费用的船舶，应当在开航前缴清相关费用或者提供相应的财务担保。

第四十三条　处置船舶污染事故使用的消油剂，应当符合国家有关标准。

海事管理机构应当及时将符合国家有关标准的消油剂名录向社会公布。

船舶、有关单位使用消油剂处置船舶污染事故的，应当依照《中华人民共和国海洋环境保护法》有关规定执行。

第六章　船舶污染事故调查处理

第四十四条　船舶污染事故的调查处理依照下列规定进行：

（一）特别重大船舶污染事故由国务院或者国务院授权国务院交通运输主管部门等部门组织事故调查处理；

（二）重大船舶污染事故由国家海事管理机构组织事故调查处理；

（三）较大船舶污染事故和一般船舶污染事故由事故发生地的海事管理机构组织事故调查处理。

船舶污染事故给渔业造成损害的，应当吸收渔业主管部门参与调查处理；给军事港口水域造成损害的，应当吸收军队有关主管部门参与调查处理。

第四十五条　发生船舶污染事故，组织事故调查处理的机关或者海事管理机构应当及时、客观、公正地开展事故调查，勘验事故现场，检查相关船舶，询问相关人员，收集证据，查明事故原因。

第四十六条　组织事故调查处理的机关或者海事管理机构根据事故调查处理的需要，可以暂扣相应的证书、文书、资料；必要时，可以禁止船舶驶离港口或者责令停航、改航、停止作业直至暂扣船舶。

第四十七条 事故调查处理需要委托有关机构进行技术鉴定或者检验、检测的,应当委托国务院交通运输主管部门认定的机构进行。

第四十八条 组织事故调查处理的机关或者海事管理机构开展事故调查时,船舶污染事故的当事人和其他有关人员应当如实反映情况和提供资料,不得伪造、隐匿、毁灭证据或者以其他方式妨碍调查取证。

第四十九条 组织事故调查处理的机关或者海事管理机构应当自事故调查结束之日起20个工作日内制作事故认定书,并送达当事人。

事故认定书应当载明事故基本情况、事故原因和事故责任。

第七章　船舶污染事故损害赔偿

第五十条 造成海洋环境污染损害的责任者,应当排除危害,并赔偿损失;完全由于第三者的故意或者过失,造成海洋环境污染损害的,由第三者排除危害,并承担赔偿责任。

第五十一条 完全属于下列情形之一,经过及时采取合理措施,仍然不能避免对海洋环境造成污染损害的,免予承担责任:

(一)战争;

(二)不可抗拒的自然灾害;

(三)负责灯塔或者其他助航设备的主管部门,在执行职责时的疏忽,或者其他过失行为。

第五十二条 船舶污染事故的赔偿限额依照《中华人民共和国海商法》关于海事赔偿责任限制的规定执行。但是,船舶载运的散装持久性油类物质造成中华人民共和国管辖海域污染的,赔偿限额依照中华人民共和国缔结或者参加的有关国际条约的规定执行。

前款所称持久性油类物质,是指任何持久性烃类矿物油。

第五十三条 在中华人民共和国管辖海域内航行的船舶,其所有人应当按照国务院交通运输主管部门的规定,投保船舶油污损害民事责任保险或者取得相应的财务担保。但是,1 000总吨以下载运非油类物质的船舶除外。

船舶所有人投保船舶油污损害民事责任保险或者取得的财务担保的额度应当不低于《中华人民共和国海商法》、中华人民共和国缔结或者参加的有关国际条约规定的油污赔偿限额。

承担船舶油污损害民事责任保险的商业性保险机构和互助性保险机构,由国家海事管理机构征求国务院保险监督管理机构意见后确定并公布。

第五十四条 已依照本条例第五十三条的规定投保船舶油污损害民事责任保险或者取得财务担保的中国籍船舶,其所有人应当持船舶国籍证书、船舶油污损害民事责任保险合同或者财务担保证明,向船籍港的海事管理机构申请办理船舶油污损害民事责任保险证书或者财务保证证书。

第五十五条 发生船舶油污事故,国家组织有关单位进行应急处置、清除污染所发生的必要费用,应当在船舶油污损害赔偿中优先受偿。

第五十六条 在中华人民共和国管辖水域接收海上运输的持久性油类物质货物的货物所有人或者代理人应当缴纳船舶油污损害赔偿基金。

船舶油污损害赔偿基金征收、使用和管理的具体办法由国务院财政部门会同国务院交通运输主管部门制定。

国家设立船舶油污损害赔偿基金管理委员会,负责处理船舶油污损害赔偿基金的赔偿等事务。船舶油污损害赔偿基金管理委员会由有关行政机关和缴纳船舶油污损害赔偿基金的主要货主组成。

第五十七条 对船舶污染事故损害赔偿的争议，当事人可以请求海事管理机构调解，也可以向仲裁机构申请仲裁或者向人民法院提起民事诉讼。

第八章 法律责任

第五十八条 船舶、有关作业单位违反本条例规定的，海事管理机构应当责令改正；拒不改正的，海事管理机构可以责令停止作业、强制卸载，禁止船舶进出港口、靠泊、过境停留，或者责令停航、改航、离境、驶向指定地点。

第五十九条 违反本条例的规定，船舶的结构不符合国家有关防治船舶污染海洋环境的技术规范或者有关国际条约要求的，由海事管理机构处10万元以上30万元以下的罚款。

第六十条 违反本条例的规定，有下列情形之一的，由海事管理机构依照《中华人民共和国海洋环境保护法》有关规定予以处罚：

（一）船舶未取得并随船携带防治船舶污染海洋环境的证书、文书的；

（二）船舶、港口、码头、装卸站未配备防治污染设备、器材的；

（三）船舶向海域排放本条例禁止排放的污染物的；

（四）船舶未如实记录污染物处置情况的；

（五）船舶超过标准向海域排放污染物的；

（六）从事船舶水上拆解作业，造成海洋环境污染损害的。

第六十一条 违反本条例的规定，船舶未按照规定在船舶上留存船舶污染物处置记录，或者船舶污染物处置记录与船舶运行过程中产生的污染物数量不符合的，由海事管理机构处2万元以上10万元以下的罚款。

第六十二条 违反本条例的规定，船舶污染物接收单位未经海事管理机构批准，擅自从事船舶垃圾、残油、含油污水、含有毒有害物质污水接收作业的，由海事管理机构处1万元以上5万元以下的罚款；造成海洋环境污染的，处5万元以上25万元以下的罚款。

第六十三条 违反本条例的规定，船舶未按照规定办理污染物接收证明，或者船舶污染物接收单位未按照规定将船舶污染物的接收和处理情况报海事管理机构备案的，由海事管理机构处2万元以下的罚款。

第六十四条 违反本条例的规定，有下列情形之一的，由海事管理机构处2 000元以上1万元以下的罚款：

（一）船舶未按照规定保存污染物接收证明的；

（二）船舶燃油供给单位未如实填写燃油供受单证的；

（三）船舶燃油供给单位未按照规定向船舶提供燃油供受单证和燃油样品的；

（四）船舶和船舶燃油供给单位未按照规定保存燃油供受单证和燃油样品的。

第六十五条 违反本条例的规定，有下列情形之一的，由海事管理机构处2万元以上10万元以下的罚款：

（一）载运污染危害性货物的船舶不符合污染危害性货物适载要求的；

（二）载运污染危害性货物的船舶未在具有相应安全装卸和污染物处理能力的码头、装卸站进行装卸作业的；

（三）货物所有人或者代理人未按照规定对污染危害性不明的货物进行危害性评估的。

第六十六条 违反本条例的规定，未经海事管理机构批准，船舶载运污染危害性货物进出港口、过境停留、进行装卸或者过驳作业的，由海事管理机构处1万元以上5万元以下的罚款。

第六十七条 违反本条例的规定,有下列情形之一的,由海事管理机构处2万元以上10万元以下的罚款:

(一)船舶发生事故沉没,船舶所有人或者经营人未及时向海事管理机构报告船舶燃油、污染危害性货物以及其他污染物的性质、数量、种类、装载位置等情况的;

(二)船舶发生事故沉没,船舶所有人或者经营人未及时采取措施清除船舶燃油、污染危害性货物以及其他污染物的。

第六十八条 违反本条例的规定,有下列情形之一的,由海事管理机构处1万元以上5万元以下的罚款:

(一)载运散装液体污染危害性货物的船舶和1万总吨以上的其他船舶,其经营人未按照规定签订污染清除作业协议的;

(二)未取得污染清除作业资质的单位擅自签订污染清除作业协议并从事污染清除作业的。

第六十九条 违反本条例的规定,发生船舶污染事故,船舶、有关作业单位未立即启动应急预案的,对船舶、有关作业单位,由海事管理机构处2万元以上10万元以下的罚款;对直接负责的主管人员和其他直接责任人员,由海事管理机构处1万元以上2万元以下的罚款。直接负责的主管人员和其他直接责任人员属于船员的,并处给予暂扣适任证书或者其他有关证件1个月至3个月的处罚。

第七十条 违反本条例的规定,发生船舶污染事故,船舶、有关作业单位迟报、漏报事故的,对船舶、有关作业单位,由海事管理机构处5万元以上25万元以下的罚款;对直接负责的主管人员和其他直接责任人员,由海事管理机构处1万元以上5万元以下的罚款。直接负责的主管人员和其他直接责任人员属于船员的,并处给予暂扣适任证书或者其他有关证件3个月至6个月的处罚。瞒报、谎报事故的,对船舶、有关作业单位,由海事管理机构处25万元以上50万元以下的罚款;对直接负责的主管人员和其他直接责任人员,由海事管理机构处5万元以上10万元以下的罚款。直接负责的主管人员和其他直接责任人员属于船员的,并处给予吊销适任证书或者其他有关证件的处罚。

第七十一条 违反本条例的规定,未经海事管理机构批准使用消油剂的,由海事管理机构对船舶或者使用单位处1万元以上5万元以下的罚款。

第七十二条 违反本条例的规定,船舶污染事故的当事人和其他有关人员,未如实向组织事故调查处理的机关或者海事管理机构反映情况和提供资料,伪造、隐匿、毁灭证据或者以其他方式妨碍调查取证的,由海事管理机构处1万元以上5万元以下的罚款。

第七十三条 违反本条例的规定,船舶所有人有下列情形之一的,由海事管理机构责令改正,可以处5万元以下的罚款;拒不改正的,处5万元以上25万元以下的罚款:

(一)在中华人民共和国管辖海域内航行的船舶,其所有人未按照规定投保船舶油污损害民事责任保险或者取得相应的财务担保的;

(二)船舶所有人投保船舶油污损害民事责任保险或者取得的财务担保的额度低于《中华人民共和国海商法》、中华人民共和国缔结或者参加的有关国际条约规定的油污赔偿限额的。

第七十四条 违反本条例的规定,在中华人民共和国管辖水域接收海上运输的持久性油类物质货物的货物所有人或者代理人,未按照规定缴纳船舶油污损害赔偿基金的,由海事管理机构责令改正;拒不改正的,可以停止其接收的持久性油类物质货物在中华人民共和国管辖水域进行装卸、过驳作业。

货物所有人或者代理人逾期未缴纳船舶油污损害赔偿基金的,应当自应缴之日起按日加缴未缴额的万分之五的滞纳金。

第九章 附 则

第七十五条 中华人民共和国缔结或者参加的国际条约对防治船舶及其有关作业活动污染海洋环境有规定的,适用国际条约的规定。但是,中华人民共和国声明保留的条款除外。

第七十六条 县级以上人民政府渔业主管部门负责渔港水域内非军事船舶和渔港水域外渔业船舶污染海洋环境的监督管理,负责保护渔业水域生态环境工作,负责调查处理《中华人民共和国海洋环境保护法》第五条第四款规定的渔业污染事故。

第七十七条 军队环境保护部门负责军事船舶污染海洋环境的监督管理及污染事故的调查处理。

第七十八条 本条例自2010年3月1日起施行。1983年12月29日国务院发布的《中华人民共和国防止船舶污染海域管理条例》同时废止。

附录五 中华人民共和国船舶油污损害民事责任保险实施办法

第一章 总 则

第一条 为完善船舶污染事故损害赔偿机制，建立船舶油污损害民事责任保险制度，根据《中华人民共和国海洋环境保护法》《中华人民共和国海商法》《中华人民共和国防治船舶污染海洋环境管理条例》等法律、行政法规和我国缔结或者参加的有关国际条约，制定本办法。

第二条 在中华人民共和国管辖海域内航行的载运油类物质的船舶和 1 000 总吨以上载运非油类物质的船舶，其所有人应当按照本办法的规定投保船舶油污损害民事责任保险或者取得相应的财务担保。

承担船舶油污损害民事责任保险的商业性保险机构和互助性保险机构，应当遵守本办法。

第三条 国务院交通运输主管部门负责统一管理全国船舶油污损害民事责任保险工作。

国家海事管理机构负责组织实施全国船舶油污损害民事责任保险工作。

沿海各级海事管理机构依照各自职责负责具体实施船舶油污损害民事责任保险工作。

第二章 船舶油污损害民事责任保险及额度

第四条 在中华人民共和国管辖海域内航行的船舶应当按照以下规定投保油污损害民事责任保险或者取得其他财务保证：

（一）载运散装持久性油类物质的船舶，投保油污损害民事责任保险，其保险标的应当包括持久性油类物质造成的污染损害；

（二）1 000 总吨以上载运非持久性油类物质的船舶，投保油污损害民事责任保险，其保险标的应当包括非持久性油类物质造成的污染损害和燃油造成的污染损害；

（三）1 000 总吨以上载运非油类物质的船舶，投保油污损害民事责任保险，其保险标的应当包括燃油造成的污染损害；

（四）1 000 总吨以下载运非持久性油类物质的船舶，投保油污损害民事责任保险，其保险标的应当包括非持久性油类物质造成的污染损害。

第五条 在中华人民共和国管辖海域内航行的载运散装持久性油类物质的船舶，投保油污损害民事责任保险或者取得其他财务保证，应当不低于以下额度：

（一）5 000 总吨以下的船舶为 451 万特别提款权；

（二）5 000 总吨以上的船舶，除前项所规定的数额外，每增加一吨，增加 631 特别提款权，但是，此总额度在任何情况下不超过 8 977 万特别提款权。

第六条 在中华人民共和国管辖海域内航行的载运非持久性油类物质的船舶，以及 1 000 总吨以上载运非油类物质的船舶，投保油污损害民事责任保险或者取得其他财务保证，应当不低于以下额度：

（一）20 总吨以上、21 总吨以下的船舶，为 27 500 特别提款权；

（二）21 总吨以上、300 总吨以下的船舶，除第（一）项所规定的数额外，每增加一吨，增加 500 特别提款权；

（三）300 总吨至 500 总吨的船舶，为 167 000 特别提款权；

（四）501 总吨至 30 000 总吨的船舶，除第（三）项所规定的数额外，每增加一吨，增加 167 特别提款权；

（五）30 001 总吨至 70 000 总吨的船舶，除第（四）项所规定的数额外，每增加一吨，增加 125 特别提款权；

（六）70 001 总吨以上的船舶，除第（五）项所规定的数额外，每增加一吨，增加 83 特别提款权。

第七条　从事中华人民共和国港口之间货物运输或者沿海作业的船舶，投保油污损害民事责任保险或者取得其他财务保证，其额度按照第六条所规定额度的 50% 计算。

第三章　船舶油污损害民事责任保险机构

第八条　中国籍船舶应当向经国家海事管理机构确定并公布的保险机构投保船舶油污损害民事责任保险，或者取得经国家海事管理机构确定并公布的保险机构以及境内银行等金融机构所出具的保函、信用证等其他财务保证。

第九条　承担中国籍船舶油污损害民事责任保险的互助性保险机构应当符合以下要求：

（一）在我国境内注册或者在我国境内设有代表机构或者代理机构；

（二）上一年度净基金超过 1 亿美元或每吨净基金超过 3 美元；

（三）保险条款符合我国法律、行政法规、规章以及我国批准或者加入的国际条约的有关规定。

第十条　承担中国籍船舶油污损害民事责任保险的商业性保险机构应当符合以下要求：

（一）应当依法经国务院保险监督管理机构批准设立、取得经营保险业务许可证，并已向工商行政管理机关办理登记，取得营业执照；

（二）上一年度净资产超过 7 亿元人民币；

（三）上一年度偿付能力超过 100%；

（四）保险条款符合我国法律、行政法规、规章以及我国批准或者加入的国际条约的有关规定。

第十一条　从事中国籍船舶油污损害民事责任保险的保险机构应在每年 10 月 15 日前向国家海事管理机构提交以下材料：

（一）注册证明、营业执照、经营保险业务许可证以及其他合法开业证明等证明材料，境外互助性保险机构还应当提交在我国境内设立代表机构或者代理机构的证明材料；境外互助性保险机构所提供的营业执照、注册登记证明以及其他合法开业证明为复印件的，应当经其所在国家或者地区依法设立的公证机构公证并经中国驻该国使、领馆认证；

（二）上一年度的经注册会计师审计的资产负债表、损益表；

（三）上一年度船舶油污损害民事责任保险的偿付能力（仅针对商业性保险机构）；

（四）上一年度承保船舶油污损害民事责任保险的总吨位；

（五）上一年度承保的中国籍船舶名单；

（六）上一年度所承保中国籍船舶的理赔情况；

（七）船舶油污损害民事责任保险合同样本；

（八）船舶油污损害民事责任保险业务的负责人、联系人以及联络方式；境外互助性保险机构还应当提交其在中华人民共和国境内代表机构或者代理机构的负责人、联系人以及联络方式；

（九）需要说明的其他背景材料。

第十二条　国家海事管理机构应当及时对保险机构提交的材料进行核实，在征求国务院保险监督管理机构意见后，对符合本办法规定的保险机构予以确定，并于每年 11 月 30 日前向社会公布。

第四章　船舶油污损害民事责任保险证书

第十三条　中国籍船舶投保船舶油污损害民事责任保险或者取得其他财务保证之后，应当按以下规定向船籍港所在地的直属海事管理机构申请办理相应船舶油污损害民事责任保险证书：

（一）载运持久性油类物质的船舶，应当办理《油污损害民事责任保险或其他财务保证证书》；

（二）1 000 总吨以上的载运非持久性油类物质的船舶，应当办理《燃油污染损害民事责任保险或其他财务保证证书》和《非持久性油类污染损害民事责任保险或其他财务保证证书》；

（三）1 000 总吨以下的载运非持久性油类的船舶，应当办理《非持久性油类污染损害民事责任保险或其他财务保证证书》；

（四）1 000 总吨以上的载运非油类物质的船舶，应当办理《燃油污染损害民事责任保险或其他财务保证证书》。

第十四条　中国籍船舶申请办理船舶油污损害民事责任保险证书，应向海事管理机构提交以下材料：

（一）申请书；

（二）有效的船舶油污损害民事责任保险单证或者其他财务保证证明；

（三）船舶国籍证书。

第十五条　海事管理机构应当对申请材料进行审核，对符合本办法规定的，在受理之日起 7 个工作日内，向船舶签发相应的船舶油污损害民事责任保险证书。

船舶油污损害民事责任保险证书的有效期不得超过船舶油污损害民事责任保险合同或者其他财务保证证明的期限。

第十六条　船舶油污损害民事责任保险证书不得伪造、涂改，并应当随船携带，以备海事管理机构查验。

船舶油污损害民事责任保险证书遗失的，应当书面说明理由，附具有关证明文件，向原发证机关申请补发。

第十七条　在我国管辖海域内航行的外国籍船舶应当符合以下规定：

（一）适用《1992 年国际油污损害民事责任公约》的，应当持有缔约国主管机关或其授权机构签发的《油污损害民事责任保险或其他财务保证证书》。

（二）适用《2001 年国际燃油污染损害民事责任公约》的，应当持有缔约国主管机关或其授权机构签发的《燃油污染损害民事责任保险或其他财务保证证书》。

（三）1 000 总吨以下载运非持久性油类物质的船舶，应当持有有效的非持久性油类污染民事责任保险单证或其他财务保证证明。

第十八条　海事管理机构应当加强对船舶油污损害民事责任保险证书、保险单证或其他财务保证证明的查验。

第五章　法律责任

第十九条　有下列情形之一的，由海事管理机构责令改正，并处 1 万元以上 5 万元以下的罚款；拒不改正的，责令停航、禁止进出港或者过境停留，并处 5 万元以上 25 万元以下的罚款：

（一）在我国管辖海域内航行的船舶，其所有人未按照规定投保船舶油污损害民事责任保险或者取得其他财务保证的；

（二）船舶所有人投保油污损害民事责任保险或者取得其他财务保证的额度低于本办法规定的。

下列情形视为船舶未按照规定投保船舶油污损害民事责任保险或者取得其他财务保证：

（一）未取得相应的船舶油污损害民事责任保险证书；

（二）伪造、涂改船舶油污损害民事责任保险证书；

（三）所持有的船舶油污损害民事责任保险证书超过有效期；

（四）所持有的船舶油污损害民事责任保险证书与船舶实际情况不相符。

船舶伪造、涂改船舶油污损害民事责任保险证书的，海事管理机构还应当对已签发的船舶油污损害民事责任保险证书予以撤销。

第二十条 从事船舶油污损害民事责任保险的保险机构有下列情形之一的，自发现之年次年起三年内海事管理机构对其不得予以确定和公布：

（一）在生效的法院判决、仲裁裁决书或仲裁调解书规定的履行期间届满后拒不执行，未向所承保船舶赔付；

（二）向海事管理机构提交虚假材料。

第二十一条 海事管理人员滥用职权、徇私舞弊、玩忽职守、严重失职的，由所在单位或者上级机关给予行政处分；构成犯罪的，依法追究刑事责任。

第六章 附 则

第二十二条 本办法所称的“以上”包括本数，所称的“以下”不包括本数。

第二十三条 本法中下列用语的含义是：

“油类”是指任何类型的油及其炼制品。

“持久性油类”是指任何持久性烃类矿物油，例如原油、燃油、重柴油和润滑油等。

“非持久性油类”是指持久性油类以外的任何油类。

第二十四条 本办法自2010年10月1日起实施。

在中华人民共和国海域内航行的1 200总吨以下载运散装持久性油类物质的船舶，其油污损害民事责任保险制度自本办法生效1年后实行。

附录六　船舶油污损害赔偿基金征收使用管理办法

第一章　总　则

第一条　为保护我国海洋环境，促进海洋运输业持续健康发展，根据《中华人民共和国海洋环境保护法》、《防治船舶污染海洋环境管理条例》的有关规定，参照国际通行做法，制定本办法。

第二条　本办法适用于在中华人民共和国管辖水域内接收从海上运输持久性油类物质的货物所有人或其代理人，以及船舶油污损害赔偿基金的征收、使用、管理、监督部门和单位。

第三条　船舶油污损害赔偿基金纳入政府性基金管理，收入全额上缴中央国库，实行专款专用。

第四条　船舶油污损害赔偿基金征收、缴纳、使用和管理，应当接受财政、审计部门的监督检查。

第二章　征　收

第五条　凡在中华人民共和国管辖水域内接收从海上运输持久性油类物质（包括原油、燃料油、重柴油、润滑油等持久性烃类矿物油）的货物所有人或其代理人，应当按照本办法规定缴纳船舶油污损害赔偿基金。

第六条　船舶油污损害赔偿基金征收标准为每吨持久性油类物质 0.3 元。财政部可依据船舶油污损害赔偿需求、持久性油类物质的货物到港量以及积累的船舶油污损害赔偿基金规模等因素，并充分考虑货物所有人的承受能力，会同交通运输部确定、调整征收标准或者暂停征收。

第七条　船舶油污损害赔偿基金由交通运输部所属海事管理机构（以下简称海事管理机构）向货物所有人或其代理人征收。

第八条　货物所有人或其代理人应当在向海事管理机构办理污染危害性货物申报时，按照船舶卸载持久性油类物质的数量及相关征收标准，将船舶油污损害赔偿基金及时足额缴入所在地海事管理机构经批准的相关银行账户。

第九条　对于在中华人民共和国管辖水域内接收从海上运输的非持久性油类物质，以及在中华人民共和国管辖水域内过境运输持久性油类物质，不征收船舶油污损害赔偿基金。对于在中国境内的同一货物所有人接收中转运输的持久性油类物质，只征收一次船舶油污损害赔偿基金。

第十条　海事管理机构征收船舶油污损害赔偿基金，应当向货物所有人或其代理人出具财政部统一监制的财政票据。

第十一条　海事管理机构应当在收到船舶油污损害赔偿基金的当日，将船舶油污损害赔偿基金收入全额就地上缴中央国库。缴库时使用“一般缴款书”，在“财政机关”栏目填写“财政部”，在“预算级次”栏目填写“中央级”，在“收款国库”栏目填写实际收纳款项的国库名称，预算科目列《政府收支分类科目》第 103 类“非税收入”，第 01 款“政府性基金收入”，第 71 项“船舶油污损害赔偿基金收入”。交通运输部实施非税收入收缴管理制度改革后，船舶油污损害赔偿基金的收入收缴方式按照改革后的有关规定执行。

第十二条　除国务院外，任何地方、部门和单位不得改变船舶油污损害赔偿基金的征收对象和征收范围。

第十三条　货物所有人或其代理人按照本办法规定缴纳船舶油污损害赔偿基金从成本费用中列支。

第三章 使 用

第十四条 船舶油污损害赔偿基金应当遵循专款专用的原则,年末结余可结转下年度安排使用。

第十五条 船舶油污损害赔偿基金用于以下油污损害及相关费用的赔偿、补偿:

(一)同一事故造成的船舶油污损害赔偿总额超过法定船舶所有人油污损害赔偿责任限额的;

(二)船舶所有人依法免除赔偿责任的;

(三)船舶所有人及其油污责任保险人或者财务保证人在财力上不能履行其部分或全部义务,或船舶所有人及其油污责任保险人或者财务保证人被视为不具备履行其部分或全部义务的偿付能力;

(四)无法找到造成污染船舶的。

第十六条 下列情况,不得从船舶油污损害赔偿基金中提供赔偿或者补偿:

(一)油污损害由战争、敌对行为造成或者由政府用于非商业目的的船舶、军事船舶、渔船排放油类物质造成的;

(二)索赔人不能证明油污损害由船舶造成的;

(三)因油污受害人过错造成的全部或部分油污损害的。

第十七条 船舶油污损害赔偿基金按照申请时间顺序依次受理。其中,对同一事故的索赔按照下列范围和顺序赔偿或补偿:

(一)为减少油污损害而采取的应急处置费用;

(二)控制或清除污染所产生的费用;

(三)对渔业、旅游业等造成的直接经济损失;

(四)已采取的恢复海洋生态和天然渔业资源等措施所产生的费用;

(五)船舶油污损害赔偿基金管理委员会实施监视监测发生的费用;

(六)经国务院批准的其他费用。

船舶油污损害赔偿基金不足以赔偿或者补偿前款规定的同一顺序的损失或费用的,按比例受偿。

第十八条 船舶油污损害赔偿基金对任一船舶油污事故的赔偿或补偿金额不超过 3000 万元人民币。

财政部可以依据船舶油污事故赔偿需求、累积的船舶油污损害赔偿基金规模等因素,会同交通运输部调整基金赔偿限额。

第十九条 国家设立由交通运输部、财政部、农业部、环境保护部、国家海洋局、国家旅游局以及缴纳船舶油污损害赔偿基金的主要石油货主代表等组成的船舶油污损害赔偿基金管理委员会,负责处理船舶油污损害赔偿基金的具体赔偿或者补偿事务。船舶油污损害赔偿基金管理委员会应当制定具体职责及工作规程。

船舶油污损害赔偿基金管理委员会下设秘书处,负责具体赔偿、补偿等日常事务,秘书处设在交通运输部海事局。

第二十条 在船舶发生油污事故后,凡符合赔偿或者补偿条件的单位和个人,可向船舶油污损害赔偿基金管理委员会秘书处提出书面索赔申请。

第二十一条 单位和个人提出的油污损害索赔申请,必须符合法律、行政法规及船舶油污损害赔偿基金管理委员会相关规定,并遵循以下原则:

（一）索赔申请必须真实，不得隐瞒或者捏造；

（二）索赔的任何费用和损失已经实际发生；

（三）索赔所涉及的费用必须经确认是适当和合理的；

（四）索赔的费用、损失以及遭受的损害是由于污染引起的且与污染事故之间有必然的直接因果关系；

（五）索赔的损失以及遭受的损害应当是可以量化的经济损失；

（六）索赔的费用、损失以及遭受的损害必须提交相应的证明文件或者其他证据。

第二十二条　油污受害人申请从船舶油污损害赔偿基金中获得赔偿或者补偿的，应当在油污损害发生之日起 3 年内提出；在任何情况下，均应当在船舶油污事故发生之日起 6 年内提出。逾期申请的，船舶油污损害赔偿基金管理委员会不予受理。

第二十三条　船舶油污损害赔偿基金管理委员会在受理索赔申请后，应当组织有关人员对索赔项目进行调查核实，确定赔偿或者补偿的具体数额。对于符合赔偿或者补偿条件的，应当及时给予赔偿或者补偿。申请赔偿或者补偿的相关单位应当积极配合船舶油污损害赔偿基金管理委员会开展索赔调查核实工作。

第二十四条　交通运输部应当按照政府性基金预算管理的有关规定编制船舶油污损害赔偿基金收支预算，经船舶油污损害赔偿基金管理委员会审议通过后，报财政部审核。船舶油污损害赔偿基金支付按照财政国库管理制度的有关规定执行。

第二十五条　船舶油污损害赔偿基金支出按照规定填列《政府收支分类科目》第 214 类“交通运输”，第 68 款“船舶油污损害赔偿基金支出”下相关科目。

第二十六条　船舶油污损害赔偿基金管理委员会在赔偿或者补偿范围内，可以代位行使接受赔偿或补偿的单位、个人向相关污染损害责任人请求赔偿的权利。

对于暂时无法认定船舶污染损害责任人的，船舶油污损害赔偿基金管理委员会可以先行给予赔偿或者补偿，一旦确定污染损害责任人时，再由相关责任人给予赔偿，赔偿金按有关规定上缴中央国库。

第二十七条　各有关部门和单位应当严格按照规定使用船舶油污损害赔偿基金，不得坐收坐支、截留、挤占、挪用船舶油污损害赔偿基金。

第四章　法律责任

第二十八条　在中华人民共和国管辖水域内接收从海上运输持久性油类物质的货物所有人或其代理人，不按照本办法规定及时足额缴纳船舶油污损害赔偿基金的，由海事管理机构督促货物所有人或其代理人补缴应缴纳的船舶油污损害赔偿基金；拒不缴纳的，海事管理机构有权停止其接收的持久性油类物质货物在中华人民共和国管辖水域进行装卸、过驳作业。对于未及时足额缴纳船舶油污损害赔偿基金的，自应缴纳之日起，按日加收未缴额万分之五的滞纳金，上缴中央国库，纳入船舶油污损害赔偿基金一并核算。

第二十九条　财政部驻各省、自治区、直辖市、计划单列市财政监察专员办事处应当定期或不定期地开展检查，对海事管理机构不按规定征收、上缴船舶油污损害赔偿基金，不按规定使用财政部统一监制的财政票据，截留、挤占、挪用船舶油污损害赔偿基金的，要责令改正，并按照《财政违法行为处罚处分条例》《违反行政事业性收费和罚没收入收支两条线管理规定行政处分暂行规定》等有关法律法规进行处理处罚。

第三十条　对于违反本办法第二十七条规定行为的责任人员，依照《财政违法行为处罚处分条例》《违反行政事业性收费和罚没收入收支两条线管理规定行政处分暂行规定》以及国家其他有关法律法规的规定，给予行政处分；涉嫌犯罪的，移交司法机关依法处理。

第五章　附　则

第三十一条　本办法自2012年7月1日起施行。

第三十二条　本办法由财政部会同交通运输部负责解释。

第三十三条　本办法的实施细则由交通运输部、财政部负责制定。

参考文献

[1] 周在青,王海红.船舶防污染法规与实务.大连：大连海事大学出版社,2006.
[2] 李又明.海船防污法规与实务.香港：黄河文化出版社,1992.
[3] 吴宛青.船舶防污染技术.大连：大连海事大学出版社,2010.
[4] 孙永明.海洋与港口船舶防污染技术.北京：人民交通出版社,2010.
[5] 江彦桥.海洋船舶防污染技术.上海：上海交通大学出版社,2000.
[6] 殷佩海.船舶防污染技术.大连：大连海事大学出版社,2000.
[7] 徐国平.船舶油污损害赔偿法律制度研究.北京：北京大学出版社,2006.
[8] 陈伟炯.船舶安全与管理.大连：大连海事大学出版,2001.
[9] 国际海事组织.《防污公约》(MARPOL)2011 年综合文本.北京：人民交通出版社,2012.
[10] 徐冠军.水运危险货物安全与监督管理.上海：上海科学技术出版社,2001.
[11] 李又明.散装液体化学品水运与港口仓储管理.上海：东华大学出版社,2002.
[12] 刘红.尽快建立并实施我国船舶油污损害赔偿机制.中国海商法协会通讯,2003.
[13] 中国船级社.船舶压载水处理系统应用对策.2012.
[14] 廖铭胜.IMO 通过国际船舶压载水管理公约.2004.
[15] http://www.imo.org.
[16] http://www.msa.gov.cn.
[17] htttp://www.shmsa.gov.cn.
[18] http://www.imcrc.dlmu.edu.cn.